普通高校"十二五"规划教材
公共基础课系列

高职语文（上）

主　编　刘金同　李晓辉
副主编　李德刚　付芳云

清华大学出版社
北　京

内 容 提 要

　　本教材是根据高职高专《教学大纲》基本要求,精选古今中外的名篇佳作,以主题的形式划分成不同单元,每一单元又根据体裁安排了"口语交际"、"写作训练"、"知识拓展"等内容,并在文章后附有"思考练习",以利于提升学生的语文能力,培养良好的人文素养,形成高尚道德品质。本教材分为上、下两册,其中,上册分为:"绚丽青春"、"编织梦想"、"探索奥秘"、"青鸟使者"、"诗情古韵"、"星火启智"、"感悟生命"、"和谐自然"、"走进科学"、"世相百态"、"融入社会"、"求学之志"12个单元。下册分为:"故乡情深"、"演讲大厅"、"关注生态"、"立志成才"、"词达乾坤"、"借你慧眼"、"辩证思维"、"花木寄情"、"人生哲理"、"诗情画意"、"戏剧人生"、"历史回声"12个单元。

　　本教材适用于高职、高专类学生使用,特别是"五年一贯制"大专生,也可作为高级技工学校及中职学校的基础教材。

图书在版编目(CIP)数据

　　高职语文. 上册 / 刘金同,李晓辉主编. —北京: 清华大学出版社,2013(2022.9 重印)
　　(普通高校"十二五"规划教材·公共基础课系列)
　　ISBN 978-7-302-31377-9

　　Ⅰ. ①高… Ⅱ. ①刘… ②李… Ⅲ. ①大学语文课-高等职业教育-教材 Ⅳ. ①H19

　　中国版本图书馆 CIP 数据核字(2013)第 013972 号

责任编辑:彭　欣
封面设计:汉风唐韵
责任校对:王荣静
责任印制:朱雨萌

出版发行:清华大学出版社
　　　　网　　　址:http://www.tup.com.cn, http://www.wqbook.com
　　　　地　　　址:北京清华大学学研大厦 A 座　　　　邮　　编:100084
　　　　社 总 机:010-83470000　　　　　　　　　　　邮　　购:010-62786544
　　　　投稿与读者服务:010-62776969, c-service@tup.tsinghua.edu.cn
　　　　质 量 反 馈:010-62772015, zhiliang@tup.tsinghua.edu.cn
印 装 者:三河市龙大印装有限公司
经　　销:全国新华书店
开　　本:185mm×260mm　　印　张:16.75　　插　页:1　　字　　数:397 千字
版　　次:2013 年 4 月第 1 版　　　　　　　　　　　印　　次:2022 年 9 月第 13 次印刷
定　　价:40.00 元

产品编号:051177-02

教材编委会

前 言

高职语文是随着高职教育发展而逐渐发展起来的,是面向普通高职类院校非中文专业开设的公共基础课,既强调实用性技能的训练,又注重对学生人文素养的培养。需要特别说明的是,实现对高职大学生人文素养方面的教育,不是朝夕就能完成的事情,所以,高职语文在教学内容设定方面,不仅要充分利用好有限的教学时间,还要将课堂教学中的内容作为"引子",对学生课外文化生活作出科学的编排。只有这样,才能有效打造高等职业院校人文素养教育的平台,真正将高职院校大学生的人文素质培养工作落实到位。

高职语文教材如何做到既适应高职教育发展,又符合人才培养模式的需要呢? 高职语文教材在出版后,是否能得到教师、学生的普遍认可? 解决这些问题,成为众多专家、学者不断追求的目标。从当前高职语文教材建设的情况来看,高职语文教材建设也呈现百花齐放的大好局面,这为高职语文学科建设作出了很大贡献。这本由刘金同教授和李晓辉老师担任主编、一线教师集体编写的《高职语文》,是在继承现有高职语文教材,又充分结合一线教师教学经验以及学生对高职语文学习现实需要的基础上,集合众人智慧的高职语文力作。

本教材最初是以讲义的形式出现,先由高校一线语文教师试用该讲义,并在试用三年之后,又采用调查问卷的形式,对一线教师、专家、学者、学生等进行专门的调研,从教材框架、单元结构、作品选择、整体性评价等多个方面进行汇总分析,获得了大量的教学经验与诸多专家、学者的建设性意见,再次对试教讲义进行修订,又在高校试用两年,最后才出版,可以说是"千呼万唤始出来",是教材所有编纂人员集体智慧的结晶。

高职语文人文素养教育的载体是古今中外的经典佳作,学生只有通过阅读经典的文学作品,才能不断提升阅读能力与表达能力,所以,高职语文人文素质教育需要从高职教学实际出发,做到工具性与人文性的有机结合,也就是既要强调实用性,也要保持人文性。只有这样,学生步入社会后,才能做到真正践行社会主义核心价值观、承担更多的社会责任。从上述编纂理念出发,本教材一直坚持实用性与人文精神的有机结合。教材内的作品在选择过程中坚持"选材范围广、风格多样化"的原则,对古今中外的经典作品进行反复鉴别,选取人文性与实用性俱佳的作品,在拓宽文化视野的同时,还能加强人文素养的培养。也就是注意将能体现深刻思想内涵、独到的审美趣味的人文作品纳入教材中。让学生通过阅读,提升自身的审美情趣与人文品质;学习古今中外的优秀文化成果,并传承文化成果;适应当前人文学科与自然学科交叉发展趋势的要求,实现人文与自然的有机融合。

　　本教材在编写体例上,将作品主题作为单元,上册由"绚丽青春"、"编织梦想"、"探索奥秘"、"青鸟使者"、"诗情古韵"、"星火启智"、"感悟生命"、"和谐自然"、"走进科学""世相百态"、"融入社会"、"求学之志"12个部分组成;下册由"故乡情深"、"演讲大厅"、"关注生态"、"立志成才"、"词达乾坤"、"借你慧眼"、"辩证思维"、"花木寄情"、"人生哲理"、"诗情画意"、"戏剧人生"、"历史回声"12个部分组成,每一个单元后面又根据体裁不同安排了"口语交际"、"写作训练"、"知识拓展"等,并在相应的课文后面还附有思考练习。该编排体例有利于培养学生的语文能力,提升人文素养以及养成高尚的道德品质。在《高职语文》(上、下册)编写过程中,我们做了以下几个方面的尝试。

　　第一,编排体例创新。根据高职语文教学的需要,采用主题的形式来划分单元,全书共24个单元,每一个单元都突出一个特色。比如"感悟生命",精选了《给我三天视力》、《谈生命》、《青年在选择职业时的思考》、《获得教养的途径》、《我的梦想》几篇文章,能够从不同的视角去思考生命,学会感恩。从海伦•凯勒那里看到了"身残志坚"的毅力,使我们有更大勇气去面对生活中的挫折,与此同时,作为身体健全的人,更应该珍惜生命;从冰心的"一江春水"与"一棵小树"认识生命的规律与生命中幸福、痛苦相伴的人生法则,学习生命不息、奋斗不止的精神;从马克思那里,我们知道了职业理想,为人类幸福与自身完美而工作,才能让自己的生活过得完美;从瑞士作家赫尔曼•黑塞那里懂得了读书是获得教养的途径,强调了读书的重要作用,鼓励人们多读经典作品,进而能认识社会,提升自我修养;从史铁生身上学习如何在苦难中思索人生、品味人生和创造人生。

　　第二,体现人文精神。将人文素养贯穿于整部教材中,让学生在学习过程中陶冶情操,感悟人生,提升思想境界,培养学生的高尚人格。比如"星火启智"中的《论语十则》、《鱼我所欲也》、《邹忌讽齐王纳谏》、《庖丁解牛》、《察今》几篇文章,从一些日常小事中感受智慧之光。《论语十则》中谈的是孔子教育思想的核心部分,明确了为人处世、学习方法、学习态度、修身做人的基本方法。《鱼我所欲也》中孟子主张性善论,指出人应具有羞恶之心、恻隐之心、是非之心与辞让之心。《邹忌讽齐王纳谏》中的邹忌以生活中的小事设喻,劝说君王广开言路,广纳意见,作为今后施政根据。《庖丁解牛》通过厨师的讲解,明白了只有经过不断的实践,掌握事物的客观规律,做事情才能得心应手。《察今》指出做事情要从一定的法度出发,变法一定要依据时代的发展而有所变化。

　　第三,突出实用性。教材充分结合高职语文教学特点,适当编排了实用性项目,有的是在每一单元之后,比如"口语交际"、"知识扩展"、"写作训练"等;有的是以单独的单元来出现,比如"青鸟使者"重点探讨了"求职信"、"应聘信"、"感谢信"、"慰问信"、"贺信"、"倡议书"、"建议书"、"申请书"等,让学生掌握应用文写作的基本知识。为了让学生加深对书信格式的认识,还在本单元后附加了"中文和英文书信格式对比",让学生掌握更多书信方面的知识。

　　本教材由刘金同、李晓辉担任主编,负责教材的策划、编写方案的制定;由李德刚、付芳云担任副主编,主要负责教材的编辑、整理工作,最后由李昌武、张子泉主审。教材编写人员具体分工如下:刘金同、李德刚负责第一单元、第二单元的编写;付芳云、李文静负责第三单元、第四单元的编写;李龙华、王双同负责第五单元、第六单元的编写;王金梅、付清海、王玉文负责第七单元、第八单元的编写;吴正、李腾波、丁丰负责第九单元、第十单元的编写;李晓辉、李春波、杨恒森负责第十一单元、第十二单元的编写。

　　本教材在编写的过程中,借鉴参考了一些专家、学者观点,并引用了互联网上的一些资料,还参阅了兄弟院校的《高职语文》教材,同时对有关人士一并表示致谢! 同时我们也代表千万学子对课文的作者,再次表示感谢!

　　因编写人员水平有限,书中错讹之处,恳请广大读者批评指正!

本书编写组

目 录

绚丽青春

　　我们告别懵懂的少年岁月,来到了充满梦幻的青春季节。也许,你常常幻想不可知的未来,内心充满了忐忑;也许你跟着感觉走,从而迷失了自己;也许,你厌倦了父母对你无始无终的叮咛……其实,我们每个人都必须经历人生的这一特殊阶段。

　　本单元的话题是"绚丽青春"。青春是一个美丽的字眼,青春是一个特殊的生命驿站。青春拥有的是活力四射的激情,五彩缤纷的梦想。青春的生命渴望成长,就让刚刚迈入青春时期的你,在青春的旋律中放歌。

　　围绕这一话题,我们精选了五篇文章。杨子的《十八岁和其他》是作者在儿子十八岁生日时写给儿子的一封信,作者以自己的人生经历和深刻的人生感悟,把青春时期几个重要的人生话题娓娓道来。《我很重要》是一篇带有浓郁思辨色彩的散文,作者对个体生命的价值和意义进行了不同于传统意义的思考,发出了"我很重要"的呐喊,给人以心灵的震撼。当代作家张洁的《我的四季》运用象征的手法,通过描写生命的春、夏、秋、冬四个阶段,表达了作者在为事业奋斗历程中的人生感悟,即生命的劳作、艰辛、期待和收获。另外的两篇自读课文也都从不同的角度或层面对青春给出了不同的感悟。我们相信通过这一单元的学习,会给刚刚迈入青春期的你提供一些人生的借鉴。

1.

十八岁和其他[1]

杨　子

[阅读提示]

　　这是杨子在儿子十八岁生日时写给儿子的一封信。原文的副标题是"贺长子东东生日"。作者以自己的人生经历和深刻的人生感悟,围绕"十八岁"、"两代人的矛盾"、"读书的苦乐"、"青春"几个青春时期重要的人生话题,叙写了自己面对孩子成长既迷惘又欣慰的复杂心情;剖析了两代人产生矛盾的原因,指出了化解矛盾的方法;谈论了读书的苦与乐,并对儿子提出了关于读书的建议;赞颂了青春的美好,并劝勉儿子要永葆赤子之心,惜时如金。字里行间流露出对儿子深深的疼爱、理解和期望之情。

　　十八岁的孩子自尊、敏感,初步具备了独立意识,盛气凌人的说教只会招致他们的反感。作者深知这一点,所以,在行文方式上,作者以朋友的身份,借书信形式,用谈话的方式与孩子进行平等对话与交流,让孩子在被充分理解、尊重与信任的氛围中,受到心灵的感化,也进一步增强了父子间的亲近感。品读课文,我们能在字里行间体会出一个父亲的浓浓爱意和良苦用心。希望每一个正处在青春期的读者朋友,通过学习这篇课文,会对自己和自己的父母有一个重新的认识。

一、十 八 岁

东东:想到今天是你十八岁的生日,我有一份"孩子长大了"的欣慰,也有一份似水流年的迷惘。似乎,抱着初生的你到医生处诊治你的"脱肠",半夜喊破喉咙把医生从睡梦中叫起,那种焦急忧虑,还像是昨天的事。似乎,你刚能坐起,我在院子里为你拍照,假日带你坐在脚踏车前头藤椅上到处炫耀,那种激动喜悦,也还是昨天的事。怎么,昨天和今天,竟是十八年的光阴了! 诗人说:"在东方似是晨曦初露,乍回身,已是大地明亮。"这正可引来描述我突然想起你已是十八岁的心情。你也许会笑我,我就是那么时常把你看作缠绕身边的孩子呢!

十八岁有许许多多令人沉湎眷恋的回忆。我不知道我对你的爱,十八年来是否杂夹有一些不经心的、任性的以及成人对孩子不够了解的责备,而曾使你难过。我读过一个父亲因对孩子无端发脾气,伤了孩子的心,而事后深表懊悔的文章。一位日本作家也说:"当孩子在你身边的时候,多宠爱他们吧。不要等到你不能宠爱他们时再来后悔。"东东,假如人生能够重来一次,我真会情愿溺爱你的!

现在你长大了,许多父母都会感到一些无法再把握孩子童年的惆怅。因为,孩子长大了,便不再整天黏着你了,他有了自己的思想、朋友和活动天地;他不再那么依顺,他甚至开始反叛了。但是,对于我,反倒高兴有了一个可以像朋友般谈谈的孩子了。有什么事情可以比自己的孩子长大得能够兼为挚友更令人满意开怀的啊! 人生如有知己,应该以自己的孩子为最。是不?

东东,让我以这样的心情来祝贺你的十八岁生日。

二、两代人的矛盾

"父与子"时常被看作对立的两方,意味着思想的冲突,观念的差异,新与旧的不同,进步与保守的矛盾。下一代往往在下意识中受到这流行观念的影响,好像一开始便必然处在与上一代对立的地位。孩子,我希望我们不致有这么令人不愉快的关系。其实,在这"两代的矛盾"中,许多做父母的"错",都依然是出自于爱——纵使是自以为是的爱。你也许听过、读过父母干涉儿女婚姻一类的故事,譬如反对爱女嫁给穷小子等,无论你如何指责这一类的行为,你依然不能抹杀它根本的动机——关怀子女的幸福。

在"两代的矛盾"中,可能有一部分是源于父母的愚昧和落伍,但也有一部分是出自下一代对父母经验的无条件否定,出自年轻人的盲目反抗与追求"成熟""独立"的急躁。不过,一切悲剧的造成,都由于父母与子女间有时不能像朋友般地把问题摊出来谈谈,大家尽可能地过一种较随便的、不拘束的、较多接触的共同生活。东东,美国作家劳伦斯著有一本叫做《我的父亲》的书(你可以在我的书架上找到),在他的描写里,他父亲一样犯有许多惹儿女烦厌的"严父"怪癖。但是,就因为他们父子彼此多了点"友情"和理解,两代间的关系充满了和谐的快乐。孩子,我从小丧父,没有享受过父爱,也没有机会服从或反抗父亲。但是,即使对于温柔慈祥的母爱,我也曾犯过盲目反抗的错误。等到了解"可怜天下父母心"的深情时,已是后悔莫及!

孩子,我可能有许多错误,你也可能有许多错误,可是,希望你踏进"反抗"的年龄时,能够避免流行的"父与子"观念的感染,避免撷拾[2]一些概念、术语,轻率地对父母下评断。而我,当你踏进"反抗"的年龄时,能够对你们"下一代"有更深的了解与同情,在思想上不至于老旧得太追不上属于你的时代。

孩子,我真希望你们兄妹,把父母看作可以谈心的知己,让我们共享你们的喜乐,分担你们的烦恼。

三、读书的苦乐

现在你正为准备大专联考而深感读书之苦,我像其他父母一样,虽然极端同情你却不能不鼓励你,甚至鞭策[3]你尽全力去争取这一场残酷竞争的胜利。说起来是非常可诧异的,享受过自由自在的读书生活的我们这一代,在思想上、制度上却布置了一个叫你们憎厌的读书环境。自以为爱护下一代的我们,却使你们读书受到那么长时期(从幼稚园到大学)的身心折磨。我记得故乡老家后院临天井的小书房里,曾祖母曾挂了一条横幅,写着"读书最乐"四个字。我年少时常为这四个字所表现的意思所感动,并引起共鸣。我们这一代人是较幸运的,虽然我们读书也曾感到"光宗耀祖""十年寒窗"一类的传统压力,但并没有像你们这样喘不过气来的考试与升学的逼迫。你们高中语文课本里也许还有蒋士铨[4]的《鸣机夜课图记》。你可以从这篇文章中读出昔人读书之苦,但也一定能感受到那洋溢于文字中的读书乐。对我来说,从连环图画、《西游记》到《红楼梦》;从郁达夫到屠格涅夫[5];从徐志摩[6]到吉辛[7];从新月派[8]的诗到美国惠特曼[9]的《草叶集》,我们少年时代,读书真到了废寝忘食的快乐程度。我现在闭着眼能清晰地看到自己一面吃饭一面读书(不是功课)的"迷样子"(祖母的话)。我在你这个年龄,曾在一个晚上一口气读完肖洛霍夫[10]的两大本《静静的顿河》,等到发觉窗外泛白,才意犹未尽地合起书本起床。这正是当前长年为考试、升学烦恼紧张的你们所难以想象的读书"闲"趣。

东东,你来信说,希望我不要对你期望太高,你对于选择科系的"志愿"也表示了独特的意见。孩子,坦率地说,我无法抑制对你的期望,我虽不致蛮横专制到干涉你对"志愿"的选择,但也实在希望你能考进大学。我不能在自己孩子面前唱反升学主义的高调,尽管我希望你能随心所欲地享受读书之乐。我祈祷你能够随意读书,不再为"功课"苦恼的日子快些来临。那时你可叫作一个率性读书的人。在学问的海洋中,有无数的蓬莱仙岛,涉猎其中,其乐融融。孩子,扯起你的帆去邀游吧。

四、青   春

十八岁使我想起初长彩羽、引吭试啼的小公鸡,使我想起翅膀甫[11]健、开始翱翔于海阔天空的幼鹰,整个世界填满不了十八岁男孩子的雄心和梦。

十八岁使我想起我当年跟学校大队同学远足深山。春夏初交,群峰碧绿,我漫步于参天古木之中,发现一大丛新长的桉树,枝丫上翘,新芽竞长,欣欣向荣。我指着其中挺秀的一株对同学说，这就是我，十八岁的我。好自负的年龄啊！

孩子，现在你是十八岁了，告诉我你把自己比作什么？做些什么年轻的梦？我不想向你说教，只是希望你不要想得太复杂，太现实。青春是可爱的，希望你保持纯真，永远有一颗赤子之心，人生就会满足、快乐。

东东，人到了中年便时有闲愁，怪不得词人会感叹年华一瞬，容销金镜，壮志消残，我也不免有些感触。想起一手托着你的身体，一手为你洗澡的去日；想起你吵闹不睡，我抱着你在走廊上行走半夜的情景；想起陪你考幼稚园、考初中、考高中的一段段往事；还有那无数琐碎而有趣的回忆……孩子，一切都历历在目，我真不相信十八年已溜走了。不过，看到你英姿俊发，我年轻时的梦，正由你在延展，亦深觉人生之乐，莫过于目睹下一代的成长、茁壮。你读过《金缕曲》吧，劝君惜取少年时，孩子，多珍重！

一九六六年三月十二日

十八岁成人仪式

[注释]

[1] 选自《台湾散文精粹》（湖南文艺出版社 1988 年版），有删改。杨子，原名杨选堂，1923 年生，广东梅州人。其作品有小说《浸洒的花朵》、《变色的太阳》，散文《感情的花季》、《杂花生树》等。

[2] 摭（zhí）拾：摭意拾取，摘取；拾意捡。多指袭用现成的事例或词句。

[3] 鞭策：用鞭和策赶马，比喻督促。

[4] 蒋士铨（1725—1785）：清代文学家。

[5] 屠格涅夫（1818—1883）：俄国作家。

[6] 徐志摩（1896—1931）：中国现代诗人。

[7] 吉辛（1857—1903）：英国小说家。

[8] 新月派：中国 20 世纪二三十年代形成的文艺流派，代表人物有胡适、徐志摩、闻一多、梁实秋等。

[9] 惠特曼（1819—1892）：美国诗人。

[10] 肖洛霍夫（1905—1984）：苏联作家。

[11] 甫（fǔ）：刚刚。

[思考练习]

1. 十七八岁的孩子往往非常自尊、敏感，容易冲动，充满好奇、幻想和独立意识，对父母的教育有时表现出强烈的反叛心理。本文作者针对青春期孩子的心理特点,选择了"十八岁"、"两代人的矛盾"、"读书的苦乐"、"青春"这几个青春时期重要的人生话题,发表了自己的看法。请用自己的话概括作者对这几个话题的基本看法,并提出自己的观点。

2. 本文是一篇书信,作者采用了谈话式的行文方式,与孩子展开倾心、平等的交流。反复诵读课文,仔细体会作者的语气和感情,并总结一下这种行文方式的好处。

3. 课文中有许多意蕴深厚、感情充沛的语句,下面摘录几处,仔细体会里面包含着的父亲对儿子的挚爱之情,并请你用自己的话概括一下这些句子里面包含的情感。

(1) 想到今天是你十八岁的生日,我有一份"孩子长大了"的欣慰,也有一份似水流年的迷惘。

(2) 我不知道我对你的爱,十八年来是否杂夹有一些不经心的、任性的以及成人对孩子不够了解的责备,而曾使你难过。

(3) 东东,假如人生能够重来一次,我真会情愿溺爱你的!

(4) 东东,人到了中年便时有闲愁,怪不得词人会感叹年华一瞬,容销金镜,壮志消残,我也不免有些感触。

4. 学完课文后,将这篇课文拿给自己的父母看,与父母一起交流对这几个话题的看法。并采用书信体的方式把自己对这几个话题的看法写下来,寄给父母。

2.

我 很 重 要 [1]

毕淑敏

[阅读提示]

生命到底重要还是不重要?对于这一哲学命题,本文作者冲破传统的价值观念,以独特的感受、新奇的立意和洗练的文笔,从自然、历史、生命、亲情、友情、事业多个方面深刻剖析了个体生命的价值,从灵魂深处发出了"我很重要"的呐喊。告诉我们,任何时候都不要看轻自己。面对世俗的种种偏见,你能勇敢地说出"我很重要"吗?试着说出来,你的人生也许由此会掀开新的一页。

本文在阐述事理时,带有浓郁的哲理思辨色彩,但并不抽象深奥。作者将说理与抒情有机地融为一体,以理服人,以情动人。运用比喻、排比、反问等修辞手法,使文章更加生动传神,感情充沛,气势如虹。阅读时要在整体感知课文内容的基础上,认真体会这些特点。

当我说出"我很重要"这句话的时候,颈项后面掠过一阵战栗。我知道这是把自己的额头裸露在弓箭之下了,心灵极容易被别人的批判洞伤。

许多年来,没有人敢在光天化日之下表示自己"很重要"。我们从小受到的教育都是——"我不重要"。

作为一名普通士兵,与辉煌的胜利相比,我不重要。

作为一个单薄的个体,与浑厚的集体相比,我不重要。

作为一位奉献型的女性，与整个家庭相比，我不重要。

作为随处可见的人的一分子，与宝贵的物质相比，我们不重要。

我们——简明扼要地说，就是每一个单独的"我"——到底重要还是不重要？

我是由无数星辰日月草木山川的精华汇聚而成的。只要计算一下我们一生吃进去多少谷物，饮下了多少清水，才凝聚成一具美轮美奂的躯体，我们一定会为那数字的庞大而惊讶。平日里，我们尚要珍惜一粒米、一叶菜，难道可以对亿万粒菽粟[2]亿万滴甘露濡养[3]出的万物之灵，掉以丝毫的轻心吗？

当我在博物馆里看到北京猿人窄小的额和前凸的吻时，我为人类原始时期的粗糙而黯然。他们精心打制出的石器，用今天的目光看来不过是极简单的玩具。如今很幼小的孩童，就能熟练地操纵语言，我们才意识到人类已经在进化之路上前进了多远。我们的头颅就是一部历史，无数祖先进步的痕迹储存于脑海深处。我们是一株亿万年苍老树干上最新萌发的绿叶，不单属于自身，更属于土地。人类的精神之火，是连绵不断的链条，作为精致的一环，我们否认了自身的重要，就是推卸了一种神圣的承诺。

回溯我们诞生的过程，两组生命基因的嵌合，更是充满了人所不能把握的偶然性。我们每一个个体，都是机遇的产物。

常常遥想，如果是另一个男人和另一个女人，就绝不会有今天的我……

即使是这一个男人和这一个女人，如果换了一个时辰相爱，也不会有此刻的我……

即使是这一个男人和这一个女人在这一个时辰，由于一片小小落叶或是清脆鸟啼的打搅，依然可能不会有如此的我……

一种令人怅然以至走入恐惧的想象，像雾霭一般不可避免地缓缓升起，模糊了我们的来路和去处，令人不得不断然打住思绪。

我们的生命，端坐于概率垒就的金字塔的顶端。面对大自然的鬼斧神工[4]，我们还有权利和资格说我不重要吗？

对于我们的父母，我们永远是不可重复的孤本。无论他们有多少儿女，我们都是独特的一个。

假如我不存在了，他们就空留一份慈爱，在风中蛛丝般无法附丽地飘荡。

假如我生了病，他们的心就会皱缩成石块，无数次向上苍祈祷[5]我的康复，甚至愿灾痛以十倍的烈度降临于他们自身，以换取我的平安。

我的每一滴成功，都如同经过放大镜，进入他们的瞳孔，摄入他们的心底。

假如我们先他们而去，他们的白发会从日出垂到日暮，他们的泪水会使太平洋为之涨潮。

面对这无法承载的亲情，我们还敢说我不重要吗？

我们的记忆，同自己的伴侣紧密地缠绕在一处，像两种混淆于一碟的颜色，已无法分开。你原先是黄，我原先是蓝，我们共同的颜色是绿，绿得生机勃勃，绿得苍翠欲滴。失去了妻子的男人，胸口就缺少了生死攸关[6]的肋骨，心房裸露着，随着每一阵轻风滴血。失去了丈夫的女人，就是齐斩斩折断的琴弦，每一根都在雨夜长久地自鸣……

面对相濡以沫[7]的同道，我们忍心说我不重要吗？

俯对我们的孩童，我们是至高至尊的唯一。我们是他们最初的宇宙，我们是深不可测的海洋。假如我们隐去，孩子就永失淳厚无双的血缘之爱，天倾东南，地陷西北，万劫不复[8]。盘子破裂可以粘起，童年碎了，永不复原。伤口流血了，没有母亲的手为他包扎。面临抉择，没有父亲的智慧为他谋略……

面对后代，我们有胆量说我不重要吗？

与朋友相处，多年的相知，使我们仅凭一个微蹙的眉尖、一次睫毛的抖动，就可以明了对方的心情。假如我不在了，就像计算机丢失了一份不曾复制的文件，他的记忆库里留下不可填补的黑洞。夜深人静时，手指在撤[9]了几个电话键码后，骤然停住，那一串数字再也用不着默诵了。逢年过节时，她写下一沓沓的贺卡。轮到我的地址时，她闭上眼睛……许久之后，她将一张没有地址只有姓名的贺卡填好，在无人的风口将它焚化。

相交多年的密友，就如同沙漠中的古陶，摔碎一件就少一件，再也找不到一模一样的成品。面对这般友情，我们还好意思说我不重要吗？

我很重要。

我对于我的工作我的事业，是不可或缺的主宰。我的独出心裁的创意，像鸽群一般在天空翱翔[10]，只有我才捉得住它们的羽毛。我的设想像珍珠一般散落在海滩上，等待着我把它用金线串起。我的意志向前延伸，直到地平线消失的远方……

没有人能替代我，就像我不能替代别人。

我很重要。

我对自己小声说。我还不习惯嘹亮地宣布这一主张，我们在不重要中生活得太久了。

我很重要。

我重复了一遍。声音放大了一点。我听到自己的心脏在这种呼唤中猛烈地跳动。

我很重要。

我终于大声地对世界这样宣布。片刻之后，我听到山岳和江海传来回声。

是的，我很重要。我们每一个人都应该有勇气这样说。我们的地位可能很卑微，我们的身份可能很渺小，但这丝毫不意味着我们不重要。

重要并不是伟大的同义词，它是心灵对生命的允诺。

对于一株新生的树苗，每一片叶子都很重要。对于一个孕育中的胚胎，每一段染色体碎片都很重要。甚至驰骋寰宇[11]的航天飞机，也可以因为一个油封橡皮圈的疏漏而凌空爆炸，你能说它不重要吗？

人们常常从成就事业的角度，断定我们是否重要。但我要说，只要我们在时刻努力着，为光明在奋斗着，我们就是无比重要地生活着。

让我们昂起头，对着我们这颗美丽的星球上无数的生灵，响亮地宣布——

我很重要。

［注释］

[1]　选自《毕淑敏自选精品集·散文卷》（中国社会出版社 2002 年版），有改动。毕淑敏，女，当代作家。1952 年出生于新疆，中学就读于北京外国语学院附属学校。1969 年入伍，在喜马拉雅山、冈底斯山、喀喇昆仑山交汇的西藏阿里高原部队当兵 11 年。1980 年转业回北京。从事医学工作 20 年后，开始专业写作，共发表作品 200 万字。曾获庄重文文学奖、《小说月报》第四、五、六届百花奖、当代文学奖、陈伯吹文学大奖、北京文学奖、昆仑文学奖、解放军文艺奖、青年文学奖、台湾第 16 届中国时报文学奖、台湾第 17 届联合报文学奖等各种文学奖 30 余次。国家一级作家。

[2]　菽（shū）粟：泛指粮食。

[3]　濡（rú）养：滋润供养。濡，沾湿。

[4]　鬼斧神工：像是鬼神制作出来的。形容艺术技巧高超，不是人力所能达到的。

[5]　祈祷：宗教仪式之一。信仰宗教的人向天地神佛等祷告，祈福免灾。含有赞美、感谢、告白、请求等意。

[6]　生死攸关：攸，所。关系到生和死。指生死存亡的关键。

[7]　相濡以沫：濡，沾湿；沫，唾沫。泉水干了，鱼吐沫互相润湿。比喻一同在困难的处境里，用微薄的力量互相帮助。【出自】《庄子·大宗师》："泉涸，鱼相与处于陆，相呴以湿，相濡以沫。"

[8]　万劫不复：佛教称世界从生成到毁灭的一个过程为一劫，万劫就是万世的意思。指永远不能恢复。

[9]　揿（qìn）：方言，按。

[10]　翱翔：在空中（常指在高空）飞行或盘旋。

[11]　寰（huán）宇：天下。旧指国家全境，今亦指全世界。

［思考练习］

1. 作者从哪几个方面得出了"我很重要"的结论？

2. 本文的题目是"我很重要"，可文章为什么要以连续的"我不重要"开头？这样安排有什么好处？

3. 阅读下面这则材料，联系课文谈谈自身的感受。

不论你们现在是孩子，还是以后会为人父母，或是面对知己朋友，或是面对自己的事业，你们都要有这样的意识——"我很重要"。但这也并不是说你们可以肆无忌惮、为所欲为。相反，我们更要对自己的言行加强约束，因为"我很重要"这句话背负着更多的是一种"责任意识"。与人类相比较，个人虽微小，但一个人的生活态度仍然会影响很多人的命运。

下面我们来看一则故事：

2003年10月29日，笔者一天之内惊闻两起青少年自杀的消息，涉及孩童5人。一起发生在湖南常德，一名13岁的男孩儿在自家上吊自杀，遗书上写明不堪忍受学校的恶劣伙食；一起发生在广东的梅州，两名女孩儿因同学嘲笑无法释怀服毒自杀，两名朋友甘愿"陪葬"（四名女孩已经脱离危险）。联系以往媒体报道的青少年自杀现象，笔者认为，青少年心理健康教育必须引起全社会的高度重视。（摘自中新网）

3.

我 的 四 季[1]

张 洁

［阅读提示］

"这是一篇别具一格的抒情散文。"（曲乙）20世纪70年代末80年代初，张洁的散文创作致力于"爱"与"美"的探索和表现。她把这一时期的散文创作命名为"大雁系列"，这些散文以一种轻松、自然、冷静的笔法出现在当时浸泡着泪水、呻吟着苦楚的文学之中，显得与众不同。这组散文的描写重点转向了纯粹的人生层面,给被僵硬的政治话语束缚太久的散文园地吹来了一股清新、自然的风,内容上充溢着一股强烈的苦难意识。《我的四季》就是这类作品的代表。作者把自己隐藏在一个虚拟的农夫形象的背后,以生命不息、奋斗不止作为人生四季的主线,巧妙地用春夏秋冬安排了人生的历程:春天播种,夏天耕耘,秋天收获,冬天总结。伴随着人生的历程,作者的情感经历是:春天坚定信念,充满期待;夏天历经挫折,逐步成熟;秋天收获微薄,正确量取;冬天不甘寂寞,检点人生。

我们每个人在相同的四季里经历着迥异的自我。面对人生中的艰难和挫折,本文作者是如何对待的? 你赞同作者的哪些观点? 假若面对这些挫折的是你,你该如何应对?

全文运用象征手法,感情浓烈,语言富有哲理性,这是本文在艺术手法上的几个特点。请仔细品味作者对人生的感悟,摘录文中你最喜欢的语句。

生命如四季。

春天,我在这片土地上,用我细瘦的胳膊,紧扶着我锈钝的犁。深埋在泥土里的树根、石块,磕绊着我的犁头,消耗着我成倍的体力。我汗流浃背,四肢颤抖,恨不得立刻躺倒在那片刚刚开垦的泥土之上。可我懂得,我没有权利逃避在给予我生命的同时所给予我的责任。我无须问为什么,也无须想有没有结果。我不应白白地耗费时间,去无尽地感慨生命的艰辛,也不应该自艾[2]自怜命运怎么这样不济,偏偏给了我这样一块不毛之地。我要做的是咬紧牙关,闷着脑袋,拼却全身的力气,压到我的犁头上去。我绝不企望有谁来代替,因为在这世界上,每人都有一块必得由他自己来耕种的土地。

我怀着希望播种,那希望绝不比任何一个智者的希望更为谦卑。

每天,我望着掩盖着我的种子的那片土地,想象着它将发芽、生长、开花、结果,如一个孕育着生命的母亲,期待着自己将要出生的婴儿。我知道,人要是能够期待,就能够奋力以赴。

夏日,我曾因干旱,站在地头上,焦灼地盼过南来的风,吹来载着雨滴的云朵。那是怎样的望眼欲穿、望眼欲穿哪! 盼着,盼着,有风吹过来了,但那阵风强了一点,把那片载着雨滴的云吹了过去,吹到另一片土地上。我恨过,恨我不能一下子跳到天上,死死地揪住那片云,求它给我一滴雨。那是什么样的痴心妄想! 我终于明白,这妄想如同想要拔着自己的头发离开大地。于是,我不再妄想,我只能在我赖以生存的这块土地上,寻找泉水。

没有充分的准备,便急促地上路了。经历过的艰辛自不必说它。要说的是找到了水源,才发现没有带上盛它的容器。仅仅是因为过于简单和过于发热的头脑,发生过多少次完全可以避免的惨痛的过失——真的,那并非不能,让人真正痛心的正是并非不能。我顿足,我懊恼,我哭泣,恨不得把自己撕成碎片。有什么用呢? 再重新开始吧,这样浅显的经验却需要比别人付出加倍的代价来记取。不应该怨天尤人[3],会有一个时辰,留给我检点自己!

我眼睁睁地看过,在无情的冰雹下,我那刚刚灌浆、远远没有长成的谷穗,在细弱的稻杆上摇摇摆摆地挣扎,却无力挣脱生养它又牢牢地锁住它的大地,永远没有尝过成熟是怎么一种滋味,便夭折[4]了。

我曾张开我的双臂,愿将我全身的皮肉,碾成一张大幕,为我的青苗遮挡狂风、暴雨、冰雹……善良过分,就会变成糊涂和愚昧。厄运只能将弱者淘汰,即使为它挡过这次灾难，它也会在另一次灾难里沉没。而强者会留下，继续走完自己的路。

秋天，我和别人一样收获。望着我那干瘪的谷粒，心里有一种又酸又苦的欢乐。但我并不因我的谷粒比别人的干瘪便灰心或丧气。我把它们捧在手里，紧紧地贴近心窝，仿佛那是新诞生的一个自我。

富有而善良的邻人，感叹我收获的微少，我却疯人一样地大笑。在这笑声里，我知道我已成熟。我已有了一种特别的量具，它不量谷物只量感受。我的邻人不知和谷物同时收获的还有人生。我已经爱过，恨过，欢笑过，哭泣过，体味过，彻悟过……细细想来，便知晴日多于阴雨，收获多于劳作。只要我认真地活过，无愧地付出过。人们将无权耻笑我是入不敷出[5]的傻瓜，也不必用他的尺度来衡量我值得或是不值得。

到了冬日，那生命的黄昏，难道就没有什么事情好做？只是隔着窗子，看飘落的雪花、落寞[6]的田野，或是数点那光秃的树枝上的寒鸦？不，我还可以在炉子里加上几块木柴，使屋子更加温暖；我将冷静地检点自己：我为什么失败，我做错过什么，我欠过别人什么……但愿只是别人欠我，那最后的日子，便会心安得多！

再没有可能纠正已经成为往事的过错。一个生命不可能再有一次四季。未来的四季将属于另一个新的生命。

但我还是有事情好做，我将把这一切记录下来。人们无聊的时候，不妨读来解闷。怀恨我的人，也可以幸灾乐祸[7]地骂声：活该！聪明的人也许会说这是多余；刻薄的人也许会敷演[8]出一把利剑，将我一条条地切割。但我相信，多数人将会理解，他们将会公正地判断我曾做过的一切。

在生命的黄昏里，哀叹和寂寞的，将不会是我！

〔注释〕

[1] 选自《人民文学》1981年第2期。张洁，(1937—) 当代女作家。原籍辽宁，生于北京，读小学和中学时爱好音乐和文艺。1960年毕业于中国人民大学计划统计系，到第一机械工业部工作。1978年发表第一篇小说《从森林里来的孩子》，获同年全国优秀短篇小说奖。翌年加入中国作协。1982年加入国际笔会中国中心，并随中国作家代表团赴美国参加第一次中美作家会议。任北京市作协副主席。著有作品集《张洁小说剧本选》，小说散文集《爱是不能忘记的》、《方舟》，小说集《祖母绿》，长篇小说《沉重的翅膀》(获全国第2届茅盾文学奖，曾被译成德、英、法、瑞典等多种文字出版)、《只有一个太阳》，散文集《在那绿草地上》以及《张洁集》等。张洁获意大利1989年度"玛拉帕尔帝"国际文学奖。她的《谁生活得更美好》、《条件尚未成熟》分获1979年、1983年全国优秀短篇小说奖；《祖母绿》获全国第3届优秀中篇小说奖，短篇小说《有一个青年》改编拍摄成电视剧播映。张洁以"人"和"爱"为主题的创作，常引起文坛的论争。她不断拓展艺术表现的路子，作品以浓烈的感情笔触探索人的心灵世界，细腻深挚，优雅淳美。2005年，长篇小说《无字》获第6届茅盾文学奖，是我国唯一荣获两届茅盾文学奖的作家。

[2] 艾(yì)：惩治。

[3] 怨天尤人：埋怨上天，怪罪别人。

[4] 夭折：未成年而死。也比喻事情中途失败。

［5］　入不敷出：收入不够开支。

［6］　落寞：寂寞；冷落。也作"落漠"或"落莫"。

［7］　幸灾乐祸：别人遭到灾祸时自己心里高兴。

［8］　敷演：叙述并发挥。也作"敷衍"。

［思考练习］

1. 仔细阅读课文，完成下面的思考题：

(1) 春天开垦犁耕时遭遇重重困难，"我"为什么没有选择逃避？

(2) 秋天"我"收获了干瘪的谷粒，为什么"心里有一种又酸又苦的欢乐"？

(3) 请各用一句话概括作者人生四季的特点。

2. 本文语言富含哲理性，引发人们对人生的思考。请思考一下文中这几句话的哲理性含义。

(1) 在这世界上，每人都有一块必得由他自己来耕种的土地。

(2) 我终于明白，这妄想如同想要拔着自己的头发离开大地。于是，我不再妄想，我只能在我赖以生存的这块土地上，寻找泉水。

(3) 厄运只能将弱者淘汰，即使为它挡过这次灾难，它也会在另一次灾难里沉没。而强者会留下，继续走完自己的路。

(4) 只要我认真地活过，无愧地付出过。人们将无权耻笑我是入不敷出的傻瓜，也不必用他的尺度来衡量我值得或是不值得。

(5) 在生命的黄昏里，哀叹和寂寞的，将不会是我！

3. 课余时间搜集几个在自己的岗位上作出突出贡献的人物的成长经历，结合他们的事迹以及本文作者的观点，谈谈自己的看法，并和其他同学交流一下。

4.

青　春[1]

苏雪林

［阅读提示］

这是苏雪林发表于 20 世纪 40 年代的一篇赞美青春的抒情散文。文章从外在形貌与内在精神两方面入手，把青年透明的、清洁的、爱美的、没有年龄之分和美丑之别的特征娓娓道来，更重要的特征是青年们具有旺盛的精力、无穷的创造力和不可限量的未来。当然，有些青年也不乏坎坷和不幸。作者满含深情，对青年既有细腻的描摹，又有充满激情的赞美，同时还有谆谆的告诫。正值青春年华的我们，读此文时是否深有感触，从而令自己也备受鼓舞和启发呢？

课文结构精巧。题目虽为"青春"，开篇却荡开一笔，先从四季之"春"写起，借万物之生机，传生命之律动，看似写春季景色，实为写生命之花季，由此对青春的抒写便顺理成章、水到渠成了。而且，文章语言也非常优美典雅，尤其是大量的对偶和排比句式的运用，使作者的情感抒发得更为酣畅淋漓。希望读者在阅读此文时，能更好地理解"青春"的含义。

记得法国作家曹拉的《约翰戈东之四时》曾以人之一生比为年之四季，我觉得很有意味，虽然这个譬喻是自古以来，就有人说过了。但芳草夕阳，永为新鲜诗料，好譬喻又何嫌于重复呢？

不阴不晴的天气，乍寒乍暖的时令，一会儿是袭袭和风，一会儿是蒙蒙细雨，春是时哭时笑的，春是善于撒娇的。

树枝间新透出叶芽，稀疏琐碎地点缀着，地上黄一块，黑一块，又浅浅的绿一块，看去很不顺眼，但几天后，便成了一片蓊然的绿云，一条缀满星星野花的绣毡了。压在你眉梢上的那厚厚的灰黯色的云，自然不免教你气闷，可是它转瞬间会化为如纱的轻烟，如酥的小雨。新婚紫燕，屡次双双来拜访我的矮椽，软语呢喃，商量不定，我知道它们准是看中了我的屋梁，果然数日后，便衔泥运草开始筑巢了。远处，不知是画眉，还是百灵，或是黄莺，在试着新吭呢。强涩地，不自然地，一声一声变换着，像苦吟诗人在推敲他的诗句似的。绿叶丛中紫罗兰的嗫嚅[2]，芳草里铃兰的耳语，流泉边迎春花的低笑，你听不见么？我是听得很清楚的。她们打扮整齐了，只等春之女神揭起绣幕，便要一个一个出场演奏。现在它们有点浮动，有点不耐烦。春是准备的。春是等待的。

几天没有出门，偶然涉足郊野，眼前竟换了一个新鲜的世界。到处怒绽着红紫，到处隐现着虹光，到处悠扬着悦耳的鸟声，到处飘荡着迷人的香气，蔚蓝天上，桃色的云，徐徐伸着懒腰，似乎春眠未足，还带着惺忪[3]的睡态。流水却瞧不过这小姐腔，它泛着激滟[4]的霓彩，唱着响亮的新歌，头也不回地奔赴巨川，奔赴大海……春是烂漫的，春是永远的向着充实和完成的路上走的。

春光如海，古人的比喻多妙，多恰当。只有海，才可以形容出春的饱和，春的浩瀚，春的磅礴洋溢，春的澎湃如潮的活力与生意。

春在工作，忙碌地工作，它要预备夏的壮盛，秋的丰饶，冬的休息，不工作又怎么办？但春一面在工作，一面也在游戏，春是快乐的。

春不像夏的沉郁，秋的肃穆，冬的死寂，它是一味活泼，一味热狂，一味生长与发展，春是年轻的。

当一个十四五岁或十七八岁的健美青年向你走来，先有爽朗新鲜之气迎面而至。正如睡过一夜之后，打开窗户，冷峭的晓风带来的那一股沁心的微凉和葱茏的佳色。他给你的印象是爽直、纯洁、豪华、富丽。他是初升的太阳，他是才发源的长河，他是能燃烧世界也能燃烧自己的一团烈火，他是目射神光，长啸生风的初下山时的乳虎，他是奋鬣[5]扬蹄，控制不住的新驹。他也是热情的化身，幻想的源泉，野心的出发点，他是无穷的无穷，他是希望的希望。啊！青年，可爱的青年，可羡慕的青年。

青年是透明的，身与心都是透明的。嫩而薄的皮肤之下，好像可以看出鲜红血液的运行，这就形成他或她容颜之春花的娇，朝霞的艳。所谓"吹弹得破"，的确教人有这样的担心。忘记哪一位西洋作者有"水晶的笑"的话，一位年轻女郎嫣然微笑时，那一双明亮的双瞳，那两行粲然如玉的牙齿，那唇角边两颗轻圆的笑涡，你能否认这"水晶的笑"四字的意义么？

青年是永远清洁的。为了爱整齐的观念特强，青年对于身体，当然时时拂拭，刻刻注意。然而青年身体里似乎天然有一种排除尘垢的力，正像天鹅羽毛之洁白，并非由于洗濯而来。又似乎古印度人想象中三十二天的天人，自然鲜洁如出水莲花，一尘不染。等到头上华萎，五官垢出，腋下汗流，身上那件光华夺目的宝衣也积了灰尘时，他的寿命就快告终了。

青年最富于爱美心。衣履的讲究，头发颜脸的涂泽，每天费许多光阴于镜里的徘徊顾影，追逐银幕和时装铺新奇的服装的热心，往往叫我们难以了解，或成了可怜悯的讽嘲。无论如何贫寒的家庭，若有一点颜色，定然聚集于女郎身上。这就是碧玉虽出自小家，而仍然不失其为碧玉的秘密。为了美，甚至可以忍受身体上的戕残[6]，如野蛮人的文身穿鼻，过去妇女之缠足束腰。我有个窗友因面麻而请教外科医生，用药烂去一层面皮。三四十年前，青年妇女，往往就牙医无故拔除一牙而镶之以金，说笑时黄光灿露，可以增加不少的妩媚。于今我还听见许多人为了门牙之略欠整齐而拔去另镶的，血淋淋的也不怕痛。假如陆判官的换头术[7]果然灵验，我敢断定必有无数女青年毫不迟疑地袒露其细细粉颈，而去欢迎他靴统子里抽出来那柄铦利如霜小匕首的。

青年是没有年龄高下之别的，也永远没有丑的，除非是真正的嫫母[8]和戚施[9]。记得我在中学读书时，眼中所见那群同学，不但大有美丑之分，而且竟有老少之别。凡那些皮肤粗黑些的，眉目庸蠢些的，身材高大些的，举止矜庄些的，总觉得她们生得太"出老"一点，猜测她们年龄时，总会将它提高若干岁。至于二十七八岁或三十一二的人——当时文风初开的内地学生年龄是有这样的——在我们这些比较年轻的一群看来，竟是不折不扣的"老太婆"了。这样的"老太婆"还出来念什么书，活现世！轻薄些的同学的口角边往往会漏出了这样嘲笑。现在我看青年的眼光竟和从前大大不同了，媸妍[10]胖瘦，当然还分辨得出，而什么"出老"的感觉，却已消灭于乌有之乡，无论他或她容貌如何，既然是青年，就要还他一份美，所谓"青春的美"。挺拔的身躯，轻轻的步履，通红的双颊，闪着青春之焰的眼睛，每个青年都差不多，所以看去年纪也差不多。从飞机下望大地，山陵原野都一样平铺着，没有多少高下隆洼之别，现在我对于青年也许是坐着飞机而下望的。哈，坐着年龄的飞机！

但是，青年之最可爱的还是他身体里那股淋漓元气，换言之，就是那股愈汲愈多，愈用愈出的精力。所谓"青年的液汁"，这真是个不舍昼夜滚滚其来的源泉，它流转于你的血脉，充盈于你的四肢，泛滥于你的全身，永远要求向上，永远要求向外发展。它可以使你造成博学，习成绝技，创造惊天动地的事业。青年是世界上的王，它便是青年王国拥有的一切财富。

当我带着书踱上讲坛，下望墨压压的一堂青年的时候，我的幻想，往往开出无数芬芳美丽的花：安知他们中间将来没有李白、杜甫、荷马、莎士比亚那样伟大的诗人么？安知他们中间，将来没有马可尼、爱迪生、居里夫人一般的科学家；朱子、王阳明、康德、斯宾塞一般的哲学家么？学经济的也许将来会成为一位银行界的领袖；学政治的也许就仗着他将中国的政治扶上轨道；学化学或机械的也许将来会发明许多东西，促成中国的工业化、现代化。也许他们中真有人能创无声飞机，携带什么不孕粉，到扶桑[11]三岛巡礼一回，聊以答谢他们三年来赠送我们的这许多野蛮惨酷礼品的厚意。不过，我还是希望他们中间有人能向世界宣传中国优越的文化，和平的王道，向世界散布天下为公的福音，叫那些以相斫为高的刽子手们，初则眙愕相顾[12]，继则心悦诚服……青年的前途是浩荡无涯的，是不可限量的，但能以致此，还不是靠着他们这"青年的精力"？

春是四季里的良辰，青年是人生的黄金时代。是春天，就该鸟语花香，风和日丽，但淫雨连绵，接连三四十日之久，气候寒冷得像严冬，等到放晴时，则九十春光，阑珊已尽。这样的春天岂非常有？同样，幼年多病，从药炉茶鼎间逝去了寂寂的韶华；父母早亡，养育于不关痛痒者之手，像墙角的草，得不着阳光的温煦，雨露的滋润；生于寒苦之家，半饥半饱地挨着日子，既无好营养，又受不着好教育，这种不幸的青年，又何尝不多？呵，这也是春天，这也是青年！

中年人或老年人见了青年，觉得不胜其健羡之至，而青年却似乎不能充分地了解青春之乐。所谓"不识庐山真面目，只缘身在此山中"[13]，谁说不是一条真理？好像我们称孩子的时代为黄金，其实孩子果真知道自己快乐么？他们不自知其乐，而我们强名之为乐，我总觉得这是不该的。

再者青年总是糊涂的，无经验的。以读书研究而论，他们往往不知门径与方法，浪费精神气力而所得无多。又血气正盛，嗜欲的拘牵，情欲的缠纠，冲动的驱策，野心的引诱，使他们陷于空想、狂热、苦恼、追求以及一切烦闷之中，如苍蝇之落于蛛网，愈挣扎则缚束愈紧。其甚者从此趋于堕落之途，及其觉悟则已老大徒悲了。若能以中年人的明智，老年人的淡泊，控制青年的精力，使它向正当的道路上发展，则青年的前途，岂不更远大，而其成功岂不更快呢。

[注释]

[1]　选自《中国现代文学百家·苏雪林代表作》（华夏出版社 1999 年版），有删节。苏雪林（1897—1999），原名苏梅，安徽太平人。现代女作家、文学研究家。主要作品有散文集《绿天》、《青鸟集》、《屠龙集》，长篇小说《棘心》，小说集《蝉蜕集》，传记作品《南明忠烈传》等。

[2]　嗫嚅（nièrú）：形容想说话而又吞吞吐吐不敢说出来的样子。

[3]　惺忪（xīngsōng）：形容因刚醒而眼睛模糊不清。

[4]　潋滟（liànyàn）：形容水波流动。

[5]　鬣（liè）：某些兽类（如马、狮子等）颈上的长毛。

[6]　戕（qiāng）残：严重损害，残害。

[7]　陆判官的换头术：见《聊斋志异》之《陆判》一篇，讲的是地府陆判官为陵阳书生朱尔旦"破腔易慧心"，又为其丑妻换上美人头的故事。

[8]　嫫母：传说中的丑妇。

[9]　戚施：语出《诗经·邶风·新台》诗句"燕婉之求，得此戚施"。"戚施"，意思是癞蛤蟆，比喻面貌丑陋。

[10]　媸妍（chīyán）：丑和美。

[11]　扶桑：我国对日本的旧称。

[12]　眙（yí）愕相顾：惊讶地相互对视。

[13]　不识庐山真面目，只缘身在此山中：语出宋代苏轼的《题西林壁》。

[思考练习]

1. 指出下列句子运用的修辞格。

(1) 春在工作,忙碌地工作,它要预备夏的壮盛,秋的丰饶,冬的休息,不工作又怎么办?

(2) 春不像夏的沉郁,秋的肃穆,冬的死寂。

(3) 安知他们中间将来没有李白、杜甫、荷马、莎士比亚那样伟大的诗人么?

(4) 所谓"不识庐山真面目,只缘身在此山中",谁说不是一条真理?

(5) 到处怒绽着红紫,到处隐现着虹光,到处悠扬着悦耳的鸟声,到处飘荡着迷人的香气。

2. 用几个词语概括"青春"的特点。

5.

带上三句话上路[1]

李小刀

[阅读提示]

父爱如山,父亲没有母亲那样的唠叨,却有自己对生活太多的沉淀、太多的理解。在孩子即将远行时,作为父亲,作者以一颗睿智的心,郑重地交代了这样三句话:"快乐是一种美德",让孩子无论何时何地,都要保持快乐,传播快乐;"不为一朵花停留太久",让孩子要懂得发现美,欣赏美,享受生活的美好,但不要让美丽的风景动摇了走向远方的脚步;"为帮过自己的人准备一份礼物",要孩子懂得饮水思源,学会感恩,对于别人的帮助,要心存感激,努力回报。生活不会给我们"打草稿"的机会,因为我们所认为的"草稿",其实就是人生无法更改的答卷。一个人要干出一番事业,要真正懂得为人处世的道理,要享受生活中的快乐,最重要的是要具备优秀的品质。

透过这饱含哲理馨香的文字,作者传达给我们的是一种积极乐观、健康向上的人生态度:做人,要有乐观向上的人生态度,要有胸怀远大的志向,要有一颗感恩的心。如果将这三句话带在身旁,你将受益终身。

本文语言简洁朴素,明白如话,像一位长者,娓娓道来,循循善诱,让人倍感亲切。阅读时要认真加以体会。

你将要远行,孩子,将有一生的岁月等你去走,我送你三句话带在身边。

快乐是一种美德

要保持快乐,孩子,这是我们穷人最后的奢侈。不要轻易丢掉快乐的习惯,否则我们将更加一无所有。

你要快乐,在每个清晨或傍晚。你要学会倾听万物的语言,你要试着与你身边的河流、山川、大地交谈。在你经过的每一个村庄,你要留下你的笑声作为纪念,这样当多年以后人们再谈起你时,他们也会记得当年曾有一个多么快乐的小伙子从这里经过。

快乐是一种美德。无论你带着多少行李,你也不要把它扔到路边的沟里。即使你的鞋子掉了,脚上磨出了血,你也要紧紧地攥着快乐,不和它离开半天。

快乐是一种美德,孩子,这是因为快乐能够传染。你要把你的快乐传染给你身边的每个人,无论他是劳累的农夫还是生病的旅人;无论他是赤脚的孩子还是为米发愁的母亲,你都要把快乐传染给他们,让他们像鲜花一样绽开笑脸。

孩子,在你经过的每个村庄,人们都会像亲人一样待你,他们给你甘甜的水,给你的包裹里塞满干粮。你就给他们快乐吧!记住,快乐是一种美德,它能让你在人们的心中活上好多年。

不为一朵花停留太久

在你的旅途上,孩子,会有许多你没有见过的鲜花开在路边。它们守在溪流的旁边,在风中唱歌跳舞。

不要忽略它们,孩子,我们的眼睛永远不要忽略掉美。你要欣赏它们的身姿和歌声,你要因为它们而感到生活的美好。不管你的旅途多么遥远,不管你的道路如何艰险,你都要和鲜花交谈,哪怕只用你喝点水、洗把脸的时间。

不要看不见满径的鲜花。但我要告诉你,当你沉浸在花香中的时候,不要忘记赶路,不要为一朵花停留太久。

你只是一个过路的人,孩子。你要去的是前方,你的旅途依旧漫长。你的鞋子依然完整,你的双眼依然有神,你属于远方,而不是这里。

不为一朵花停留太久。相信这条路的前头还有千朵万朵花在等你。你要知道自己究竟要去哪里,在你没到之前,孩子,不要为一朵花停住脚步。

你去的地方是远方,孩子,你要知道,那是很远、很远的地方。

为帮过自己的人准备一份礼物

你会在某一天踩着满地阳光到达目的地。孩子,只要你的身体里流着奔腾的热血,只要你举着火把吓退野兽,你就迟早会抵达那个你想要去的地方。那是远方,那是幸福之乡。

就在你打点行装,准备返回的时候,我要对你说,孩子,别忘了为那些帮过你的人准备一份礼物。

你要记住在旅途上你喝过别人给你舀来的泉水;你吃过别人给你送上的食物;你听过一位姑娘的歌声;你向一个孩子问过路;你在一间猎人的小屋中曾度过一个漫漫黑夜。要记住他们,孩子,你要记住这些人的声音、容貌。在你返回前,你要为他们准备好礼物。

你要把几块丝绸、几块好看的石头细心地包好。你要给姑娘准备好鲜花;你要给老人准备好烟丝;你要想着那些调皮的孩子,他们的礼物最好找也最难找。

这些就足够足够了。再带上你在路上看过的风景、听过的故事,再带上你的经历和感触,在燃着火的炉边,讲给他们听。

告诉缺水的人们前头哪里有水,告诉生病的人哪种草药可以治病,把你这一路的经验告诉他们,把前方哪里有路告诉他们。

这些都是最好的礼物。

不要忘了给帮过自己的人准备一份礼物,孩子,只有这样,你的这次远行才算没有白走。

[注释]

[1]　选自《时文选粹》第 3 辑(南方出版社 2003 年版)。

[思考练习]

思考加点的词语或短语的含义。

1. 孩子,在你经过的每一个村庄,人们都会像亲人一样待你,他们给你甘甜的水,给你的包裹里塞满干粮。

2. 不为一朵花停留太久。

3. 为帮助过自己的人准备一份礼物。

4. 你去的地方是远方。

5. 你会在某一天踩着满地阳光到达目的地。

口语交际(一)

介　绍

生活情境

情境一:

菲菲的爸爸是一家旅游公司的经理。放暑假了,菲菲的同学肖静想到菲菲的爸爸的公司打工,想拜托菲菲先为她沟通一下。菲菲向爸爸说明情况后,爸爸说道:"菲菲呀,你得先把肖静的情况给我介绍一下。"

情境二:

徐阳是一名职业中专的学生。5 月的一天,他接到即将参加中考的表妹的一个电话,表妹说她想报徐阳所在的学校,要求徐阳通过电话向她介绍一下学校的情况。

情境三:

星期天的下午,成明提着大包小包坐公交车返校。拥挤的车厢突然响起争吵声,接着,争吵的双方——两个成年男子大打出手,彼此头破血流还互不相让。乘客中有人报了110。警察到场后,成明作为目击证人,被带到了派出所,警察要求成明介绍一下当时的具体情况。

……

与上述类似的生活情境,你遇到过吗？这些生活情境中所需要的口语交际方式就是介绍。在人际交往中,介绍的用途广泛,实用性很强。

相关知识

所谓介绍是指对人、事或物作口头的描述、说明和评价。

介绍的类型包括人物介绍、事物介绍和事理介绍。

人物介绍分为介绍自我和介绍他人两种。无论是介绍自己还是介绍他人，一般都要包括姓名、年龄、简单的生活背景（家庭、学校或单位）、个性特点、兴趣爱好、专业特长、个人成就等。根据需要，也可增加或减少一些内容。

事物介绍主要是介绍事物的性质、形状、数量、位置、成因、发生发展、制作方法、功能等方面。

事理介绍主要是介绍事理的概念、种类、本质属性、内部联系、科学原理等方面。

作介绍的基本要求

1. 抓住特性

无论是人还是事物，都有其共性和个体的特性。作介绍时，我们往往要说明的是某一个人和事物或者是某一类人和事物的特性，以此让人们了解其不同于其他个性或类别的特点、功能等。所以，能够准确地抓住所要介绍的人或事物的特性，是我们首先要注意的问题。

2. 突出重点

作介绍时，我们要根据介绍的具体目的、时间要求、现场情况等，来决定介绍内容的多与少、主与次。不必面面俱到，而要注意详略得当，突出重点，把最具代表性的特征、最能说明问题的特点表述出来。

3. 符合事实

实事求是是作介绍的最基本要求，唯有符合事实的介绍才能反映事物的真实性和客观性，才能让对方相信并接受，从而达到介绍的目的。夸大事实、主观杜撰的介绍，不仅达不到作介绍的目的，更重要的是会让对方对我们的人品产生怀疑，结果是得不偿失。

4. 理清顺序

讲究调理是人们做事情时非常重视的一个方面，有条才能不紊。时间顺序、空间顺序、逻辑顺序是作介绍时常采用的三种顺序。

5. 神态自然大方

神态指神情和举止。作介绍时，神态要镇定自然，举止要落落大方。这样的神态，不仅能充分表现我们的自信，有利于语言水平的发挥，更重要的是会让听众对我们产生一种可以信赖的良好印象。

6. 语言流畅易懂

介绍是一种口头语言表达形式，作介绍时，要注意遣词造句通俗易懂，尽量避免听众听后产生质疑、歧义、误解。同时语言表述要通顺流畅，语气平和而不平淡。

示例简析

示例（接生活情境三）

我叫成明，今年十八岁，是×××职业学校的学生，今天下午4点钟，我乘15路公交车返校,上车不久,在我身后就传来争吵声。先是一个本地口音的人说:"挤什么挤?"另一个外地口音的人说:"我愿意挤呀?嫌挤别坐公交车啊"接着两个人你一言我一语越吵越激动。后来本地人骂了一句挺难听的话,外地人急了,就揪住对方前胸的衣服,说道:"你再骂一句?"当地人就又骂了一句,边骂还边给了外地人一拳。于是俩人就打成了一团。他们两人的块头都挺大,又都挺凶,周围的人没有谁能拉住他们,大伙儿一个劲儿地喊"别打了,别打了"。司机师傅边开车边回头叫:"再打把你们拉公安局去!"但是两人根本听不进去,越打越起劲儿。周围的乘客都分别聚集到车头和车尾,车的中部成了他们两个人的战场。后来乘客中的一个阿姨,问司机师傅本车车牌号码,打了110。再后来110警车追了上来,警察上了车,他们才住手。

情况大致就是这样。

简析:这是一篇情况介绍,目的在于向警察讲明情况发生的经过,为警察正确处理问题提供依据。介绍者按照时间顺序,介绍了事件发生和发展的具体情况。介绍过程中,条理清晰,有详有略,重点突出。同时,在涉及个人责任的关键地方,交代得明确、客观。语言通俗易懂、简洁,表意准确、到位。

练习实践

一、体会下列情境,模拟现场,进行自我介绍。

暑假开学不久,校学生会全面向新生"招兵买马"。刚刚踏入新校园的同学们怀着各种美好的憧憬,纷纷报了名。初试的内容为口头自我介绍。

训练要求:

1. 从各组找一个人扮成学生会干部组成评委,每组抽两人作为参加初试的同学。

2. 其他同学作为观众评审团,在活动进行期间,不予评议,可将对参试者的看法、评价记录下来。最后参与集体讨论,完成对参试者的录取。

3. 作介绍的时间不超过3分钟。

二、阅读并体会下列情境,以小红的心理和口吻对你熟悉的一种花卉作一下介绍。

园林规划专业毕业的小红,一直未找到合适的工作。经与父母商量,小红根据自己的专业特点,在居住的小区摆了一个花卉摊儿。过往行人不分长幼都愿到摊儿前驻足欣赏,偶尔也有人买一束花、几盆草。但更多的人则是拿着花草一边欣赏一边陷于买与不买的矛盾之中。小红觉得这种时候自己除了微笑服务外,还应该走上前说点什么、想来想去,她认为此时最恰当的就是对顾客手中的花草作简单介绍。

提示:介绍的内容主要包括——

1. 该花卉的起源、故事传说等。

2. 该花卉的象征意义、对人体健康的功用。

3. 该花卉的生长特点、养育方法。

三、假设你是"情景一"中的菲菲,你将如何向爸爸介绍肖静?如果你是"情境二"中的徐阳,你又怎样向表妹介绍学校的情况?

写作训练（一）

记叙文写作

——记事写人

写作范围

写一篇叙事或记人的文章。

写作指导

文章虽然大致上可以划分为叙事和记人两类，但两者之间有时并没有严格的界限，记人的会写到事件，叙事的也离不开写人物的活动。

叙事要交代清楚事件发生的时间、地点，有关的人物，事件的起因、发展、结果等，要把事件的来龙去脉写得清清楚楚。一般来说，事情的发展过程就是矛盾发生、发展，直至解决的过程。把这一过程写清楚，就能大致准确地反映事情的面貌，揭示事理，表现中心。写清楚就是要具体、明白。进一步要求则要生动、感人。叙事可以写一件事，也可以写几件事，要选择有意义、有情趣的事来写。一般来说，选材可大可小，但是意义的开掘一定要"深"，即使是小题材，也要尽量做到"小中见大"，反映较为深刻的主题。

写人要写出人物的个性特点，写出人物的与众不同之处。人物的思想品德、个性特点，要通过人物的语言行动反映出来。记叙文的事例越生动具体，就越能表现人物的个性特点。一个人的特点可以表现为许多方面，要写好一个人，就要精心选择有代表性的典型事例。可以选择能表现人物思想感情的重大事件，也可以选择那些看来平常，却能展示人物思想感情的小事。如果选用两个或两个以上的事例写人，要写清楚事例与事例之间的联系。

要充分展示人物的性格，就要灵活运用肖像描写、行为描写、语言描写、心理描写和细节描写等人物描写的方法。肖像描写不在于全面、周详，而在于抓住特点，"以形传神"，通过人物外形特征的描写来表现人物内心世界和精神状态。行为描写要富于个性，要注意细节，具体、生动地展示人物行动的步骤、方式、方法；要注意准确运用动词，重点写好最能体现人物性格的动作。人物的语言要符合人物的身份、性格、年龄、性别等，要表现出人物的思想和感情。心理描写不管使用第一人称直接描写，还是用第三人称客观叙述，或是通过人物的外在活动间接描写，都要符合人物的个性，不能用自己的一些想法来代替人物的思想活动。写作文时这几种人物描写的方法可以单独使用，也可以综合起来使用。

课外练笔

1. 我的母亲
2. 童年的梦
3. 他（她）教我这样做人
4. 一件让我难忘的事

第二单元

编织梦想

如火如荼的青春,编织着一个个彩色的梦。让我们把青春的豪情、青春的热血、青春的泪水,尽情地挥洒在生我们养我们的这片我们深爱的土地上。

本单元是现代诗歌的阅读与欣赏。诗歌的主要特点有三:一是以抒情见长,诗歌是诗人有感而发,无论是托物言志,还是借古咏怀,其意都不在事物本身,而在抒发情感。二是具有音乐美,主要表现为节奏和旋律,有规律的抑扬顿挫与合辙押韵,使得诗歌朗朗上口,优美动听。三是语言凝练优美,生动形象,言有尽而意无穷。

本单元我们选取了五首现代的诗歌。当代著名女诗人舒婷的《致橡树》运用象征的手法,表达了诗人对爱情的独特见解;现代诗歌的鼻祖郭沫若的《炉中煤》运用比喻的手法,表达了一个旅居海外的赤子对祖国的一片深情;纪宇的《风流歌》,作者将风流化作无数具体可感的生动形象,以澎湃的激情、豪迈的语言告诉青年人什么是真正的风流,人生之路该怎么去走。《让我们一起奔腾吧》和《相信未来》也运用不同的意象表达了青春的激情、感伤和对未来的希望。

让我们把美好的青春年华和着时代的脉搏,弹奏出一曲青春的赞歌。

1.

致 橡 树[1]

舒 婷

[阅读提示]

这首诗创作于改革开放最初的年代。当时社会思想的很多方面都面临着更新观念、发展进步。关于爱情的观念也是如此。传统的爱情观一向以男性为主,男性占有支配地位,女性则是从属、附庸。这首诗向这种陈腐的观念发出了挑战,是一篇艺术形式的表达诗人爱情观的宣言。

诗人通过象征的手法,用"一棵树"对"另一棵树"内心独白的方式表达了自己的爱情观,展示了富有时代气息的爱情追求。全诗可分为两部分,前一部分通过六个比喻,否定了庸俗的爱情观。在诗人看来,爱情不是一方对另一方的攀附,不是单方面的依恋,甚至不仅仅在于奉献。后一部分诗人用炽烈的语言坦率地表露了自己的爱情观:相爱的双方应该既平等、独立,又紧密结合,相互依存。表现了现代女性的独立精神、人格尊严和对真正爱情的执著追求。

　　诗中以橡树的"铜枝铁干"象征男性的阳刚气概，以木棉"红硕的花朵"象征女性的柔美气质，意象十分优美。女诗人以特有的细腻笔触，通过独特的构思，用一连串精妙的比喻构成一幅幅生动、形象的画面，将对爱情的深刻感悟和理性思考巧妙地编织在一起。

　　阅读这首诗，要了解通过象征手法传达心声的抒情方式，体味精妙的比喻所营造的抒情氛围。

　　　　我如果爱你——
　　　　绝不像攀援的凌霄花[2]
　　　　借你的高枝炫耀自己；
　　　　我如果爱你——
　　　　绝不学痴情的鸟儿
　　　　为绿阴重复单调的歌曲；
　　　　也不止像泉源
　　　　长年送来清凉的慰藉；
　　　　也不止像险峰
　　　　增加你的高度，衬托你的威仪。
　　　　甚至日光。
　　　　甚至春雨。
　　　　不，这些都还不够！
　　　　我必须是你近旁的一株木棉[3]，
　　　　作为树的形象和你站在一起。
　　　　根，紧握在地下
　　　　叶，相触在云里。
　　　　每一阵风过
　　　　我们都互相致意，
　　　　但没有人
　　　　听懂我们的言语。
　　　　你有你的铜枝铁干
　　　　像刀、像剑，
　　　　也像戟；
　　　　我有我红硕的花朵
　　　　像沉重的叹息，
　　　　又像英勇的火炬。
　　　　我们分担寒潮、风雷、霹雳；
　　　　我们共享雾霭、流岚[4]、虹霓。
　　　　仿佛永远分离，
　　　　却又终身相依。

这才是伟大的爱情，

坚贞就在这里：

爱——

不仅爱你伟岸的身躯，

也爱你坚持的位置，足下的土地。

1977.3.27

[注释]

[1]　选自《诗刊》1979 年第 4 期。舒婷，原名龚佩瑜，1952 年出生于福建厦门，朦胧诗派的代表作家之一。

[2]　凌霄花：落叶藤本植物，攀援茎，羽状复叶，小叶卵形，边缘有锯齿，花鲜红色，花冠漏斗形，结蒴果。花、茎、叶都可入药。也叫紫葳、鬼目。

[3]　木棉：落叶乔木，叶子掌状分裂，花红色，结蒴果，卵圆形。种子的表皮长有白色纤维，质柔软，可用来装枕头、垫褥等。也叫红棉、攀枝花、英雄树。

[4]　岚(lán)：山里的雾气。

[思考练习]

1. 如果说这首诗是一篇关于爱情的宣言，请找出表达"中心观点"的诗句，说说你是如何理解诗人的观点的。

2. 诗中的橡树和木棉分别象征什么？说说你对木棉所象征对象的评价或看法。

3. 找出诗中的对偶句，说说它们对表达思想感情的作用。

4. 你怎样理解最后一句"爱——不仅爱你伟岸的身躯，也爱你坚持的位置，足下的土地"？

5. 有感情的朗读并背诵这首诗。

2.

炉　中　煤[1]

——眷念祖国的情绪

郭沫若

[阅读提示]

这首采用双行标题的诗作于 1920 年年初，当时郭沫若正在日本留学。寄居异国他乡的诗人得知五四运动以后的中国正经历着激烈的社会变革。为此，郭沫若感奋不已，虽身处异国，却深受五四运动的鼓舞，积极投身于这场反帝反封建的伟大运动之中，把郁积于胸中的爱国热情像火山一样喷发出来，化为一首首激昂的诗歌寄回国内发表。而《炉中煤》这首诗，用诗人自己的话说（在《创造十年》）："'五四'以后的中国，在我的心目中就像一位很聪俊的有进取气象的姑娘，她简直就和我的爱人一样。……'眷念祖国的情绪'的《炉中煤》便是我对于她的恋歌。""在'五四'以后的国内青年，大家感受着知识欲的驱使，都争先恐后地跑向国外去的时候，我处在国外的人却苦于知识的桎梏而想自由解脱，跑回国去投向我爱人的怀里。"

诗中把具有新气象的祖国比作"年青的女郎"，不仅表达了对祖国深切真挚的眷爱，也反映出作者对"五四"精神的肯定和对祖国新生的信念。而把自己比作"炉中煤"，把对祖国的爱比作炉中煤对年青女郎的一腔热恋，抒发了对祖国的热爱和为祖国贡献一切的赤子之心。"年青的女郎"和"炉中煤"这一对喻体构成了这首诗的主体形象，是诗人抒发情感的依托和艺术表达的方式。这也是对屈原《离骚》中用"香草"、"美人"比喻理想事物的继承与发展。

这首诗每节首句相同，首节和末节的后两句间隔反复，每节行数相同，而且每节第一、三、五句最后一字都用韵，一韵到底，音节和谐，节奏整齐，虽是"自由体"，却有"新格律诗"之称。阅读时注意把握节奏、韵律，结合内容体会平实的文字中饱含的诗人火热的爱国激情和作品的韵律美。

啊，我年青的女郎！
我不辜负[2]你的殷勤[3]
你也不要辜负了我的思量[4]。
我为我心爱的人儿
燃到了这般模样！

啊，我年青的女郎！
你该知道了我的前身？
你该不嫌我黑奴卤莽[5]？
要我这黑奴的胸中，
才有火一样的心肠。

啊，我年青的女郎！
我想我的前身
原本是有用的栋梁[6]，
我活埋在地底多年，
到今朝总得重见天光。

啊，我年青的女郎！
我自从重见天光，
我常常思念我的故乡，
我为我心爱的人儿
燃到了这般模样！

一九二〇年一二月间作

[注释]

[1] 选自《女神》(《郭沫若全集》第一卷,人民文学出版社 1982 年版)。郭沫若(1892—1978)原名郭开贞,笔名沫若,四川乐山人。现代杰出的作家、诗人、剧作家、考古学家、历史学家和著名的革命家、社会活动家。代表作诗集《女神》于 1921 年 8 月出版,这是郭沫若的第一部诗集,也是中国新诗发展史上的第一座丰碑。

[2] 辜负:对不住(别人的好意、期望或帮助)。

[3] 殷勤:这里的意思是恳切深厚的情意。

[4] 思量:这里的意思是思念。

[5] 卤(lǔ)莽:同"鲁莽",轻率。

[6] 栋梁:比喻担负国家重任的人。

[思考练习]

1. 仔细阅读,完成下面的思考题:

(1)在歌颂祖国的文学作品中,常常将祖国比作母亲,而把自己比作儿女;但在这首诗中,作者却以"年青的女郎"喻指祖国,而"炉中煤"则是作者的自喻。你觉得这样比喻好不好？说说你的理由。

(2)这首诗采用双行标题,对于表达作者的思想感情有何作用？整首诗的艺术手法有何特点？

2. 在结构安排上,全诗每节的第一句都一样,吸取了中国传统诗歌重章叠句的特点;而且第一节的最后两行与末段的最后两行完全相同,起到了首尾呼应的作用。作者这样安排,在情感表达上具有什么样的效果？

3. 体会本诗的节奏和韵律。

(1)用单竖线把第一节各句的停顿划出来。

(2)反复吟诵,深入体会诗人通过质朴洗练的语言所表达的热烈感情。

3.

风　流　歌[1]

纪　宇

[阅读提示]

《风流歌》是一首诞生于 20 世纪 80 年代的广为流传的抒情长诗。诗人以充满激情的笔触,将自己对风流真正内涵的求索过程形象地传达出来,讴歌了祖国的各个领域、各行各业涌现出的风流人物及风流业绩,回答了什么才是中华民族新一代真正的风流,并激励青年一代肩负起时代的使命,争当中华民族的一代风流。

本诗采用两句一节的形式,结构整齐,韵律和谐,节奏铿锵,具有极强的可诵性。学习时要反复诵读,体味诗情,领悟诗意。

什么是风流

风流哟，风流，什么是风流？
我心中的情丝像三春的绿柳；

风流哟，风流，谁不爱风流？
我思索的果实像仲秋的石榴。

我是一个人，有肉，有血，
我有一颗心，会喜，会愁；

我要人的尊严，要心的美好，
不愿像丑类一般鼠窃狗偷！

我爱松的高洁，爱兰的清幽，
决不学苍蝇一样追腥逐臭；

我希望生活过得轰轰烈烈，
我期待事业终能有所成就。

我年轻，旺盛的精力像风在吼，
我热情，澎湃的生命似水在流。

风流呵，该怎样把你理解？
风流呵，我发誓将你追求；

清晨——我询问朝阳，
夜晚——我凝视北斗……

遐想时，我变成一只彩蝶：
"呵，风流莫非指在春光里嬉游[2]？"

朦胧中，我化为一只蜜蜂：
"呵，风流好似是在花丛中奔走。"

我飘忽的思潮汇成大海，
大海说："风流是浪上一只白鸥。"

我幻想的羽翼飞向明月，
明月说："风流是花中一壶美酒。"

于是，我做了一个有趣的梦，
梦见人生中的许多"朋友"——

他们都来回答我的问题，
争辩着，八十年代谁最风流。

理想说："风流和成功并肩携手。"
青春说："风流与品貌不离左右。"

友谊说："风流是合欢花蕊的柱头。"
爱情说："风流是并蒂莲下的嫩藕。"

道德说："风流是我心田的庄稼。"
时代说："风流是我脑海的秋收……"

风流哟，风流，请你回答：
这样的理解是不是浅陋？

风流哟，风流，请你开口：
你有没有不变的标准让我恪守？

真正的风流

这才叫风流，这才叫风流，
敢于和严峻的命运殊死搏斗！

这才叫风流，这才叫风流，
在历史的长河上驾时代飞舟！

在枪口下揭穿造神者的阴谋，
把一腔滚烫的血洒在荒丘；

在棍棒下祭奠好总理的英灵，
让无数朵洁白的花开在胸口！

把祖国请到世界体坛的领奖台上，
让她听一听国歌的鸣奏；

把红旗插在珠穆朗玛的最高峰，
让她摸一摸蓝天的额头！

在地雷密布的山口请战："让我先走！"
在完成任务撤退时高喊："我来断后！"

性能还不稳的新歼击机，我去试飞，
烟云尚未散的核试验场，我去研究。

像雷锋那样热爱平凡的工作岗位，
不管到哪里，都是一台车头；

像焦裕禄那样关心灾民的柴米盐油，
纵然是死了，也要浩气长留！

"数风流人物，还看今朝"，
今朝，就是实现理想的战斗——

炉前激战，酿一炉红酒，
遥举金杯，为祖国祝寿；

海上疾驶，抖一条白绸，
浪献哈达，赠四海五洲。

在西德[3]考博士学位，对答如流，
一片绿叶舒展，预示金秋；

去美国作旅行讲学，切磋研究，
一枝红杏出墙，满园抖擞……

竞芳争艳呵，是花的风流，
傲雪凌霜呵，是松的风流；

北斗的风流是指引方向，
卫星的风流是环绕地球。

我们是人，钟天地之灵秀，
我们的风流似天长地久！

我们干的是各行各业，
我们对风流却有共同的追求：

"一口清"，是查号话务员的风流，
"一刀准"，是肉店售货员的风流；

"神刀手"，是女修脚工的风流，
"描春人"，是清洁队员的风流……

我们要让服装和心灵同样美丽，
我们应使物质和精神同样富有！

从劳动中提取欢乐作为报酬，
从奋斗中夺来胜利当成享受。

呵，每一条无法解释的现象，
都可能是一门新兴学科的入口；

每一项成绩都靠汗水浇就，
每一个问号都可能"曲径通幽"！

劳动、创造、进步——无止无休！
爱真、爱善、爱美——不折不扣！

这是真风流哟 ,这是真风流,
把时代的彩笔紧握在手;

绘四化之图,建幸福之楼,
在九百六十万平方公里土地上铺锦叠绣!

让人民说:他们受过挫折,摔过跟斗,
可他们把时代的使命担上了肩头;

让历史说:他们善于思索,敢于战斗,
不愧是中华民族的一代风流……

[注释]

[1] 选自《朗读诗选》(安徽文艺出版社 1987 年版)。纪宇,原名苏积玉,中国当代著名诗人,山东荣成人。《风流歌》是其成名作,也是其代表作。出版过《金色的航线》、《五色草》、《风流歌》等十余部诗集。

[2] 嬉游:游乐;游玩。

[3] 西德:第二次世界大战后,德国一分为二,先后成立了德意志联邦共和国和德意志民主共和国。西德即德意志联邦共和国。1990 年两德重新统一。

[思考练习]

1. 反复诵读课文,在课文中画出关键的诗句和词语,用自己的话概括出什么是真正的风流。

2. 在诗歌的第一部分,诗人借助哪些形象来描写风流?

3. 本诗韵律和谐,朗朗上口,具有极强的可诵性。请同学们搜集其他体现当代青年精神风貌的诗歌作为朗诵材料,举行一次诗歌朗诵会。

4. "数风流人物,还看今朝。"社会主义改革大潮中同样涌现了众多的风流人物,请你查找一下你所熟悉的行业中有哪些风流人物?你从他们身上学得了什么?你在今后将如何展现自己的风流?

4.

让我们一起奔腾吧[1]

江 河

[阅读提示]

学习这首现代诗歌,我们必须对一个数字保持敏感,那就是"1949"。这是诗人江河的出生之年,也是新中国诞生之年——江河与共和国同龄。这一点颇具纪念意义,但这也注定了诗人(这一代人)的成长要与共和国的成长一起经历曲折。知识青年"上山下乡","文化大革命"……他们的青春年华湮没在诸多政治运动中，他们的青春梦想消蚀在迷惘的无助或清醒的痛苦中。但"残酷"并非生活的全部，"地下诗坛"、"白洋淀诗歌群落"……在悄无声息中涌动着思想之潮，理想和信念始终未灭；而一旦禁锢消除，他们便得到了充分的释放。

　　同样是"释放"，具体的诗歌形态是有诸多不同的，有的反思时代、寄意将来，有的铭刻希望、记录成长，我们现在关注的《让我们一起奔腾吧》正是后一种。全诗分为四节，在朗诵之中，我们不妨在诗歌中共觅"希望"和"成长"。

1

我和春天一起写这首诗
和你，和更多的人一同唱这支歌
海洋与冰块猛烈相撞，船冲向浪头
我们这样站着
温柔地呼唤风，像呼唤姑娘们
使大地上所有的小树木都涨满绿色的帆

当喷吐着鲜红火焰的果子
被狂风一个个击落，那时候
种子要撒遍土地，和矿藏一同沉默着
为了在今天歌唱

为了歌唱，玉兰花
把洁白的心向蓝天打开
为了不再孤独，繁星似的迎春花到处闪烁
金色的声音刺激着我们
阳光追逐着，鸟儿牵动着
让我们一块走吧
在花瓣匆匆铺成的道路上芬芳地走吧
紫丁香像影子一样在身后晃动
春天正迎着我们走来，献上更多的花朵

2

你热情、开朗，像四月的阳光
想象的云朵在疾风中飘扬
寻找着美好的声音
爱情的震颤，庄稼的波涛，金属的鸣响
走向辽远的地方，放出喉咙里的力量

你一阵又一阵风似的向我跑来

告诉我使你坐不住的事情
捧着激荡的诗
一直读到希望战栗[2]着升起
抖索着黎明时分蓝色的锋芒
我知道你那善良的愿望，你们原谅的姑娘
原谅的，生活中渐渐迷茫的目光
但是那不能原谅的一切
又尖锐地刺痛你
你憎恨黑暗，甚至阴影
因此，清澈地对待别人，清澈得
看到心，一颗鲜红的浆果在绿叶丛中摇荡

你将一年又一年把这鲜红的果子挂满枝头
让善良的人们摘去
想到你，我的诗中就扬起好听的声响

3

我们结识了。岩石
用大海翡翠的语言交谈
用坦白得像沙滩一样的语言
雪花似的水鸟栖息在我们的肩头
飞去又回来，我们就这样和天空对话

我们结识了。江河
蔚蓝地在黑土地上流过
太阳和星星睡在我们的怀里
闪闪发光，颤动着金碧辉煌[3]的梦
点点白帆像纯洁的姑娘们伴随着我们

山上长满倔强的针叶树
在冬天也是绿色的战士

4

土地说：我要接近天空
于是，山脉耸起

人说：我要生活
于是，洪水退去
河流优美地流着

让我们和更多的人一块走吧

祖先在风中诉说着青葱的愿望

血液在身体里温暖地流着，在太阳上欢跃

太阳把七色的花朵投在成千上万的枝条上

我们又将给大地留下什么呢

成千上万只叶子的小船从枝条上出发

大海把清脆的浪花投进岩石缝中

我们的手臂又将收获什么

岁月的皱纹又将闪出什么样的光辉呢

我不能设想，美丽的风光

不在人们的脸上闪动

我们死去和诞生的地方还有什么意义

我不能设想，崛起的建筑里

不溢满普通家庭的笑声

我们的劳动、创造还有什么意义

为此

我和大海一同醒来，拿起工具

春天伴随我们一同奔腾

[注释]

[1]　选自《上海文学》1981 年第 3 期。有改动。江河(1949—)，原名于友泽，北京人，中国当代诗人。作品有《纪念碑》、《星星变奏曲》等。

[2]　战栗(lì)：战抖。也作"颤栗"。

[3]　金碧辉煌：形容建筑物等异常华丽，光彩夺目。

[思考练习]

1. 在诗歌中，作者的主观感情往往凝聚到外界的一个客观事物上，这就是作者在作品中创造的意象，指出下列意象的含义。

春天　冰块　帆　鲜红的浆果　更多的花朵

2. 诗歌具有音乐美，读起来朗朗上口。划分下列句子的节奏。

(1) 使大地上所有的小树都涨满绿色的帆。

(2) 一颗鲜红的浆果在绿叶丛中摇荡。

(3) 祖先在风中诉说着青葱的愿望。

(4) 点点白帆像纯洁的姑娘伴随着我们。

5.

相 信 未 来[1]

食 指

[阅读提示]

"文革"期间几乎是中国文学史上的空白期，然而民间的创作却顽强地生存着。食指就是其中一位杰出的民间诗人，一位填补了历史空白的优秀诗人。

《相信未来》一诗，作于 1968 年。该诗以其深刻的思想、优美的意境、朗朗上口的诗风让人们懂得了在逆境中，怎样好好地生活，怎样自我鼓励，怎样矢志不渝地恪守自己对明天的承诺。

这首诗构思巧妙。前三节写是怎样"相信未来"的；后三节写为什么要"相信未来"；最后一节呼唤人们带着对未来的信念去努力，去热爱，去生活。用语质朴，而思想深刻；性格鲜明，又令人折服。

全诗基本上遵从了四行一节，在轻重音不断变化中求得感人效果的传统方式；以语言的时间艺术，与中国画式的空间艺术相结合，实现了诗人所反复讲述的"我的诗是一面窗户，是窗含西岭千秋雪"的艺术。通读该诗，仔细品读，从诗人那压抑和痛苦的吟哦中，我们会真切地感受到诗人那撼人心魄的信念——无时不在渴望和憧憬着光明的未来以及为理想和光明而奋斗挣扎。

诗中用"蜘蛛网"、"炉台"、"余烟"、"灰烬"等几个意象，给人们描绘出了那个荒芜、穷困、艰难的时代。而诗人却"用美丽的雪花写下：相信未来"，"雪花"既象征纯洁、质朴，也传递着清楚、明了的意识，把不屈于现实的坚定，表现得格外真切：这是从艰难生活中升起的信念！品读此诗中的其他意象，体味其深刻含义。

当蜘蛛网无情地查封了我的炉台
当灰烬的余烟叹息着贫困的悲哀
我依然固执地铺平失望的灰烬
用美丽的雪花写下：相信未来

当我的紫葡萄化为深秋的露水
当我的鲜花依偎在别人的情怀
我依然固执地用凝霜的枯藤
在凄凉的大地上写下：相信未来

我要用手指那涌向天边的排浪
我要用手掌那托住太阳的大海
摇曳着曙光那枝温暖漂亮的笔杆
用孩子的笔体写下：相信未来

我之所以坚定地相信未来
是我相信未来人们的眼睛
她有拨开历史风尘的睫毛
她有看透岁月篇章的瞳孔

不管人们对于我们腐烂的皮肉
那些迷途的惆怅[2]、失败的苦痛
是寄予感动的热泪、深切的同情
还是给以轻蔑的微笑、辛辣的嘲讽

我坚信人们对于我们的脊骨
那无数次的探索、迷途、失败和成功
一定会给予热情、客观、公正的评定
是的,我焦急地等待着他们的评定

朋友,坚定地相信未来吧
相信不屈不挠的努力
相信战胜死亡的年轻
相信未来、热爱生命

1968 年于北京

[注释]

[1] 选自《食指的诗》,人民文学出版社 2000 年版。食指(1948—),原名郭路生,山东鱼台人,中国当代
    诗人。作品有《海洋三部曲》、《这是四点零八分的北京》等。著有诗集《相信未来》、《食指、黑大春
    现代抒情诗合集》、《诗探索金库·食指卷》、《食指的诗》。
[2] 惆怅(chóuchàng):伤感;失意。

[思考练习]

1. 指出这首诗的韵脚。
2. 指出这些意象在文中的含义。
蜘蛛网   紫葡萄   鲜花   脊骨
3. 你认为作者的未来是一个什么样子呢?

口语交际(二)

复　述

生活情境

情境一:

"叮铃铃",上课铃响了,语文老师微笑着走上讲台。

"同学们,上节课我们自读了铁凝的短篇小说《哦,香雪》,下面请一位同学起来复述一

遍《哦,香雪》的高潮部分。"

情境二:

寒假结束,小力明天就要返校了,家中唯一让他放心不下的就是感冒咳嗽未愈的奶奶。他去医院为奶奶买了止咳药,回来后,先为不识字的奶奶读药品的使用说明书,然后伺候奶奶吃了药。第二天早晨临走前,小力握着奶奶的手,再三叮嘱她要按时吃药,并为奶奶复述了一遍药品的使用说明书。

情境三:

中专应届毕业生韩雨,去一家公司应聘文秘。初试顺利过关,复试时,有一道试题是这样的:

请以最快的速度将下面这段文字读完,并接着将此文复述一遍。

在一个促销会上,一家公司的经理请与会者站起来,看看自己座位的垫子下有什么东西,结果每个人都发现了钱,最少的拿到一枚硬币,最多的拿到 100 元。

这位经理说:"这些钱都归你们了,但你们知道这是为什么吗?"没有人回答。最后经理一字一顿地说出了其中的缘由,"我只想告诉你们一个最容易被忽视甚至忘记的道理,坐着不动时永远也赚不到钱的"。

……

课堂上、日常生活和工作中,复述这种口语交际方式并不鲜见。复述不仅可以提高我们的思考力和记忆力,同时还可以锻炼我们的言语加工能力和口语表达能力。

相关知识

所谓复述就是把读过、听过的语言材料用自己的话重新叙述一遍。

复述的基本要求:

1. 内容准确完整

复述必须忠实于原始材料,准确把握内容的中心,不能随便歪曲原意,主要内容、主要观点不能更改,既要突出重点又要给人完整的印象。

2. 脉络清晰连贯

复述必须理清线索,前后连贯,将内容分主次、分先后交代清楚。

3. 语言自然流畅

与朗读原文一样,复述时不要破句、断义,要力求语言自然流畅,这样才能吸引听众,才能让听众正确理解原始材料的内容和含义。

示例简析

示例(接生活情境二)

小力说道:"奶奶,我再给您说一遍吃药的事儿,您听好了。我给您买的药是一种中成药,就是中草药制成的。它的主要功能是祛热、化痰、止咳,像您因感冒引起的头痛、发热、嗓子疼、咳嗽、痰多,这个药啊,都能治。奶奶,您记住,一天吃 3 次,每次用开水冲两包,是两包啊,奶奶,不是一包。等药粒全都化好了,趁热喝下去。这个药稍微有点苦,但效果挺好的。记住了吗,奶奶?"

附《××冲剂说明书》：

××冲剂说明书

【药品名称】　品名：××冲剂。

【成　　分】　金银花、苦杏仁、浙贝母、麻黄、薄荷、蝉蜕、桔梗、甘草。

【性　　状】　本品为深褐色颗粒；味甜、微苦。

【功能主治】　疏风清热，宣肺化痰，止咳平喘。用于风热感冒及风湿肺热引起的恶风、发热、头痛、咽痛、咳嗽、咳痰、气喘；上呼吸道感染、流行性感冒、急性气管－支气管炎见上述症候者。

【用法用量】　开水冲服，一次 8g，一日 3 次，小儿酌减或遵医嘱。

【规　　格】　每袋装 4g。

【贮　　藏】　密封。

【包　　装】　复合袋，6×4g/袋/盒。

【有 效 期】　两年。

【简　　析】　小力对感冒冲剂说明书的复述，主要注意了以下几个问题：

第一，内容上重点突出。对于一般的药品使用者来说，药品使用说明书上最有用的部分是"功能主治"和"用法用量"两项，其次是药品的"成分"、"性状"、"规格"、"贮藏"、"有效期"等项。针对奶奶的实际情况，小力在复述过程中，重点突出了"功能主治"和"用法用量"两项。

第二，语言通俗口语化。药品使用说明书的语言，是有一定专业性的书面语。小力在复述时，如果照本宣科"疏风清热，宣肺化痰，止咳平喘""上呼吸道感染"、"开水冲服，一次8g"，不用说不识字的奶奶，就是读过书的人，也未必能马上听明白。而小力采用"祛热"、"化痰"、"止咳"、"嗓子疼"、"两包"这样通俗、口语化的语言，让人一听即明。

练习实践

一、仔细阅读下文，看谁将此文复述得又流畅又准确。

放飞一只蝴蝶

一个秋天的早晨，班主任到学校办公室刚坐下，就听说昨晚他的班级教室里的一扇窗户没关，两块窗玻璃由于风大被打破了。他马上意识到这件事在这个管理甚严的学校里意味着什么。

中午，他找来昨天的值日生朱兰。朱兰怯怯地说："昨晚放学时，教室里有两只蝴蝶，我赶了好久，总有一只飞不出教室。我只好开着一扇窗户，好让外面的飞进来，或者里面的飞出去，让它们结伴儿玩，想不到会打破了玻璃。"朱兰喏嚅着说愿意赔这两块玻璃。

班主任默然，良久，说："不用了，去玩吧。"

后来，班主任去了财务室："请在我下月工资中扣两块玻璃的钱。"

这是一笔他很乐意付的钱。

二、语文课上正在进行口语训练，语文老师用多媒体显示了一个题目为《非他杀》的故事,然后让李强同学起来复述。仔细阅读原文及李强的复述,说说李强的复述有哪些值得肯定的地方,还存在哪些不足,并再复述一遍。

原文:

刑警队刘队长押解犯人,途经石山,天意捉弄人,山上一块大石突然向犯人滚来,刘队长眼疾手快,大吼一声"闪开",推开犯人,自己却被巨石击中。

犯人吓呆了,万万料不到刘队长会救戴罪的他,望着躺在血泊中的刘队长,他忍不住失声痛哭。刘队长挣扎着坐起,摸索出纸笔,哆嗦着写下了歪歪斜斜的三个字"非他杀",他签完名,呼吸急促地将字条递给犯人,身上的鲜血流淌……

犯人"扑通"一声跪倒在刘队长的尸身旁,身子剧烈抽搐……

李强的复述:

刑警队的刘队长押送犯人,经过一座石山,突然,山上一块大石头向山下滚来。说时迟,那时快,刘队长一把将犯人推开,自己却不幸被打倒。

犯人吓呆了,他没有想到刑警队队长会救他这样一个犯人,他失声痛哭。刘队长坐起身来,拿出笔来,写下了"非他杀"三个字,递给犯人,自己身上的血却一直在流。

犯人跪倒在刘队长的尸体旁,身子剧烈地晃动起来。

三、按"情境一"的要求,在班里组织一次分段接力复述活动。

知识拓展(一)

现 代 诗 歌

现代诗歌又叫新诗,是指五四运动前后产生的、有别于古典诗歌的、以白话作为基本语言手段的诗歌体裁。

在中国文学发展过程中,诗歌(包括诗、赋、词、曲等)曾取得很高的成就。但到了近代,古典诗歌的创作逐渐走向僵化,"滥调套语"充斥,"无病呻吟"的倾向相当普遍,古典诗歌所使用的词汇与现代口语严重脱节,它在形式上(包括章法句式、对仗用典以及平仄韵律上)的种种严格限制,对诗歌表现不断变化而日益复杂的社会生活,表达人们真实的思想感情,造成极大的束缚。因此,新诗革命成了"五四"新文学运动最先开始的、也是最重要的组成部分。新诗草创阶段的努力,以废除旧体诗形式上的束缚,主张白话俗语入诗,以表现诗人的真情实感为主要内容。因此,当时也称新诗为"白话诗"、"白话韵文"、"国语韵文"。

新诗在建立和发展过程中,受到外国诗歌较大的影响。这对新诗艺术方法的形成起了积极的作用。许多诗人在吸取中国古典诗歌、民歌和外国诗歌有益营养的基础上,对新诗的表现方法和艺术形式,进行了多方面的探索,形成了现实主义、浪漫主义、象征主义多种艺术潮流,出现了自由体、新格律体、十四行诗、阶梯式诗、散文诗等多种形式。众多诗人的探索和一些杰出诗人的创造,使新诗逐渐走向成熟和多样化。从五四运动以来,新诗一直成为中国现代诗歌的主体。

[课外讨论]

　　1. 毛泽东的《沁园春·雪》是现代诗歌吗？
　　2. 郭沫若的诗集《女神》中的诗歌是现代诗歌吗？

[课外阅读]

　　1. 徐志摩的《再别康桥》
　　2. 戴望舒的《雨巷》

第三单元

探 索 奥 秘

茫茫星空,浩瀚宇宙,充满了无限的神奇,有许许多多的事物,等待着我们去了解。现代社会的发展更是日新月异,各种新鲜事物层出不穷,作为一名21世纪的学生,我们必须和着时代的脉搏,随时随地去关注变幻莫测、五彩缤纷的大千世界。

我们要了解一种事物,关键是要抓住该事物的特征。事物的特征,就是一种事物区别于其他事物的特别显著的征象、标准。事物的特征可以体现在事物的外部,可以体现在事物的内部,也可以体现在与其他事物的相互关系之中。

我国著名科普作家贾祖璋的《南州六月荔枝丹》就从荔枝的外部形态、内部构造、果肉味道、栽培历史、文化内涵等方面介绍了荔枝的特征。《一个好树种——泡桐》紧紧抓住一个"好"字,说明了泡桐生长快、分布广、材质好、用途多的特点。《谈谈记忆》说明了记忆的定义、记忆的过程、记忆的品质、记忆的特点、记忆的类型。总之,本单元的几篇课文,作者都能够抓住所要介绍事物的典型特征进行说明,给我们一个鲜明具体的形象。

1.

南州六月荔枝丹[1]

贾祖璋

[阅读提示]

这是一篇介绍荔枝的说明文。明代《荔枝歌》中写道:"海内如推百果王,鲜食荔枝总第一。"荔枝作为水果中的佳品,已有两千多年的历史,蜚声中外。

作者用生动有趣的文字,从幼年读《荔枝图序》产生疑惑写起,按照植物学的观点,科学而详尽地说明了荔枝的形态和生态特征,介绍了有关荔枝的生产情况。

文章在介绍荔枝时,从多方面加以说明,如构造奇特,味道甘美,不耐贮藏,产地受限等。为了揭示荔枝的这些特征,作者大量引用了与荔枝有关的古代诗文,给文章增添了不少情趣和文化内涵。

阅读时,可以先概括每段文字的内容要点,看看说明了荔枝哪一方面的特征;然后将全文串联起来,对荔枝的特征进行归纳,形成整体认识。

幼年时只知道荔枝干的壳和肉都是棕褐色的。上了小学，老师讲授白居易的《荔枝图序》，读到"壳如红缯[2]，膜如紫绡[3]，瓤肉莹白如冰雪，浆液甘酸如醴酪[4]"，实在无法理解，荔枝哪里会是红色的！荔枝肉像冰雪那样洁白，不是更可怪吗？向老师提出疑问，老师也没有见过鲜荔枝，无法说明白，只好不了了之。假如是现在，老师纵然没有见过鲜荔枝，也可以找出科学的资料，给有点钻牛角尖的小学生解释明白吧。

白居易用比喻的手法来描写荔枝的形态，的确也有不足之处。缯是丝织物，丝织物滑润，荔枝壳却是粗糙的。用果树学的术语来说，荔枝壳表面有细小的块状裂片，好像龟甲，特称龟裂[5]片。裂片中央有突起部分，有的尖锐如刺，这叫做片峰。裂片大小疏密，片峰尖平，都因品种的不同而各异。

成熟的荔枝，大多数是深红色或紫色。生在树头，从远处当然看不清它壳面的构造，只有红色映入眼帘，因而把它比做"绛囊""红星""珊瑚珠"，都很逼真。至于整株树以至成片的树林，那就成为"飞焰欲横天[6]"，"红云几万重[7]"的绚丽景色了。荔枝的成熟期，广东是四月下旬到七月，福建是六月下旬到八月，都以七月为盛期，"南州六月荔枝丹"指的是阴历六月，正当阳历七月。荔枝也有淡红色的，如广东产的"三月红"和"挂绿"等。又有黄荔，淡黄色而略带淡红。

荔枝呈心脏形、卵圆形或圆形，通常蒂部大，顶端稍小。蒂部周围微微突起，称为果肩；有的一边高，一边低。顶端叫果顶，浑圆或尖圆。两侧从果顶到蒂部有一条沟，叫做缝合线，显隐随品种而不同。旧记载中还有一些稀奇的品种，如细长如指形的"龙牙"、圆小如珠的"珍珠"，因为缺少经济价值，现在已经绝种了。

荔枝大小，通常是直径三四厘米，重十多克到二十多克。六十年代，广东调查得知，有鹅蛋荔和丁香大荔，重达四五十克。还有四川合江产的"楠木叶"，《四川果树良种图谱》说它重十九克左右，《中国果树栽培学》则说大的重六十克。

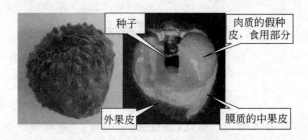

所谓"膜如紫绡"，是指壳内紧贴壳的内壁的白色薄膜。说它"如紫绡"，是把壳内壁的花纹误作膜的花纹了。明代徐渤（勃）[8]有一首《咏荔枝膜》诗，描写吃荔枝时把壳和膜扔在地上，好似"盈盈荷瓣风前落，片片桃花雨后娇"，是夸张的说法。

荔枝的肉大多数白色半透明，说它"莹白如冰雪"，完全正确。有的则微带黄色。从植物学的观点看，它不是果肉，而是种子外面的一层膜发育而成的，应称做假种皮。真正的果肉倒是前面说的连同果壳扔掉的那一层膜。荔枝肉的细胞壁特别薄，所以入口一般都不留渣滓。味甜微酸，适宜于生食。有的纯甜。早熟品种则酸味较强。荔枝晒干或烘干，肉就成红褐色，完全失去洁白的面貌。

荔枝不耐贮藏，正如白居易说的："一日而色变，二日而香变，三日而味变，四五日外，色香味尽去矣。"现经研究证实,温度保持在 1℃ 到 5℃,可贮藏三十天左右。还应进一步设法延长贮藏期,以利于长途运输。因为荔枝不耐贮藏,古代宫廷想吃荔枝,就要派人兼程[9]飞骑[10]从南方远送长安或洛阳[11],给人民造成许多痛苦。唐明皇[12]为了宠幸[13]杨贵妃[14],就干过这样的事。唐代杜牧[15]诗云:"长安回望绣成堆,山顶千门次第[16]开。一骑红尘妃子笑,无人知是荔枝来[17]。"就是对这件事的嘲讽。

荔枝的核就是种子,长圆形,表面光滑,棕褐色,少数品种为绿色。优良的荔枝,种子发育不全,形状很小,有似[18]丁香,也叫焦核。现在海南岛有无核荔枝,核就更加退化了。

荔枝花期是二月初到四月初,早晚随品种而不同。广东有双季荔枝,一年开花两次。又有四季荔枝,一年开花四次之多。花形小,绿白色或淡黄色,不耀眼。仅极少数品种有完全花[19]。雌雄花往往不同时开放,宜选择适当的品种混栽在一起,以增加授粉的机会。一个荔枝花序,生花可有一二千朵,但结实总在一百以下,所以有"荔枝十花一子"的谚语。荔枝花多,花期又长,是一种重要的蜜源植物[20]。

荔枝原产于我国,是我国的特产。海南岛和廉江有野生的荔枝林,可为我国是原产地的明证。据记载,南越王尉佗[21]曾向汉高祖进贡荔枝,足见当时广东已有荔枝。它的栽培历史,就从那个时候算起,也已在二千年以上了。唐代对四川荔枝多有记述。自从蔡襄[22]的《荔枝谱》成书(1059)以后,福建荔枝也为人所重视。广西和云南也产荔枝,却很少有人说起。

古代讲荔枝的书,包括蔡襄的在内,现在知道的共有十三种,以记福建所产的为多,尚存八种;记载广东所产的仅存一种。清初陈鼎[23]一谱,则对川、粤、闽三省所产都有记载。蔡谱不仅是我国,也是世界的果树志中著作年代最早的一部。内容包括荔枝的产地、生态、功用、加工、运销以及有关荔枝的史事,并记载了荔枝的三十二个品种。其中"陈紫"一种现在仍然广为栽培。"宋公荔枝"现名"宋家香",有老树一株,尚生长在莆田宋氏祠堂里,依然每年开花结实。这株千年古树更足珍惜。

荔枝是亚热带果树,性喜温暖,成都、福州是它生长的北限。汉武帝曾筑扶荔宫[24],把荔枝移植到长安,没有栽活,迁怒于养护的人,竟然对他们施以极刑。宋徽宗[25]时,福建"以小株结实者置瓦器中,航海至阙下,移植宣和殿[26]"。徽宗写诗吹嘘说:"密移造化出闽山,禁御新栽荔枝丹[27]",实际上不过当年成熟一次而已。明代文征明[28]有《新荔篇》诗,说常熟顾氏种活了几株,"仙人本是海山姿,从此江乡亦萌蘖[29]"。但究竟活了多少年,并无下文。现在科学发达,使荔枝北移,将来也许不是完全不可能的事。

我国幅员广阔,不同地区有不同的特产。因地制宜,努力发展本地区的特产,是切合实际的做法。盛产荔枝的地区,应该大力发展荔枝的生产。苏轼有诗云:"罗浮山下四时春,卢橘[30]杨梅次第新。日啖[31]荔枝三百颗,不辞长作岭南人。"但日啖三百颗,究竟能有几人呢?社会主义现代化的荔枝生产,应该能够逐步满足广大人民的生活需要。

[注释]

[1] 选自《生物学粹锦》(福建科学技术出版社 1980 年版)。"南州六月荔枝丹"是明朝陈辉《荔枝》诗中的句子。南州,泛指我国南部地区。贾祖璋(1901—1988),浙江海宁人,我国著名的科普作家。他的科普作品大多以绚烂多彩的生物为写作对象,把丰富的科学知识、历史知识和文学知识融为一

体,有着相当高的思想性、科学性、艺术性。

[2]　缯(zēng)：古代对丝织品的统称。

[3]　绡(xiāo)：生丝织的绸子。

[4]　醴酪(lǐlào)：甜酒和奶酪。酪，用牛、羊、马的乳汁制的半凝固状食品。

[5]　龟(jūn)裂：呈现出许多裂纹。

[6]　飞焰欲横天：出自郭明章《荔枝》诗。飞焰，形容远看荔枝如一片红色的火焰。横天，横布于天边。

[7]　红云几万重：出自北宋邓肃《看荔枝》诗。

[8]　徐渤(勃)：明代闽县(现在福建省福州市)人。

[9]　兼程：以加倍的速度赶路。

[10]　飞骑：快速骑马。

[11]　长安或洛阳：古代这两座城市都曾作过许多朝代的国都。

[12]　唐明皇：即唐玄宗李隆基，公元712—756年在位。

[13]　宠幸：(地位高的人对地位低的人)宠爱。

[14]　杨贵妃：即杨太真，小字玉环，公元745年被唐玄宗封为贵妃，极受宠爱。

[15]　杜牧(803—约852)：唐代著名诗人，京兆万年(现在陕西省西安市)人。他的诗收在《樊川集》里。

[16]　次第：一个挨一个地。

[17]　长安回望绣成堆，山顶千门次第开。一骑红尘妃子笑，无人知是荔枝来：这首诗是《过华清宫绝句》中的第一首。华清宫故址在现在陕西省临潼县的骊山上，唐玄宗李隆基和妃子杨玉环常来游乐。据历史记载，杨贵妃爱吃鲜荔枝，李隆基每年都命人从南方飞马运送到长安，劳民伤财。这首诗的第一、二句写诗人在长安回头望见骊山一片锦绣，想到骊山华清宫的盛时，在清晨很多门陆续打开了。第三、四句写杨贵妃在骊山上见一骑快马飞驰而来，知道荔枝送到，满心欢喜，而无人知道如此奔忙的驿马原来是送荔枝的(还以为有什么军国大事呢)。其中含有吊古和讽刺的意味。一骑红尘，形容运送荔枝快马如飞，尘土飞扬。骑，指驿使和他骑的马。

[18]　有似：有如，就像。

[19]　完全花：花的四部分——花萼、花冠、雄蕊群和雌蕊群俱全的花。

[20]　蜜源植物：能供给蜜蜂采集花蜜和花粉的植物。

[21]　尉佗：即赵佗，真定(现在河北省正定县)人，秦时任南海尉，所以又称尉佗。秦亡后，汉高祖封他为南越王。

[22]　蔡襄(1012—1067)：北宋书法家，兴化仙游(今属福建)人。

[23]　陈鼎：清初江阴(现在江苏省江阴市)人。

[24]　扶荔宫：汉武帝元鼎六年建，在上林苑中。上林苑遗址在现在西安市西面。

[25]　宋徽宗(1082—1135)：即赵佶，北宋皇帝，擅长书画。

[26]　以小株结实者置瓦器中，航海至阙下，移植宣和殿：出自《三山志》。三山就是现在福建省福州市。《三山志》是福州地方志。阙下，即都下，指北宋王朝的首都开封。阙，本来是宫门前两边供瞭望用的楼，又泛指帝王的宫殿。

[27]　密移造化出闽山，禁御新栽荔枝丹：出自《宣和殿荔枝》诗。禁御，帝王所住的宫殿。

[28]　文征明(1470—1559)：明代著名书画家，字征仲，号衡山居士，长洲(现在江苏省吴县)人。

[29]　萌蘖(niè)：指植物长出新芽。萌，生芽、发芽。蘖，树木砍去后又长出来的新芽。

[30]　卢橘：枇杷。

[31]　啖(dàn)：吃。

[思考练习]

一、通读课文，找出文中引用的诗句，查阅相关资料，明确其出处、作者、含义。

二、结合课文,理解课文题目"南州六月荔枝丹"的意思,说说这句诗从哪几个方面说明了荔枝的特征。

三、仔细阅读课文,概括课文每部分介绍的重点内容。试着在下面的横线上填写恰当的内容。

1. 第2~5段主要介绍荔枝的外部形态,课文从荔枝的_____写起,接着写荔枝的_____、_____和_____。

2. 第6~10段主要说明荔枝的果实结构,课文从荔枝的_____写起,依次写了荔枝的_____、_____和_____。

3. 第11～14段主要介绍荔枝的生产情况,课文先写荔枝的_____,次写_____,再写_____,最后写_____。

四、作者引用了杜牧的诗:"长安回望绣成堆,山顶千门次第开。一骑红尘妃子笑,无人知是荔枝来。"联系上下文,回答下边的问题。

1. 你认为原诗的意思是什么?

2. 作者引用这首诗为了说明荔枝的什么特征?

3. 引用这首诗有什么表达效果?

五、仔细阅读下边一段文字,用简练的语言概括内容要点,并说说它与课文的语言风格有什么不同。

荔枝,无患子科。常绿乔木,高可达20米。偶数羽状复叶,小叶长椭圆形或披针形,全缘,革质,侧脉不明显。……花小,无花瓣,呈绿白或淡黄色,有芳香,圆锥花序。果实心脏形或圆形;果皮具多数鳞斑状突起,呈鲜红、紫红、青绿或青白色。果肉(假种皮)新鲜时半透明凝脂状,多汁,味甘美而有佳香。

2.

一个好树种

——泡桐[1]

[阅读提示]

这是一篇向人们推荐泡桐树的说明文。

全文围绕标题中的一个"好"字,紧紧抓住泡桐生态和功用方面的特征进行说明。在生态方面,详细说明了泡桐分布范围广、生长速度快、侧根发达等特点;在功用方面,侧重介绍了泡桐的木材、叶、花、果等用途广泛的特征。

阅读时,想想文章为什么要先说泡桐的生态特点后说功用特征,这两个方面有怎样的内在联系。

泡桐是我国生长最快的用材树种之一。它分布广、材质好、用途多,既适合四旁[2]绿化和成片造林,又是华北、中原广大地区实行农田林网化和农桐间作[3]的好树种,因而深受广大群众的喜爱。

　　泡桐原产我国，据调查，全国有兰考泡桐、白花泡桐、楸[4]叶泡桐、毛泡桐等品种。它的分布范围很广，23 个省、市、自治区都有自然分布和人工栽培。近几年来，不少地区在方田林网，在四旁，大量种植泡桐，还大搞农桐间作。据统计，河南省栽植泡桐达两亿株左右，农桐间作面积在一千万亩以上。昔日有名的老灾区，现在已面貌一新，到处呈现泡桐成林的景象。山东、山西、陕西、安徽、四川、湖北等省，不少地方泡桐种植数量也迅速增长。有些地方正在由四旁绿化、农桐间作逐渐向山地造林发展。

　　泡桐成长很快，管理得好，五六年即可成材，群众中有"三年成林，五年成材"之说。据调查：一般十年生的泡桐，胸径平均约 30～40 厘米，材积可达 0.5～0.6 立方米。广西桂林市砖厂有一株白花泡桐，生长 11 年，树高 20.7 米，胸径 75.1 厘米，材积 3.69 立方米，年平均材积生长量为 0.335 立方米。河南省民权县大凡大队，一株兰考泡桐，生长 13 年，胸径就达 73 厘米，树高 17.5 米，材积[5] 2.5 立方米。四川省酉阳县老寨公社一株七十五年生的白花泡桐，树高 44 米，材积 22.5 立方米，是目前所知国内最高大的一株泡桐树。这样的成长速度，在其他速生树种中也是罕见的。因此，在广大适宜种植泡桐的地区，有计划地种植泡桐，对改善我国木材生产布局，解决木材供应不足的问题，是十分重要的。

　　泡桐发芽晚、落叶迟，枝叶稀疏，属侧根[6]发达的深根性树种，也是与农作物间作的好树种。调查材料说明：兰考泡桐吸收根 88％分布在离地表 40 厘米以下的土层中，而农作物，如小麦、谷子、玉米的吸收根 90％以上集中分布在 40 厘米以上的耕作层中，作物与泡桐的根系[7]基本错开，争水肥的矛盾较小，农桐间作可以充分利用地力。泡桐进入农田，实行农桐间作，是我国劳动人民创造的成功经验，它打破了山区栽树、平原种粮、用材树不能进入农田的老规矩，使大量的农田同时也成了宜林地，为植树造林开辟了新的广阔天地。大面积农桐间作，构成了新型的农田防护系统，改善了农田小气候。农桐间作的泡桐，生长七至十年，就可以降低农田风速 26％～58％，减少地面蒸发 17％～24％，增加空气相对湿度 11％～29％。这对抗御干旱、风沙、干热风、早晚霜等灾害，都有巨大作用。据河南省民权、兰考等县调查，大面积农桐间作八至十年，可使小麦、玉米增产。

　　泡桐木材优点很多。它木质轻，易加工，纹理鲜明美观，不易翘裂变形，不易燃烧，绝缘和导音性能好，还具有隔潮、耐腐、易干燥等优点。不论在工艺、农业、建筑、交通运输、文教用品、工艺美术方面，在日常生活等方面，桐木都被广泛地应用。由于泡桐导音性能好，我国自古就用桐木做乐器，故有"琴桐"之称。近年泡桐木材还被用作车船上的装板、航空包装箱，并作为胶合板、贴面板和各种模型的制作材料。桐木是我国传统的出口物资，在国际市场上也很受欢迎。

　　泡桐的叶、花不仅氮、磷、钾含量较高，而且含有丰富的蛋白质、淀粉和糖类等，是很好的饲料和肥料。泡桐的叶子还能用来诱捕地老虎，诱杀棉蚜等害虫，在植物保护方面有一定的作用。

　　泡桐的叶、花、果、树皮都可以制药。所以泡桐又称"药用树种"。近几年来，在医药上利用泡桐治疗气管炎取得显著疗效，现在已在临床中应用。

　　泡桐树态优美，花的色彩绚丽。叶片大，有毛，分泌的黏液抗二氧化硫气体污染的能力较强，可以净化空气。因此，泡桐不仅是优良的用材树种，也是观赏和工矿区绿化的好树种。

总之,在社会主义建设事业中,泡桐已经成为重要的速生造林树种。扩大泡桐的种植,对于发展国民经济具有重要意义。

[注释]

[1]　选自 1978 年 12 月 25 日《光明日报》,有改动。作者是中国林业科学研究院泡桐研究组。

[2]　四旁:宅旁、村旁、路旁、水旁。

[3]　农桐间作:在同一块田地上,农作物和桐树间隔栽种,以充分利用地力和光能。

[4]　楸:念 qiū。

[5]　材积:树木出产木材的体积。

[6]　侧根:指从植物的主根向周围长出来的根。

[7]　根系:主根和全部侧根的总称。

[思考练习]

一、阅读课文,想想文章抓住泡桐的哪些特征,分别从哪些方面介绍泡桐的功用的。

二、概括课文第二部分(第 2～8 段)各段内容,填写下表。

段落	泡桐的特点	泡桐的经济价值
2		
3		
4		
5		
6		
7		
8		

3.

谈 谈 记 忆[1]

邵道生

[阅读提示]

本文从记忆的心理特征入手,先从总体上介绍记忆的定义和作用,然后具体细致地说明了记忆过程、记忆品质、记忆特点和记忆类型。学习本文,能帮助我们科学地理解记忆,对改善自己的记忆品质,增强记忆力会有益处。

课文在说明过程中,除使用一些专门术语外,还注意使用复句,以增强语言的准确性和周密性。例如"一件事，如果某人有兴趣或认为有特殊的意义，可以保持相当长的时间，甚至终生不忘"，这个复句中包含着假设和递进两种关系，"有兴趣或认为有特殊的意义"概括全面，"可以"、"甚至"表述准确而有分寸。阅读时要注意把握课文语言的这一特点。

记忆，是人类认识和改造世界的基础，是人们智力活动的一个重要组成部分。什么叫记忆呢？近代心理学认为，学习指的是神经系统内信息的获得与保持，而记忆则是贮存于脑内的所有信息的总和，是对事物的识记[2]、保持和再现[3]。这三个环节的统一，决定着记忆的效果。

识记是整个记忆过程的开始，是通过学习在大脑留下痕迹的过程。这个过程，有无意识记[4]和有意识记[5]之分。无意识记是初级的识记形式，它既没有目的，也不使用任何方法。有意识记则是一种复杂的智力活动，它有一定的任务，而且还使用一定的方法，在人类的学习活动中起着重要的作用。

把学习过的痕迹贮存于脑中的过程，叫保持。没有痕迹的保持，人们就不会有知识、技能和经验的积累。记忆痕迹在脑中的状态，分瞬时记忆[6]、短时记忆和长时记忆。瞬时记忆又叫感觉记忆，储存时间不超过一两秒钟；短时记忆的时间长一些，持续一两分钟，但这种记忆的痕迹不明确，不巩固，容易消逝；长时记忆的痕迹则能较长久地保持。

再认和再现，是记忆的两种不同表现形式。再认是对事物重新出现的再度感知。再现是对过去的记忆痕迹重新呈现。再现的反面就是遗忘。

每个人的记忆品质是不尽相同的，例如有的人记得快、记得好，记忆痕迹很难磨灭；有些人却记得慢、记不牢，记忆痕迹一闪即逝。一般说，记忆品质有如下四个指标。

记忆广度，是指对某种材料在一次呈现后能正确复现的范围。心理研究中最典型的是复现数字表。一般人的正常指标为复现八九位数字。

记忆速度，是指在一定时间内能够记住事物的数量。小时候的茅以升，在一旁看他的爷爷抄古文《东都赋》[7]，爷爷刚抄完全文，他就能把全文背出，这说明他的记忆速度很快。

记忆的持久性，是指记忆痕迹保持时间的长度。一件事，如果某人有兴趣或认为有特殊的意义，可以保持相当长的时间，甚至终生不忘。以茅以升教授来说，求学时代的拿手节目是背诵圆周率，到了八十高龄，仍能背诵小数点后百余位而没有差错，由此可见其记忆保持之久。

记忆的准确性，是指忠实地保持原来识记内容的品质。国际上有背诵圆周率的世界纪录，1957 年，一名英国人可背诵小数点后 5050 位；1958 年，一名十七岁的加拿大学生可背诵小数点后 8750 位；最近，日本索尼电器公司的一名职员能背诵小数点后两万位，被称为世界上记忆力最强的人。

不同的年龄有不同的记忆特点。儿童的大脑发育未完全成熟，因此直观形象识记能力比较强；青年期是记忆最好的时期；成年人的生活经验较丰富，语言能力和逻辑思维能力比较强，对一些具有逻辑意义的内容容易记住，而机械识记[8]的能力逐渐下降；老年人记忆力随着整个脑功能的逐渐下降，近期记忆不好，而远期记忆却比较牢固。有的学者估计，人到六十至八十五岁，记忆只是其最高水平的一半左右。

记忆，有视觉型、听觉型、运动型、混合型等类型，每个人以其中的一类为主。一般人以视觉记忆为主;音乐家、盲人以听觉记忆为主;运动员、舞蹈家以动作记忆为主。不少人是三种记忆类型的混合型。

[注释]

[1]　节选自《百科知识》1980年第9期,有改动。

[2]　识记:通过感知记住事物的特点和事物之间的联系,从而积累知识经验的过程。

[3]　再现:也叫重现,指已掌握的知识能回想起来、已学会的动作能再实现和已经历的情感能再体验的过程。

[4]　无意识记:没有预定目的、自然产生的识记。

[5]　有意识记:按预定目的经主观努力而产生的识记。

[6]　瞬时记忆:一种短暂的记忆。指对事物的感知停止后所产生的痕迹持续一瞬间就急速消失的记忆。

[7]　《东都赋》:东汉史学家、文学家班固作,是汉代有名的大赋,作品较长。

[8]　机械识记:依靠机械重复而记住事物的特点和事物之间的联系的过程。

[思考练习]

一、分类说明,就是依据一定的标准,把说明对象分成若干类,然后按照类别逐一加以说明。运用这种方法,可以使读者较为清楚地了解事物的整体及其构成要素。根据课文填空,从整体上把握记忆的有关知识。

记忆过程 { 识记:
　　　　　 保持:
　　　　　 再现:

记忆 { 记忆品质:
　　　 记忆特点(儿童、青年期、成年人、老年人):
　　　 记忆类型:

二、为下列句子主干加上一定的修饰、限制或补充成分,使其意思表达得周密一些。

1. 水是液体。

2. 汽车是一种交通工具。

3. 景泰蓝是工艺品。

4. 把书当作朋友。

5. 污染严重。

三、下列语句都有可能引起歧义,试通过调整词序或改换字词写出它们的不同含义。

1. 一个旅美侨胞投资兴建的职业学校将在明年年底建成。

2. 在主席台就座的还有其他学校领导。

3. 这是两个朋友送的花瓶。

4. 发现了敌人的一个哨兵。

四、说说课文主要运用了哪些说明方法,分别举出一例。

4.

台湾蝴蝶甲天下

丛培香

[阅读提示]

本文标题"台湾蝴蝶甲天下"，充分肯定了台湾蝴蝶在世界上的特殊地位。

文章开头描绘了一幅美丽的春光图，巧妙地引出了说明对象；接着介绍了台湾蝴蝶生长的环境特点，从总体上说明了台湾蝴蝶数量大、种类多、形态奇的特征，并揭示了"台湾蝴蝶名列世界之冠"的原因；然后说明了台湾蝴蝶奇特的生活习性和生理机能。文章最后简略介绍了台湾蝴蝶的工艺价值，并用饱含深情的议论揭示出人们喜爱台湾蝴蝶的缘由。

仔细阅读课文，摘录出每段文字中写蝴蝶特征的语句；想想文章为什么要写台湾的自然环境，它与说明台湾蝴蝶的特征有什么内在联系。

每到春暖花开的季节，在祖国的原野、溪畔、山谷、花园，到处可以看到许多美丽的蝴蝶，它们在花丛中忽上忽下，忽东忽西，拂红穿绿，翩翩起舞，为大自然的春光平添[1]许多景色。在诗人和画家的笔下，蝴蝶简直成了不可缺少的对象。一般说来，人们对祖国大陆上生长的蝴蝶，都有一定的体察[2]，但是，对台湾省生长的蝴蝶，就了解得不多。试问有多少人知道，台湾竟是世界上著名的"蝴蝶王国"！

我国的台湾省，地处亚热带，雨水充足，气候温暖，一年四季花儿常开，草木常绿，再加上台湾到处有花木茂密、绿草如茵的山谷，所以非常适合于蝴蝶的繁殖和生长。据说，台湾所产的蝴蝶，数量之大，种类之多，名列世界之冠。有人做过统计，蝴蝶种类有四百种之多。其中独具特色、最为名贵的有"大红纹凤蝶"、"蛇头蝶"、"红边小灰蝶"、"宽尾凤蝶"、"皇蛾阴阳蝶"、"兰屿黄裙凤蝶"等。拿"兰屿黄裙凤蝶"来说，它产于台湾的兰屿岛[3]，是凤蝶中最美丽的一种，后翅有大型金黄色的花纹，由于鳞片的特殊构造，逆光看去，会发出灿烂夺目的珍珠般的光辉。这种色彩，在世界上是独一无二的。再如"皇蛾明阳蝶"，它双翅的形状、色彩，不但不像普通的蝴蝶一样对称，而且大小不一，更为奇特的是，它的翅膀左边为雌性，右边为雄性。据说，在一千万只蝴蝶中才能发现一只，自然是"物以稀为贵"。至于"蛇头蝶"，由于它翅膀的上端长着像蛇头一样的图案，所以称为"蛇头蝶"。它张开翅膀，足有洗脸盆那么大，是世界上最大的蝴蝶，堪称珍品。

　　台湾蝴蝶的活动区域，主要在南投县[4]的埔里、雾社及阿里山[5]的山林地带。在屏东县[6]还发现了九处蝴蝶谷。这些蝴蝶谷，大都是斜坡，又陡又深，没有溪流，谷向与海岸线平行，季风吹不进，谷里温暖如春。因此，每年一入冬，成千上万五光十色的蝴蝶，就像候鸟迁徙一样，浩浩荡荡飞进蝴蝶谷里过冬。前几年，在高雄县[7]的美浓镇，又发现了一处新型的蝴蝶谷。它原名叫"双溪河谷"，由于这里盛产黄色的蝴蝶，所以又得名"黄蝶幽谷"。谷内古木参天[8]，流水潺潺，鸟语花香，环境十分清幽。这个谷里的蝴蝶与其他谷里的蝴蝶相比，有很大不同：其他谷里的蝴蝶，只是到了冬天才飞进谷里避风寒，春天又飞回原地产卵，传宗接代；而"黄蝶幽谷"中的蝴蝶，却是世世代代在这里繁殖生长，永远不离开它们的"故土"。

　　每年的三月到八月，是蝴蝶繁殖生长的黄金季节。在这期间，一只母蝶，最少产卵数十个，多者达数百个。为避免天敌[9]的侵害，它们的幼虫能以各种方式来保护自己。有的形同树枝，有的能放射臭气，有的身含剧毒。在长期的生存斗争中，它们形成了各种本领。据说，仅"黄蝶幽谷"一处，一年就能生出二百万只五彩缤纷的蝴蝶。它们长成以后，在树木花丛间，山石溪水畔，千姿百态，成群结队，犹如带带浮云，片片彩霞，在空中袅绕[10]飘动，不时变化出自然奇观，真是美丽极了！此时，如果游人来到这里，就仿佛进入了神秘的仙境，顿时感到心旷神怡，情不自禁地喊出："啊，神奇的蝴蝶，多么可爱！"

　　在台湾蝴蝶活动地区，有不少人专以捕蝶为业。一个有经验的捕蝶人，采用"酒醉法"、"花诱法"，一天能捕到一万多只。捕来的蝴蝶，一部分直接卖给外商，一部分送给蝴蝶加工厂加工。有的做成蝴蝶画，供人们欣赏；有的用塑胶加工成茶垫、台布等，当作独具艺术风格的装饰品。台湾的蝴蝶产品，深受人们欢迎。

　　是的，人们爱台湾的蝴蝶，因为它们是美丽的，凡是美丽的东西，总为人类所喜爱；人们爱台湾的蝴蝶，因为它们是报春者，海峡两岸的同胞，都盼着它们早日报告春天的信息。

（图片来自"百度百科"网站）

[注释]

[1]　平添：凭空增添。

[2]　体察：体验和观察。

[3]　兰屿岛：在台湾岛东南部，恒春半岛以东太平洋中，岛上多原始森林。

[4]　南投县：在台湾省西部、台中盆地南端，境内多山地，日月潭是其名胜。

[5]　阿里山：纵贯台湾省西部，在玉山以西，南北走向，北起鼻头角，南到高雄附近，海拔 1000～2500 米，森林茂密。

[6]　屏东县：在台湾省西南部。

[7]　高雄县：在台湾省西南部。

[8]　参天：（树木等）高耸在天空。

[9]　天敌：自然界中某种动物专门捕食或危害另一种动物，前者就是后者的天敌。

[10]　袅绕：缭绕不断。

[**思考练习**]

一、给下列加点的字注音并解释。

溪畔　翩翩起舞　参天　绿草如茵　流水潺潺　五彩缤纷

二、文章主要介绍了哪几种蝴蝶？它们有哪些特征？

三、指出下列句子运用的说明方法。

1. 据说，仅"黄蝶幽谷"一处，一年就能生出二百万只五彩缤纷的蝴蝶。

2. 因此，每年一入冬，成千上万五光十色的蝴蝶，就像候鸟迁徙一样，浩浩荡荡飞进蝴蝶谷里过冬。

3. 它们长成以后，在树木花丛间，山石溪水畔，千姿百态，成群结队，犹如带带浮云，片片彩霞，在空中袅绕飘动，不时变化出自然奇观，真是美丽极了！

4. 这个谷里的蝴蝶与其他谷里的蝴蝶相比，有很大不同：其他谷里的蝴蝶，只是到了冬天才飞进谷里避风寒，春天又飞回原地产卵，传宗接代；而"黄蝶幽谷"中的蝴蝶，却是世世代代在这里繁殖生长，永远不离开它们的"故土"。

5.

现代人的智能[1]

郑国胜

[**阅读提示**]

曾有人预言：20世纪结束的时候，人类将进入伟大的智能时代。如今，智能机器人、智能家具、智能手机等冠以"智能"的新产品相继问世并投入使用，这是否标志着我们走进了智能时代？人类开发并运用人工智能，可是，现代人对自己的智能又有多少了解？

课文是一篇关于现代人智能的说明文。作者从什么是智能、人类智能的形式、不同类型智能的价值、如何开发人类的智能四个方面，对现代人的智能进行了简要说明。作者运用小标题的形式，把复杂的智能问题加以概括，使内容明确，条理清晰。

课文语言平实、准确，通俗易懂。阅读时要把握各部分之间的内在联系，理解小标题在文中的作用，并结合具体语段体会说明文平实准确的语言特点。

人的智能不像人的身高那样，能一测便知；也无法通过几条智商[2]题，简便地判断其优劣。人的智能不是单一的，它是在长期生活和工作中，在极其复杂的环境中，通过对知识的掌握和运用而形成并发展起来的，因而可以说人的智能是多种多样、极其复杂的。

科学家眼里的智能

现代生物学家认为,智能离不开人脑中的核酸与蛋白质分子,是它们对现实世界的信息处理和信息反馈的力量,即人的各种能力的总和。其中包括对大自然和人类社会的适应能力、学习能力和抽象思维能力。生物学的研究表明,尽管人的左脑和右脑的构造无甚差别,但它们各自掌管的智能却显然不同。譬如,人脑左半球遭受损伤,那么他的语言能力丧失殆[3]尽,而对音乐才能、空间想象能力及处理人事关系能力的影响却十分有限。如果受伤部位在右半脑,情况则正好相反。因此,生物学家认为,语言能力是一种专门的智能,它同音乐、空间想象等智能并无必然的内在联系,这就为智能的多元性奠定了基础。

心理学是研究智能最活跃的园地。一位美国学者认为,构成人的智能的因素很多,用一种数学方法是无法表示这些因素的。他把构成智能的因素,看成三个变项,像一个长方体的长、宽、高那样。每个变项中都由一些相关要素组成。第一项包括人的认识、记忆、分散思维、复合思维和评价,第二项是形象、符号、语义和行为,第三项中有单元、类别、系统关系、转换及含蓄。将每个变项中任一要素组合,便可得出 120 种因素。那么,由此组成的人类智能形式有多少种呢?

人有几种智能

人的智能,目前已鉴别出来的形式有七种。今天,人们通常所说的智能,一般是指语言和逻辑数学这两方面的智能。因为,这两种智能高的人,学习和工作往往比较出色。事实上还有其他五种形式智能,就是音乐才能、空间想象力、运动能力和两种形式的个人智能——交际能力和个人自处能力(即自知之明)。在每个人身上,这七种智能的发展是极不平衡的。尽管大多数人都具有这七种智能的潜在才华,但表现突出的一般只有二到三种。心理学家把这两三种智能,归纳成一个智能组合型。用这种组合类型来评价一个人的智力倾向,无疑要比传统的智商测验,更接近客观实际。当然,这种智力组合不是一成不变的。例如一个儿童的智能组合是语言、空间想象和运动能力,也许到青年时代,他的智能组合是语言、数学逻辑和交际能力,年老体衰时,可能又有新的组合。智能形式不但随时间、年龄而变化,而且依社会职业、文化程度的不同而不同。

每一种智能都有它独特的重要性,不能扬此而抑彼。诸葛亮和孙悟空是妇孺皆知的"人物",他们却是不同智力类型组合的典型。诸葛亮在茅庐中已预料天下三足鼎立之势;他火烧赤壁,草船借箭,进西川,出祁山,用兵如神;他舌战群儒,骂死王朗;他写的前后《出师表》,感人肺腑,动人心魄。这些都是他卓越的逻辑数学智能和语言智能的非凡表现。孙悟空却迥然不同,他大闹天宫,力挫群魔,充分显示了杰出的运动能力和空间想象能力。事实表明,这七种智能本身并无优劣之分。

哪些智能更重要

在今天的社会上,人们对一个人智力高低的评价,着重于语言和逻辑数学这两方面的才华。如今,新的技术革命的浪潮滚滚而来,现代物理学、化学、生物学和电子计算机学等新的尖端科学,都需要逻辑数学这方面的高智能人才。同时,传播和交流各种信息与知识，也需要较高的语言水平。因而语言和逻辑数学的智能组合在今天就格外被人注重。但是这种组合的重要性既非绝对，也不是永恒的。

在以狩猎为主的原始社会里，一个人要有极好的运动智能，并具有良好的个人自处能力，明了哪些猎物能够单独战胜，哪些需要众人围捕或诱捕。在这一时期，运动和个人自处智能相对来说就重要得多。将来，随着计算机技术在日常生活和工作中的普及，语言交流的作用会相对下降，而个人自处智能的社会作用又会有所增强。这样，个人自处能力的重要性将随之提高。那时，智能组合的重要性将发生新的变化。

对个人来说，七种智能的价值，是因人而异的。服务员侧重的是语言能力和交际能力，音乐家特别需要音乐和想象能力，空间想象能力和逻辑数学能力则是每个建筑师所不可缺少的。对于运动员，除了运动能力外，自处能力也相当重要，因为他们需要克服怯场、轻敌等心理缺陷，更为重要的是选择恰当的时刻，迸发能量，从而取得优异成绩。不同的职业需要不同的智能组合。因而我们不必把自己封闭在一个固定的智能模式中，而应该扬长避短，在自己的优势智能中，发挥才华，有所作为。

开发你的智能

怎样使你变得聪明？这就是发现你的智能，开发你的智力，使你的智慧有所发展，在社会上大显身手。

"人心不同，各如其面。"人的智能组合类型和高低是千差万别的。有一种传统偏见，至今仍然抑制着人们智能的充分开发和有效利用。例如，考试、招工、晋升，都用逻辑数学和语言智能来测定一个人。这种传统的做法，对人类其他五种形式的智能，无疑是一种巨大的浪费。事实上许多职业并不要求人们具有很高的语言和逻辑数学方面的才能；相反，许多工作往往需要人们有较强的空间想象力和运动能力等。如果我们敢于打破传统的做法，分析与预测人们智力组合类别和优势，选择能充分发挥智能强项的方向，那么不仅有助于社会，也有助于个人智能的进一步发展。

如果我们能够从事长期的观察，定期检查人们对各种事物理解及处理的能力，从而分析出一个人的智能组合倾向，并用现代理论方法来评定一个人智能上的强项和弱项，这样就不会再有简单的"聪明"或"愚笨"的提法了。这对于儿童教育意义更大。我们应该仔细观察和发现儿童智能的强项，加以认真和持之以恒的引导、扶掖[4]。例如对于性格内向而又好动的孩子来说，形形色色的积木能培养他们的空间想象能力和逻辑数学能力——哪一种结构比较稳固，哪一种构造无法实现。对于小嘴巴喋喋不休的孩子，可以通过看图讲故事，培养他们的逻辑和语言能力。对于自然形成的"小孩王"，则可培养他们的社会交际能力。我们无法肯定孩子将来一定是某一方面的专家，但儿童的个性确实预示着一个可能发展的方向。须知，这比勉为其难地强制孩子朝刻板的模式发展更实际些。也许这就是使孩子成才的最佳方法。

尽管社会并不需要个人十全十美，但是对于智能上的弱点，发现越早，纠正就越方便，对儿童来说更是如此。只要使弱项趋向正常，达到一般水平，我们就可以用更多的时间和精力投入对智能强项的开发，使它有辉煌的发展。这对培养和造就人才，也许是一种有益的尝试。

我们正处在科技飞速发展的时代,人类智能的发展还跟不上时代的步伐。正如杰出的物理学家卢瑟福所说:"人们的知识在不断地充实,而人们的智能却徘徊不前。"让我们努力跨前一步,打破那种徘徊不前的局面吧。

[注释]

[1]　选自《人和自然》1986 年第 1 期,有改动。

[2]　智商:就是智力商数,用来表示智力发展的水平。智商是依据这样的公式求得的:

$$智力年龄 \div 实足年龄 \times 100 = 智力商数$$

[3]　殆:几乎,差不多。

[4]　扶掖:搀扶,扶助。

[思考练习]

1. 按照小标题的顺序,简要概括课文每一部分的内容。
2. 课文提到的人类的智能有哪几种?智能有好坏之分吗?
3. 原始社会、现在社会、未来社会对一个人的智能要求有什么不同?
4. 举例说明本文运用的说明顺序和说明方法。

写作训练（二）

说明文写作
——说明文的语言

写作范围

按照说明文语言的要求,写一篇科学小品。

写作指导

写科学小品,先要细致地观察事物,了解事物,也可以去查阅一些相关的资料。观察得越细致,了解得越深入,掌握的资料越丰富,写起来就越从容。

语言的运用应为读者着想,要使读者产生阅读的兴趣,就要想方设法写得生动而有趣味。可以采用拟人的手法,也可以运用打比方、作比较等说明方法,关键是要融入自己对所写事物的情感。

写科学小品,一定要注意语言的准确性和周密性。准确就是要把事物说得恰如其分,符合科学,符合客观实际。说明事物的范围、数量、状态、性质、功能等,要符合实际,不能随意夸张和渲染。

在语言的周密性方面,一是要推敲所说的话有没有歧义和漏洞,可对句子主干加一些必要的修饰、限制或补充成分,使表述无懈可击。二是要注意上下文的联系,使文章连贯,首尾一致。

课外练笔

1. 邮票趣谈
2. 风筝的自述
3. 车的未来
4. 词典——我的良师益友

知识拓展（二）

奇妙的植物

牵牛花（右手螺旋）

世间万物,各有其性,以植物而言,枝蔓茎干绝大多数都是直向生长的,而有一些植物却是盘旋生长的。如攀援植物五味子的藤蔓就是左旋按顺时针方向缠绕生长的。与此恰恰相反,盘旋在支架上的牵牛花的藤在旋转时,却一律按逆时针方向盘旋而上,如果人为地将其缠成左旋,它生出新藤后仍不改右旋特性。

令人惊异的是,还有极少数植物藤蔓的螺旋是左右兼有的。如葡萄就是靠卷须缠住树枝攀援而上,其方向忽左忽右,既没有规律也没有定式。英国著名科学家科克曾把植物的螺旋线称为"生命的曲线"。

植物的枝蔓茎干为什么会出现左右旋转生长的现象呢？一般认为,这是由于南北半球的地球引力和磁力线的共同作用。而最新的研究表明,植物体有一种生长素能控制其器官(如茎、藤、叶等)的生长,从而产生螺旋式的生长(攀援),这是个遗传问题。

那么,遗传又从何而来？近年来,科学家通过研究认为,遗传的发生也与地球的两个半球有关。远在亿万年以前,有两种攀援植物的始祖,一在北半球,一在南半球。植物为了得到充足的阳光和良好的通风,紧紧跟踪东升西落的太阳,漫长的进化过程使它们形成了相反的旋向,而那些起源于赤道附近的攀援植物由于太阳当头而没有固定的旋向,便成为左旋和右旋兼而有之的植物。

三叶鬼针草

如果有人说,植物也像动物那样有记忆能力,恐怕你听了不会相信。但这种说法有一定的科学根据。不久前,科学家们在一种名叫"三叶鬼针草"的植物身上,进行了一项有趣的实验。结果证明,有些植物不仅具有接收信息的能力,而且还有一定的记忆能力。

这项实验是法国克累蒙大学的学者设计的。他们选择了几株刚刚发芽的三叶鬼针草,整个幼小的植株总共只有两片形状很相似的子叶。

一开始,研究者用 4 根细细的长针,对右边一片子叶进行穿刺,使植物的对称性受到破坏。过了 5 分钟后,他们用锋利的手术刀,把两片子叶全部切除,然后再把失去子叶的植株放到条件很好的环境中,让它们继续生长。

想不到 5 天后,有趣的情况发生了,那些针刺过的植株,从左边(没受针刺)萌发的芽生长很旺盛,而右边(受到过针刺)的芽生长明显较慢。这个结果表明,植物依然"记得"以前那次破坏对称性的针刺。以后科学家又经过多次实验，进一步发现，植物的记忆力大约能保留 13 天。

植物怎么会有记忆呢？科学家们解释说，植物这种记忆当然不同于动物，它们没有与动物完全一样的神经系统，可能是依赖离子渗透补充而实验的，应当说，关于植物记忆的问题，在目前还是一个没有被彻底解开的谜。

神秘果

在中国的海南省，有一种非常有趣的植物，叫神秘果。它的果红色，较小。人一旦嚼了一个神秘果，再吃其他的水果都是甜甜的，而不管吃的是苦涩的青香蕉皮或者是青橄榄。现在知道，人的味觉是由舌苔上的各种受体决定的，而神秘果中有一种特定的蛋白酶，能修饰这些味觉受体，从而使得人的味觉响应发生变化。

番茄树

动物脑体内有一块音乐区，能感受音乐的作用。法国的植物学家兼音乐家斯特哈默通过生动的试验证实：植物对音乐也相当敏感。他通过给番茄树每天弹奏 3 分钟的特定曲目，使得该树的生长速度提高了 2.5 倍，而且长出的番茄既甜且耐虫害。斯特哈默理所当然地认为，这是由于音乐的神奇作用。

并不是任何一首曲目都能触动植物的音乐敏感区，曲目的选择大有讲究，这也正是科学与艺术的微妙区别。按斯特哈默的研究，音乐中的每一个乐章都应该对应植物体内蛋白质的某一个氨基酸分子，一首曲子实际就是一个蛋白质完整的氨基酸排列顺序。这样，植物听到这一曲目时，体内的某些特殊酶素就会更加活跃，从而促进植物的生化作用及快速生长。

斯特哈默创作这些曲目时颇费心思，以植物细胞色素氧化酶来说，他必须首先通过精确的物理实验来分析出该酶素的氨基酸顺序，然后再利用量子物理学的一些专业知识计算每个氨基酸的振动频率，最后，再将这些振动转译成植物能够听到的音乐频率。

植物能听懂音乐的内在机制，还需科学家进一步研究。

第四单元

青 鸟 使 者

　　中国古代有鸿雁传书,而随着现代科学技术的飞速发展,又出现了传真、电子邮件、可视电话等通信工具,传统意义上的书信正离我们越来越遥远。可是,忽然有一天,你收到一位远方朋友给你的信笺,读着那一行行散发着浓郁墨香的文字,犹如潺潺的溪流,在你的眼前流淌,相信你一定会怦然心动的。

　　本单元我们学习的重点是书信。书信是个人与个人、个人与组织、组织与组织之间,用来交流思想感情、传递意见要求、传播信息的。除了亲人、同学、朋友、同事之间往来的信件之外,还有根据某种特定的需要所写的信件。这一单元,我们重点学习求职信、自荐信、感谢信、慰问信、贺信、倡议书、建议书和申请书。

　　写信要根据信件的目的和作用,正确地表情达意,要考虑对象,注意语气,讲究格式。

　　学习本单元,要认真阅读,仔细揣摩例文,掌握它的基本格式,写出格式正确、符合要求的书信。通过本单元的学习,它一定会给你今后的工作和生活带来一些帮助的。

1.

求职信　　应聘信

[阅读提示]

　　求职信、应聘信有明确的目的和特定的内容,都是向用人单位自荐谋求职位的书信。

　　求职信、应聘信在内容上都要注意突出重点,向用人单位介绍自己的特长、优势。

　　求职信、应聘信也有不同之处。求职信一般是在不知用人单位是否要人、要什么样的人的情况下主动自荐,为谋求职位而写的,对自己的介绍应是全面的;信可以向多个单位、多个部门寄送。应聘信则是在知道用人单位要什么人的情况下而写的,信的目标明确,针对性强,要根据用人单位的需要有侧重地介绍自己的专业特长以及应聘的理由。

　　写求职信、应聘信时要注意:格式要规范,项目要齐全;态度要诚恳,用语要得体;自我介绍和陈述理由要实事求是,恰如其分;书写要端正;要写明详细的回信地址等可联系办法;必要时附上有关材料的复印件。

　　求职信、应聘信写作的原则:一是语气自然。语言和句子要简单明了,就像说话一样,语气可以正式但不能僵硬,语言直截了当;二是通俗易懂。写作要考虑读者对象的知识背景,不要使用生僻词语、专业术语;三是言简意赅。在重点突出、内容完整的前提下,尽可能简明扼要,切忌面面俱到;四是具体明确。不要使用模糊、笼统的字眼;多使用实例、数字等具体的说明。

求职信、应聘信的格式大致相同,一般包括标题、称谓、正文(介绍学历、工作经历、工作能力、工作成绩等情况,还可陈述一下就职以后的工作设想)、结束语、落款五个部分。

掌握书信的格式是写作书信的基本功之一。学习例文,要掌握格式,学会写求职信和应聘信。

求 职 信

××外贸公司人事部:

本人(男)现年二十二岁,今年毕业于××大学商学院国际贸易系,各门功课成绩优秀。我专业基础知识扎实,英语已通过六级,英语口语较流利,还能熟练地操作计算机。我曾担任校学生会副主席,有较强的社会工作能力。

我虽然刚从学校毕业,没有实际工作经验,但我相信,像贵公司那样重能力、重水平、重开拓、有远见的单位,是一定会把能力、水平与经验等同视之,给新人以一显身手的机会的。因此今天特写此信自荐,假如贵公司招聘外贸工作人员,希望能考虑我,我迫切盼望能早日成为贵公司中的一员。

如我有幸能成为贵公司的一员,将严格遵守公司的各项规章制度,发挥自己的聪明才智,勤奋工作,开拓创新,创造佳绩,以报答公司对我的信任。

随信附上本人各种证书的复印件。

如蒙录用,请赐回信。

此致

敬礼!

盖亚洲
××××年×月××日

联系地址:本市幸福路 36 号 101 室,邮政编码:×××××××。

应 聘 信

××商场股份有限公司:

近日读《××晚报》,得知贵公司招聘会计一名,十分欣喜。我出生于 1983 年,2002 年毕业于省商业学校财务会计专业。毕业后在××商场担任会计六年,负责家电部财务工作,现具有助理会计师技术职称。因我具有六年会计工作经验,自信能胜任贵公司征聘的会计工作。特自荐应聘。随函寄上本人简历及各种证书复印件。恭候复函。

此致

敬礼!

张咏梅
××××年×月×日

联系地址:本市中山路 508 号,邮政编码:×××××××。

[思考练习]

一、分析例文,掌握求职信、应聘信的写作格式。比较两则书信的内容,分析求职信、应聘信在写作上的侧重点有哪些不同之处。

二、刘华是××职业中学机电专业的一名学生,他在学校学习期间努力勤奋,各项专业技能掌握熟练,并且已取得了正式的焊工技能证书。再过一个月就要毕业了,他正在为找工作的事发愁。你能代他分别写一份求职信和应聘信吗?信件内容牵涉到的具体事由可以虚构,有关单位名称、人员姓名、日期等可用"××"代替。

三、把写完的书信与同学交流,给对方的信件进行批改或提出修改意见,然后谈谈自己的体会。

2.

感谢信　慰问信　贺信

[阅读提示]

感谢信、慰问信、贺信都属于专用书信。专用书信是指用于某种特定场合,针对某种特定事务或特定需要的具有专门用途的书信。

感谢信是感谢对方的关心、支持或帮助所写的一种书信。作用是以示谢意。感谢信的正文多半分为三个部分:(1)为何事向对方表示感谢。(2)所感谢对象的先进思想和模范事迹。这部分要写得既概括又具体,字里行间满怀感激之情。叙述中要交代清楚时间、地点、人物、事件、原因、结果。(3)热情赞扬对方的可贵精神及其影响,并表明自己的态度。

慰问信是以组织或个人的名义,向在某方面作出特殊贡献或遇到意外损失的集体或个人关切致意,表示问候、同情的一种书信。起着鼓励安慰、问候的作用。慰问信的写作要求:

(1)要明确写慰问信的对象。如果对方是在某方面作出了特殊贡献的,信的内容就着重写赞扬,歌颂对方的功绩;如果对方是遭受灾害的集体或个人,信的内容就着重写向对方表示关心和支援;如果对方是因公致伤、致残,信的内容就着重写向对方表示亲切关怀,使对方得到精神上的安慰,增强克服伤残的勇气和信心。

(2)感情要充沛真挚,语言要亲切、生动。

祝贺信是对获得胜利、取得成绩以及生日、节日等喜庆事件表示祝贺的信件。

专用书信,内容单一,格式固定。一般具有称呼、正文、结尾、署名、日期五个部分。这和一般书信的写法相同,但它常用标明性质的标题。

感　谢　信

中国人民解放军×部×连党支部:

×月×日,我镇的一名10岁的小男孩过铁索桥时,不慎掉入水中。你连战士×××正路过此地,见此情景,顾不上脱下衣服,便纵身跳进河里。此时,寒冷刺骨,×××尽力与急流搏斗。将孩子救上岸时,孩子已经不省人事,×××也精疲力尽。但他坚持继续抢救,直到孩子脱离危险,然后又将他背回家中。孩子的家长感动得热泪盈眶,一定要留他休息几天。×××同志虽然疲惫不堪,但为了不影响归队,毅然踏上了归途。

　　×××同志这种舍己救人,严守纪律的高贵品质,使人非常感动。在这里我们代表全镇人民向你们,并通过你们向×××同志表示衷心感谢。

　　顺致
崇高的敬礼

××县××镇人民政府

××年×月×日

致中国人民解放军驻××省部队全体指战员的春节慰问信

亲爱的×××部队指战员同志们:

　　××年新春佳节来到了,我们向你们致以亲切的慰问和节日的祝贺!

　　在过去的一年里,你们牢记人民军队的宗旨,全心全意为人民服务,继承和发扬了光荣的革命传统,同我们地方群众鱼水相依,骨肉相连,在紧张的训练中仍不忘以人力、物力支援工农业生产,特别是在抗灾斗争中,你们不怕疲劳,英勇顽强地与洪水搏斗,帮助我们抢险,使国家和集体的财产少受损失,保障了人民群众的生命安全。人民军队爱人民的动人事迹,在我们省到处传颂。我们为有这样的子弟兵而感到自豪。

　　亲爱的同志们,让我们更紧密地团结起来,在党的领导下,心连心,肩并肩,为保卫和建设伟大的社会主义祖国而共同奋斗。

　　祝你们春节愉快!

中共××地委××地区行署

××年×月×日

中共中央祝徐特立七十寿辰的信

亲爱的特立同志:

　　党中央委员会热烈祝贺你的七十大寿!

　　你的道路,代表了中国革命知识分子的最优秀传统。你是热爱光明的,你为了求光明,百折不挠,在五十岁时加入了中国共产党。你对于民族和人民的事业抱有无限忠诚,在敌人面前,你坚持不妥协、不动摇的大无畏精神,你的充沛的热情,使懦虫为之低头,反动派为之失色。你是密切联系群众的,你的知识是和工农相结合、生产相结合的,你把群众当作先生,群众把你当作朋友。你对自己是学而不厌,你对别人是诲而不倦,这个品质使你成为中国杰出的革命教育家。你痛恨官僚主义与铺张浪费,你的朴素勤奋七十年如一日,这个品质使你成为全党自我牺牲和艰苦奋斗作风的模范。你的这一切优质是全党同志和全国人民的骄傲,把你的这一切优质发扬光大是全党同志和全国人民的革命任务。

　　祝你
永远健康!

中国共产党中央委员会

一月十日

[思考练习]

一、下边这封信在格式上有四处毛病，指出并修改。

亲爱的妈妈：您好！

近来工作忙吗？身体好吗？

时间过得很快，转眼间我到宾馆实习已经三个月了。目前正是旅游旺季，宾馆的工作十分繁忙。人虽然辛苦一些，但紧张的工作也让我们学到了不少经验。这对我们即将从事的工作是非常有益的。宾馆对我们实习生很关心，在衣食住行上提供了很好的条件。我的身体很好，请妈妈不要挂念。

天气渐渐转凉，妈妈有哮喘病，要注意保暖。请多保重！

祝您身体健康！

××年×月×日

您的儿子　晓林

二、"5·12"汶川大地震发生后，××中学造成重大的人员伤亡，校舍遭到严重毁坏。请你以学生会的名义写一封慰问信。

3.

倡议书　建议书　申请书

[阅读提示]

倡议书是个人或集体公开提倡某种做法，倡导某项活动，鼓动别人响应的一种信函文书。

倡议书的种类，从作者角度分，可分为个人倡议书和集体倡议书两种。从传播角度分，倡议书有传单式倡议书、张贴式倡议书、广播式倡议书和登载式倡议书。从文章角度看，无论是个人发出的倡议，还是集体发出的倡议，其写法大体相同。就是不同传播方式的倡议书，其写法也大体相同。

倡议书一般由标题、称呼、正文、结尾、落款五部分组成。

标题：一般由文种名单独组成，即在第一行正中用较大的字体写"倡议书"三个字。另外，标题还可以由倡议内容和文种名共同组成。如"把遗体交给医学界利用的倡议书"。这可依据不同的情况灵活处理。

称呼：可依据倡议的对象而选用适当的称呼。如"广大的青少年朋友们："、"广大的妇女同胞们："等。有的倡议书也可不用称呼，而在正文中指出。

正文：一般包括：(1)写倡议书的背景、原因和目的。(2)写明倡议的具体内容和要求。这是正文的重点部分。倡议的具体内容一般是分条开列的，这样写往往清晰明确，一目了然。

结尾：要表示倡议者的决心和希望或者写出某种建议。倡议书一般不在结尾写表示敬意或祝愿的话。

落款：写明倡议者单位，署上发倡议的日期。

建议书是个人、单位和有关方面，为了开展某项工作，完成某项任务或进行某种活动而倡议大家一起做什么事情，或提出合理化的意见、建议时使用的一种文体。

建议书一般由标题、称呼、正文、结尾、落款等几部分构成。

标题：一般在第一行中间写上"建议书"字样。有的建议书还写上所建议的内容，如"关于假期中小学补课的建议书"。

正文：由以下三部分构成：第一，要先阐明提出建议的原因、理由以及自己的目的、想法。这样往往可以使受文单位或个人从实际出发，考虑你的建议的合理性，为采纳你的建议打下基础。建议书称呼要求注明受文单位的名称或个人的姓名，要在标题下隔两行顶格写，后加冒号。第二，建议的具体内容。一般建议的内容要分条列出，这样可以做到醒目。建议要具体明白切实可行。第三，提出自己希望采纳的想法，但同时也应谨慎虚心，不说过头的话，不用命令的口气。

结尾：一般是表示敬意或祝愿的话。同一般书信相同。

落款：要署上提建议的单位名称或个人姓名，并署上成文日期。

写建议书具体应该注意以下几点：

(1) 从实际出发，实事求是。(2)说话得体，有分寸。(3)内容具体、清楚、实在。(4)语言准确、精练。

申请书是个人、单位、集体向组织、领导提出请求，要求批准或帮助解决问题的专用书信。

申请书的使用范围相当广，种类也很多。按作者分类，可分为个人申请书和单位、集体公务申请书。按解决事项的内容分类，可分为入团、入党、困难补助、调换工作、建房、领证、承包、贷款申请书等。

申请书的写作格式：

标题：一种是直接写"申请书"，另一种是在"申请书"前加上内容，如"入党申请书"、"调换工作申请书"等，一般采用第二种。

称谓：顶格写明接受申请书的单位、组织或有关领导。

正文：是申请书的主体，首先提出要求，其次说明理由。理由要写得客观、充分，事项要写得清楚、简洁。

结尾：写明惯用语"特此申请"、"恳请领导帮助解决"、"希望领导研究批准"等，也可用"此致""敬礼"等礼貌用语。

落款：个人申请要写清申请者姓名，单位申请写明单位名称并加盖公章，注明日期。

写申请书应注意以下几点：(1)申请的事项要写清楚、具体，涉及的数据要准确无误。(2)理由要充分、合理，实事求是，不能虚夸和杜撰，否则难以得到上级领导的批准。(3)语言要准确、简洁，态度要诚恳、朴实。

阅读时，要认真揣摩这几种应用文的写法。

中华全国工商业联合会环境服务业商会和中国水网
联合抗震救灾倡议书

环境服务业商会和中国水网的广大会员们：

2008年5月12日14时28分，在四川汶川县发生7.8级地震，这一突如其来的灾难给灾区同胞造成了巨大的创伤和痛苦。据民政部统计，截至13日7时，四川汶川县地震已造成四川、甘肃、陕西、重庆、云南、山西、贵州、湖北8省市至少一万两千人死亡，倒塌房屋400余万间。随着灾情的进一步发展，灾害造成的人员伤亡人数还会逐渐增加。灾难触动着每个人的心弦，震撼了每一位中华儿女的灵魂，灾情发生后，全国人民在党中央的坚强领导下，正全力投入抗震救灾中。

一方受难，八方支援。对此，我们环境服务业商会和中国水网联合向我们的会员单位发出倡议：

一、各会员单位内部要加大防震抗震教育的力度，加强对地震灾害的科学认识和防范措施的宣传，受灾地区的会员企业要以大局为重，相信党和政府，服从有关部门的统一协调。

二、受灾地区的会员企业要主动承担应尽的社会责任，努力克服各种困难，保证当地用水的正常供应，确保广大灾区人民的身体健康。

三、各会员企业的党团及工会组织要积极参与并投入地方开展的抗灾、救灾、捐款、捐物活动之中，帮助和支持受灾地区群众渡过难关，为取得抗震的最后胜利贡献自己的力量！

当前，在灾区人民最需要援助的时刻，我们呼吁协会各会员单位及从业人员向灾区同胞伸出援手，尽其所能，帮助灾区人民渡过难关，帮助灾区恢复生产、重建家园。

我们将继续关注此次震灾的发展态势，希望各地会员企业与我们紧密沟通，及时反馈[1]各地受地震影响的情况。我们相信，这些饱含着我们爱心的捐赠，将给灾难中的同胞带去在废墟中重建家园的勇气和力量！

中华全国工商业联合会环境服务业商会

二〇〇八年五月十四日

环保建议书

亲爱的老师、同学们：

当你在这美丽的校园中学习，为我们美好的未来而努力时，相信我们每一个同学都渴望有一个干净的校园，渴望健康的生命，渴望绿色，渴望我们有一个良好的生活环境。学校是育人的场所，环境教育是提高我们思想道德素养和科学文化素质的基本手段之一，建立节约型和环境友好型校园，这不仅是学校自身发展的需要，更是我们每一个中学生应有的社会责任，为了增强大家的环境保护意识，让校园、班级环境更加整洁亮丽[2]，有利于创建绿色和谐的校园环境，我们"校园环保志愿者"活动小组恳切地向师生们提出如下建议：

1. 树立绿色文明观念，自觉关心环境状况，把个人环保行为视为个人文明修养的组成部分。

2. 不乱扔垃圾、果皮、纸屑，不随地吐痰，不随意采摘校园的一草一木，爱护公共绿地。

3. 爱护仪器、设备和公物，使设备始终保持完好状态，尽量减少损坏维修。

4. 节约用水，珍惜水资源，减少水污染；节约用电，做到人走灯灭，光线充足时不要开灯，避免"白昼灯"、"长明灯"情况发生，微机室电脑用后及时关机。

5. 节约用纸，尽量少用餐巾纸，草稿纸尽量两面用。

6. 生活节俭，不随意浪费粮食，不剩饭，培养良好的生活习惯。

7. 尽量少用塑料袋，尽量少用一次性的纸杯、塑料杯。

8. 从我做起，号召全校同学树立环保意识，为创建绿色和谐校园献出自己的一份力。

"历览前贤国与家，成由勤俭败由奢"，中华民族历来倡导节约，父母、老师也再三强调环境的保护，让我们义不容辞地承担各自的使命，树立环保意识，养成节约资源的习惯，从我做起，从现在做起，从点滴小事做起，为共建环境友好型的和谐校园而努力！

翠北中学环保志愿者活动小组

二〇〇八年十月二十一日

入学申请书

刊授大学尊敬的先生、女士：

　　你们好！

　　我是居住在英国伦敦的一名华人。我从一个在上海的朋友那里得知你们在国内举办刊授大学的消息，颇感兴趣，所以不惜隔着千山万水，写信申请。

　　我很小便跟随父母移居英国，每天在学校学习的当然是英文。但是我不能因居住在另一国家而忘记祖国的语言。试想，身为一个中国人而不懂自己国家的语言是一件多么羞耻的事！所以，我坚持不断地每星期六到伦敦开办的中文学校学习。由于多年来的刻苦学习，我的中文水平已大有提高，但是非常可惜，这所学校并没有设置较深的中文课程，所教的无非是些基础和补习性质的中文课，所以我只好在空闲的时间自修。我酷爱祖国悠久的文化、历史、语言，这促使我想深入学习并了解有关中国文学的各方面知识。但在英国，这个条件非常差，无法满足我这强烈的愿望。现在，我的这位朋友跟我谈及了有关你们在国内举办的刊授大学，我便请他设法替我申请。我已阅读了大量的中文书籍、刊物，中国的许多文学名著我都看过，每天还阅读中文报纸。

　　在英国，虽然有无数的函授学校，但所授的大多是商业、科技等专业，文科的专业非常少，更不要说中国语言文学专业了。我知道我申请入学会带给先生、女士们很多麻烦，但我相信你们会谅解我求知心切，多么希望能够跟随"刊授大学"学习！你们若想从各个方面了解我，只要来信告知，我会尽我所能答复你们的一切问题。

　　请接受我

衷心的谢意！

学生：周玉娣

××年×月×日于伦敦

[注释]

[1] 反馈：(信息、反映等)返回。

[2] 亮丽：明亮、美丽。

[思考练习]

一、依据例文填空，体会倡议书的基本写法。

　　中华全国工商业联合会环境服务业商会和中国水网联合抗震救灾倡议书

环境服务业商会和中国水网的广大会员们：

第一部分背景原因和目的：_____。

第二部分具体内容和要求：_____。

二、找出倡议书、建议书和申请书的相同点和不同点。

三、你来试试看

在生活中，你是否遇到过这些情况：周围的环境被污染，社区购物不方便，供少年儿童活动的场所太少……我们是社会的主人，针对存在的问题，我们有责任、有义务向有关部门反映情况，提出自己的建议。

请你写一份建议书。要写清楚提的是什么建议，还要注意建议书的格式。

四、简述申请书的写作要求，并试着写一份入党申请书。

写作训练（三）

应用文的写作

——书信

写作范围

1. 给亲友（同学）写一封信，或汇报情况，或叙家常，或商讨问题。

2. 某市中学在百年不遇的水灾中，教室被毁，教学设备损失很大。以某学生会的名义，给那里的同学写一封慰问信。

写信时应注意以下几点

1. 条理要清楚

给亲友（同学）写信，行文比较自由，结构也比较灵活。但是，先写什么，后写什么，还是应当有所安排的。要符合事情本身的顺序，符合收信者的阅读心理，这样才能表述得清楚明白，达到写信的目的。

慰问信正文一般分三部分：第一部分，写背景、原因及问候语。要写得简明扼要，诚恳亲切。第二部分，是慰问信的主体，写法比较灵活，内容要根据写信的目的和收信对象有所侧重。有的要着重问候对方工作中的辛苦；有的要着重表示深切的同情和慰问；有的要着重表彰对方的重大贡献。第三部分：写慰问语与祝愿语。

2. 用语要得体

写信要根据不同的对象运用得体的语言。给长辈或者平辈、新朋或者老友、上级或者下级的信,在称谓、问候、正文的措辞、祝颂语上都应有所不同。如果不看对象,千篇一律使用同样的语言,或者张冠李戴搞错了用语,就可能闹笑话,甚至产生误会。

3. 格式要规范

信的称谓、正文、结束语(祝颂语)、落款(署名和日期)等应按规定写在恰当的地方。

课外练笔

1. 给自己远方的亲友写一封信,介绍一下家乡的巨大变化。
2. 你的同学小李想加入党组织,请你替他写一份申请书。

知识拓展（三）

中文书信标准格式和英文书信的格式

中文书信标准格式

① 称呼:顶格,有的还可以加上一定的限定、修饰词,如"亲爱的"等。

② 问候语:如写"你好"、"近来身体是否安康"等。独立成段,不可直接接下文。否则,就会违反构段意义单一的要求,变成多义段了。

③ 正文。这是信的主体即写信人要说的话。它可以是禀启、复答、劝谕、抒怀、辞谢、致贺、请托、慰唁,也可以是叙情说理、辩驳论证等。这一部分,动笔之前,就应该成竹在胸,明白写信的主旨,做到有条有理、层次分明。若是信中同时要谈几件事,更要注意主次分明,有头有尾,详略得当,最好是一件事一段落,不要混为一谈。

④ 祝颂语。以最一般的"此致"、"敬礼"为例。"此致"可以有两种正确的位置来进行书写,一是紧接着主体正文之后,不另起段,不加标点;二是在正文之下另起一行空两格书写。"敬礼"写在"此致"的下一行,顶格书写。后应该加上一个惊叹号,以表示祝颂的诚意和强度。

称呼和祝颂语后半部分的顶格,是对收信人的一种尊重。是古代书信"抬头"传统的延续。古人书信为竖写,行文涉及对方收信人姓名或称呼,为了表示尊重,不论书写到何处,都要把对方的姓名或称呼提到下一行的顶头书写。它的基本做法,为现代书信所吸收。

⑤ 具名和日期。写信人的姓名或名字,写在祝颂语下方空一至二行的右侧。最好还要在写信人姓名之前写上与收信人的关系,如"儿×××"、"父×××"、"你的朋友×××"等。再在下一行写日期。

如果忘了写某事,则可以在日期下空一行、再空两格写上"又附",再另起行书写未尽事宜。

英文书信的格式

1. 信头(Heading)

信头指发信人的姓名(单位名称)、地址和日期,一般写在信纸的右上角。一般公函或商业信函的信纸上都印有单位或公司的名称、地址、电话号码等,因此就只需在信头下面的右边写上写信日期就可以了。

英文地址的写法与中文完全不同,地址的名称按从小到大的顺序:第一行写门牌号码和街名;第二行写县、市、省、州、邮编、国名;然后再写日期。标点符号一般在每一行的末尾都不用,但在每一行之间,该用的还要用,例如在写日期的时候。日期的写法,如 1997 年 7 月 30 日,英文为:July 30,1997(最为普遍);July 30th,1997;30th July,1997 等。1997 不可写成 97。

2. 信内地址(Inside Address)

在一般的社交信中,信内收信人的地址通常省略,但是在公务信函中不能。将收信人的姓名、地址等写在信头日期下方的左角上,要求与对信头的要求一样,不必再写日期。

3. 称呼(Salutation)

称呼是写信人对收信人的称呼用语。位置在信内地址下方一、二行的地方,从该行的顶格写起,在称呼后面一般用逗号(英国式),也可以用冒号(美国式)。

(1) 写给亲人、亲戚和关系密切的朋友时,用 Dear 或 My dear 再加上表示亲属关系的称呼或直称其名(这里指名字,不是姓氏)。例如:My dear father,Dear Tom 等。

(2) 写给公务上的信函用 Dear Madam,Dear Sir 或 Gentleman(Gentlemen)。注意:Dear 纯属公务上往来的客气形式。Gentlemen 总是以复数形式出现,前不加 Dear,是 Dear Sir 的复数形式。

(3) 写给收信人的信,也可用头衔、职位、职称、学位等再加姓氏或姓氏和名字。例如:Dear Prof. Tim Scales, Dear Dr. John Smith。

4. 正文(Body of the Letter)

位置在下面称呼语隔一行,是信的核心部分。因此要求正文层次分明、简单易懂。和中文信不同的是,正文中一般不用 Hello!(你好!)

正文有缩进式和齐头式两种。每段书信第一行的第一个字母稍微向右缩进些,通常以五个字母为宜,每段第二行从左面顶格写起,这就是缩进式。

但美国人写信各段落往往不用缩进式,用齐头式,即每一行都从左面顶格写起。商务信件大都采用齐头式的写法。

5. 结束语(Complimentary Close)

在正文下面的一、二行处,从信纸的中间偏右处开始,第一个词开头要大写,句末用逗号。不同的对象,结束语的写法也不同。

(1) 写给家人、亲戚,用 Your loving grandfather,Lovingly yours,Lovingly 等;

(2) 写给熟人、朋友,用 Yours cordially,Yours affectionately 等;

(3) 写业务信函,用 Truely yours(Yours truely),Faithfully yours(Yours faithfully)等;

(4) 对上级、长辈,用 Yours obediently(Obediently yours),Yours respectfully(Respectfully yours)等。

6. 签名(Signature)

低于结束语一至二行,从信纸中间偏右的地方开始,在结束语的正下方,在签完名字的下面还要有用打字机打出的名字,以便识别。职务、职称可打在名字的下面。当然,写给亲朋好友的信，就不必再打了。

7．附言（Postscript）

一封信写完了，突然又想起遗漏的事情，这时用 P. S. 表示，再写上遗漏的话即可，要长话短说。通常在信末签名下面几行的左方，应与正文齐头。

注意：在正式的信函中，应避免使用附言。

8．附件（Enclosure）

信件如果有附件，可在信纸的左下角，注上"Encl"：或"Enc"：，例如：Encl：2 photos（内附两张照片）。如果附件不止一项，应写成"Encl"：或"Encs"。

我们有时可看到在称呼与正文之间有"Re"：或"Subject"：（事由）字样。一般在信纸的中间，也可与"称呼"对齐。还应在底下加横线，以引起读信人的注意，使收信人便于在读信之前就可了解信中的主要内容。事由一般在公务信函中使用，也可以省略。

第五单元

诗 情 古 韵

　　《诗经》和《楚辞》是我国文学创作现实主义和浪漫主义的源头,有"风骚"并称,是我国最高文学成就的代名词。在《诗经》中,我们可以听到我们祖先最原始的歌唱,歌唱他们的生活、劳作和爱情。屈原的《国殇》是一曲悼念死难烈士的挽歌,从中我们可以感受到他浓浓的爱国之情。

　　唐诗是我们炎黄子孙永远的骄傲和自豪。在唐代近三百年的历史长河中,出现的伟大诗人璀璨如天空中的星星,李白、杜甫和白居易无疑是最耀眼的三颗。李白诗歌中大胆的夸张和想象,让我们的思想和他一起飞扬;杜甫用嘶哑的喉咙,唱出"吾庐独破受冻死亦足"爱国悲民的哀歌;"同是天涯沦落人,相逢何必曾相识",我们读起来总是那么的热泪盈眶。

　　祖国诗情古韵,滋养了我们的每一个细胞。让我们的思想穿越时空,和那么多的天才诗人倾心畅谈吧,即使你的心灵是干涸的沙漠,通过它的灌溉,也会开出迷人的花朵。

1.

关雎　蒹葭[1]

《诗经》

[阅读提示]

　　《诗经》是我国最早的一部诗歌总集,原名《诗》或《诗三百》。内容上分为"风"、"雅"、"颂"三部分。"国风"中的民歌以绚丽多彩的画面,反映了当时社会生活的各个方面,表达了劳动人民对受剥削、受压迫的处境的不平和争取美好生活的信念,表达了青年男女对美满婚姻的向往和追求,是我国现实主义诗歌的源头。

　　《诗经》常用赋、比、兴等表现手法。"赋"即铺陈直叙其事;"比"就是打比方;"兴"就是触景生情,引起联想和想象。《诗经》的形式基本上四言诗,还善于运用重章叠唱来表达思想感情,使诗歌在音律上和修辞上都收到美的效果。《诗经》内容上的"风、雅、颂"和表现手法上的"赋、比、兴"合称《诗经》"六义"。

　　《关雎》是《诗经》的首篇,也是一首著名的民间爱情诗。它反映一个青年对一位容貌美丽姑娘的爱慕和追求,写他求而不得的痛苦和想象求而得之的喜悦。诗歌开篇运用"比、兴"手法,"赋"的手法贯穿全诗,诗中反复(如"窈窕淑女")、双声(如"参差")、叠韵(如"辗转")的运用,使诗歌更富有音乐的旋律之美。

　　《关雎》是我国爱情诗之祖，不仅反映的是令人喜闻乐见的爱情题材，表现古代人民追求和平幸福生活的朴实愿望，还具有独到的艺术特色，充分体现了《诗经》现实主义的创作特色。

　　《蒹葭》是《诗经》中历来备受赞赏的一首抒情诗，也是一首恋歌。写了诗的主人公（是男是女难分）思慕恋人，心情焦灼；但恋人可望而不可即，虽想方设法去追求，但终究无法如愿。诗人把主人公放在秋末冬初的早晨，长满芦苇的泽边，芦苇苍苍，白露变霜，碧水清澈，蓝天空旷。凄寒的氛围，正好与主人公孤寂空荡的心情相一致。以景托情，主人公的思慕之情表现得异常深沉真挚而又委婉含蓄。全诗字里行间流露出主人公望穿秋水而又追求不得的失望、惆怅之情。

　　《诗经》是我国文学光辉的起点，它所表现的"饥者歌其食，劳者歌其事"的现实主义精神对后世文学影响最大。《诗经》在我国乃至世界文化史上都占有极高的地位。

　　学习时注意掌握下列字词：
　　之　述　参差　芼　友　晞　跻　坻

关　雎

关关雎鸠[2]，在河之洲[3]。
窈窕淑女[4]，君子好逑[5]。
参差荇菜[6]，左右流之[7]。
窈窕淑女，寤寐求之[8]。
求之不得，寤寐思服[9]。
悠哉悠哉[10]，辗转反侧[11]。
参差荇菜，左右采之。
窈窕淑女，琴瑟友之[12]。
参差荇菜，左右芼之[13]。
窈窕淑女，钟鼓乐之[14]。

关雎

蒹　葭

蒹葭苍苍[15]，白露为霜。所谓伊人[16]，在水一方[17]。
溯洄从之[18]，道阻且长[19]。溯游从之[20]，宛在水中央[21]。

蒹葭凄凄[22]，白露未晞[23]。所谓伊人，在水之湄[24]。
溯洄从之，道阻且跻[25]。溯游从之，宛在水中坻[26]。

蒹葭采采[27]，白露未已[28]。所谓伊人，在水之涘[29]。
溯洄从之，道阻且右[30]。溯游从之，宛在水中沚[31]。

蒹葭苍苍

[注释]

[1]　关雎（jū）、蒹葭（jiānjiā）：篇名。《诗经》每篇都用第一句里的几个字（一般是两个字）作为篇名。《诗经》是我国最早的一部诗歌总集，原名《诗》或《诗三百》，汉以后始称为《诗经》，相传由孔子删定。收录了自西周初年至春秋中叶大约500年间的诗歌共305篇，内容上分为"风"、"雅"、"颂"三部分。"风"又称"国风"，是地方歌谣，共160篇；"雅"是宫廷宴享乐歌，又分"大雅"和"小雅"，共105篇；"颂"是宗庙祭祀时用的歌舞曲，有"周颂"、"鲁颂"、"商颂"，共40篇。"国风"是《诗经》中的精华，也是我国古代文艺宝库中璀璨的明珠。《诗经》以四言句式为主，杂以五、六、七言。

[2]　关关：象声词，鸟鸣声。雎鸠（jūjiū）：水鸟名，好在江渚水边食鱼。传说它们情意专一。

[3]　洲：水中陆地。

[4]　窈窕（yǎotiǎo）：文雅娴静的样子。淑：好，善，品德善良。

[5]　好逑（qiú）：理想的配偶。

[6]　参差（cēncī）：长短不齐的样子。荇（xìng）菜：一种多年生的水草，叶子可以食用。

[7]　流：用作"求"，意思是求取，择取。之，代词，"它"，在此指"荇菜"。

[8]　寤（wù）：睡醒。寐（mèi）：睡着。

[9]　思服：反复思念不已。思：语气助词，没有实义。服：思念。

[10]　悠：忧思的样子。

[11]　辗转反侧：形容翻来覆去不得入睡。辗转：转动，形容心有所思，卧不安席的样子。反侧：翻来覆去。

[12]　琴瑟：琴和瑟都是古时的弦乐器。在这里都是名词用作动词，弹琴奏瑟。友：友好交往，亲近。此句是说，弹琴奏瑟来亲近她。

[13]　芼（mào）：选择，采摘。

[14]　钟鼓乐之：敲钟击鼓来娶她，使她快乐。此句和上文的"琴瑟友之"都是"君子"极度思念中的想象。

［15］ 兼葭苍苍：兼葭(jiānjiā)：泛指芦苇。苍苍：指芦苇到了深秋抽穗而呈现老青色。

［16］ 伊人：那人，指倾心思慕的恋人。

［17］ 在水一方：在水的那一边。方，即"旁"。

［18］ 溯洄从之：溯洄(sù huí)：沿着弯曲的河道向上游走。从：追寻。

［19］ 阻：险阻，道路难走。

［20］ 溯游：(沿着河边的道路)顺流而下。

［21］ 宛在水中央：宛：仿佛，好像。说好像在水的中央，言近而不至。

［22］ 凄凄：同"萋萋"，茂盛的样子。

［23］ 晞(xī)：干。

［24］ 湄(méi)：水和草交接的地方，也就是岸边。

［25］ 跻(jī)：升，高起，指道路越走越高。

［26］ 坻(chí)：水中小洲或高地。

［27］ 采采：众多的样子。

［28］ 已：停止。

［29］ 涘(sì)：水边。

［30］ 右：向右转，道路弯曲。这里是迂回曲折的意思。

［31］ 沚(zhǐ)：水中小沙滩，比坻稍大些。

［思考练习］

一、诵读两首诗，并背诵。

二、《关雎》后两节字句基本相同，只对应地变换少数字词，反复地咏唱。诵读时体会一下这种写法的效果。

三、《关雎》中哪些词句表现了那青年男子对勤劳、美丽、善良的姑娘的爱慕？你是如何看待他的这种情感的？

四、解释下列句子中加点字的含义。

1. 在河之洲　　　　2. 琴瑟友之

3. 寤寐思服　　　　4. 兼葭凄凄

5. 溯洄从之　　　　6. 宛在水中坻

2.

国　殇[1]

屈　原

［阅读提示］

《国殇》是《楚辞》中的一首追悼和礼赞为国捐躯的楚国将士的挽歌，也是一首咏唱爱国精神和英雄主义的颂歌。作者以饱含情感的笔触，生动描写出战争场面的激烈残酷和楚军将士英勇牺牲、浴血沙场的悲壮画面，高度赞颂楚军将士刚毅勇武、至死不屈的气概和义无反顾的精神。全篇情绪昂扬，风格刚健悲壮，体现了作者对死难将士的深切哀悼和由衷的崇敬。

在写法上，作者把概括叙述与具体描写相结合，把明写楚军英勇和暗写敌人凶猛相结合，互相映衬，互相补充，把当时战斗场面的惨烈真实地展现在读者面前。

学习时注意掌握下列字词：

之　短　兵　被

操吴戈兮[2]被犀甲[3]，车错毂[4]兮短兵[5]接。

旌[6]蔽日兮敌若云，矢交坠[7]兮士争先。

凌余阵兮躐余行[8]，左骖殪兮右刃伤[9]。

霾[10]两轮兮絷[11]四马，援玉枹[12]兮击鸣鼓[13]。

天时怼兮威灵怒[14]，严杀尽兮弃原野[15]。

出不入兮往不反[16]，平原忽[17]兮路超远[18]。

带长剑兮挟秦弓，首身离兮心不惩[19]。

诚[20]既勇又以[21]武[22]，终[23]刚强兮不可凌。

身既死兮神以灵[24]，子[25]魂魄兮为鬼雄[26]。

屈原画像

[注释]

[1]　选自《楚辞选·九歌》（人民文学出版社 1980 年版）。《楚辞》是继《诗经》之后对中国文学产生深远影响的一部诗歌总集。是战国时期楚国诗人屈原在学习民歌的基础上创作的一种新的诗歌。具有楚地浓厚的地方特色。自汉以来，即被称为"楚辞"。西汉刘向编辑，收录屈原、宋玉及汉代东方朔、刘向等人作品 16 卷，以屈原的作品为主。屈原（约前 340—前 278），名平，字原，战国时期楚国人，曾任左徒，主张联齐抗秦，以图富强，但遭到保守势力的反对和陷害。后楚国兵败地削。屈原十分痛心，满怀忧愤，自投汨罗江而死。屈原是伟大的爱国诗人，他留下来的作品有《离骚》、《九歌》、《九章》、《天问》等，是我国古代浪漫主义诗歌的第一个高峰。国殇，指为国战死的将士。殇，夭折或在外而死。

[2] 操吴戈兮：操，拿着。兮，语气助词，相当于现代汉语中的"啊"。

[3] 被犀甲：穿着犀牛皮制的铠甲。被，同"披"(pī)，穿着。

[4] 错毂(gǔ)：轮毂交错。这是说双方战车相迫混战。

[5] 短兵：刀剑之类的短兵器。

[6] 旌(jīng)：一种旗，旗杆头上缀有羽毛。

[7] 矢交坠：双方射出的箭交互坠落。

[8] 凌余阵兮躐(liè)余行(háng)：(敌人)侵入我们的阵地，践踏我们的行列。凌，侵犯。躐，践踏。

[9] 左骖(cān)殪(yì)兮右刃伤：驾车的马，左边的死了，右边的也被砍伤了。骖，骖马。古代驾车的马，中间驾辕的叫服马，两旁的叫骖马。殪，死。

[10] 霾(mái)：同"埋"，这里是陷没的意思。

[11] 縶(zhí)：绊住。

[12] 援玉枹(fú)：拿起鼓槌。玉枹，指镶有美玉的枹。枹，鼓槌。

[13] 鸣鼓：声音响亮的鼓。"鸣"是形容词。

[14] 天时怼(duì)兮威灵怒：意思是天怨神怒。天时，指天象。怼，怨恨。威灵，指鬼神。

[15] 严杀尽兮弃原野：残酷的杀戮之下，人死尽了，尸体遗弃在原野。

[16] 出不入兮往不反：(英勇的将士)一去不回。反，同"返"。

[17] 忽：渺茫无边。

[18] 超远：遥远。

[19] 带长剑兮挟(xié)秦弓，首身离兮心不惩：首身分离，箭弓依然在手，依然顽强不屈。惩，因受打击而不再干。

[20] 诚：诚然，确实。

[21] 以：句中助词。

[22] 武：威猛有力。

[23] 终：始终。

[24] 神以灵：精神永不泯灭。

[25] 子：这里是对为国战死的将士的敬称。

[26] 鬼雄：鬼中的雄杰。

[思考练习]

一、解释下面诗句中加点的字。

操吴戈兮被犀甲　　　　车错毂兮短兵接

凌余阵兮躐余行　　　　霾两轮兮絷四马

二、《国殇》这首诗的前一部分生动地叙述了楚军将士和敌人进行决战直至全部牺牲的情形，后一部分赞颂了英雄们宁死不屈的刚强精神。这种叙、赞相结合的手法对突出全诗的中心具有重要的作用。说说你对这种写法的体会。

三、找出下面诗句中的通假字。

1. 操吴戈兮被犀甲_____通_____

2. 霾两轮兮絷四马_____通_____

3. 出不入兮往不反_____通_____

四、默读这首诗，注意语句的流畅贯通。

3.

梦游天姥吟留别[1]

李　白

[阅读提示]

　　这是一首记梦诗，也是一首游仙诗。意境雄伟，变化惝恍莫测，缤纷多彩的艺术形象，新奇的表现手法，向来为人传诵，被视为李白的代表作之一。李白，字太白，号青莲居士，唐代伟大的浪漫主义诗人。其诗风豪放飘逸，想象丰富，语言流转自然，音律和谐多变，又称为"诗仙"。天宝三年（公元744年），李白在长安受到权贵的排挤，被放逐出京。次年，他将离开东鲁南下吴越之时，写了这首描绘梦中游历天姥山的诗，留给东鲁的朋友，所以题为《梦游天姥吟留别》，一作《别东鲁诸公》。

　　虽是与朋友分别时所作，但诗中没有惜别的表达，而是借题发挥，驰骋想象，诗写梦游名山，着意奇特，构思精密，意境雄伟，感慨深沉激烈，变化惝恍莫测，寄寓着生活现实。虽离奇，但不做作。内容丰富曲折，形象辉煌流丽，富有浪漫主义色彩。它是诗人追求个性解放、向往自由世界的心情的曲折写照。梦破之后，怅然若失，感慨万端。此时此刻，唯有"且放白鹿青崖间，须行即骑访名山"，才能抚慰诗人受伤的心灵。最后诗人以"安能摧眉折腰事权贵，使我不得开心颜"作结，一吐平生郁闷之气，表达了对权贵的蔑视。

　　诗人把丰富的想象和大胆的夸张有机地结合在一起，创造出雄奇瑰丽的意境。全诗构思巧妙，由瀛洲引出天姥，由梦游天姥引出仙境，由梦醒引出感慨，使具体现实与虚构景象、历史人物与神话巧妙地结合在一起。比喻、夸张、对比、衬托手法的运用，有力地凸显了全诗的主题。形式上以七言为主，杂以四、五、六、九言，句式富于变化，适于表达诗人奔放的思想感情。

　　海客谈瀛洲，烟涛微茫信难求[2]；越人[3]语天姥，云霞明灭[4]或可睹。天姥连天向天横[5]，势拔五岳掩赤城[6]。天台一万八千丈[7]，对此欲倒东南倾[8]。

　　我欲因之[9]梦吴越，一夜飞度镜湖[10]月。湖月照我影，送我至剡溪[11]。谢公[12]宿处今尚在，渌水[13]荡漾清[14]猿啼。脚著谢公屐[15]，身登青云梯[16]。半壁见海日[17]，空中闻天鸡[18]。千岩万转路不定，迷花倚石忽已暝[19]。熊咆龙吟殷岩泉[20]，栗深林兮惊层巅[21]。云青青[22]兮欲雨，水澹澹[23]兮生烟[24]。列缺[25]霹雳，丘峦崩摧。洞天石扉，訇然中开[26]。青冥[27]浩荡不见底，日月照耀金银台[28]。霓为衣兮风为马，云之君[29]兮纷纷而来下。虎鼓瑟兮鸾回车[30]，仙之人兮列如麻。忽魂悸以魄动，恍[31]惊起而长嗟。惟觉时[32]之枕席，失向来之烟霞[33]。

　　世间行乐亦如此，古来万事东流水[34]。别君去兮何时还？且放白鹿青崖间，须行即骑访名山[35]。安能摧眉折腰[36]事权贵，使我不得开心颜？

[注释]

[1]　选自《李白集校注》(上海古籍出版社 1980 年版)。天姥(mǔ),山名,在今浙江省新昌县东面,东接天台山。传说曾有登此山者听到仙人天姥唱歌的声音,因此得名。李白(701—762),字太白,号青莲居士。祖籍陇西成纪(今甘肃省秦安县),先世隋时因罪流徙中亚,他出生在安西都护府的碎叶城(今吉尔吉斯境内),五岁时随父迁居绵州彰明县(今四川省江油县)的青莲乡。他在少年时期即"观百家",作诗赋,学剑术,好游侠。25 岁时,抱着"四方之志",出川东游,"南穷苍梧,东涉溟海",足迹遍及大半个中国。天宝初年曾进住长安,供奉翰林,但不久就遭贬去职。晚年漂泊东南一带,六十二岁病死在当涂县令李阳冰家。李白幼时,他的父亲对他进行过传统教育,青年时接触过道士和纵横家,也受过儒家的影响,思想比较复杂,这在他的作品中有所反映。他性格豪迈,渴望建功立业,但对当时的黑暗社会现实极为不满,他热爱祖国山川,同情下层人民,蔑视权贵,但也有一些饮酒求仙、放纵享乐的思想。他的诗作存九百多首,都收在《李太白集》中。在他所有的作品中乐府诗约占四分之一,其代表作为《蜀道难》、《梁父吟》等,代表了其浪漫主义诗歌的最高成就。

[2]　海客谈瀛洲,烟涛微茫信难求:航海的人谈起瀛洲,(大海)烟波渺茫,(瀛洲)实在难以找到。瀛洲,古代传说中的东海三座仙山之一,另两座叫蓬莱、方丈。烟涛,波涛渺茫,远看像烟雾笼罩的样子。微茫,景象模糊不清。信,确实,实在。难求,难以寻访。

[3]　越人:指今浙江省一带的人。

[4]　云霞明灭:云霞忽明忽暗。

[5]　向天横:遮断天空。横,遮断。

[6]　势拔五岳掩赤城:山势高过五岳,遮蔽了赤城。拔,超出。掩,遮蔽。五岳指东岳泰山,西岳华山,中岳嵩山,北岳恒山,南岳衡山。赤城,山名,在今浙江省天台县北部,是天台山的南门,土色皆赤。

[7]　天台一万八千丈:天台,山名,在今浙江省天台县北部。一万八千丈,一作"四万八千丈",形容天台山很高,是一种夸张的说法,并非实数。

[8]　对此欲倒东南倾:对着(天姥)这座山,(天台山)就好像要向东南面倒下去似的。意思是天台山和天姥山相比,就显得低了。

[9]　因之:因,依据。之,指代前段越人的话。

[10]　镜湖:又名鉴湖,在今浙江省绍兴县南。

[11]　剡(shàn)溪:水名,在今浙江省嵊(shèng)州市南,即曹娥江上游。

[12]　谢公:指南朝宋诗人谢灵运。谢灵运喜欢游山,他游览天姥山时,曾在剡溪住宿。

[13]　渌(lù)水:清水。

[14]　清:这里是凄清的意思。

[15]　谢公屐(jī):指谢灵运游山时穿的一种特制木鞋,鞋底下安着活动的齿,上山时抽去前齿,下山时抽去后齿。木屐,以木板作底,上面有带子,形状像拖鞋。

[16]　青云梯:形容高耸入云的山路。

[17]　半壁见海日:(上到)半山腰就看到从海上升起的太阳。

[18]　天鸡:《述异记》卷下:"东南有桃都山,上有大树名曰桃都,枝相去三千里,上有天鸡。日出初照此木,天鸡则鸣,天下之鸡皆随之鸣。"

[19]　迷花倚石忽已暝:迷恋着花,依倚着石,不觉天色已经晚了。暝,天黑、夜晚。

[20]　熊咆龙吟殷(yǐn)岩泉:熊在怒吼,龙在长鸣,雷鸣般地震响在岩石和泉水中间。殷,雷鸣般地震动,这里用作动词。

[21] 栗深林兮惊层巅：使深林战栗，使山巅震惊。

[22] 青青：黑沉沉的。

[23] 澹澹（dàn）：水波摇动的样子。

[24] 生烟：水面上的水汽，像生出烟一样。

[25] 列缺：指闪电。列，通"裂"，分裂。缺，指云的缝隙。

[26] 洞天石扉（fēi），訇（hōng）然中开：仙府的石门，訇的一声从中间打开。洞天，仙人居住的洞府。扉，门扇。訇然，形容声音很大。

[27] 青冥：天空。

[28] 金银台：金银筑成的宫阙，指神仙居住的地方。

[29] 云之君：云里的神仙。

[30] 鸾回车：鸾鸟驾着车。鸾，传说中的神鸟。回，转运、运行。

[31] 恍（huǎng）：同"恍"，恍然，猛然醒来的样子。

[32] 觉时：醒来时。

[33] 失向来之烟霞：刚才（梦中）所见的烟雾云霞消失了。向来，原来、不久前。烟霞，指前面所写的仙境。

[34] 东流水：（像）向东流的水一样（一去不复返）。

[35] 且放白鹿青崖间，须行即骑访名山：暂且把白鹿放在青青的山崖间，想要行走的时候就骑上它去访问名山。白鹿，传说神仙或者隐者多骑白鹿。

[36] 摧眉折腰：低头弯腰。摧眉，即低眉，表示低声下气。

[思考练习]

一、解释下边加点的字。

1. 烟涛微茫信难求   2. 云霞明灭或可睹

3. 我欲因之梦吴越   4. 列缺霹雳

5. 安能摧眉折腰事权贵   6. 忽魂悸以魄动

7. 栗深林兮惊层巅

二、诗中最后两句揭示全诗的中心。它所表达的傲视权贵的思想感情同梦境的描写有什么关系？

三、诗中有"天姥连天向天横，势拔五岳掩赤城"之句，"五岳"指东岳泰山、西岳华山、南岳衡山、北岳恒山、中岳嵩山。下面是分别描写它们的诗句，请结合各自特点找出对应的诗句。

1. 西当绝漠雄秦塞，东控深滇壮帝畿。

2. 回飚吹散五峰雪，往往飞花落洞庭。

3. 翠岭千重色楚塞，黄河一线下秦川。

4. 海明日观三更晓，风动天门九夏秋。

5. 黄河万里触山动，盘涡毂转秦地雷。

四、背诵这首诗。

4.

茅屋为秋风所破歌[1]

杜　甫

[阅读提示]

　　杜甫(712—770),字子美,自号少陵野老,杜少陵,杜工部等。我国古代伟大的现实主义诗人,人称"诗圣"。诗歌多反映人民的苦难,揭露执政集团的荒淫腐败,故称其诗为"诗史"。公元759年,陕西发生饥荒,安史之乱未平,杜甫弃官西行,最后抵达成都,年底在西郊浣花溪边盖起了一座茅屋栖身。不料次年八月,突遇大风破屋,大雨又接踵而至,杜甫饱经风雨,长夜难眠,感慨万千,写下了这首脍炙人口、千古传诵的诗篇。

　　全诗先描写"秋风破屋"的情景,次写"群童抱茅"的感叹,然后写"长夜沾湿"的苦痛,最后表达了"忧国忧民"的崇高理想。这是一首歌行体的古诗,连续的韵脚变换体现了"歌"的特点,单行散句乃至长短句的错落搭配,又体现了"行"的动感。正因为有了现实的触动,有了内心的渴望,诗句才能这样不加修饰,从胸臆中自然涌现。全诗先叙事,后议论、抒情,既写了诗人贫穷甚至恼羞成怒的窘状,也表达了诗人博大宽广的胸怀,情真意切,感人至深。

　　八月秋高[2]风怒号,卷我屋上三重茅[3]。茅飞渡江洒[4]江郊,高者挂罥[5]长[6]林梢,下者飘转沉塘坳[7]。

　　南村群童欺我老无力,忍能对面为盗贼[8],公然抱茅入竹[9]去,唇焦口燥呼不得[10],归来倚杖自叹息。

　　俄顷[11]风定云墨色,秋天漠漠[12]向昏黑[13]。布衾[14]多年冷似铁,娇儿恶卧踏里裂[15]。床头屋漏无干处,雨脚[16]如麻未断绝。自经丧乱[17]少睡眠,长夜沾湿何由彻[18]!

　　安得[19]广厦千万间,大庇天下寒[20]士俱欢颜,风雨不动安如山?呜呼!何时眼前突兀[21]见[22]此屋,吾庐独破受冻死亦足!

[注释]

[1]　选自《杜诗译注》(中华书局1979年版)。杜甫(712—770),字子美,生于河南巩县(今河南省巩县)。是名诗人杜审言的孙子,因曾居长安城南少陵,故自称少陵野老,世称杜少陵。三十五岁以前读书与游历,天宝年间到长安,仕进无门,困顿了十年,才获得右卫率府胄曹参军的小职,安史之乱开始,他流亡颠沛,竟为叛军所俘,脱险后,授官左拾遗。乾元二年(公元759年),他弃官西行,最后到四川,定居成都,一度在剑南节度使严武幕中任检校工部员外郎,故又有"杜工部"之称。晚年举家东迁,途中留滞夔州二年,出峡漂泊鄂、湘一带,贫病而卒。杜甫生活在唐朝由盛转衰的历史时期,其诗多涉笔社会动荡、政治黑暗、人民疾苦,被誉为"诗史"。为人忧国忧民、人格高尚、诗艺精湛,被奉为"诗圣"。杜甫善于运用古典诗歌的许多体制,并加以创造性地发展,他是新乐府诗体的开路人,他的乐府诗,促成了中唐时期新乐府运动的发展,他的五七古长篇,亦诗亦史,展开铺

叙;而又着力于全篇的回旋往复,标志着我国诗歌艺术的高度成就。杜甫在五七律上也表现出显著的创造性,积累了关于声律、对仗、炼字炼句等完整的艺术经验,使这一体裁达到完全成熟的阶段,有《杜工部集》传世。

[2] 秋高:秋深。

[3] 三重(chóng)茅:几层茅草。三,表示多数。

[4] 洒:散落。

[5] 罥(juàn):挂着,挂住。

[6] 长(cháng):高。

[7] 沉塘坳(ào):沉塘,深塘。坳,水边地。

[8] 忍能对面为盗贼:竟忍心这样当面做"贼"。

[9] 竹:竹林。

[10] 唇焦口燥呼不得:意思是喊得唇焦口干也制止不住他们。

[11] 俄顷:一会儿。

[12] 漠漠:灰蒙蒙的。

[13] 向昏黑:渐渐黑下来。向,渐进。黑,这里读 hè。

[14] 衾(qīn):被子。

[15] 娇儿恶卧踏里裂:孩子睡相不好,把被里蹬破了。

[16] 雨脚:指像线条似的密集的雨点。

[17] 丧乱:战乱,指公元 755 年爆发的安史之乱。

[18] 何由彻:如何挨到天亮。彻,彻晓、到天亮。

[19] 安得:如何能得到。

[20] 寒:贫寒。

[21] 突兀:高耸的样子。这里形容屋的高大。

[22] 见:读 xiàn,出现。

[思考练习]

一、用简短的语句概括每段的意思。

二、"歌"是古代诗歌的一种样式,属于古体诗。在朗读的基础上,找出文章每一段的韵脚,体会古体诗的特点。

三、解释句中加点的字。

1. 八月秋高风怒号

2. 下者飘转沉塘坳

3. 忍能对面为盗贼

4. 安得广厦千万间

四、背诵文章最后一段。

5.

琵琶行[1]

白居易

[阅读提示]

《琵琶行》原作《琵琶引》,是白居易的名作。作品记叙了诗人在江州浔阳江头送客,听见江上的琵琶声,于是便请弹琵琶的女子相见。在听了一曲琵琶之后,女子诉说了自己的身世。原来这女子与白居易一样来自京都,也有一番由繁华落入凄凉的遭遇,引发了诗人无限感触。最后,沉浸在哀伤中的女子再弹一曲,声音越发凄凉悲切,使诗人更是潸然泪下。全诗可分五部分,第一部分,写秋夜江边景物和送别时的心情。第二部分主要写琵琶女的弹奏技巧以及曲调中所表现的幽愁暗恨和听者的共鸣。第三部分写琵琶女自述身世。第四部分,表现了诗人对被压迫妇女的同情和自抒谪居生活的感慨。第五部分,写出了天涯沦落者彼此间的同情和这种感情感动满座客人的情况。

用语言文字来描写音乐,是本诗突出的艺术成就。诵读本文,你可以充分感受到语言艺术的魅力。

浔阳江[2]头夜送客,枫叶荻花秋瑟瑟。主人下马客在船,举酒欲饮无管弦。醉不成欢惨将别,别时茫茫江浸月。忽闻水上琵琶声,主人忘归客不发。寻声暗问弹者谁,琵琶声停欲语迟。移船相近邀相见,添酒回灯[3]重开宴。千呼万唤始出来,犹抱琵琶半遮面。转轴拨弦[4]三两声,未成曲调先有情。弦弦掩抑[5]声声思,似诉平生不得志。低眉信手续续弹,说尽心中无限事。轻拢[6]慢捻抹复挑,初为《霓裳》后《六幺》[7]。大弦[8]嘈嘈如急雨,小弦切切如私语。嘈嘈切切错杂弹,大珠小珠落玉盘;间关[9]莺语花底滑,幽咽泉流冰下难。冰泉冷涩弦凝绝,凝绝不通声暂歇。别有幽愁暗恨生,此时无声胜有声。银瓶乍破水浆进,铁骑突出刀枪鸣。曲终[10]收拨当心画,四弦一声如裂帛。东船西舫悄无言,唯见江心秋月白。沉吟放拨插弦中,整顿衣裳起敛容[11]。自言本是京城女,家在虾蟆陵[12]下住。十三学得琵琶成,名属教坊[13]第一部。曲罢曾教善才服,妆成每被秋娘[14]妒。五陵年少争缠头,一曲红绡不知数。钿头银篦[15]击节碎,血色罗裙翻酒污。今年欢笑复明年,秋月春风等闲度。弟走从军阿姨死,暮去朝来颜色故[16]。门前冷落鞍马稀,老大嫁作商人妇。商人重利轻别离,前月浮梁[17]买茶去。去来江口守空船,绕船月明江水寒。夜深忽梦少年事,梦啼妆泪[18]红阑干[19]。我闻琵琶已叹息,又闻此语重唧唧。同是天涯沦落人,相逢何必曾相识! 我从去年辞帝京,谪居卧病浔阳城。浔阳地僻无音乐,终岁不闻丝竹声。住近湓江地低湿,黄芦苦竹绕宅生。其间旦暮闻何物? 杜鹃啼血猿哀鸣。春江花朝[20]秋月夜,往往取酒还独倾。岂无山歌与村笛,呕哑嘲哳[21]难为听。今夜闻君琵琶语[22],如听仙乐耳暂明。莫辞更坐弹一曲,为君翻作《琵琶行》。感我此言良久立,却坐[23]促弦[24]弦转急。凄凄不似向前声[25],满座重闻皆掩泣[26]。座中泣下谁最多? 江州司马青衫[27]湿。

[注释]

[1]　白居易(772—846)，字乐天，号香山居士。祖籍太原(今属山西)。到了其曾祖父时，又迁居下邽(音 guī)(今陕西渭南北)。白居易的祖父白湟曾任巩县(河南巩义)县令，与当时的新郑(属河南)县令是好友。见新郑山川秀美，民风淳朴，白湟十分喜爱，就举家迁移到新郑城西的东郭宅村(今东郭寺)。唐代宗大历七年正月二十日(公元 772 年 2 月 28 日)，白居易在东郭宅降生了。武宗会昌六年(公元 846 年)八月卒于洛阳(属河南)，享年 75 岁。著有《白氏长庆集》七十一卷。晚年官至太子少傅，谥号"文"，世称白傅、白文公。在文学上积极倡导新乐府运动，主张"文章合为时而著，诗歌合为事而作"，写下了不少感叹时世、反映人民疾苦的诗篇，对后世颇有影响。是我国文学史上相当重要的诗人。行：又叫"歌行"，源于汉魏乐府，是其名曲之一。篇幅较长，句式灵活，平仄不拘，用韵富于变化，可多次换韵。

[2]　浔阳江：即流经浔阳境内的长江。

[3]　回灯：重新拨亮灯光。

[4]　转轴拨弦：将琵琶上缠绕丝弦的轴，拧动以调音定调。

[5]　掩抑：掩蔽，遏抑。

[6]　拢：左手手指按弦向里(琵琶的中部)推。捻：揉弦的动作。抹：向左拨弦，也称为"弹"。挑：反手回拨的动作。

[7]　霓裳：即《霓裳羽衣曲》，本为西域乐舞，唐开元年间西凉节度使杨敬述依曲创声后流入中原。六幺：大曲名，又叫《乐世》、《绿腰》、《录要》，为歌舞曲。

[8]　大弦：指最粗的弦。小弦：指最细的弦。嘈嘈：声音沉重抑扬。切切：细促轻幽，急切细碎。

[9]　间关：莺语流滑叫"间关"。幽咽：遏塞不畅状。冰下难，泉流冰下阻塞难通，形容乐声由流畅变为冷涩。

[10]　曲终：乐曲结束。拨：奏弹弦乐时所用的拨子。当心画：用拨子在琵琶的中部划过四弦，是一曲结束时经常用到的右手手法。

[11]　敛容：收敛面部表情，显出严肃矜持而有礼貌的态度。

[12]　虾蟆(háma)陵：在长安城东南，曲江附近，是当时有名的游乐地区。

[13]　教坊：唐代官办管领音乐杂技、教练歌舞的机关。

[14]　秋娘：唐时歌舞妓常用的名字。五陵：在长安城外，汉代五个皇帝的陵墓。缠头：用锦帛之类的财物送给歌舞妓女。

[15]　钿头银篦：镶嵌着花钿的发篦。击节：打拍子。

[16]　颜色故：容貌衰老。

[17]　浮梁：古县名,唐属饶州。在今江西省景德镇市。

[18]　梦啼妆泪：梦中啼哭,匀过脂粉的脸上带着泪痕。

[19]　阑干：形容流泪。

[20]　花朝(zhāo)：农历二月十二日(也有人说是二月初二或二月十五日),相传为百花生日,所以叫花朝。

[21]　呕哑嘲哳(zhāozhā)：形容声音嘈杂。

[22]　琵琶语：琵琶声,琵琶所弹奏的乐曲。

[23]　却坐：退回到原处。

[24]　促弦：把弦拧得更紧。

[25]　向前声：刚才奏过的声音。

[26]　掩泣：掩面哭泣。

[27]　青衫：唐朝八品、九品文官的服色。

[思考练习]

一、熟读成诵是积累名句的最有效的方式,背诵课文。

二、指出下列句子中加点词语古今意义的不同。

1. 铁骑突出刀枪鸣

2. 暮去朝来颜色故

3. 老大嫁作商人妇

4. 凄凄不似向前声

三、作者为什么能和琵琶女产生感情上的共鸣？谈谈你的理解。

四、这首诗的主旨句是哪一句？表达了作者怎样的思想感情？

口语交际（三）

交　谈

生活情境

情境一：

中考结束了,石壮想利用假期,参加一些社会实践活动。一家中式快餐店招服务生,他高兴地报了名并被录取。但回来的路上,石壮犯了难,怎么跟妈妈说呢？妈妈对他宠爱有加,平时上学都要亲自把他送到公交车的站牌下。好容易去同学家玩半天,妈妈也要不断地打电话"骚扰"。这一次是出去打工,要么早班要么晚班,一去就是大半天,还要吃苦受累,妈妈能答应吗？石壮太想出去闯闯了,他准备和妈妈好好谈谈。

情境二：

陈阳和王子龙是学校文艺部的成员。"五四"青年节在即,学校准备举办一届艺术节。他们二人受文艺部指派对校团委书记冯老师进行一次访谈,准备就艺术节事宜作一些交流。

情境三:

秋天的一个周末,周小乐应同学之邀参加一个聚会。到达聚会点,他发现来早了,空旷的房间里只有一个不认识的女孩儿静静地坐在里面。"你好!"周小乐说道:"请问你是来参加聚会的吗?"女孩儿轻轻地点了点头:"是的。"周小乐找了个位子坐下来,便和女孩儿聊起了天。

……

人生在世,总要与人打交道。而健全人在正常情况下,只要跟人打交道,就必须要开口说话,就免不了与人交谈。交谈是社会生活中最基本的、应用最广泛的口语交际方式。

相关知识

所谓交谈是指两人或多人之间进行的口语对话。

常见的交谈方式有聊天、访谈、劝慰、请教、谈心等。

交谈的基本要求

1. 态度诚恳,表情自然

交谈能否取得成功,很大程度上取决于交谈者的态度。一个态度傲慢的人很难让人接近并沟通,更谈不上轻松自如地交谈。因此,在交谈时,首先要端正态度,不管对方的地位高低,我们都要诚恳待人,不卑不亢;表情自然,目光平和。只有态度诚恳、表情自然,才有可能得到对方的尊重、信任与合作。同时,切忌手势过多,指指点点,拉拉扯扯。

2. 认真倾听,准确理解

认真倾听别人说话,是做人的一大美德。在我们认真倾听对方说话时,传达给对方的信息是"我很尊重你"、"我很关注你的谈话"。对方接收到这样的信息,会觉得自己受到了重视,从而使彼此的感情在不知不觉中得以加深,为成功交谈打下基础。同时,只有认真倾听,才能准确理解对方所谈内容的意义,才可以适时插话,使交谈顺利进行。

3. 察言观色,捕捉主题

在交谈中,交谈双方(或多方)未必是敞开心扉、无话不谈的知心朋友,有的人说出来的话可能不是肺腑之言,或者有意隐藏什么,或者有弦外之音、言外之意。因此,我们在认真倾听的同时,还要观察对方的眼神、表情、动作,体会其语调、语速的变化,努力捕捉对方的真实意图和想法,以便抓住主题,继续交谈。

4. 因人而异,随机应变

交谈的对象形形色色,既有民族、地区、年龄、性别的差异,也有职业、经历、文化程度的不同,还有性格、兴趣、价值观的差别。在交谈过程中,我们要适度地调整自己的交谈方式、交谈用语、语气语调等,随机应变,随人应变。这样,才有可能使交谈在和谐、融洽的气氛中进行。

5. 谈听互动,配合默契

交谈的表现形式是双向的,既有谈的一方,也有听的一方。谈和听是交谈的两个基本要素。只谈不听和只听不谈,都无法使交谈取得成功。正确的做法是让谈和听默契地互动起来,既要专注地听对方的谈话,又要抓住时机陈述自己的观点。

6. 语言得体,语气平和

交谈的语言不仅要能准确表达出交谈者的意图,还要注意语言的得体,即根据交谈对象、环境、主题的不同,适时变化交谈的语言。该专业的专业,该通俗的通俗;该委婉时委婉,该直接时直接。另外,语气可以传达出感情的喜怒哀乐,可以让对方感觉出我们交谈的态度。交谈时,一般情况下,语气要平和,语调不要过高,语速应稍缓。当然,涉及原则、立场问题,义正词严、情绪适度激昂也是必需的。

示例简析

示例

陈毅市长访问化学专家齐仰之——

齐:(接电话)(极不耐烦地)谁?……你不知道我在工作吗?……知道!知道干吗还要来打扰我?朋友?工作时只有化合、分解、元素、分子是我的朋友!……好,你说吧……不,我早就声明过,政治是与我绝缘的,我也绝不会溶解在政治里。……我是个化学家,我干吗要去参加政府召开的会议?……不去!不去……陈市长亲自下请帖?哪个陈市长?……他是何许人?不认识……对,不认识……不论谁,就是孙中山的请帖我也不去……对你客气的了!要不是老朋友,我早就把电话挂了……不,不,不,你别来,你来了也没有用!最近半年我要写书,谁来我也不接待……好了,闲谈不得超过三分钟,时间到了!(不由分说地将电话挂上,然后又坐下继续工作)

〔少顷,陈毅上,按门上的电铃。〕

齐:(烦躁地)谁?

陈:我!

齐:(走过去开门)你找谁?

陈:请问,这是齐仰之先生的府上吗?

齐:你是谁?

陈:姓陈名毅。

齐:(打量陈毅)陈毅?不认识,恕不接待!(乒的一声将大门关上,匆匆回到桌边,又开始埋头工作)

陈:(一惊)吃了个闭门羹!(想再敲门,又止住,思索)这可怎么办?真是怪人!(转身欲走,又停下来)我就不相信,偌大一个上海我都进得来,这小小一扇门我就进不去。(再次按门上的电铃)

〔齐仰之只是把头偏了偏。〕

〔陈毅索性将手指一直按在电铃的按钮上,铃声持久不息〕

〔齐仰之欲发作,气冲冲去开门。〕

齐:又是你!

陈:对头!

齐:你究竟是干什么的?

陈:要问我是干什么的,我倒是干大事的。鄙人是上海市的父母官,本市的市长。

齐:(一惊)什么?你就是电话里说的那个市长?

陈:正是在下。

齐：那……半夜三更来找我有何贵干？

陈：无事不登三宝殿嘛！

齐：可是我……我在工作。

陈：我专程来拜访齐先生，也是为了工作。

齐：（为难地）好吧。不过，我只有三分钟的空闲。

陈：三分钟？

齐：对。

陈：可以，绝不多加打扰。

齐：请。

［齐仰之请陈毅进屋。］

陈：（打量房间）齐先生就住这里？

齐：对，好多年了。

陈：我倒想到刘禹锡的《陋室铭》："山不在高，有仙则名；水不在深，有龙则灵。斯是陋室，惟吾德馨。"

齐：（高兴地）不不，过奖了！

陈：不过刘禹锡的《陋室铭》是"苔痕上阶绿，草色入帘青"，齐先生的这间陋室嘛，则是"苔痕上墙绿，草色室中青"。

齐：（笑）陈市长真是善于笑谈。

陈：（看到墙上贴的条幅，念）"闲谈不得超过三分钟"。

齐：（看表）有何见教，请说吧。

陈：（也看表）真的只许三分钟？

齐：从不例外。

陈：可我做报告，一讲就是几个钟头。

齐：还有两分半钟。

［齐仰之请陈毅坐下。］

陈：好好好。这次我走访贵宅，一是向齐先生问候；二是为了谈谈本市长对齐先生的一点不成熟的看法。

齐：哦？敬听高论。

陈：我以为，齐先生虽是海内闻名的化学专家，可是对有一门化学齐先生也许一窍不通。

齐：什么？我齐仰之研究化学四十余年，虽然生性驽钝，建树不多，但举凡化学，不才总还略有所知。

陈：不，齐先生对这门化学确实无知。

齐：（不悦）那我倒要请教，敢问是哪门化学？是否无机化学？

陈：不是。

齐：有机化学？

陈：非也。

齐：医药化学？

陈：亦不是。

齐：生物化学？

陈：更不是。

齐：这就怪了，那我的无知究竟何在？

陈：齐先生想知道？

齐：极盼赐教！

陈：(看表)哎呀呀，三分钟已到，改日再来奉告。

齐：话没说完，怎好就走？

陈：闲谈不得超过三分钟嘛。

齐：这……可以延长片刻。

陈：说来话长，片刻之间，难以尽意，还是改日再来。

[陈毅站起，假意要走，齐仰之连忙拦住。]

齐：不不不，那就请陈市长尽情尽意言之，不受三分钟之限。

陈：要不得，要不得，齐先生是从不破例的。

齐：今日可以破此一例。

陈：可以破此一例？

齐：学者以无知为最大耻辱，我一定要问个明白。请！

[齐仰之又请陈毅坐下。]

陈：好，我是说齐先生对我们共产党人的化学完全无知。

齐：共产党人的化学？呵，这倒是一门新学问。

陈：不，说新也不新。从《共产党宣言》算起，这门化学已经有一百年的历史了。

……

（节选自话剧《陈毅市长》）

【简析】　这是一篇访谈类的交谈，访谈结果非常成功。化学专家齐仰之是一位很有性格的学者，他表示不愿接见任何人，即使孙中山来了也不接待。但在短短的几分钟时间内，陈毅市长却让他的态度发生了根本的转变。其成功之处在于：

1. 诚恳的态度。身为市长的陈毅同志，能够放下架子，礼贤下士，以真诚的态度、执著的精神拜访一位知识分子，这是本次访谈成功的先决条件。

2. 巧妙的寒暄。陈毅市长进门之后，并没有直奔本次拜访的主题，而是顺势打量了一下屋内环境，巧妙地抓住知识分子清高、孤芳自赏的心理，凭借自己丰厚的古文底蕴，用刘禹锡的《陋室铭》与齐先生寒暄了几句。就是这几句轻巧的寒暄，起到了春风化雨的作用，齐先生的情绪由烦躁变得高兴起来。

3. 睿智的提问。陈毅市长面对齐先生"闲谈不得超过三分钟"的条幅，再次抓住知识分子孤傲、严谨、有问必究的心理特点，有意激将，提出"齐先生对有一门化学一窍不通"这样一个问题，并正好在三分钟的时候，戛然而止，迫使对方自己打破三分钟时限。从而不仅让齐先生完全接受了自己，还使本次访谈自然地走向主题。

练习实践

一、体会下列情境，两人一组，互换角色，按要求模拟交谈。

林春与刘东是同桌，刘东因学习成绩差想辍学，林春为好友的这一想法感到震惊并十分着急。课外活动时间，林春约刘东到学校小树林，她想好好劝慰一下同桌，说服他打消辍学的念头。

要求：

1. 双方互相配合，避免一方只听不说或说得太少。

2. 尽量做到角色投入、逼真。

3. 交谈时注意语言的逻辑性、流畅性以及语调、语气的变化。

二、阅读并体会下列情境，以小组为单位，为李雪设计出最佳谈话方案。然后各组找两位同学，按照本组的最佳谈话方案，现场模拟交谈。

李雪因病回家休息了一星期，返校后发现自己的铺位被上铺的赵乐乐换了。李雪以为自己回来了，赵乐乐会主动把铺位换过来，可是直到下晚自习，赵乐乐仍没有这意思。李雪觉得在哪儿睡已不重要了，重要的是赵乐乐的做法欠妥。尽管赵乐乐平时做事比较自私，我行我素，同学们都对她敬而远之，但李雪还是想和她"理论理论"。

三、阅读下文，站在汪老师的角度与张小然进行交谈。

某中职学校二年级学生张小然，是一个美丽、活泼、多情的女生。从一年级下学期开始，不断有本班和外班的男生向她表示好感并约她外出。班主任汪老师发现情况后，想找张小然谈一次话。

提示：

1. 可以先列出谈话提纲，找出谈话的切入点、中心以及想解决的问题和希望达到的谈话效果。

2. 设想一下张小然会有些什么反应，你将如何应对这些反应。

3. 你想象中的汪老师可以是不同性别和年龄的，张小然也可以是不同性格的，据此再决定不同的谈话方式。

知识拓展（四）

古代诗歌

我国古代的诗歌，有古体诗和近体诗之分。

古体诗

古体诗又称"古诗"、"古风"，是和近体诗相对而言的，产生时间较早。每篇的句数可多可少，每句字数不拘，有四言、五言、六言、七言等。用字没有一定的平仄要求，押韵比较自由，可以句句押韵，可以隔句押，可以一韵到底，也可以几句一换韵。从对仗来说，可以全句用，可以半句用，也可以全不用。

古体诗这一称呼,最早出现于唐代。唐人把产生于唐以前较少用格律限制的诗称为古体诗,后人沿袭唐人的说法,把唐以前的乐府民歌、文人诗及以后文人仿照它们的体式而写的诗歌,统称古体诗。像本单元的《梦游天姥吟留别》、《茅屋为秋风所破歌》和《琵琶行》都属于这种体裁。

近体诗

近体诗又称"今体诗",是唐代出现的新诗体,唐人为了与以前的古体诗相区别,故名之为近体诗。近体诗格律极严,篇有定句(排律除外,每首诗句数固定),句有定字,韵有定位,字有定声,联有定对。与古体诗相比,形式更为整齐,节奏更为和谐,但限制也更多。近体诗分为律诗和绝句。

1. 律诗

起源于南北朝,成熟于唐初。每首八句,一、二句叫首联,三、四句叫颔联,五、六句叫颈联,七、八句叫尾联。其中颔联和颈联要求对仗,偶数句要押韵,首句可以押韵也可以不押韵。按字数分,可分为五言律诗和七言律诗,此外,还有排律。律诗的声韵有严格的规定,不论五律、七律还是排律,都必须一韵到底。像杜甫的《春望》、《蜀相》。

2. 排律

律诗的一种,它是按照一般律诗的格式加以铺排延长而成,故称排律,又称长律。排律和一般律诗一样,要严格遵守平仄、对仗、押韵等规则,但它不限于四韵,每首最短五韵,多的长达五十韵,甚至一百韵。除首尾两联外,中间各联都要求对仗,各句间也要遵守平仄、粘对的格式。由于限制过多,容易显得堆砌死板,历来极少名篇。白居易的《代书诗寄微之》长达一百韵。

3. 绝句

近体诗的一种,每首四句,等于律诗的减半,所以也叫"截句"、"断句"。产生于南北朝,兴盛于唐代。按字数分,有五言绝句和七言绝句。也讲究平仄、押韵和粘对,绝句的第三句不押韵。像王之涣的《登鹳雀楼》和贺知章的《回乡偶书》。

第六单元

星 火 启 智

中国是四大文明古国之一,当世界上其他许许多多民族还处在茹毛饮血的时代,我们的祖先就创造了灿烂的文明。先秦著作《论语》和《孟子》都是儒家的经典,它不但已经影响了中国几千年,而且也极大地影响了世界。从《论语》中,我们学得如何做人和智慧的思考;《孟子》里,我们懂得了舍生取义的道理;《战国策》是西汉文学家刘向编辑整理的一部历史文献,记录了战国时代各国谋士纵横捭阖的斗争及其有关的谋议和辞说,其中的《邹忌讽齐王纳谏》可以让我们明白语言的艺术魅力。

两篇自读课文,无论对于个人还是对于社会,都有重要的启迪作用。《庖丁解牛》告诉我们要适应自然,按照客观规律去做事;选自《吕氏春秋》的《察今》,对于我们今天的改革影响深远。

我国的战国时期,是一个群雄竞起、思想勃发的时代,产生了许多的思想家、政治家、改革家,让我们从祖国优秀的文化遗产中汲取丰富的营养,去充盈我们的大脑。把中华民族优秀文化遗产的火炬传承下去,是我们每一个炎黄子孙义不容辞的历史责任。

1.

《论语》十则[1]

《论语》

[阅读提示]

从《论语》中选的这几则语录前后不相连属,内容上大体是论道德修养、为人处世和学习态度与方法的。

孔子思想的核心是“仁”,什么是“仁”呢?孔子说“仁者爱人”,“仁”就是要“爱人”。怎样做才叫“爱人”呢?孔子说:“己所不欲,勿施于人。”你可以不懂“仁”,不知道什么是“爱人”,你总可以知道自己不想要什么吧?不把自己不想要的强加给别人,这就是“仁”,这就是“爱人”。孔子的话看似简单直白,实际上含义很深刻,真是“一言而可以终身行之”。关于怎样做人,孔子还提出了“岁寒,然后知松柏之后凋也”,发表了与人相交,到了最后才能显见真情的真知灼见。对于道德修养,孔子“其身正,不令而行;其身不正,虽令不从”的思想,在今天看来显然仍有借鉴意义。孔子主张“见贤思齐”,“见不贤而内自省”,这既是一种优良的学习态度,也是一种重要的修身养性的方法。在学习方法方面,孔子的“温故而知新"、"学而不思则罔,思而不学则殆"的思想,至今仍有非常重要的现实意义。

学习本文,我们不仅要深刻体会孔子的教育思想,更要学习孔子为人处世的方法,不断加强学习,努力提高自身修养。

学习时掌握下列字词:

焉　省　见　殆　说　之

子贡[2]问曰:"有一言可以终身行之者乎[3]?"子曰:"其恕乎[4]!己所不欲,勿施于人[5]。"

曾子[6]曰:"吾日三省吾身[7]:为人谋而不忠[8]乎?与朋友交而不信[9]乎?传不习乎[10]?"

子曰:"其身正,不令而行;其身不正,虽令不从[11]。"

子曰:"岁寒,然后知松柏之后凋也[12]。"

子曰:"见贤思齐焉[13],见不贤而内自省也[14]。"

子曰:"温故而知新,可以为师矣。"

子曰:"学而不思则罔,思而不学则殆。"

子曰:"由,诲女知之乎[15]!知之为知之,不知为不知,是知也[16]。"

子曰:"三人行,必有我师焉;择其善者而从之,其不善者而改之。"

子曰:"学而时习之,不亦说[17]乎?有朋[18]自远方来,不亦乐乎?人不知[19]而不愠[20],不亦君子乎?"

[注释]

[1] 《论语》:《论语》是记录我国春秋时期的思想家、教育家孔子和他的弟子言行的一部书。此书内容广泛,涉及哲学、政治、教育、伦理、文化等许多方面,是研究儒家思想的一部主要著作,对中国后代思想、文化等各方面的发展都有深远的影响。《论语》是语录体散文,篇章大多简短,语言质朴、精练、流畅,往往在简短的语句中蕴含着耐人寻味的哲理。

[2] 子贡:孔子的学生。

[3] 有一言可以终身行之者乎:有一句可以终身奉行的话吗?一言,一句话。行,奉行。

[4] 其恕乎:那就是"恕"吧!恕,用自己的心推想别人的心。其,大概,也许。

[5] 己所不欲,勿施于人:自己不愿意要的,不要加在别人身上。施,施加。

[6] 曾子:曾子姓曾名参(音 shēn),字子舆,生于公元前 505－前 436 年,鲁国南武城(现在山东嘉祥县)人,是被鲁国灭亡了的鄫国贵族的后代。曾参是孔子的得意门生,以孝子出名。据说《孝经》就是他撰写的。

[7] 吾日三省(xǐng)吾(wú)身 :省,反省。三省有几种解释:一是三次检查;二是从三个方面检查;三是多次检查。其实,古代在有动作性的动词前加上数字,表示动作频率高,不必认定为三次。

[8] 忠:旧注曰:尽己之谓忠。此处指对人应当尽心竭力。

[9] 信:旧注曰:信者,诚也。以诚实之谓信。要求人们按照礼的规定相互守信,以调整人们之间的关系。

[10] 传不习乎:老师传授的知识是不是复习过了呢?传,"受之于师谓之传",指老师传授给自己的。习,与"学而时习之"的"习"字一样,指温习、实习、演习等。

[11] 其身正,不令而行;其身不正,虽令不从:统治者行为正派,不发命令,事情也行得通;统治者行为不正派,即使是三令五申,百姓也不会听从。

[12] 岁寒,然后知松柏之后凋也:(到了)一年中最寒冷的季节,才知道松柏(bǎi)树是最后凋谢的。

[13] 见贤思齐焉:看到贤人就想向他看齐(同他一样)。

[14] 见不贤而内自省也:看见不贤的人就在内心反省检查自己,看自己有没有同他类似的毛病。

[15] 诲女知之乎:教给你对待知与不知的态度吧。女,通"汝",你。

[16] 是知也:这才是聪明(的做法)。知,通"智",聪明智慧。

[17] 说:音 yuè,同悦,愉快、高兴的意思。

[18] 有朋:也就是志同道合的人。

[19] 人不知:是说别人不了解自己。知,是了解的意思。

[20] 愠:音 yùn,恼怒,怨恨。

[思考练习]

一、给下列加点字注音。

论语(   )   不愠(   )   罔(   )   殆(   )

三省(   )吾身   不亦说(   )乎   松柏(   )

二、判断下列各句有没有通假字,如果有,请写出该字及其本字、读音、意义。

1. 学而时习之,不亦说乎?

2. 吾日三省吾身。

3. 诲女知之乎!

4. 知之为知之,不知为不知,是知也。

三、解释下列词语的意思。

1. 人不知而不愠,不亦君子乎?   愠:

2. 温故而知新,可以为师矣。   故:

3. 学而不思则罔,思而不学则殆。   罔: 殆:

4. 择其善者而从之。   从:

5. 岁寒,然后知松柏之后凋也。   岁:

6. 其恕乎,己所不欲,勿施于人。   其: 恕:

四、翻译下列各句。

1. 有朋自远方来,不亦乐乎?

2. 温故而知新,可以为师矣。

3. 三人行,必有我师焉。

4. 学而不思则罔,思而不学则殆。

5. 见贤思齐焉,见不贤而内自省也。

五、文中有许多成语,现在生活中都广泛使用,请同学们写出四个。

2.

鱼我所欲也[1]

《孟子》

[阅读提示]

　　孟子主张行"仁政",提出"民贵君轻"说,劝告统治者要重视人民;他说:"羞恶之心,义也。"认为"义"是做人的根本,是人与人在相互关系中所依据的道德标准。《鱼我所欲也》论述了人们应该怎样对待"所欲"的问题。孟子认为人人都有所欲,但是所欲不可能都得到满足,总得有取舍。由于人都有"羞恶之心",当"义"和"生"发生矛盾时,知道"所欲有甚于生者"、"所恶有甚于死者",所以应该并能做到"舍生取义"。

　　文章第一段先用鱼和熊掌设喻,说明"所欲"发生矛盾冲突时,要取更有价值的东西:"舍鱼而取熊掌"。进而引申生与义发生不可得兼的矛盾时,则理应舍生而取义的观点。第二段深入说明人有羞恶之心,所以,在危迫之际也能不吃"呼尔"、"蹴尔"之食。第三段指出,既然在危迫之际可以不吃箪食豆羹,为什么在安乐时就不可以不接受万钟之禄呢,原因是"失其本心"。这"本心",这"羞恶之心",这"义",是最根本的、最重要的,不能"失"。

　　诵读本文时,注意弄清文章的层次,用心领会"舍生取义"的观点。

　　学习时要注意掌握下列字词:
　　得　故　为　丧　蹴

　　鱼,我所欲也,熊掌[2],亦我所欲也,二者不可得兼[3],舍[4]鱼而取熊掌者也。生,亦我所欲也,义,亦我所欲也,二者不可得兼,舍生而取义者也。生亦我所欲,所欲有甚于生者,故不为苟得[5]也。死亦我所恶[6],所恶有甚于死者,故患[7]有所不避也。如使[8]人之所欲莫甚于生,则凡可以得生者何不用也[9]?使人之所恶莫甚于死者,则凡可以避患者何不为也?由是则生而有不用也;由是则可以避患而有不为也。是故所欲有甚于生者,所恶有甚于死者。非独[10]贤者有是心也,人皆有之,贤者能勿丧[11]耳。

　　一箪食,一豆[12]羹,得之则生,弗得则死。呼尔而与之[13],行道之人弗受;蹴[14]尔而与之,乞人不屑[15]也。

　　万钟[16]则不辨礼义而受之,万钟于我何加[17]焉?为宫室之美,妻妾之奉,所识穷乏者得我[18]欤?向为身死而不受[19],今为宫室之美为之;向为身死而不受,今为妻妾之奉为之;向为身死而不受,今为所识穷乏者得我而为之:是亦不可以已[20]乎?此之谓失其本心[21]。

[注释]

[1]　选自《孟子·告子上》,题目是编者加的。《孟子》是记录孟子的思想和政治主张的一部书。孟子
　　(前372—前289),山东邹城人,汉族。名轲,字子舆,又字子车、子居。父名激,母邹氏。孟子远祖

　　是鲁国贵族孟孙氏，后家道衰微，从鲁国迁居邹国。孟子三岁丧父，孟母艰辛地将他抚养成人，孟母管束甚严，其"孟母三迁"、"孟母断织"等故事，成为千古美谈，是后世母教之典范。生于周烈王四年，死于周赧王二十六年。是中国古代伟大的思想家、教育家。战国时期儒家代表人物之一。著有《孟子》一书，属语录体散文集。《孟子》一书是孟子的言论汇编，由孟子及其弟子共同编写而成，记录了孟子的语言、政治观点和政治行动的儒家经典著作。孟子师承孔伋（孔子之孙，一般来说是师承自孔伋的学生），继承并发扬了孔子的思想，成为仅次于孔子的一代儒家宗师，有"亚圣"之称，与孔子并称为"孔孟"。孟子曾仿效孔子，带领门徒游说各国。但不被当时各国所接受，退隐与弟子一起著书。有《孟子》七篇传世：《梁惠王》上下；《公孙丑》上下；《滕文公》上下；《离娄》；《万章》上下；《告子》上下；《尽心》上下。其学说出发点为性善论，提出"仁政"、"王道"，主张德治。南宋时朱熹将《孟子》与《论语》、《大学》、《中庸》合在一起称为"四书"。从此直到清末，"四书"一直是科举必考内容。孟子的文章说理畅达，气势充沛并长于论辩。孟子在人性问题上提出性善论。欲，想要的。

[2]　熊掌：熊的脚掌。旧时作为珍贵的食品。

[3]　得兼：得，能。兼，同时。

[4]　舍：放弃。

[5]　苟得：苟且求得（生存）。意思是只为求生，不择手段。

[6]　恶（wù）：讨厌，不喜欢。

[7]　患：灾难，祸患。

[8]　如使：如果，假使。下文"使"同义。

[9]　何不用也：什么手段不可以用呢？

[10]　非独：不单，不仅。

[11]　丧：丧失。

[12]　豆：古代盛肉或其他食品的木制器皿。

[13]　呼尔而与之：（轻蔑地）呼喝着给他（吃）。尔，助词。

[14]　蹴（cù）：踢、踏。

[15]　不屑：认为不值得。这里是不愿意接受的意思。

[16]　万钟：很厚的俸禄。钟，古代的量器。六斛（hú）四斗为一钟。

[17]　何加：（有）什么益处。

[18]　得我：得于我，感激我的恩德。得，通"德"，感恩的意思。

[19]　向为身死而不受：原先为了义（羞恶之心）宁愿身死而不受"呼尔"、"蹴尔"的施舍。向，原先、从前。为，为了，后省"之"。

[20]　已：止。这里是"止而不为"的意思。引申作"放弃"讲。

[21]　此之谓失其本心：此，指代上文不辨礼仪而接受万钟的行为。本心，指人的羞恶之心，即"舍生取义"之心。

[思考练习]

一、通读课文，思考下列问题。

1. 阅读第一段，了解比喻论证和分析论证的方法。

2. 阅读第二段，理解本段在全文中的作用。

3. 孟子"舍生取义"的观点有什么现实意义？

二、结合课文，理解课文在论证中，是怎样来论证"舍生取义"这一观点的。

三、解释句中加点的词并翻译句子。

1. 生亦我所欲，所欲有甚于生者，故不为苟得也。

2. 死亦我所恶，所恶有甚于死者，故患有所不避也。

3. 万钟则不辨礼义而受之，万钟于我何加焉？

四、成语形式简洁而意思精辟，一般都有出处。试解释下列成语，并指出其出处。

1. 辗转反侧

2. 舍生取义

3. 与民同乐

3.

邹忌讽齐王纳谏[1]

《战国策》

[阅读提示]

　　邹忌，战国时齐国人。齐威王二十一年（公元前358年），他以鼓琴见齐王，借弹琴之道，阐述治世之理，深受齐威王的赏识，于是拜为国相。

　　本文通过记叙邹忌以切身感受的"比美"之事设喻，讽劝齐王纳谏除弊，最后成就了各诸侯"皆朝于齐"的伟业的故事，说明了统治者广开言路、虚心纳谏、修明政治，才能富国安民的道理。

　　全文四段。第一段写邹忌与徐公比美，从妻私、妾畏、客有求而赞美自己的态度中，察觉到受蒙蔽的事实。第二段写邹忌以自身受蒙蔽之事讽劝齐威王纳谏。第三段写齐王纳谏，广开言路，修明政治，使国家强大起来。第四段写齐王纳谏的效果——燕、赵、韩、魏"皆朝于齐"，并由此得出哲理性的结论："此所谓战胜于朝廷。"文中所写"比美"之事纯属个人生活小事，但邹忌却从这个小事中看出了治国安邦的大事，那就是两件事在"受蒙蔽"这一点上的相通之处，由此邹忌巧妙地将两事联系起来，向齐王进谏，使其纳谏，收到了很好的效果。

　　文章在叙述上，行文简明，详略得当，特别是通过人物语言表现人物性格很有特色。"结构严谨、层次清楚"是本文的特点。先写比美，妻、妾、客的说辞并加以分析，作为设喻说理的前提；接着写邹忌进朝廷讽谏齐王，正面设喻说明齐王易于受蒙蔽的道理；再写纳谏过程与成效，点明全文主旨。这些在阅读时要加以注意。

　　学习时要注意掌握下列字词：

　　　朝　孰　复　私　于　方　书　后　之

　　邹忌修[2]八尺[3]有[4]余，而形貌昳丽[5]。朝服衣冠[6]，窥镜[7]，谓其妻曰："我孰与城北徐公美[8]？"其妻曰："君美甚[9]，徐公何能及[10]君也！"城北徐公，齐国之美丽者也。忌不自信[11]，而复[12]问其妾曰："吾孰与徐公美？"妾曰："徐公何能及君也？"旦日[13]，客从外来，与坐谈[14]，问之："吾与徐公孰美？"客曰："徐公不若君之美也！"明日，徐公来，孰视之[15]，自以为不如；窥镜而自视，又弗如远甚[16]。暮寝而思之[17]，曰："吾妻之美我者[18]，私[19]我也；妾之美我者，畏我也；客之美我者，欲有求于我也。"

于是入朝见威王，曰："臣诚[20]知不如徐公美。臣之妻私臣，臣之妾畏臣，臣之客欲有求于臣，皆以美于徐公[21]。今齐地方[22]千里，百二十城，宫妇左右[23]莫[24]不私王，朝廷之臣莫不畏王，四境之内[25]莫不有求于王：由此观之，王之蔽甚矣[26]。"

王曰："善。"乃下令："群臣吏民能面刺寡人之过者[27]，受上赏；上书谏寡人者，受中赏；能谤讥于市朝[28]，闻寡人之耳者[29]，受下赏。"令初下，群臣进谏，门庭若市[30]；数月之后，时时而间进[31]；期年[32]之后，虽欲言，无可进者[33]。

燕、赵、韩、魏闻之，皆朝于齐[34]。此所谓战胜于朝廷[35]。

[注释]

[1]　《邹忌讽齐王纳谏》选自西汉《战国策·齐策一》，相传由刘向编撰。邹忌：《史记》作邹忌，齐人，善鼓琴，有辩才。齐桓公时就任大臣，威王时为相，封于下邳（今江苏邳县西南），号成侯。后又事宣王。讽：讽谏，用暗示、比喻之类的方法，委婉地规劝。纳：接受。谏：规劝（君主、尊长或朋友），使改正错误。《战国策》，战国时游说之士的策谋和言论的汇编。编订者刘向（约公元前77—前6），经学家、目录学家、文学家，著有《新序》《说苑》等。

[2]　修：长，指身高。

[3]　尺：已废除的市制长度单位。1尺约等于0.33米。古代的尺比现在的短。

[4]　有：通"又"。

[5]　形貌昳（yì）丽：容貌光艳美丽。昳：美丽。

[6]　朝（zhāo）服衣冠：早晨穿戴好衣帽。朝：早晨。服：动词，穿戴。

[7]　窥镜：照镜子。

[8]　我孰与城北徐公美：我与城北徐公相比哪一个美？

[9]　君美甚：你美多了。

[10]　及：赶上，比得上。

[11]　不自信：不相信自己（美）。宾语前置用法。

[12]　复：又。

[13]　旦日：第二天。

[14]　与坐谈：与之坐，陪客人坐。介词"与"的后面省略宾语"之"。

[15]　孰视之：仔细地察看他。孰，通"熟"（shú），仔细。之，指城北徐公。

[16]　弗如远甚：远远不如。

[17]　暮寝而思之：夜晚躺在床上思考这件事情。暮，夜晚。寝，躺，卧。之，代词，指妻、妾、客"美我"一事。

[18]　吾妻之美我者：之，助词，用于主、谓之间取消句子的独立性，无实义。美我：以我为美。美，用作动词（意动用法），以……为美。

[19]　私：动词，偏爱。

[20]　诚：确实，实在。

[21]　皆以美于徐公：都认为（我）比徐公美。以，动词，以为，认为。

[22]　地方：土地方圆。

[23]　宫妇左右：宫妇，指宫内的妇人、姬妾；左右，国君身边的近臣。

[24]　莫：没有谁。

[25] 四境之内：全国范围内(的人)。

[26] 王之蔽甚矣：被动句，大王受蒙蔽很厉害。蔽，蒙蔽，这里指受蒙蔽。之：用于主谓之间取消句子独立性，无实义。甚：厉害。

[27] 能面刺寡人之过者：能当面批评我的过错的人。面刺，当面指责。面，名词作状语，当面。过，过错。者，代词，相当于"……的人"。

[28] 能谤讥于市朝：能在公共场所指责议论(我的过失)。谤：指责别人的过错。讥，谴责，非议。谤讥，在这里没有贬义。市朝，指人众会集的地方，公共场合。

[29] 闻寡人之耳者：被我亲耳听到。闻，使……听到，使动用法。

[30] 门庭若市：门前院内像集市一样热闹。

[31] 时时：经常。间(jiàn)：间或，偶然。进：进谏。

[32] 期(jī)年：满一年。期，满。

[33] 虽欲言，无可进者：即使想说也没有什么可以进谏的了。

[34] 朝于齐：到齐国来朝见(齐王)，这是表示尊重齐国。

[35] 此所谓战胜于朝廷：这就是所谓的身居在朝廷，不用一兵一卒，就能战胜敌国。意指国内修明政治，不必用军事力量就可以使敌国畏服。

[**思考练习**]

一、解释加点词的意思。

皆以美于徐公	形貌昳丽	孰视之
邹忌修八尺有余	齐王纳谏	何能及君
朝服衣冠	私我	期年之后
客之美我者	臣诚知不如徐公美	闻寡人之耳者
王之蔽甚矣	皆朝于齐	能谤讥于市朝
旦日	与徐公孰美	能面刺寡人之过者
窥镜	时时而间进	

二、辨别下边句子中加点的词的意思，看看有什么不同。

朝服衣冠
于是入朝见威王

能谤讥于市朝
皆朝于齐

皆以美于徐公
此所谓战胜于朝廷

客之美我者，欲有求于我也
皆朝于齐

吾与徐公孰美
孰视之，自以为不如

徐公不若君之美也
妾之美我者，畏我也

与坐谈，问之
朝廷之臣莫不畏王

吾妻之美我者，私我也

三、找出下列句子中词类活用的词并解释。

1. 邹忌修八尺有余　　2. 朝服衣冠　　3. 私我也

4. 王之蔽甚矣　　5. 闻寡人之耳者　　6. 吾妻之美我者

7. 群臣吏民能面刺寡人之过者

四、找出下列句子中的古今异义词语并解释。

1. 今齐地方千里 　　2. 宫妇左右莫不私王 　　3. 明日，徐公来

4. 能谤讥于市朝 　　　5. 窥镜而自视 　　　　　6. 暮寝而思之

7. 邹忌讽齐王纳谏

五、重点句子翻译。

1. 邹忌修八尺有余，而形貌昳丽。

2. 吾妻之美我者，私我也；妾之美我者，畏我也；客之美我者，欲有求于我也。

3. 令初下，群臣进谏，门庭若市；数月之后，时时而间进；期年之后，虽欲言，无可进者。

4. 能谤讥于市朝，闻寡人之耳者，受下赏。

5. 徐公来，孰视之，自以为不如。

6. 此所谓战胜于朝廷。

六、学习此篇文章之后，请同学们思考下列问题。

1. 面对妻、妾、客的不同程度的赞美，邹忌从"不自信"到"暮寝而思之"，反映出他怎样的品质？

2. 邹忌认为"王之蔽甚矣"的原因是什么？请用自己的话简要概括。

3. 邹忌善于进谏，齐王虚心纳谏。请借用《出师表》中一个四字词语来概括齐王的行为。

4. 你认为这篇文章表达了怎样的主题？

5. 对文中的邹忌和齐威王，你更欣赏谁？请简述理由。

6. 出自本文的一个成语是什么？说说它的意思，并说出一个反义成语。

4.

庖 丁 解 牛

庄　子

[阅读提示]

这个故事选自《庄子·养生主》，是庄周为阐明养生之道而写的一篇寓言。在寓言中，庖丁把极薄的刀刃插入有缝隙的牛的骨节间，躲开筋骨盘结的地方，顺着牛的自然结构"游刃有余"地用刀。它说明无论做什么事情，只要反复实践，掌握了它的客观规律，就能得心应手，运用自如。

文章叙述、议论、描写相间，层次分明。写宰牛时动作之优美，技术之高超；成功后的志得意满等，绘声绘色，如闻如见，引人入胜。语言生动形象，"目无全牛"、"游刃有余"、"踌躇满志"成语，皆出自本篇。

学习时要注意掌握下列字词：

　　进　固　者　所　乎　之

　　庖丁为文惠君解牛[1]，手之所触，肩之所倚，足之所履，膝之所踦[2]，砉然向然[3]，奏刀騞然[4]，莫不中音。合于《桑林》之舞[5]，乃中《经首》之会[6]。

　　文惠君曰："嘻[7]，善哉！技盖至此乎[8]？"

　　庖丁释刀对曰："臣之所好者，道也；进乎技矣[9]。始臣之解牛之时，所见无非牛者；三年之后，未尝见全牛也。方今之时，臣以神遇而不以目视，官知止而神欲行[10]。依乎天理[11]，批大郤[12]，导大窾[13]，因其固然[14]，技经肯綮之未尝[15]，而况大軱乎[16]！良庖岁更刀，割也[17]；族庖月更刀[18]，折也[19]。今臣之刀十九年矣，所解数千牛矣，而刀刃若新发于硎[20]。彼节者有间[21]，而刀刃者无厚；以无厚入有间，恢恢乎其于游刃必有余地矣[22]！是以十九年而刀刃若新发于硎。虽然，每至于族[23]，吾见其难为，怵然为戒[24]，视为止，行为迟。动刀甚微，謋然已解[25]，如土委地[26]。提刀而立，为之四顾，为之踌躇满志，善刀而藏之[27]。"

　　文惠君曰："善哉，吾闻庖丁之言，得养生焉[28]。"

［注释］

[1]　庖（páo）丁：名丁的厨工。先秦古书往往以职业放在人名前。文惠君：即梁惠王，也称魏惠王。解牛：宰牛，这里指把整个牛体开剥分剖。

[2]　踦（yǐ）：指用一条腿的膝盖顶住，用一只脚站立。

[3]　砉（huā）然：象声词，形容皮骨相离声。向，通"响"。

[4]　騞（huō）然：象声词，形容比砉然更大的进刀解牛声。

[5]　桑林：传说中商汤王的乐曲名。

[6]　经首：传说中尧乐曲《咸池》中的一章。会：音节。以上两句互文，即"乃合于桑林、经首之舞之会"之意。

[7]　嘻：赞叹声。

[8]　盖：同"盍"，亦即"何"。

[9]　进：超过。

[10]　官知：这里指视觉。神欲：指精神活动。

[11]　天理：指牛体的自然的肌理结构。

[12]　批：击，劈开。郤：同"隙"。

[13]　导：顺着。窾（kuǎn）：空。

[14]　因：依。固然：指牛体本来的结构。

[15]　技经：犹言经络。技，据清俞樾考证，当是"枝"字之误，指支脉。经，经脉。肯：紧附在骨上的肉。綮（qìng）：筋肉聚结处。技经肯綮之未尝，即"未尝技经肯綮"，宾语前置。

[16]　軱（gū）：股部的大骨。

[17]　割：这里指生割硬砍。

[18]　族：众，指一般的。

[19]　折：用刀折骨。

[20]　发：出。硎（xíng）：磨刀石。

[21]　节：骨节。间：间隙。

[22]　恢恢乎：宽绰的样子。

[23]　族：指筋骨交错聚结处。

[24]　怵(chù)然：警惧的样子。

[25]　謋(huò)：同"磔"。謋然：形容牛体骨肉分离。

[26]　委地：散落在地上。

[27]　善：通"缮"，拭。

[28]　养生：指养生之道。

[思考练习]

一、用自己的话说说庖丁解牛技艺高超的原因。

二、翻译句子，解释加点的词语。

1．莫不中音

2．臣之所好者，道也

3．官知止而神欲行

4．良庖岁更刀

三、指出下列句子的文言句式。

1．臣之所好者，道也

2．技经肯綮之未尝

3．而刀刃若新发于硎

四、积累成语。

目无全牛　游刃有余　踌躇满志　切中肯綮

5.

察　今[1]

《吕氏春秋》

[阅读提示]

　　战国时期，学术思想领域呈现百家争鸣的气象。对于各国都在实行的社会变革，一些思想保守的人主张效法先王，甚至言必称先王。本文针对这种错误思想，提出"世易时移，变法宜矣"，主张人们的主观认识，应该随着时代和客观事物的变化而改变，制定法令制度，必须从当前的实际情况出发，其意义深远，影响广泛。

　　文章注重运用比喻和寓言故事，从正反两方面来阐明观点，把说理、举例、设喻三者很好地结合起来，加强了文章的说服力。阅读时要认真体会，并理解比喻、寓言的含义以及与论点的关系。

　　学习时要注意掌握下列字词：

　　察　上　胡　益　阴　表　治　期

上胡不法先王之法[2]？非不贤[3]也，为其不可得而法[4]。先王之法，经[5]乎[6]上世[7]而来者也，人或益[8]之，人或损[9]之，胡可得而法？虽人弗[10]损益，犹若[11]不可得而法。

凡先王之法，有要于时也[12]。时不与法俱在[13]，法虽今而在[14]，犹若不可法。故释[15]先王之成法，而法其所以为法[16]。先王之所以为法者，何也？先王之所以为法者，人也[17]，而己[18]亦人也。故察己则可以知人，察今则可以知古。古今一也，人与我同耳。有道之士[19]，贵以近知远[20]，以今知古，以所见知所不见。故审堂下之阴[21]，而知日月之行，阴阳之变[22]；见瓶水之冰，而知天下之寒，鱼鳖之藏[23]也。尝一脟肉[24]，而知一镬[25]之味，一鼎[26]之调[27]。

荆人[28]欲袭宋[29]，使人先表澭水[30]。澭水暴益[31]，荆人弗知，循表而夜涉[32]，溺死者千有余人，军惊而坏都舍[33]。向其先表之时可导也[34]，今水已变而益多矣，荆人尚犹循表而导之，此其所以败也。今世之主法先王之法也，有似于此。其时已与先王之法亏矣[35]，而曰此先王之法也，而法之。以此为治，岂不悲哉！

故治国无法则乱，守法而弗变则悖[36]，悖乱不可以持国[37]。世易时移[38]，变法宜矣[39]。譬之若良医，病万变，药亦万变。病变而药不变，向之寿民，今为殇子[40]矣。故凡举事[41]必循法以动，变法者因时而化。是故有天下七十一圣[42]，其法皆不同；非务相反[43]也，时势异也。故曰：良剑期乎断[44]，不期乎镆铘[45]；良马期乎千里，不期乎骥骜[46]。夫成功名者，此先王之千里也[47]。

楚人有涉江者，其剑自舟中坠于水，遽契其舟[48]，曰：“是吾剑之所从坠[49]。”舟止，从其所契者入水求[50]之。舟已行矣，而剑不行，求剑若此，不亦惑[51]乎？以故法为其国与此同。时已徙矣，而法不徙。以此为治，岂不难哉！

有过于江上者，见人方引[52]婴儿而欲投之江中，婴儿啼。人问其故。曰：“此其父善游[53]。”其父虽善游，其子岂遽[54]善游哉？以此任物，亦必悖矣[55]。荆国之为政，有似于此。

[注释]

[1] 选自《吕氏春秋·慎大览》，略有删节。察今，明察当今的实际情况。《吕氏春秋》又名《吕览》，是吕不韦请他的门客写的。吕不韦（？—前235年），战国时卫国濮阳（现在河南濮阳西南）人，曾为秦国的相国。

[2] 上胡不法先王之法：国君为什么不取法古代帝王的法令制度呢？上，国君。胡，何，为什么。前一个“法”字是动词，取法、效法；后一个“法”字是名词，法令制度。

[3] 贤：善，好。

[4] 为其不可得而法：因为它不可能效法。为，因为。不可得，没有可能。

[5] 经：经过，经由。

[6] 乎：句中的助词。

[7] 上世：古代。

[8] 益：增补。

[9] 损：删减。

[10] 弗：不。

[11] 犹若：还是。

[12] 有要于时也：是适应当时的需要。要，适应。

[13] 时不与法俱在：时代不能与法令制度同样的保存下来。要，适应。

[14] 法虽今而在：法令制度即使现在还保存下来。

[15] 释：舍弃，抛弃。

[16] 法其所以为法：取法他（先王）制定法令制度的根据。所以，……的根据。

[17] 人也：意思是，从人出发，为人而设。

[18] 己：自己，这里指当前制定法令制度的人。

[19] 有道之士：明白事理的人。

[20] 贵以近知远：贵在能够根据近的推知远的。以，根据。

[21] 故审堂下之阴：所以察看房屋下面的太阳或月亮照射的影子。审，察看。

[22] 阴阳之变：早晚和季节的变化。

[23] 藏：潜伏。

[24] 一脔（luán）肉：一块肉。脔，同"脔"，切成块状的肉。

[25] 镬（huò）：古时烹煮用的器物，像锅。

[26] 鼎：古时烹煮用的器物，三足两耳。

[27] 调（tiáo）：调和，指味道调和得好不好。

[28] 荆人：楚国人。荆，楚国的别称。现在湖北省、湖南省一带。

[29] 宋：春秋战国时的一个国。在现在河南省商丘县以东江苏省铜山县以西一带。

[30] 先表澭（yōng）水：在澭水里（浅水处）设立标记。表，作标记，这里作动词用。澭水，黄河的支流。

[31] 暴益：（水）突然大涨。暴，突然。益，通"溢"，涨水。

[32] 循表而夜涉：顺着标记在夜间渡水。

[33] 军惊而坏都舍：士卒惊骇的声音如同大房屋崩塌一样。这里的"而"作"如"讲。都，大。

[34] 向其先表之时可导也：以前他们设立标记的时候，是可以根据标记渡水的。向，以前。导，引导。

[35] 其时已与先王之法亏（guǐ）矣：那时代已经与先王的法令制度不适合了。亏，缺损，差异，不适应。

[36] 悖（bèi）：悖谬，行不通。

[37] 持国：守国。

[38] 世易时移：社会变了，时代变了。

[39] 宜矣：是适宜的了，是应该的了。

[40] 殇子：未成年而死的人。

[41] 举事：作事情。

[42] 有天下七十一圣：古代统治天下的七十一家君主。"七十一"应作"七十二"（见《史记·封禅（shàn）书》）。七十二家只是形容其多，不能逐一指实。

[43] 非务相反：不是一定要有不同。务，一定。相反，互不相同。

[44] 期乎断：期望它能斩断（东西）。期，期望，要求。断，斩断，截断。

[45] 不期乎镆铘（mòyé）：不期望它一定是镆铘。镆铘，通常写作"莫邪（yé）"，有名的宝剑。春秋时吴王阖庐所有。

[46] 骥骜（jì'ào）：都是千里马的名称。

[47] 夫成功名者，此先王之千里也：那所谓"成功名"，是古代国君所追求的目标，是他的"千里马"。意思是说，先王所追求的是"成功名"，并不一定追求同古代一样的法令制度。

[48] 遽（jù）契（qì）其舟：急忙用刀在船上刻个记号。遽，急速。契，通"锲"，刻。

[49] 是吾剑之所从坠：这里（是）我的剑掉下去的地方。是，这个地方，这里。

[50] 求：寻找。

[51]　惑：糊涂。

[52]　引：牵，拉。

[53]　此其父善游：这(是因为)他的父亲善于游泳。

[54]　岂遽：难道就……。遽，就。

[55]　以此任物,亦必悖矣：用这种办法处理事物,必然是悖谬的了。

[思考练习]

一、解释句中加点的字。

1. 上胡不法先王之法

2. 人或益之,人或损之

3. 见瓶水之冰,而知天下之寒

4. 是吾剑之所从坠

5. 荆国之为政

6. 循表而夜涉

二、翻译句子,体会句式的特点。

1. 先王之所以为法者,人也

2. 此其所以败也

3. 夫成功名者,此先王之千里也

4. 楚人有涉江者

5. 是吾剑之所从坠

三、"循表夜涉"、"刻舟求剑""引婴投江"这三个寓言故事说明了怎样的道理?

口语交际(四)

答　询

生活情境

情境一：

新学年开始了,学校学生会干部换届。欧阳玉凭借自己的实力,经过层层竞选考核,成为新一届学生会主席。在新当选的学生会干部与各班学生代表的见面会上,欧阳玉的一位竞争对手向正在与同学们谈笑风生的欧阳玉提问道:"欧阳玉,有人说你是凭借自己的实力当选学生会主席的。可我怎么听说你是凭借脸蛋儿当选的? 就因为你长得漂亮,许多男生甘愿为你拉选票。你成功了。请问,你准备继续凭借自己的漂亮脸蛋儿开展工作吗?"

会场上一阵哄笑。

欧阳玉的脸"刷"一下红了,但她还是很快恢复了平静。

情境二：

国庆节学校放假 7 天,周平平到某公园门口的商店打工。这一天,来了几个游客,周平平迎上前去：

"你们好！请问需要点儿什么？"

"姑娘，前几天我们在这买了几包煎饼，很好吃。今天我们要走了，想多买点带回去送给朋友。能不能给我们优惠点？如果能优惠，我们就在这儿买了，不行的话，我们再到别处看看。"

周平平犯了难。顾客的话说得没有回旋的余地，老板又恰好去进货了，自己一个临时打工妹做不了主。再说老板交代过，作为旅游商店，本店商品的价格定得比别家低，不能再随便优惠。可是眼前的顾客是回头客，这次买得又多，怎么办？怎么回答顾客才能既保证他们情绪不受到影响，又让买卖成交呢？

情境三：

下午第二节课后，学校心理咨询室开放。负责心理咨询的宋老师刚坐下，一个男生愁眉苦脸地走了进来。

"宋老师好！"

"你好。请坐吧。"

宋老师为这位同学端上一杯水："想跟老师说点什么？"

"宋老师，像我这样一个其貌不扬的农村孩子，怎样才能得到其他同学的尊重？"

……

人们常说"舌头长在自己嘴上，想怎么说就怎么说"，其实在日常口语交际中，绝大多数时候我们正常人是不能"想怎么说就怎么说的"。比如答询这种口语交际方式，它的特点是先有问、后有答，如何得体地回答对方的问题，是很有些"讲究"的。

现实生活中，我们会在许多场合遇到别人的询问，诸如陌生人向我们问路、朋友向我们咨询问题、老师的提问、同学的质疑等。这种时候我们说话往往是被动的，有了对方的问，才会有我们的答，而且回答的目的性、针对性比较强。这就是答询。

答询的基本要求

1. 听得准

要回答别人提出的问题，首先我们要听清对方问的是什么，对方的要求和意图是什么。只有准确判断出对方问题的核心，回答时才不会无的放矢。

2. 答得妙

听清对方的问题抓住其核心，只是答询的第一步，决定答询成功的关键在于回答是否正确、恰当、巧妙。

（1）回答明确

被询问时，有时我们只需直截了当地作答。比如一个陌生人向我们问路，此时最好的回答就是明确地告诉对方所问的路怎么走。

（2）回答恰当

我们常说人际交往贵在真诚，但有时出于善良或工作的需要，回答询问要委婉、含蓄一些。一个身患绝症的病人问医生："医生，我还有多少时间？"医生明知这位患者的生命还有一年的时间，但是在对患者的家庭背景、心理承受能力等情况一无所知时，就直接对患者说"一年"，难以预测这种回答会给患者带来什么样的后果。如果这位医生这样回答：

"你能冷静对待病情,非常好。其实在某些时候,生命中最重要的不是时间,而是我们活着的质量。从现在开始,过好拥有的每一天,这比什么都重要。你说呢?"医生的这种回答就要相对恰当一些。

（3）回答巧妙

在日常人际交往中,有时我们遇到的问题是无法直接回答的,此时就需要运用聪明才智巧妙作答。相传有一次阿凡提陪皇帝散步,走到一池塘边,皇帝问:"阿凡提啊,人们都说你聪明,我来考考你,你说这池塘里的水有多少桶?"阿凡提立即答道:"陛下,这要看桶有多大了。如果这个桶有池塘大的话,就只有一桶水;如果这个桶有池塘一半大的话,就有两桶水;如果这个桶有池塘十分之一大的话,就有十桶水……"面对皇帝的难题,阿凡提的回答,机智巧妙,让人叹服。

示例简析

示例1（接生活情境一）

欧阳玉说道:"作为学生会主席,我首先对你这种说法表示愤慨。我想我们每一个人都不会相信我们学校的学生素质已经差到仅仅以脸蛋是否漂亮为标准来选拔他们的学生会主席。我说得对吗,同学们?""对——!"台下同学声音异常响亮地答道。欧阳玉接着说:"其次,在以后的工作中,如果因为我的相貌让同学们看着舒服从而更加支持配合我的工作,那将是我的荣幸,我将对同学们感激不尽。"

【简析】 这是一段针锋相对的答询。作为学生会主席竞选的失败者,欧阳玉的竞争对手由于不甘心、嫉妒等心理作祟,所提问题明显表现出对欧阳玉的不尊重和挑衅。欧阳玉的第一句回答,机智、冷峻,极具反击力量,且变被动为主动,赢得了人心;第二句回答巧借对方的问题,顺势造坡,一个假设复句,既对"凭漂亮脸蛋开展工作"予以含蓄的否定,同时假设成真又表达出自己的谦虚态度和感激之情。两句话的回答,滴水不漏,机智而巧妙。当然,作为同学,也可以采用更委婉、友好一点儿的回答方式。

示例2

抗美援朝期间,周恩来总理接受一位美国记者的采访。这位记者发现周总理用的是一支美国派克钢笔,便问道:"请问总理阁下,您用的是我们美国生产的钢笔吧?"周总理答道:"提起这支笔,说来话长了。这不是支普通的笔,是一个朝鲜朋友抗美的战利品,作为礼物送给我的。我觉得有意义,就收下了这支贵国的钢笔。"

【简析】 周恩来总理是深受世界人民敬重的政治家和外交家,他以高尚的品德、卓越的才识、过人的胆量以及机智的外交辞令,被国内外所称道。在上述这段答询中,如果周总理直截了当地回答"是的",那就正中美国记者的下怀。他敏锐地觉察到这位记者的别有用心,从容不迫、刚柔相济的回答,既兼顾到外交场合应有的礼仪,又不卑不亢地回敬了对方。不仅揭露了美帝国主义的侵略行径,还含蓄地表现了中朝人民抗击侵略者取得胜利这一事实,从而维护了国家的尊严。

练习实践

一、下面是一段陌生人问路的情境,如果你是王路,你会选择哪个答案?并说出理由。

下课了，王路兴冲冲地走在回家的路上。这时，一个民工打扮的陌生男子走向他："请问同学，去大明湖怎么走？"

A. 王路回答："一直向北走，过了西门再向北一点就到了。"

B. 王路上下打量了一眼问路人，回答："大明湖？那儿的门票可挺贵，你打一天工也挣不了一张门票。真要去啊？"

C. 王路回答："从这儿一直向前走，过了红绿灯，顺着护城河再向前走一站路，你就会看见大明湖的大门了。"

D. 王路回答："坐66路公交车，两站路就到了。"

二、阅读并体会下列情境，如果你是李晓梦，你将如何回答孙燕老师的问题？

年末，学校对任课老师的考评工作开始了。考评方法是由学生给任课老师打分，然后由班长、学习委员和课代表三人统计分数，再交往学校教务处。教务处强调，对老师的考评成绩要严格保密，正式公布之前，谁走漏了消息，谁将受到处分。孙燕老师是当年新分来的，还在试用期，考评成绩的好坏将影响到她的去留问题，因此她非常在意考评分数。上午第二节课后，孙老师把课代表李晓梦叫到了僻静处。

"李晓梦，老师开门见山地问你一个问题，希望你能给我一个回答。"

"嗯！"李晓梦点了点头。

"班里同学给我打分的情况怎么样？总评是多少分？"

三、如果你是"情境二"中的周平平，你将如何回答顾客？假设你是"情境三"中的宋老师，你又怎样回答那位男同学的问题？

知识拓展（五）

文 言 虚 词

文言虚词是指那些不表示明确意义而用来组织实词完成句子结构的词，它是文言文不可缺少的部分。按照传统的说法，文言虚词一般包括代词、副词、介词、连词、叹词、助词、拟声词和兼词。同文言实词相比，文言虚词的数量要少得多，但语法功能强，使用频率高，用法灵活，几乎每个完整的句子中都有虚词。因此，掌握好文言虚词对于提高文言文的阅读能力具有十分重要的作用。

下面，我们通过举例来说明几个主要虚词的常见用法。

（一）之

1. 助词

（1）用在定语和中心词之间，表修饰或限制。

例如：彭蠡之口有石钟山焉。（《石钟山记》）

所居之官辄积年不徙。（《张衡传》）

（2）用在主语和谓语之间，取消句子的独立性。

例如：师道之不传也久矣！（《师说》）

孤之有孔明,犹鱼之有水也。(《三国志·蜀志·诸葛亮传》)

吾妻之美我者,私我也。(《邹忌讽齐王纳谏》)

(3)用在中心词和后置的定语之间,是定语后置的标志。

例如:为宫室之美,妻妾之奉,所识穷乏者得我欤?(《鱼我所欲也》)

蚓无爪牙之利,筋骨之强。(《荀子·劝学》)

(4)用在前置的宾语和谓语之间,是宾语前置的标志。

例如:宋何罪之有?(《墨子·公输》)

句读之不知,惑之不解。(《师说》)

(5)补足音节,无实义。

例如:由是观之,王之蔽甚矣!(《邹忌讽齐王纳谏》)

2. 代词

(1)代人、物、事。

例如:项伯杀人,臣活之。(《鸿门宴》)

一箪食,一豆羹,得之则生,弗得则死。(《孟子·告子上》)

秦王度之,终不可强夺。(《史记·廉颇蔺相如列传》)

(2)作指示代词

例如:郯子之徒,其贤不及孔子。(《师说》)

巫医乐师百工之人,不耻相师。(《师说》)

(二)者

1. 代词

用在动词、名词、数词、形容词等后面,组成"者字结构"。

例如:此数者,用兵之患也。(《赤壁之战》)

其下平旷,有泉侧出,而记游者甚众。(《游褒禅山记》)

2. 助词

(1)用在句中,表提顿,和句末语气词"也"组成判断句。

例如:陈胜者,阳城人也。(《史记·陈涉世家》)

师者,所以传道受业解惑也。(《师说》)

(2)用在表示时间的词语后面,表示一段时间。

例如:今者有小人言,令将军与臣有郤。(《鸿门宴》)

(三)而

"而"作为连词,可以连接词与词、短语与短语、句子和句子,表示并列、修饰、相承、转折等各种关系。

1. 表并列关系

例如:蟹六跪而二螯。(《荀子·劝学》)

劳苦而功高如此。(《鸿门宴》)

2. 表修饰关系

例如:吾尝终日而思矣。(《荀子·劝学》)

臣与将军戮力而攻秦。(《鸿门宴》)

3. 表相承关系

例如：籍吏民，封府库，而待将军。（《鸿门宴》）

买五人之脰而函之。（《五人墓碑记》）

4. 表转折关系

例如：舟已行矣，而剑不行。（《吕氏春秋·刻舟求剑》）

青，取之于蓝，而青于蓝。（《荀子·劝学》）

（四）则

"则"作连词，连接两个词、短语或分句，表示相承、转折、假设等关系。

1. 表相承关系

例如：故木受绳则直。（《荀子·劝学》）

兼听则明，偏信则暗。（《新唐书·魏征传》）

2. 表转折关系

例如：于其身也，则耻师焉。（《师说》）

至则无所用，放之山下。（《黔之驴》）

3. 表假设关系

例如：万钟则不辨礼义而受之。（《鱼我所欲也》）

（五）所

1. 代词

（1）用在动词或动宾短语的前面，组成"所字结构"。

例如：所见无非牛者。（《庖丁解牛》）

以旌其所为。（《五人墓碑记》）

（2）与"与"、"从"、"以"等连用，表示"……的地方"、"……的原因"、"用来……的"。

例如：师者，所以传道受业解惑也。（《师说》）

所以遣将守关者，备他盗之出入与非常也。（《鸿门宴》）

2. 与"为"组成被动格式，表示被动。

例如：而为秦人积威之所劫。（《六国论》）

若属皆且为所虏。（《鸿门宴》）

（六）为

1. 句末语气词

例如：如今人为刀俎，我为鱼肉，何辞为？（《鸿门宴》）

2. 介词

（1）介出被动，可译为"被"，读 wéi。

例如：吾属今为之虏矣！（《鸿门宴》）

（2）介出动作行为的原因，可译为"因为"，读 wèi。

例如：视为止，行为迟。（《庖丁解牛》）

（3）可译为"跟"、"同"，读 wèi。

例如：然此可为智者道，难为俗人言也。（《报任安书》）

（4）介出动作行为的对象，可译为"给"、"替"，读"wèi"。

例如：庖丁为文惠君解牛。（《庖丁解牛》）

（七）其

1．代词

（1）第三人称代词，可译为"它（们）、他（们）、她（们）"。

例如：吾见其难为，怵然为戒。（《庖丁解牛》）

　　　其剑自舟中坠于水。（《吕氏春秋·刻舟求剑》）

（2）指示代词。

例如：以故其后名之曰"褒禅"。（《游褒禅山记》）

　　　其为时止十有一月耳。（《五人墓碑记》）

2．语气副词

（1）表推测语气，可译为"大概"。

例如：愚人之所以为愚，其皆出于此乎？（《师说》）

（2）表反问语气，可译为"难道"。

例如：今其智乃反不能及，其可怪也欤！（《师说》）

（3）表祈使语气，可译为"还是"。

例如：吾其还也。（《烛之武退秦师》）

第七单元

感 悟 生 命

　　一位哲人说过："人生的道路虽然漫长，但紧要处却只有几步，特别是当人年轻的时候。"现代社会，经济飞速发展，价值观念愈来愈多元化，年轻的我们需要有一座高高的路标，指引着我们走向生命的辉煌。通过这一单元的学习，也许你未来的人生路上会多一份平坦，少一分坎坷。

　　美国著名女作家海伦·凯勒的《给我三天视力》是一篇散文，读后，假设我们的生命也只有三天，你我会做些什么呢？是躺在病床上，在痛苦呻吟与恐惧中度过生命最后的余晖吗？中国现代著名女作家冰心在《谈生命》中说道：生命中不是永远快乐，也不是永远痛苦。在快乐中我们要感谢生命，在痛苦中我们也要感谢生命。《青年在选择职业时的思考》是一篇议论文，年轻的马克思告诉我们选择职业应该遵循的指针是"人类的幸福和我们自身的完美"，这对即将走入社会的我们选择职业作出了指南。

　　另外两篇课外阅读文章，一是瑞士作家赫尔曼·黑塞的《获得教养的途径》，它让我们明白读书对人生的无与伦比的意义；二是史铁生的《我的梦想》，这篇散文告诉我们：人活着更重要的是有一个了悟人生意义的灵魂。

　　生命对于我们只有一次，而它是那么的美好。年轻的朋友，愿你生命的路途平坦而通畅，伴着一路的鸟语花香，去收获沉甸甸的果实。

1.

给我三天视力[1]

海伦·凯勒

[阅读提示]

　　《给我三天视力》的作者是一位盲、聋、哑人，她只能凭触觉来认识身边的世界，可是她凭借着广博的知识和丰富的想象，描绘了假定获得三天视力后的所见所闻所感，表现了她坚强乐观、积极进取的生活态度以及求知的渴望和真挚的爱心。

　　幻想能有三天视力的海伦·凯勒，给我们描绘了一个丰富而美妙的世界：这里有千姿百态的黎明，也有辉煌壮观的落日；有浓缩了人类艰难曲折之路的历史回顾，也有历史长河中各种艺术表现形式的展示；有对现实世界的描写，也有对亲人师友的描摹……她让我们在与她共同度过的三天中，看到了天天看到却熟视无睹的事物，看到了世界的真善美。

　　阅读本文要注意欣赏文章细腻、生动的心理描写和情真意切的语言表达。想一想，我们该如何热爱生活，珍惜时间，勇敢地面对和战胜困难。

　　我们都曾读到过这样激动人心的故事：故事的主角能活下去的时间已经很有限了。有的可以长到一年，有的却只有二十四小时。对于这位面临死亡的人打算怎样度过这最后的时日，我们总是感到很有兴趣的——当然，我说的是可以有选择条件的自由人，而不是待处决的囚犯，那些人的活动范围是有限的。

　　这一类的故事使我们深思，我们会想到：如果我们自己也处于同样的地位，该怎么办？人都是要死的，在这最后的时辰，应当做一点什么？体验点什么？和什么人往来？在回首往事的时候，什么使我们感到快乐？什么使我们感到遗憾呢？

　　我常想，如果每一个人在刚成年时都能突然聋盲几天，那对他可能会是一种幸福。黑暗会使他更加懂得视力之可贵，寂静会教育他懂得声音的甜美。

　　我曾多次考察过我有眼睛的朋友，想让他们体会到他们能看到些什么。最近，我有一位很要好的朋友来看我，她刚从森林里散步回来。我问她发现了什么。"没有什么特别的。"她回答。好在我对这类的回答已经习惯了，因为很久以来，我就深信有眼睛的人所能看到的东西其实很少，否则，我是难以相信她的回答的。

　　我问我自己，在树林里走了一个小时，却没看到什么值得注意的东西，这难道可能么？我是个瞎子，但是我光凭触觉就能发现数以百计的有趣的东西。我能摸出树叶的精巧对称图形，我的手带着深情抚摸银桦的光润的细皮，或者松树的粗糙的凸凹不平的硬皮。在春天，我怀着希望抚摸树木的枝条，想找到一个芽蕾，那是大自然在冬眠之后苏醒的第一个朕兆[2]。我感觉到花朵的美妙的丝绒般的质地，发现它惊人的螺旋形的排列——我又探索到大自然的一种奇妙之处。如果我幸运的话，在我把手轻轻地放在小树上时，还能偶然感到小鸟在枝头讴歌时所引起的欢乐的颤动。小溪的清凉的水从我撒开的指间流过，使我欣慰。松针或绵软的草叶铺成的葱茏[3]的地毯比最豪华的波斯地毯还要可爱。春夏秋冬——在我身边展开，这对我是一出无穷无尽的惊人的戏剧。这戏的动作是在我的指头上流过的。

　　我的心有时大喊大叫，想看到这一切。既然我单凭触觉就能获得这么多的快乐，视觉所能展示于人的，又会有多少！但是很显然，有眼睛的人看见的东西却很少。他们对充满这大千世界的色彩、形象、动态所构成的广阔的画面习以为常。也许对到手的东西漠然置之，却在追求自己所没有的东西，是人之常情吧。但是，在有光明的世界里，视觉的天赋只是被当成一种方便，而不是当作让生命更加充实的手段，这毕竟是令人非常遗憾的事。

　　为了最好地说明问题，不妨让我设想一下，如果我能有，比如说，三天的视力，我最希望看到什么东西。在我设想的时候，你也不妨动动脑子，设想一下如果你也只能有三天视力，你打算看见些什么。如果你知道第三天的黄昏之后，太阳便再也不会为你升起的话，你将如何使用这宝贵的三天呢？你最渴望看见的东西是什么呢？

　　如果由于某种奇迹，我能获得三天视力，然后再回到黑暗中去的话，我将把这段时间分作三个部分。

　　在第一天，我将看看那些以他们的慈爱、温情和友谊使我的生命值得活下去的人。首先我一定要长久地打量我亲爱的老师安妮·莎莉文·梅西太太。是她在我孩提时代来到我的身边，为我开启了外部世界的大门。我不但要细看她的面部的轮廓，让它存留在我的记忆里，而且要研究她那张面孔，找出生动的证据，说明她在完成对我的教育这项艰苦的任务时所表现出来的温和与耐性。我要从她的眼里看见她性格的力量。那力量使她坚强地面对困难。我还要看到她在我面前常常流露的对人类的同情。如何通过"灵魂的窗户"——眼睛看到朋友的心灵深处，我是不懂得的。我只能通过指尖探索到人们面部的轮廓。我能感到欢笑、悲伤和许多明显的感情。我是通过触摸他们的面部认识我的朋友的……

我很熟悉在我身边的朋友，因为成年累月的交往让他们把自己的各个侧面都呈现在我的面前。然而对于偶然结识的朋友，我却只有通过握手，通过指尖触摸他唇上的话句，和他们在我的掌心里的点画，得到一点不完全的印象。

你们有眼睛的人只需通过观察细微的表情：肌肉的震颤、手的动作，便能迅速地捉住另一个人的基本性格，那是多么轻松，多么方便啊！

但是，你曾想过用你的眼睛去深入观察朋友或熟人的内在性格没有呢？你们大部分有眼睛的人，对人家的面孔是不是经常只随意看到一点外部轮廓就放过去了呢？……

有眼睛的人对身边的日常事物很快就习以为常了。他们实际上只看到惊人的和特别触目的部分。而且就是在特别触目的景象面前，他们的眼睛也是懒惰的。每天的法庭记录都说明"证人"们的眼睛是多么的不准。同一个事件有多少个"证人"，就会有多少个不同的印象。有的人比别的人看到的多一些，然而能把他们视觉范围内的东西全部看到的人却寥寥无几。

啊！如果我有三天视力，我能看到多少东西啊！

第一天我一定很忙，我要把我所有的亲爱的朋友请来，久久地观看他们的面孔，把体现他们内心美的外部特征深深地印在我的心上。我还要细看婴儿的面庞。我要观察在个体认识到矛盾之前的强烈的天真的美——那矛盾是随着生命的发展而发展的。

我还想观察我那几条忠心耿耿的狗的眼睛——庄重、老练的小苏格兰、小黑，还有高大结实、善解人意的大丹麦狗赫耳加。它们曾以热烈、温柔和快活的友谊给了我极大的安慰。

在最忙的第一天，我也想去看一看家里的琐碎简单的事物，我想看看我脚下的地毯的温暖的色彩，看看墙上的画，看看那些我所熟悉的琐碎的东西。是它们把一所房屋变成了家的。我的眼睛会带着敬意停留在我所读过的凸文书籍上，但是我恐怕会对印刷出来给有眼睛的人读的书感到更加强烈的兴趣。因为在我的生命的漫长的黑夜之中，我所读过的书和别人为我"读"的书，已经构筑成了一座巨大的灿烂的灯塔，为我照亮了人的生命和精神的最深邃的航道。

在我有眼睛的第一天的下午，我要在树林里作一个漫长的散步，用大千世界的种种美景刺激我的眼帘。我要竭尽全力在几小时之内吸取那光辉广阔的场面——那对有眼睛的人永远展现的场面。在我从林间散步回来的路上，我走着的小径会从田野旁经过，我可以看到温驯的马翻耕着土地（说不定只看到一部拖拉机！），也可以看到那些仅靠泥土生活的人们怡然自得的神情。我还要祈祷让我看到一个绚丽多彩的落日。

黄昏降临之后，我还会体察到一种双重的欢乐：我能借助人造的光明来看到世界，在大自然命令出现黑暗的时候,人类却凭自己的聪明才智创造出了光明,延长了自己的视力。

在我有视力的第一个晚上,我大概会睡不着觉,我心里一定会充满了对白天的丰富的回忆。

第二天——我有视力的第二天,我将和黎明同时起身,去观看那把黑夜变成白昼的令人惊心动魄的奇景。我要怀着敬畏的心情观看那宏伟浩瀚的、光华灿烂的景色,太阳就是用它唤醒了沉睡的地球的。

我要拿这一天迅速地纵观世界,观察它的过去和现在。我要看到人类进步的奇迹,看到万花筒一般的各个历史时代。我怎么能在一天之内看到这样众多的事物呢?当然得靠博物馆。我曾多次参观过纽约的自然历史博物馆。我曾用手触摸过那儿的展品。但是,我也曾希望用我的眼睛看见在那儿展出的地球和它的居民的简要的历史;我要看到在自己的天然环境里生长的动物和不同人种的人;看到恐龙和乳齿象的庞大的骸骨,它们在个子矮小但脑力强大的人类征服动物界之前许久曾在大地上漫游。我还要看到有关动物、人类、人类的工具的生动实际的展览品。人类利用工具在地球上为自己开辟了安全的家园。我还要看到自然史上的一千零一个其他方面。

我不知道本文的读者中有多少人曾在那动人的博物馆里看到过各类生物的广阔画面。当然,有许多人没有这样的机会,但是我相信不少人虽有这样的机会却没有加以使用。博物馆的确是一个值得你使用眼睛的地方。你们可以在那儿多日流连,得到丰富的教益。但我却只有想象中的三天,因此只能匆匆地看过就离开。

下一站我要到大都会美术博物馆去。自然历史博物馆揭示了世界的物质面,美术博物馆则反映出了人类精神的千姿百态。在整个人类历史中,对于艺术表现的要求和对于吃、住、繁衍的要求一样强烈。在这儿,美术博物馆的宽大的展览室将通过古埃及、古希腊和古罗马的艺术展示出这些民族的精神世界。古尼罗河土地上的男女神灵的雕像,我的手指对它们是很熟悉的。我也曾触摸过巴底农神庙的壁饰浮雕的复制品。我曾体会到冲锋陷阵的雅典勇士们有节奏的美。阿波罗[4]、维纳斯[5]和萨莫特雷斯[6]的有翅膀的胜利女神雕像,都是我指头尖上的朋友。荷马[7]那疙里疙瘩的有胡须的面庞使我感到分外亲切,因为他也懂得瞎了眼睛的痛苦。

我的指头曾在古罗马和后世的生动的大理石雕像上流连。我曾抚摸过米开朗基罗[8]的动人的英雄摩西[9]的石膏像。我曾触摸到罗丹[10]作品的气魄;我曾对哥德人的木雕所表现的虔诚肃然起敬。我能懂得这些能摸触到的艺术品,但是,它们本是用来看,而不是用来摸的。它们的美至今对我隐蔽着,我只能猜想。我能赞叹希腊花瓶的单纯的线条,但是它的形象装饰我却无法感受。

因此,在我有眼睛的第二天,我将通过观看人类的艺术去探索人类的灵魂。过去我凭触觉感受到的东西,现在我要用眼睛去看到了。更为绝妙的是整个绚丽的绘画世界——从带着平静的宗教献身精神的意大利原始绘画到具有狂热的想象的当代绘画,都将在我面前呈现出夺目的光彩。我要深入地观看拉斐尔[11]、达·芬奇[12]、提香[13]、伦勃朗[14]的画。我要饱览维隆尼斯[15]的温暖的色调,研究厄尔·格勒柯[16]的神奇,把捉柯罗[17]笔下的大自然的新颖形象。啊,有眼睛的人们,在历代的艺术作品中,你们可以看到多么丰富的意义和美啊！

我在艺术殿堂的短暂的巡礼中所能看到的不过是向你们开放的艺术世界的很小的一部分。我只能获得一个浮光掠影的印象。艺术家们告诉我，要想深入、真切地欣赏艺术，必须训练眼睛；要通过经验衡量线条、构图、形体和色彩的优劣。如果我有眼睛，我将多么乐于从事这种迷人的研究啊！然而，我却听说，在你们许多有眼睛的人眼中，艺术的世界却是一片没有被探索、照亮的混沌。

我离开大都会美术博物馆时，一定十分留恋，那儿有通向美的钥匙——被那样地忽视了的美。不过，有眼睛的人们要寻求通向美的钥匙，并不一定要到大都会美术博物馆去。同样的钥匙在小型博物馆甚至在小型图书馆架上的书中也等待着他们。然而，在我所幻想的有限的有眼睛的时间里，我必须选择可以在最短的时间内打开最巨大的宝藏的钥匙。

在我有眼睛的第二天晚上，我要用来看戏或看电影。就是目前我也经常"看"各种戏剧表演。只是演出的动作得靠一个同伴拼写到我的手心里。我多么想用自己的眼睛看到身穿伊丽莎白时代丰富多彩的服饰的迷人的哈姆雷特[18]或易于冲动的福斯泰夫[19]啊！我会多么密切地注视着漂亮的哈姆雷特的每一个动作和粗壮的福斯泰夫的每一个步伐！由于我只能看到一个剧，我难免会感到莫衷一是，因为我想看的剧有好几十个。你们有眼睛，愿看哪一个都可以，我不知道你们有多少人在看戏看电影或其他节目时曾经感觉到视力这个奇迹，对它表示感谢？让你欣赏到演出的色彩、动作和美的正是它呢！

我在用手触摸的范围之外，便无法欣赏有节奏的动作。对于巴甫洛娃[20]的娴雅优美，我只能模糊地想象，虽然我也懂得一点节奏的快感。因为我常在音乐震动地板时感到它的节拍。我很能想象节奏鲜明的动作一定会形成世界上最美妙的形象。我常用手指抚摸大理石雕像，依稀懂得一点这种道理。既然这种静止的美都如此可爱，那么，如果能看到运动中的美又会是多么令人销魂陶醉！

我最甜蜜的记忆之一是约瑟夫·杰弗逊在表演他心爱的李卜·范·温克尔[21]的某些动作和台词时让我触摸了他的面孔和双手。那使我对戏剧的世界有了个朦胧的印象。当时我的快乐我将永远难忘。有眼睛的人们随着戏剧的开展所能看见和听到的交替出现的行动和语言，能给他们多少乐趣啊！可是啊，这种乐趣我却无法体会！我只需看到一次演出，以后便可以在心里想象出一百个剧本的动作。这些剧本我曾读过或通过手语体会过。

因此，在我所想象的我有眼睛的第二天，戏剧文学的伟人形象将从我的眼里挤走全部的睡意。

第三天早上，我将再一次迎接黎明。我渴望获得新的美感，因为我深信，对于那些真正能看见的有眼睛的人来说，每一天的黎明都永远会显示出一种崭新的美。

这一天，按我所设想的奇迹的条件看来，已是我有眼睛的第三天，也就是最后一天了。要看的东西太多，我不会有时间感到遗憾或渴望的。第一天我用在有生命和无生命的朋友身上了；第二天向我展示了人类和自然的历史；今天，我要到忙于生活事务的人们的地方去看看当前的日常世界。还能有什么比纽约更纷纭繁复的地方么？纽约就是我的目的地。

我的家在森林山，坐落在长岛一个小巧幽静的郊区，那儿在葱茏的草地、树木和花朵之中，有整洁玲珑的住宅，有妇女们和孩子们的活动和欢笑。这是个平静的安乐窝，男人们在城里工作一天之后，便回到这里来。我从这里驱车出发驶过横跨东河的花边一样的钢架桥梁。我会得到一个令我赞叹的新印象，它向我显示出人类心灵的力量和聪明。河里船舶往来如织，轧轧地响着，有飞速的快艇，也有喷着鼻息的没精打采的拖驳[22]。如果我时间还很多的话，我要花许多时日来观察河上的有趣的活动。

我往前看，在我眼前升起的是纽约城千奇百怪的高楼大厦——好像是一座从童话中升起的城市。闪光的塔楼、巍然耸立的钢铁和石头的壁垒，多么叫人惊心动魄！——就是众神为自己修造的宫阙也不过如此！这一幅活跃的图画是数以百万计的人们日常生活的一部分。可是我不知道有多少人看过它第二眼？我估计人数很少。人们对这宏伟的景象是看不见的，因为对它太熟悉。

我匆匆忙忙地登上一座巍峨的高楼——帝国大厦，因为不久前我曾在那里通过我的秘书的眼睛"看"到了脚下的城市。我急于要把我那时的想象和现在的实现相印证。我深信我对即将展现在我眼前的宏伟图景不会失望，因为它对我来说是另一个世界的幻象。

现在我开始周游这座城市了。首先，我要站在一个闹市的角落里，凝望着行人，不做别的事，我要从他们的眼神里看到他们生活的某些侧面。我看到微笑，便感到高兴；我看到坚强的决心，便感到骄傲！我看到痛苦，也不禁产生同情。

我沿着五号大街漫步，我要放眼纵观，不看个别的对象，只看那沸腾的、五彩缤纷的场面。我相信在人群中往来的妇女的服装，一定是万紫千红、色彩绚丽的，叫我永远也看不厌。但是如果我有眼睛的话，我也会像别的妇女一样，只对个别服装的式样和剪裁发生过多的兴趣，而忽略了人群中的色彩的美艳。我还深信，我会流连于橱窗之间，久久不肯离开，因为展出在那儿的货品一定是琳琅满目、美不胜收的。

我离开五号大街，又去观光全城。我到公园大街去，到贫民窟去，到工厂去，到孩子们游玩的公园去。我去参观外国人的居住区，这是身在国内却又出国旅行的办法。为了深入探索，加强我对人们的工作和生活的理解，我将永远对一切快乐和痛苦的形象睁大我的双眼。人和事的种种形象将充满我的心。我的眼睛绝不会把任何东西视作无足轻重而轻易放过。我的目光所到之处，都要探索和紧紧地把捉。有些场面欢乐，它使我的心也充满欢乐；但是也有痛苦的场面，痛苦得叫人伤感。对种种痛苦的场面，我绝不会闭上眼睛，因为那也是生活的一部分。对它闭上了眼睛，也就是闭上了心灵和思想。

我有眼睛的第三天快结束了。也许我还应当把剩下的几个小时作许多严肃的追求。但我担心在那最后的晚上，我又会跑到戏院去看一场欢笑谐谑的戏。这样，我便能欣赏到人类精神中喜剧的情趣。

我暂时获得的视力到半夜就要结束了，我又将陷入无尽的黑夜之中。在短短的三天内，我是不可能看到我想看到的一切。只有当黑暗再度降临到我身上之后，我才会懂得我看掉了多少东西。不过，我的心里仍然充满光明的回忆，因此没有时间感到遗憾。此后我每摸触到一样东西，都会想起它的样子，从而唤起一段美妙的回忆。

我是个瞎子，我对有眼睛的人只有一个建议：我要劝告愿意充分使用视力这种天赋的人，要像明天你就会变成瞎子一样充分使用你的眼睛。同样的设想也可以用于其他的感官。要像明天你就会变成聋子一样，聆听话语中的音乐、鸟儿们的歌唱和交响乐队雄浑的乐章。要像明天你的触觉就会消失一样抚摸你想抚摸的一切。要像你明天就会失去嗅觉和味觉一样去品味花朵的馨香和食物的美味。充分地使用你的感官吧！陶醉于大自然通过你天赋的不同知觉对你显示出的种种快感和美感中去吧，不过，在一切感官之中，我仍深信视觉是最令人快乐的。

[注释]

[1] 选自《世界散文精华》（江苏文艺出版社 1994 年版）。孙法理译。海伦·凯勒（1880—1968），美国著名女作家、社会活动家，自幼因病致残，成为盲、聋、哑人。在安妮·莎莉文老师的帮助下，她不仅学会了盲文，还学会了说话，学完了从小学到大学的全部课程，通晓五国文字，写出了十四部著作，主要作品有《给我三天视力》、《我的生活》、《我的老师》等。这些都显示出她惊人的毅力和渊博的学识。同时，她致力于救助伤残儿童、保护妇女权益和争取种族平等的社会活动，1964 年获总统自由勋章。

[2] 朕（zhèn）兆：征兆。

[3] 葱茏：（草木）青翠茂盛。

[4] 阿波罗：希腊宗教中掌管音乐、弓箭、预言、医药、畜牧的神。还有神话说他是太阳神和光明之神。

[5] 维纳斯：罗马宗教中的爱神和美神。

[6] 萨莫特雷斯：爱琴海的一个小岛。

[7] 荷马：相传为古希腊两部著名史诗《伊利亚特》和《奥德赛》的作者。

[8] 米开朗基罗（1475—1564）：意大利文艺复兴时期雕塑家、画家、建筑师。

[9] 摩西：以色列人的先知、解放者。

[10] 罗丹（1840—1917）：法国雕塑家。

[11] 拉斐尔（1483—1520）：意大利文艺复兴时期画家。

[12] 达·芬奇（1452—1519）：意大利画家。

[13] 提香（约 1490—1576）：意大利画家。

[14] 伦勃朗（1606—1669）：荷兰画家。

[15] 维隆尼斯（1528—1588）：意大利画家。

[16] 厄尔·格勒柯（约 1541—1614）：意大利画家。

[17] 柯罗（1796—1875）：法国画家。

[18] 哈姆雷特：莎士比亚名剧《哈姆雷特》（又译《王子复仇记》）中的丹麦王子。

[19] 福斯泰夫：莎士比亚历史剧《亨利四世》中的一个喜剧角色。

[20] 巴甫洛娃（1881—1931）：俄国著名女芭蕾舞演员，以表演《吉赛尔》和《天鹅湖》著称。

[21] 李卜·范·温克尔：美国作家华顿·欧文的小说的主角。这里指的是根据小说改编的戏剧中的该主角。

[22] 拖驳：由拖轮或汽艇牵引的驳船。

[思考练习]

一、根据下面的概括，具体说说作者想象中的三天先后看了什么。

第一天我用在有生命和无生命的朋友身上；第二天向我展示了人类和自然的历史；今天，我要到忙于生活事务的人们的地方去看看当前的日常世界。

二、从课文中看，海伦具有哪些可贵的思想品质？她的高贵品质从何而来，源泉是什么？

三、阅读这篇散文，你最欣赏的是哪一点或哪几点？为什么？试具体阐述一下。

四、熟读以下句子，最好能够背诵。

1. 在我的生命的漫长的黑夜之中，我所读过的书和别人为我"读"的书，已经构筑成了一座巨大的灿烂的灯塔，为我照亮了人的生命和精神的最深邃的航道。

2. 啊，有眼睛的人们，在历代的艺术作品中，你们可以看到多么丰富的意义和美啊！

3. 艺术家们告诉我，要想深入、真切地欣赏艺术，必须训练眼睛；要通过经验衡量线条、构图、形体和色彩的优劣。

4. 我看到微笑，便感到高兴；我看到坚强的决心，便感到骄傲！我看到痛苦，也不禁产生同情。

5. 为了深入探索，加强我对人们的工作和生活的理解，我将永远对一切快乐和痛苦的形象睁大我的双眼。人和事的种种形象将充满我的心。我的眼睛绝不会把任何东西视作无足轻重而轻易放过。我的目光所到之处，都要探索和紧紧地把捉。有些场面欢乐，它使我的心也充满欢乐；但是也有痛苦的场面，痛苦得叫人伤感。对种种痛苦的场面，我绝不会闭上眼睛，因为那也是生活的一部分。对它闭上了眼睛，也就是闭上了心灵和思想。

6. 我劝告愿意充分使用视力这种天赋的人，要像明天你就会变成瞎子一样充分使用你的眼睛。同样的设想也可以用于其他的感官。要像明天你就会变成聋子一样，聆听话语中的音乐、鸟儿们的歌唱和交响乐队雄浑的乐章。要像明天你的触觉就会消失一样抚摸你想抚摸的一切。要像你明天就会失去嗅觉和味觉一样去品味花朵的馨香和食物的美味。充分地使用你的感官吧！陶醉于大自然通过你天赋的不同知觉对你显示出的种种快感和美感中去吧……

2.

谈　生　命[1]

冰　心

[阅读提示]

本文开篇点题，便于平实中见曲折："我不敢说生命是什么，我只能说生命像什么。"说"不敢"，不仅是谦虚，更表明作者对"谈生命"这一问题的慎重态度，她不以真理在握的语气为"生命"下定义，而只想就"生命像什么"作想象性的表述，这一书写策略的确立，其实也决定了本文的形象性、抒情性特点。本文虽然用了一个类似说理文的题目，但实际内容则更近于一篇富于哲理的散文诗。

本文用"一江春水"和"一棵小树"作为"生命"的象喻，且用一个"像"字标明本体与喻体的关系，表面看来，通篇采用的似乎是一个明喻的结构，但因为作者对喻体展开了充分的描述，春水东流的跌宕起伏，小树成长的挺拔摇曳，都构成了独立饱满的形象，也与被比喻的本体形成了丰富多姿的"互文"关系。本文以描写和抒情为主，同时也把说理蕴含其中，尤其是结尾部分，从个体的生命，延展到宇宙的大生命，谈论二者之间的关系，归结到"感谢生命"的主题，情与理、思与诗融汇为一，意境丰厚而回味深远。

我不敢说生命是什么，我只能说生命像什么。

生命像向东流的一江春水，他从最高处发源，冰雪是他的前身。他聚集起许多细流，合成一股有力的洪涛，向下奔注，他曲折地穿过了悬崖峭壁，冲倒了层沙积土，挟卷着滚滚的沙石，快乐勇敢地流走，一路上他享乐着他所遭遇的一切。

有时候他遇到巉岩前阻，他愤激地奔腾了起来，怒吼着，回旋着，前波后浪地起伏催逼，直到他涌过了，冲倒了这危崖[2]他才心平气和地一泻千里。有时候他经过了细细的平沙[3]，斜阳芳草里，看见了夹岸[4]红艳的桃花，他快乐而又羞怯，静静地流着，低低地吟唱着，轻轻地度过这一段浪漫的行程。有时候他遇到暴风雨，这激电，这迅雷，使他心魂惊骇，疾风吹卷起他，大雨击打着他，他暂时浑浊了，扰乱了，而雨过天晴，只加给他许多新生的力量。有时候他遇到了晚霞和新月，向他照耀，向他投影，清冷中带些幽幽的温暖；这时他只想憩息，只想睡眠，而那股前进的力量，仍催逼着他向前走……终于有一天，他远远地望见了大海，呵！他已到了行程的终结，这大海，使他屏息，使他低头，她多么辽阔，多么伟大！多么光明，又多么黑暗！大海庄严地伸出臂儿来接引他，他一声不响地流入她的怀里。他消融了，归化[5]了，说不上快乐，也没有悲哀！也许有一天，他再从海上蓬蓬的雨点中升起，飞向西来，再形成一道江流，再冲倒两旁的石壁，再来寻夹岸的桃花。然而我不敢说来生，也不敢信来生！

生命又像一棵小树，他从地底里聚集起许多生力，在冰雪下欠伸，在早春润湿的泥土中，勇敢快乐地破壳出来。他也许长在平原上，岩石上，城墙上，只要他抬头看见了天，呵！看见了天！他便伸出嫩叶来吸收空气，承受日光，在雨中吟唱，在风中跳舞。他也许受着大树的荫遮，也许受着大树的覆压，而他青春生长的力量，终使他穿枝拂叶地挣脱了出来，在烈日下挺立抬头！他遇着骄奢的春天，他也许开出满树的繁花，蜂蝶围绕着他飘翔喧闹，小鸟在他枝头欣赏唱歌，他会听见黄莺清吟，杜鹃啼血，也许还听见枭鸟[6]的怪鸣。他长到最茂盛的中年，他伸展出他如盖的浓荫，来荫庇树下的幽花芳草，他结出累累的果实，来呈现大地无尽的甜美与芳馨。秋风起了，将他的叶子，由浓绿吹到绯红，秋阳下他再有一番的庄严灿烂，不是开花的骄傲，也不是结果的快乐，而是成功后的宁静和怡悦！终于有一天，冬天的朔风，把他的黄叶干枝，卷落吹抖，他无力地在空中旋舞，在根下呻吟，大地庄严地伸出臂儿来接引他，他一声不响地落在她的怀里。他消融了，归化了，他说不上快乐，也没有悲哀！也许有一天，他再从地下的果仁中，破裂了出来，又长成一棵小树，再穿过丛莽的掩遮，再来听黄莺的歌唱。然我不敢说来生，也不敢信来生。

宇宙是一个大生命，我们是宇宙大气中之一息。江流入海，叶落归根，我们是大生命中之一叶，大生命中之一滴。在宇宙的大生命中，我们是多么卑微，多么渺小，而一滴一叶的活动生长合成了整个宇宙的进化运行。要记住：不是每一道江流都能入海，不流动的便成了死湖；不是每一粒种子都能成树，不生长的便成了空壳！生命中不是永远快乐，也不是永远痛苦，快乐和痛苦是相生相成的。等于水道要经过不同的两岸，树木要经过常变的四时[7]。在快乐中我们要感谢生命，在痛苦中我们也要感谢生命。快乐固然兴奋，苦痛又何尝不美丽？我曾读到一个警句："愿你生命中有够多的云翳[8]，来造成一个美丽的黄昏。"世界、国家和个人生命中的云翳没有比今天再多的了。

[注释]

[1] 本文最初发表于《京沪周刊》1947年第1卷第27期，1999年3月4日《文汇报》重新刊发。冰心（1900—1999），原名谢婉莹，笔名冰心，福建长乐人，生于福州。中国现代著名女作家、翻译家。1918年就读北京协和女子大学，初习医，后改学文科。五四运动时期参加爱国宣传活动，开始文学创作，以小说《斯人独憔悴》、《去国》，诗集《繁星》、《春水》等作品，成为当时最令人瞩目的女作家。1923年她赴美留学，以散文通讯的形式写下了《寄小读者》，深受儿童的喜爱。回国后，一度在燕京大学、清华大学任教。新中国成立后，冰心在继续从事文学创作的同时，积极参与社会活动和对外文化交流工作，曾任中国文联副主席等职。今人编有《冰心全集》。

[2] 危崖：高而陡峭的悬崖。

[3] 平沙：广阔的沙地。

[4] 夹岸：两岸。

[5] 归化：归顺、同化。

[6] 枭（xiāo）鸟：猫头鹰，古人认为是恶鸟。

[7] 四时：四季。

[8] 云翳：云。

[思考练习]

一、本文是如何用形象化手段来表达关于生命的哲理的？

二、谈谈本文在词语运用方面的特点。

三、结合本文，谈谈你对生命中快乐和痛苦的理解。

3.

青年在选择职业时的思考[1]

马克思

[阅读提示]

该文是马克思于1835年8月12日参加中学毕业考试时写的论文。

如何选择职业，是每个青年走向社会时首先要考虑的问题。影响职业选择的因素有哪些？什么样的职业才适合自己？我们应该选择怎样的职业？青年时代的马克思早已对这些问题进行了理性的思考。他认为，选择职业应该遵循的主要原则是"人类的幸福和我们自身的完美"，不能凭一时的感情冲动，也不能被虚荣心、名利、幻想所左右，还要考虑社会关系、个人体质和自己的能力。他告诉我们，如果一个人选择了使人获得最高尊严的、建立在正确思想上的、为人类进步而劳动的职业，自己就能变得勇敢和高尚，其事业的价值也必将长存。一百多年过去了，马克思的观点对于今天青年人的职业选择仍然具有重要的现实意义。

该文结构严谨，思维缜密，许多语句包含着深刻的哲理，阅读时可摘录对你职业选择有启发的语句，反复思考、领悟。

自然本身给动物规定了它应该遵循的活动范围，动物也就安分地在这个范围内活动，而不试图越出这个范围，甚至不考虑有其他范围的存在。神也给人指定了共同的目标——使人类和他自己趋于高尚。但是，神要人自己去寻找可以达到这个目标的手段；神让人在社会上选择一个最适合于他、最能使他和社会变得高尚的地位。

这种选择是人比其他创造物远为优越的地方，但同时也是可能毁灭人的一生、破坏他的一切计划并使他陷于不幸的行为。因此，认真地权衡这种选择，无疑是开始走上生活道路而又不愿在最重要的事情上听天由命的青年的首要责任。

每个人眼前都有一个目标，这个目标至少在他本人看来是伟大的，而且如果最深刻的信念，即内心深处的声音，认为这个目标是伟大的，那它实际上也是伟大的，因为神绝不会使世人完全没有引导者；神轻声地但坚定地作启示。

但是，这声音很容易被淹没；我们认为是热情的东西可能倏忽而生，同样可能倏忽而逝。也许，我们的幻想蓦然迸发，我们的感情激动起来，我们的眼前浮想联翩，我们狂热地追求我们以为是神本身给我们指定的目标；但是，我们梦寐以求的东西很快就使我们厌恶，于是，我们便感到自己的整个存在遭到了毁灭。

因此，我们应当认真考虑：我们对所选择的职业是不是真的怀有热情？发自我们内心的声音是不是同意选择这种职业？我们的热情是不是一种迷误？我们认为是神的召唤的东西是不是一种自我欺骗？不过，如果不对热情的来源本身加以探究，我们又怎么能认清这一切呢？

伟大的东西是闪光的，闪光会激发虚荣心，虚荣心容易使人产生热情或者一种我们觉得是热情的东西；但是，被名利迷住心窍的人，理性是无法加以约束的，于是他一头栽进那不可抗拒的欲念召唤他去的地方；他的职业已经不再是由他自己选择，而是由偶然机会和假象去决定了。

我们的使命绝不是求得一个最足以炫耀的职业，因为它不是那种可能由我们长期从事，但始终不会使我们感到厌倦、始终不会使我们的劲头低落、始终不会使我们的热情冷却的职业，相反，我们很快就会觉得，我们的愿望没有得到满足，我们的理想没有实现，我们就将怨天尤人。

但是，不仅虚荣心能够引起对某种职业的突然的热情，而且我们也许会用自己的幻想把这种职业美化，把它美化成生活所能提供的至高无上的东西。我们没有仔细分析它，没有衡量它的全部分量，即它加在我们肩上的重大责任；我们只是从远处观察它，而从远处观察是靠不住的。

在这里，我们自己的理性不能给我们充当顾问，因为当它被感情所欺骗，受幻想所蒙蔽时，它既不依靠经验，也不依靠更深入的观察。然而，我们的目光应该投向谁呢？当我们丧失理性的时候，谁来支持我们呢？

是我们的父母，他们走过了漫长的生活道路，饱尝了人世辛酸。——我们的心这样提醒我们。

如果我们经过冷静的研究,认清了所选择的职业的全部分量,了解它的困难以后,仍然对它充满热情,仍然爱它,觉得自己适合于它,那时我们就可以选择它,那时我们既不会受热情的欺骗,也不会仓促从事。

但是,我们并不总是能够选择我们自认为适合的职业;我们在社会上的关系,还在我们有能力决定它们以前就已经在某种程度上开始确立了。

我们的体质常常威胁我们,可是任何人也不敢藐视它的权利。

诚然,我们能够超越体质的限制,但这么一来,我们也就垮得更快;在这种情况下,我们就是冒险把大厦建筑在残破的废墟上,我们的一生也就变成一场精神原则和肉体原则之间的不幸的斗争。但是,一个不能克服自身相互斗争的因素的人,又怎能抗御生活的猛烈冲击,怎能安静地从事活动呢?然而,只有从安静中才能产生出伟大壮丽的事业,安静是唯一能生长出成熟果实的土壤。

尽管我们由于体质不适合我们的职业,不能持久地工作,而且很少能够愉快地工作,但是,为了恪尽职守[2]而牺牲自己幸福的思想激励着我们不顾体弱去努力工作。如果我们选择了力不胜任的职业,那么我们绝不能把它做好,我们很快就会自愧无能,就会感到自己是无用的人,是不能完成自己使命的社会成员。由此产生的最自然的结果就是自卑。还有比这更痛苦的感情吗?还有比这更难于靠外界的各种赐予来补偿的感情吗?自卑是一条毒蛇,它无尽无休地搅扰、啃啮[3]我们的胸膛,吮吸我们心中滋润生命的血液,注入厌世和绝望的毒液。

如果我们错误地估计了自己的能力,以为能够胜任经过较为仔细的考虑而选定的职业,那么这种错误将使我们受到惩罚。即使不受到外界指责,我们也会感到比外界指责更为可怕的痛苦。

如果我们把这一切都考虑过了,如果我们的生活条件容许我们选择任何一种职业,那么我们就可以选择一种使我们获得最高尊严的职业,一种建立在我们深信其正确的思想上的职业,一种能给我们提供最广阔的场所来为人类工作,并使我们自己不断接近共同目标即臻于完美境界的职业,而对于这个共同目标来说,任何职业只不过是一种手段。

尊严是最能使人高尚、使他的活动和他的一切努力具有更加崇高品质的东西,是使他无可非议、受到众人钦佩并高出于众人之上的东西。

但是,能给人以尊严的只有这样的职业,在从事这种职业时我们不是作为奴隶般的工具,而是在自己的领域内独立地进行创造;这种职业不需要有不体面的行动(哪怕只是表面上不体面的行动),甚至最优秀的人物也会怀着崇高的自豪感去从事它。最合乎这些要求的职业,并不总是最高贵的职业,但往往是最可取的职业。

但是,正如有失尊严的职业会贬低我们一样,那种建立在我们后来认为是错误的思想上的职业也一定会成为我们的深重负担。

这里,我们除了自我欺骗,别无解救办法,而让人自我欺骗的解救办法是多么令人失望啊!

那些主要不是干预生活本身,而是从事抽象真理的研究的职业,对于还没有确立坚定的原则和牢固的、不可动摇的信念的青年是最危险的,当然,如果这些职业在我们心里深深地扎下了根,如果我们能够为它们的主导思想而牺牲生命、竭尽全力,这些职业看来还是最高尚的。

这些职业能够使具有合适才干的人幸福，但是也会使那些不经考虑、凭一时冲动而贸然从事的人毁灭。

相反，重视作为我们职业的基础的思想，会使我们在社会上占有较高的地位，提高我们自己的尊严，使我们的行为不可动摇。

一个选择了自己所珍视的职业的人，一想到他可能不称职时就会战战兢兢——这种人单是因为他在社会上所处的地位是高尚的，他也就会使自己的行为保持高尚。

在选择职业时，我们应该遵循的主要指针是人类的幸福和我们自身的完美。不应认为，这两种利益会彼此敌对、互相冲突，一种利益必定消灭另一种利益；相反，人的本性是这样的：人只有为同时代人的完美、为他们的幸福而工作，自己才能达到完美。如果一个人只为自己劳动，他也许能够成为著名的学者、伟大的哲人、卓越的诗人，然而他永远不能成为完美的、真正伟大的人物。

历史把那些为共同目标工作因而自己变得高尚的人称为最伟大的人物；经验赞美那些为大多数人带来幸福的人是最幸福的人；宗教本身也教诲我们，人人敬仰的典范，就曾为人类而牺牲自己——有谁敢否定这类教诲呢？

如果我们选择了最能为人类而工作的职业，那么，重担就不能把我们压倒，因为这是为大家作出的牺牲；那时我们所享受的就不是可怜的、有限的、自私的乐趣，我们的幸福将属于千百万人。我们的事业将悄然无声地存在下去，但是它会永远发挥作用，而面对我们的骨灰，高尚的人们将洒下热泪。

[注释]

[1]   选自《马克思恩格斯全集》第一卷（人民出版社 1995 年版）。

[2]   恪(kè)尽职守：谨慎认真地做好本职工作。

[3]   啮啮(niè)：用牙齿咬。比喻折磨。

[思考练习]

一、职业选择的正确与否，直接关系到人生事业的成功与失败。阅读全文，想一想，马克思认为影响职业选择的因素有哪些？青年应该选择一种什么样的职业？文章最后一段所阐述的，是马克思用自己的一生在实践的主题，有感情地朗读并背诵这一段。

二、本文结构严谨，过渡自然。以第 17 段为例，分析这一写作特色。

三、文章的语言准确、严密，表现出作者思维的缜密性。说说下列句子是如何体现这一特点的。

1. 认真地权衡这种选择，无疑是开始走上生活道路而又不愿在最重要的事情上听天由命的青年的首要责任。

2. 虚荣心容易使人产生热情或者一种我们觉得是热情的东西……

3. 如果我们经过冷静的研究，认清了所选择的职业的全部分量，了解它的困难以后，仍然对它充满热情，仍然爱它，觉得自己适合于它，那时我们就可以选择它，那时我们既不会受热情的欺骗，也不会仓促从事。

4．安静是唯一能生长出成熟果实的土壤。

四、作者在文章中说："历史把那些为共同目标工作因而自己变得高尚的人称为最伟大的人物；经验赞美那些为大多数人带来幸福的人是最幸福的人。"你能举出一两个这样的人物吗？谈谈你从他们的故事中得到哪些启迪。

4.

获得教养的途径[1]

赫尔曼·黑塞

[阅读提示]

这是瑞士作家赫尔曼·黑塞有关读书的一篇随笔。

文章认为读书是获得教养的主要途径，赞美了读书的作用，劝说人们用心研读经典作品，在书籍中发现世界，认识社会，完善自我修养。

文章紧扣"获得教养的途径——读书"这一主题，多角度论证了"经典的力量"、"求学之道"和"从质疑到创新"三个话题。重点探讨了为什么要阅读经典作品，读书学习的作用和从师而学的基本原则，以及独立思考的重要性和思考的方法，研讨质疑和创新的关系。这三者的关系，可以简单概括为"读"—"学"—"思"。

在论述时，作者先指出教养是对精神和心灵完善的追求，接着论述阅读的作用，认为阅读经典作品是获得教养最重要的途径。同时强调了阅读的态度。指出阅读杰作，特别是读那些有久远影响、有世界声誉的杰作，要有崇敬之心、庄重之感。最后，以个人的阅读体验为例，教育我们要学会读书，懂得运用自己的经验深入阅读，融会贯通，才能发现经典作品的独特魅力。

一

真正的教养不追求任何具体的目的，一如所有为了自我完善而作出的努力，本身便有意义。对"教养"（即精神和心灵的完善）的追求，并非朝向某些狭隘目标的艰难跋涉，而是自我意识的增强和扩展，它使我们的生活更加丰富多彩，享受更多更大的幸福。因此，真正的修养一如真正的体育，既是完成又是激励，随处都可到达终点却从不停歇，永远都在半道上，都在与宇宙共振，生存于永恒之中。它的目的不在于提高这种或那种能力和本领，而在于帮助我们找到生活的意义，正确认识过去，以大无畏的精神迎接未来。

为获得真正的教养可以走不同的道路。最重要的途径之一，就是研读世界文学，就是逐渐熟悉和掌握各国作家与思想家的作品，以及他们在作品中留给我们的思想、经验、象征、幻象和理想的巨大财富。这条路永无止境，任何人也不可能在什么时候将它走到头；任何人也不可能在什么时候将哪怕仅仅只是一个文化发达的民族的全部文学通通读完并有所了解，更不用说整个人类的文学了。然而，对思想家或作家的每一部杰作的深入理解，都会使你感到满足和幸福——不是因为获得了僵死的知识，而是有了鲜活的意识和理解。对于我们来说，问题不在于尽可能地多读和多知道，而在于自由地选择我们个人闲暇时能完全沉溺其中的杰作，领略人类所思、所求的广阔和丰盈，从而在自己与整个人类之间，建立起息息相通的生动联系，使自己的心脏随着人类心脏的跳动而跳动。这，归根到底是一切生活的意义，如果活着不仅仅为着满足那些赤裸裸的需要的话。读书绝不是要使我们"散心消遣"，倒是要使我们集中心智；不是要用虚假的慰藉来麻痹我们，使我们对无意义的人生视而不见，而是正好相反，要帮助我们将自己的人生变得越来越充实、高尚，越来越有意义。

世界文学的辉煌殿堂对每一位有志者都敞开着，谁也不必对它收藏之丰富望洋兴叹，因为问题不在于数量。有的人一生中只读过十来本书，却仍然不失为真正的读书人。还有人见书便生吞下去，对什么都能说上几句，然而一切努力全都白费。因为教养得有一个可教养的客体作前提，那就是个性或人格。没有这个前提，教养在一定意义上便落了空，纵然能积累某些知识，却不会产生爱和生命。没有爱的阅读，没有敬重的知识，没有心的教养，是戕害[2]心灵的最严重的罪过之一。

当今之世，对书籍已经有些轻视了。为数甚多的年轻人，似乎觉得舍弃愉快的生活而埋头读书，既可笑又不值得；他们认为人生太短促、太宝贵，却又挤得出时间一星期去泡六次咖啡馆，在舞池中消磨许多时光。是啊，"现实世界"的大学、工场、交易所和游乐地尽管那么生气蓬勃，可整天待在这些地方，难道就比我们一天留一两个小时去读古代哲人和诗人的作品，更能接近真正的生活吗？不错，读得太多可能有害，书籍可能成为生活的竞争对手。但是尽管如此，我仍然不反对任何人倾心于书。让我们每个人都从自己能够理解和喜爱的作品开始阅读吧！

但单靠报纸和偶然得到的流行文学，是学不会真正意义上的阅读的，而必须读杰作。杰作常常不像时髦读物那么适口，那么富于刺激性。杰作需要我们认真对待，需要我们在读的时候花力气、下功夫。

我们先得向杰作表明自己的价值，才会发现杰作的真正价值。

二

每一年，我们都看见成千上万的儿童走进学校，开始学写字母，拼读音节。我们总发现多数儿童很快就把阅读当成自然而无足轻重的事，只有少数儿童才年复一年，十年又十年地对学校给予自己的这把金钥匙感到惊讶和痴迷，并不断加以使用。他们为新学会的字母而骄傲，继而又克服困难，读懂一句诗或一句格言，又读懂第一则故事，第一篇童话。当多数缺少天赋的人将自己的阅读能力很快就只用来读报上的新闻或商业版时，少数人仍然迷恋于字母和文字的特殊魅力（因为它们古时候都曾经是富有魔力的符箓[3]和咒语）。这少数人就将成为读书家。他们儿时便在课本里发现了诗和故事，但在学会阅读技巧之后并不背弃它们，而是继续深入书的世界，一步一步地去发现这个世界是何等广大恢宏，何等气象万千和令人幸福神往！最初，他们把这个世界当成一所小小的美丽幼儿园，园内有种着郁金香的花坛和金鱼池；后来，幼儿园变成了城里的大公园，变成了城市和国家，变成了一个洲乃至全世界，变成了天上的乐园和地上的象牙海岸，永远以新的魅力吸引着他们，永远放射着异彩。昨天的花园、公园或原始密林，今天或明天将变为一座庙堂,一座有着无数殿宇和院落的庙堂;一切民族和时代的精神都聚集其中,都等待着新的召唤和复苏。对于每一位真正的阅读者来说,这无尽的书籍世界都会是不同的样子,每一个人还将在其中寻觅并且体验到他自己。这个从童话和印第安人故事出发,继续摸索着走向莎士比亚和但丁[4];那个从课本里第一篇描写星空的短文开始,走向开普勒或者爱因斯坦……通过原始密林的路有成千上万条,要达到的目的也有成千上万个,可没有一个是最后的终点,在眼前的终点后面,又将展现出一片片新的广阔的原野……

三

这儿还根本未考虑世上的书籍在不断地增多!不,每一个真正的读书家都能将现有的宝藏再研究苦读几十年或几百年,并为之欣悦不已,即使世界上不再增加任何一本书。我们每学会一种新的语言,都会增长新的体验——而世界上的语言何其多啊! ……可就算一个读者不再学任何新的语言,甚至不再去接触他以前不知道的作品,他仍然可以将他的阅读无休止地进行下去,使之更精、更深。每一位思想家的每一部著作,每一位诗人的每一个诗篇,过一些年都会对读者呈现出新的、变化了的面貌,都将得到新的理解,在他心中唤起新的共鸣。我年轻时初次读歌德的《亲和力》[5],只是似懂非懂,现在我大约第五次重读它了,它完全成了另一本书!这类经验的神秘和伟大之处在于:我们越是懂得精细、深入和举一反三地阅读,就越能看出每一部作品和每一个思想的独特性、个性和局限性,看出它全部的美和魅力正是基于这种独特性和个性——与此同时,我们却相信自己越来越清楚地看到,世界各民族的成千上万种声音都追求同一个目标,都以不同的名称呼唤着同一些神灵,怀着同一些梦想,忍受着同样的痛苦。在数千年来不计其数的语言和书籍交织成的斑斓锦缎中,在一些突然彻悟的瞬间,真正的读者会看见一个极其崇高的超现实的幻象,看见那由千百种矛盾的表情神奇地统一起来的人类的容颜。

[注释]

[1] 节选自《黑塞说书》,杨武能译,《读书》1990 年第 4 期、1991 年第 3 期。标题为编者所加。有改动。赫尔曼·黑塞(1877—1962),生于德国,后入瑞士籍,获 1946 年诺贝尔文学奖。作品有《彼得·卡门青》、《荒原狼》等。

[2] 戕(qiāng)害:伤害。

[3] 符箓(lù):道士所画的一种图形或线条,声称能驱使鬼神,给人带来祸福。迷信的人认为它有很大的魔力。

[4] 但丁(1265—1321):意大利诗人。

[5] 《亲和力》:歌德创作的一部小说。

[思考练习]

一、第一部分第一段中,作者认为真正的修养"目的不在于提高这种或那种能力和本领",对此,你是如何理解的?

二、作者认为阅读不在于数量,说"有的人一生中只读过十来本书,却仍然不失为真正的读书人",作者倡导的是一种什么样的读书观? 为什么通过读书获得教养要和"个性"、"人格"联系在一起?

三、第二部分中提到"每一位思想家的每一部著作，每一位诗人的每一个诗篇，过一些年都会对读者呈现出新的、变化了的面貌，都将得到新的理解，在他心中唤起新的共鸣"，你有过这样的体验吗？这些体验说明了什么？

四、下列有关"杰作"的论述，表明了黑塞的阅读主张。请围绕"获得教养的途径"这一话题，说说它们的含义。

1. 对思想家或作家的每一部杰作的深入理解，却都会使你感到满足和幸福——不是因为获得了僵死的知识，而是有了鲜活的意识和理解。

2. 杰作常常不像时髦读物那么适口，那么富于刺激性。杰作需要我们认真对待，需要我们在读的时候花力气、下功夫……

3. 我们先得向杰作表明自己的价值，才会发现杰作的真正价值。

5.

我 的 梦 想[1]

史铁生

[阅读提示]

这是史铁生在1988年奥运会之后写的一篇散文。

课文围绕"梦想"这一线索展开，首先点明自己是一个全能体育迷，最喜爱田径运动，崇拜刘易斯，梦想拥有刘易斯那样健美的躯体。当刘易斯被约翰逊打败，自己改变了对"最幸福"的理解，梦想有了新的内涵，希望既有一个健美的躯体又有一个了悟人生意义的灵魂。最后作者的梦想得到了升华，希望给予灵魂残疾的人更多的同情与爱心。

课文语言情真意切，含蓄凝练，朴素自然，感人至深。阅读时要注意揣摩叙事、抒情、说理互相交融的写作方法。

也许是因为人缺了什么就更喜欢什么吧，我的两条腿一动不能动，却是个体育迷。我不光喜欢看足球、篮球以及各种球类比赛，也喜欢看田径、游泳、拳击、滑冰、滑雪、自行车和汽车比赛，总之我是个全能体育迷。当然都是从电视里看，体育馆场门前都有很高的台阶，我上不去。如果这一天电视里有精彩的体育节目，好了，我早晨一睁眼就觉得像过节一般，一天当中无论干什么心里都想着它，一分一秒都过得愉快。有时我也怕很多重大比赛集中在一天或几天（譬如刚刚闭幕的奥运会），那样我会把其他要紧的事都耽误掉。

其实我是第二喜欢足球，第三喜欢文学，第一喜欢田径。我能说出所有田径项目的世界纪录是多少，是由谁保持的，保持的时间长还是短。譬如说男子跳远纪录是由比蒙保持的，20年了还没有人能破，不过这事不大公平，比蒙是在地处高原的墨西哥城跳出这八米九〇的，而刘易斯在平原跳出的八米七二事实上比前者还要伟大，但却不能算世界纪录。这些纪录是我顺便记住的，田径运动的魅力不在于纪录，人反正是干不过上帝；但人的力量、意志和优美却能从那奔跑与跳跃中得以充分展现，这才是它的魅力所在，它比任何舞蹈都好看，任何舞蹈跟它比起来都显得矫揉造作[2]甚至故弄玄虚[3]。也许是我见过的舞蹈太少了。而你看刘易斯或者摩西跑起来，你会觉得他们是从人的原始中跑来，跑向无休止的人的未来，全身如风似水般滚动的肌肤就是最自然的舞蹈和最自由的歌。

我最喜欢并且羡慕的人就是刘易斯。他身高一米八八，肩宽腿长，像一头黑色的猎豹，随便一跑就是十秒以内，随便一跳就在八米开外，而且在最重要的比赛中他的动作也是那么舒展、轻捷、富于韵律[4]，绝不像流行歌星们的唱歌，唱到最后总让人怀疑这到底是要干什么。不怕读者诸君笑话，我常暗自祈祷上苍，假若人真能有来世，我不要求别的，只要求有刘易斯那样一副身体就好。我还设想，那时的人又会普遍比现在高了，因此我至少要有一米九以上的身材；那时的百米速度也会普遍比现在快，所以我不能只跑九秒九几。作小说的人多是白日梦患者。好在这白日梦并不令我沮丧，我是因为现实的这个史铁生太令人沮丧，才想出这法子来给他宽慰与向往。我对刘易斯的喜爱和崇拜与日俱增。相信他是世界上最幸福的人。我想若是有什么办法能使我变成他，我肯定不惜一切代价；如果我来世能有那样一个健美的躯体，今生这一身残病的折磨也就得了足够的报偿。

奥运会上，约翰逊战胜刘易斯的那个中午我难过极了，心里别别扭扭别别扭扭的一直到晚上，夜里也没睡好觉。眼前老翻腾着中午的场面：所有的人都在向约翰逊欢呼，所有的旗帜与鲜花都向约翰逊挥舞，浪潮般的记者们簇拥着约翰逊走出比赛场，而刘易斯被冷落在一旁。刘易斯当时那茫然若失[5]的目光就像个可怜的孩子，让我一阵阵的心疼。一连几天我都闷闷不乐，总想着刘易斯此刻会怎样痛苦；不愿意再看电视里重播那个中午的比赛，不愿意听别人谈论这件事，甚至替刘易斯嫉妒着约翰逊，在心里找很多理由向自己说明还是刘易斯最棒；自然这全无济于事[6]，我竟似比刘易斯还败得惨，还迷失得深重。这岂不是怪事么？在外人看来这岂不是精神病么？我慢慢去想其中的原因。是因为一个美的偶像被打破了么？如果仅仅是这样，我完全可以惋惜一阵再去竖立起约翰逊嘛，约翰逊的雄姿并不比刘易斯逊色。是因为我这人太恋旧，骨子里太保守吗？可是我非常明白，后来者居上是最应该庆祝的事。或者是刘易斯没跑好让我遗憾？可是九秒九二是他最好的成绩。到底为什么呢？最后我知道了。我看见了所谓"最幸福的人"的不幸，刘易斯那茫然的目光使我的"最幸福"的定义动摇了继而粉碎了。上帝从来不对任何人施舍"最幸福"这三个字，他在所有人的欲望前面设下永恒的距离，公平地给每一个人以局限。如果不能在超越自我局限的无尽路途上去理解幸福，那么史铁生的不能跑与刘易斯的不能跑得更快就完全等同，都是沮丧与痛苦的根源。假若刘易斯不能懂得这些事，我相信，在前述那个中午，他一定是世界上最不幸的人。

在百米决赛后的第二天，刘易斯在跳远决赛中跳出了八米七二，他是个好样的。看来他懂，他知道奥林匹斯山上的神火为何而燃烧，那不是为了一个人把另一个人战败，而是为了有机会向诸神炫耀人类的不屈，命定的局限尽可永在，不屈的挑战却不可须臾或缺[7]。我不敢说刘易斯就是这样，但我希望刘易斯是这样，我一往情深地喜爱并崇拜这样一个刘易斯。

这样，我的白日梦就需要重新设计一番了。至少我不再愿意用我领悟到的这一切，仅仅去换一个健美的躯体，去换一米九以上的身高和九秒七九乃至九秒六九的速度，原因很简单，我不想在来世的某一个中午成为最不幸的人；即使人可以跑出九秒五九，也仍然意味着局限。我希望既有一个健美的躯体又有一个了悟了人生意义的灵魂，我希望二者兼得。但是,前者可以祈望上帝的恩赐[8],后者却必须在千难万苦中靠自己去获取——我的白日梦到底该怎样设计呢? 千万不要说,倘若二者不可兼得你要哪一个? 不要这样说,因为人活着必要有一个最美的梦想。

后来知道,约翰逊跑出了九秒七九是因为服用了兴奋剂。对此我们该说什么呢? 我在报纸上见了这样一个消息,他的牙买加故乡的人们说:"约翰逊什么时候愿意回来,我们都会欢迎他,不管他做错了什么事,他都是牙买加的儿子。"这几句话让我感动至深。难道我们不该对灵魂有了残疾的人,比对肢体有了残疾的人,给予更多的同情和爱吗?

[注释]

[1] 选自《答自己问》(天津人民出版社 1996 年版)。史铁生(1951—2010),北京人,中国当代著名作家、思想家。他用残缺的身体,说出了最为健全而丰满的思想。史铁生是当代中国最令人敬佩的作家之一。著有长篇小说《务虚笔记》,短篇小说《命若琴弦》,散文《我与地坛》等。《我的遥远的清平湾》《奶奶的星星》分别获 1983 年、1984 年全国优秀短篇小说奖,《老屋小记》获首届鲁迅文学奖。
[2] 矫揉造作:形容过分做作,极不自然。
[3] 故弄玄虚:故意玩弄使人迷惑的花招。
[4] 韵律:原指诗词的平仄格式和押韵的规则,这里指动作的和谐和优美。
[5] 茫然若失:神情迷茫,好像丢失了什么。
[6] 无济于事:对事情没有什么帮助。
[7] 或缺:稍微缺乏。或,稍微。
[8] 恩赐:原指帝王给予赏赐,现泛指因怜悯而施舍(多含贬义)。

[思考练习]

一、文章以什么为线索? 根据你的理解,你认为作者所说的"梦想"是什么?

二、你怎样理解作者在文中所说的"我看见了所谓'最幸福的人'的不幸"?

三、文章在结尾处说"难道我们不该对灵魂有了残疾的人,比对肢体有了残疾的人,给予更多的同情和爱吗?"你对这句话是怎样理解的?

四、根据你的知识积累,讲讲你所知道的身残志不残的名人故事,并谈出自己的感受。

写作训练（四）

提炼记叙文的中心

写作范围

按照提炼中心、合理选材剪材的要求写一篇记叙文。

写作指导

写记叙文首先要有适当的材料。搜集到材料以后,要对材料进行反复的提炼。中心从模糊到明确,从分散到集中,从肤浅到深刻,它的提炼是一个很复杂的过程,有时几乎贯穿于写作和修改的全过程。

提炼中心的过程也就是立意的过程。立意从材料中来。文章的中心是蕴含在全部材料之中的,作者要善于捕捉、提炼、升华,并把它准确地概括出来。中心思想的形成,可以是在占有大量材料之后,从对材料的分析研究中构建起来的,也可以根据以往的生活经验和知识积累,先提出一个关于中心思想的设想,然后在深入调查研究的过程中,充实、深化或者修改这个设想。

立意贵深。中心的开掘不能停留在对材料的表面认识上,必须透过事物的表象,认识、把握事物的本质,这样写出来的文章才有深度。比如,每一个拥有视力的人都能看到一个丰富而美妙的世界:这里有千姿百态的黎明,也有辉煌壮观的落日;有浓缩了人类艰难曲折之路的历史回顾,也有历史长河中各种艺术表现形式的展示;有对现实世界的描写,也有对亲人师友的描摹……但是,《给我三天视力》的作者是一位盲、聋、哑人,她只能凭触觉来认识身边的世界,她凭借着广博的知识和丰富的想象,描绘了假定获得三天视力后的所见所闻所感,这就表现出了她坚强乐观、积极进取的生活态度,求知的渴望和真挚的爱心。让我们通过这些天天看到却熟视无睹的事物,看到了世界的真善美。她教会我们该如何热爱生活,珍惜时间,勇敢地面对和战胜困难。这样写,文章的立意就深了。

立意贵新。"新"就是有创新意识,不人云亦云,即使是人们已经说过的内容,也要写出新意。人们对客观世界的认识和理解是不断深入的,生活本身也是复杂多变的;写作时要善于发现材料所体现的个性特征,找出材料所蕴含的闪光点,翻出新意。比如《我的梦想》的作者史铁生围绕"梦想"这一线索,首先点明自己是一个全能体育迷,最喜爱田径运动,崇拜刘易斯,梦想拥有刘易斯那样健美的躯体。当刘易斯被约翰逊打败,自己改变了对"最幸福"的理解,梦想有了新的内涵,希望既有一个健美的躯体又有一个了悟人生意义的灵魂。最后作者的梦想得到了升华,希望给予灵魂残疾的人更多的同情与爱心。这样,文章的新意就写出来了。

记人的文章提炼中心时,要善于捕捉人物精神面貌、言行举止的典型表现和所体现出来的个性特征,着力发掘人物内心深处的思想感情。叙事的文章提炼中心,要着力于对事件意义的探求,在事物所体现出的多方面的意义中,寻找最富典型意义的内涵。写景状物的文章提炼中心,要把握景物的特征,写出作者自己的独特感受,使客观景物与主观情思互相交融。

参考题目

1. 秋夜静悄悄
2. 一次真正的考试
3. 成长的脚印
4. 多梦时节

例文

月 湖 晨 遇

我家不远有一个公园,公园中心有一汪小湖,大约因为是半圆形的吧,人们都把它称为月湖。月湖是一个幽雅、清静的所在,然而在白天,这里的静谧总被如织的游人所打破;

只有清晨,她才以美的旋律静静展现在初升的霞光里。每逢这时,老年人便三五成群地来到湖边的垂柳下,心闲意静地打太极拳,准备高考的学生们则一个个分散在湖边的长椅、石凳上,全神贯注地读英语、背古文。有节奏的读书声和老年人的击拳动作配合在一起,像音乐伴随舞蹈一样,协调有致,相得益彰。

然而今晨,湖边晨读的学生明显地减少了。我若有所失地看了一会儿老年人打拳,看看天色尚早,便沿着湖边漫步。忽然,柳树后面出现了一个熟悉的面影:胖胖的、一笑俩酒窝的脸,扎蝴蝶结的短辫。我虽叫不出她的名字,却知道她是月湖的常客,在晨读的学生中,她是来得最早的一个。于是,我问道:"姑娘,怎么今天就你一个人来了?""因为,高考昨天就结束了。"姑娘有礼貌地望了我一眼,淡淡地回答。噢,原来如此!"你不是也参加高考了么?"我又问。"是的。可我考得很糟,希望不大。"姑娘的回答还是那么平静。"那么,你是从今天开始,就为明年再考做准备喽?""不是的,我准备就业了,街道小工厂正缺人呢。""那你还准备功课干什么?"

姑娘合起书本,收敛了笑容,望着染满朝霞的湖水,意味深长地说:"未来的世界是知识的世界——这是老师说的——没有知识,怕连当一个普通的工人、农民都不合格哩。你说对不?"

想想刚才自己的问话,一种钦佩和自惭从心底升起。我真诚地向姑娘点着头:"你说得对,对极了!"

太阳在朝霞中渐渐升高了,碧绿的湖水在阳光下泛着涟漪,一层一层涌向姑娘脚边。姑娘的读书声又在湖面上回旋起来,那么乐观,那么自信……

课外练笔参考题

1. "网"事悠悠
2. 节日纪事

知识拓展(六)

学 会 感 恩

人的一生中,小而言之,从小时候起,就领受了父母的养育之恩,等到上学,有老师的教育之恩,工作以后,又有领导、同事的关怀、帮助之恩,年纪大了之后,又免不了要接受晚辈的赡养、照顾之恩;大而言之,作为单个的社会成员,我们生活在一个多层次的社会大环境之中,都首先从这个大环境里获得了一定的生存条件和发展机会,也就是说,社会这个大环境是有恩于我们每个人的。感恩,说明一个人对自己与他人和社会的关系有着正确的认识;报恩,则是在这种正确认识之下产生的一种责任感。没有社会成员的感恩和报恩,很难想象一个社会能够正常发展下去。在感恩的空气中,人们对许多事情都可以平心静气;在感恩的空气中,人们可以认真、务实地从最细小的一件事做起;在感恩的空气中,人们自发地真正做到严于律己、宽以待人;在感恩的空气中,人们正视错误,互相帮助;在感恩的空气中,人们将不会感到自己的孤独……

人生道路,曲折坎坷,不知有多少艰难险阻,甚至遭遇挫折和失败。在危困时刻,有人向你伸出温暖的双手,解除生活的困顿;有人为你指点迷津,让你明确前进的方向;甚至有人用肩膀、身躯把你擎起来,让你攀上人生的高峰……你最终战胜了苦难,扬帆远航,驶向光明幸福的彼岸。那么,你能不心存感激吗? 你能不思回报吗? 感恩的关键在于回报意识。回报,就是对哺育、培养、教导、指引、帮助、支持乃至救护自己的人心存感激,并通过自己十倍、百倍的付出,用实际行动予以报答。

"感恩"是个泊来词,"感恩"二字,牛津字典给出的定义是:"乐于把得到好处的感激呈现出来且回馈他人。""感恩"是因为我们生活在这个世界上,一切的一切包括一草一木都对我们有恩情!

"感恩"是一种认同。这种认同应该是从我们的心灵里发出的。我们生活在大自然里,大自然给予我们的恩赐太多。没有大自然谁也活不下去,这是最简单的道理。对太阳"感恩",那是对温暖的领悟;对蓝天"感恩",那是对蓝得一无所有的纯净的认可;对草原"感恩",那是对"野火烧不尽,春风吹又生"的叹服;对大海"感恩",那是对兼收并蓄的一种倾听。

"感恩"是一种回报。我们从母亲的子宫里走出,而后母亲用乳汁将我们哺育,而更伟大的是母亲从不希望自己能得到什么,就像太阳每天都会把她的温暖给予我们,却从不要求回报。但是我们必须明白"感恩"。

"感恩"是一种钦佩。这种钦佩应该是从我们血管里喷涌出的。

"感恩"之心,就是对世间所有人所有事物给予自己的帮助表示感激,铭记在心;"感恩"之心,就是我们每个人生活中不可或缺的阳光雨露,一刻也不能少。无论你是何等的尊贵,或是怎样的卑微;无论你生活在何地,或是你有着怎样特别的生活经历,只要你胸中常常怀着一颗感恩的心,随之而来的,就必然会不断地涌动着诸如温暖、自信、坚定、善良等等这些美好的处世品格。自然而然地,你的生活中便有了一处处动人的风景。

"感恩"是一种对恩惠心存感激的表示,是每一位不忘他人恩情的人萦绕心间的情感。学会感恩,是为了擦亮蒙尘的心灵而不致麻木;学会感恩,是为了将无以为报的点滴付出永铭于心。譬如感恩于为我们的成长付出毕生心血的父母双亲。

"感恩"是一种处世哲学,是生活中的大智慧。感恩可以消解内心所的积怨,可以涤荡世间一切尘埃。人生在世,不可能一帆风顺,种种失败、无奈都需要我们勇敢地面对、豁达地处理。

"感恩"是一种生活态度,是一种品德,是一片肺腑之言。如果人与人之间缺乏感恩之心,必然会导致人际关系的冷淡,所以,每个人都应该学会"感恩",这对于现在的孩子来说尤其重要。因为,现在的孩子都是家庭的中心,他们只知有自己,不知爱别人。所以,要让他们学会"感恩",其实就是让他们学会懂得尊重,对他人的帮助时时怀有感激之心。感恩教育让孩子知道每个人都在享受着别人通过付出给自己带来的快乐生活。当孩子们感谢他人的善行时,第一反应常常是今后自己也应该这样做,这就给孩子一种行为上的暗示,让他们从小知道爱别人、帮助别人。

"感恩"是一个人与生俱来的本性,是一个人不可磨灭的良知,也是现代社会成功人士健康性格的表现。一个连感恩都不知晓的人,必定拥有一颗冷酷绝情的心。在人生的道路上，随时都会产生令人动容的感恩之事。且不说家庭中的，就是日常生活、工作、学习中所遇之事、所遇之人给予的点点滴滴的关心与帮助，也值得我们用心去记恩，铭记那无私的人性之美和不图回报的惠助之恩。感恩不仅仅是为了报恩，因为有些恩泽是我们无法回报的，有些恩情更不是等量回报就能一笔还清的，唯有用纯真的心灵去感动、去铭刻、去永记，才能真正对得起给你恩惠的人。

"感恩"是尊重的基础。在道德价值的坐标体系中，坐标的原点是"我"，我与他人，我与社会，我与自然，一切的关系都是由主体"我"而发射。尊重是以自尊为起点，尊重他人、社会、自然、知识，在自己与他人、社会相互尊重以及对自然和谐共处中追求生命的意义，展现、发展自己的独立人格。感恩是一切良好非智力因素的精神底色，感恩是学会做人的支点；感恩让世界这样多彩，感恩让我们如此美丽！

"感恩"之心是一种美好的感情，没有一颗感恩的心，孩子永远不能真正懂得孝敬父母，理解帮助他的人，更不会主动地帮助别人。让孩子知道感谢爱自己、帮助自己的人，是德育教育中一项重要的内容。

（来自新华网甘肃频道，内容略有改动）

第八单元

和谐自然

　　大自然的鬼斧神工，给了我们那么多天地间的尤物，想想就让我们心醉，我们居住的这个美丽的星球，真是上帝创造的一个奇迹。澄澈空明、清丽自然的春江花月夜引起我们对宇宙永恒和人生有限的思索。天山的雪峰、溪流、森林、野花，还有野马、蘑菇、旱獭，以及那雪峰倒映的天鹅湖，飘香的果子沟，让我们心驰神往。而张若虚的《春江花月夜》和碧野的《天山景物记》绘声绘色，给我们一种身临其境的感觉。

　　我们人类也是大自然的杰作，它本也是生物中普通的一员，但只有它成了大自然的主宰，何也？我们读读于是之的《幼学纪事》，明白了人类为求得知识而付出的艰辛。贾大山的《莲池老人》中的无欲无求，人与大自然和谐相处的意境，令人神往；一个普普通通的萝卜，在汪曾祺的笔下却有声、有色、有形，洋溢着浓浓的生活气息，涓涓的文字溪流间流淌着作者的思乡情。

　　有一颗充满爱的心，爱蔚蓝的天空，爱丰饶的大地，爱我们人类共同的家园，这才是和谐。

1.

春江花月夜[1]

张若虚

[阅读提示]

　　被闻一多先生誉为"诗中的诗，顶峰上的顶峰"（《宫体诗的自赎》）的《春江花月夜》，一千多年来使无数读者为之倾倒。《春江花月夜》沿用乐府旧题来抒写真挚感人的离别情绪和富有哲理意味的人生感慨，语言清新优美，韵律婉转悠扬，完全洗去了宫体诗的浓脂艳粉，给人以澄澈空明、清丽自然的感觉，王闿运《论唐诗诸家源流——答陈完夫问》云："张若虚《春江花月夜》用《西洲》格调，孤篇横绝，竟为大家。李贺、商隐，挹其鲜润；宋词、元诗，尽其支流"，足见其非同凡响的崇高地位和悠悠不尽之深远影响。该诗中的"春江潮水连海平，海上明月共潮生"、"江天一色无纤尘，皎皎空中孤月轮"、"此时相望不相闻，愿逐月华流照君"和"不知乘月几人归，落月摇情满江树"等皆是描摹细腻、情景交融的极佳之句。

　　全诗由情入景，最后以景结情。诗中以月、水为经纬，以春为质地，以花为图案，以夜为底色，织就了一幅光彩斑斓的春江月照图。月光是一条贯穿性的线索，有它将哲理性思索,将思妇、游子紧紧联系起来,形成了一个情、景、理有机统一的完整境界,继而转入了对永恒宇宙和有限人生的探索。

全诗随着韵脚的转换变化,平仄的交错运用,一唱三叹,前呼后应,既回环反复,又层出不穷,音乐节奏感强烈而优美。这种语音与韵味的变化,又是切合着诗情的起伏,可谓声情与文情丝丝入扣,婉转谐美。阅读时可留意赏析。

春江潮水连海平,海上明月共潮生。滟滟[2]随波千万里,何处春江无月明。江流宛转绕芳甸[3],月照花林皆似霰[4]。空里流霜[5]不觉飞,汀[6]上白沙看不见。江天一色无纤尘,皎皎空中孤月轮[7]。江畔何人初见月?江月何年初照人?人生代代无穷已[8],江月年年望相似。不知江月待何人,但见[9]长江送流水。白云一片去悠悠[10],青枫浦[11]上不胜愁。谁家今夜扁舟子[12]?何处相思明月楼[13]?可怜楼上月徘徊[14],应照离人妆镜台。玉户[15]帘中卷不去,捣衣砧[16]上拂还来。此时相望不相闻[17],愿逐[18]月华流照君。鸿雁长飞光不度,鱼龙潜跃水成文[19]。昨夜闲潭[20]梦落花,可怜春半不还家。江水流春去欲尽,江潭落月复西斜。斜月沉沉藏海雾,碣石潇湘无限路[21]。不知乘月几人归,落月摇情[22]满江树。

[注释]

[1] 张若虚(约660年—约720年),扬州(治所在今江苏扬州)人。曾任兖州兵曹。唐中宗神龙(706—707年)年间,与贺知章、贺朝、万齐融、邢巨、包融等俱以文词俊秀驰名于京都,与贺知章、张旭、包融并称为"吴中四士"。诗作大部散佚,《全唐诗》仅存2首,其一为《春江花月夜》,乃千古绝唱,是一篇脍炙人口的名作,有"孤篇压倒全唐"之誉。

[2] 滟(yàn)滟:波光闪动的光彩。

[3] 芳甸(diàn):遍生花草的原野。

[4] 霰(xiàn):雪珠,小冰粒。

[5] 流霜:飞霜,古人以为霜和雪一样,是从空中落下来的,所以叫流霜。这里比喻月光皎洁,月色朦胧、流荡,所以不觉得有霜霰飞扬。

[6] 汀(tīng):水中的空地。

[7] 月轮:指月亮,因月圆时像车轮,故称月轮。

[8] 穷已:穷尽。

[9] 但见:只见、仅见。

[10] 悠悠:渺茫、深远。

[11] 青枫浦:地名,今湖南浏阳县境内有青枫浦。这里泛指游子所在的地方。

[12] 扁舟子:飘荡江湖的客子。扁舟,孤舟,小船。

[13] 明月楼:月夜下的闺楼。这里指闺中思妇。

[14] 月徘徊:指月光移动。

[15] 玉户:形容楼阁华丽,以玉石镶嵌。

[16] 捣衣砧(zhēn):捣衣石、捶布石。

[17] 相闻:互通音信。

[18] 逐:跟从、跟随。

[19] 文:同"纹"。

[20] 闲潭:安静的水潭。

[21]　碣石,山名,在今河北省昌黎县北;潇湘,湘江与潇水。这里以碣石指北,以潇湘指南。无限路,极
　　　言离人相去之远。

[22]　摇情:激荡情思,犹言牵情。

[**思考练习**]

一、阅读全诗,然后填空。

1.《春江花月夜》以＿＿＿＿为景物描写的主体和抒写情思的依托。

2.《春江花月夜》中"＿＿＿＿,江月年年望相似"两句,展示了生命和宇宙的同一性。

3.在《春江花月夜》中"＿＿＿＿"是统摄全诗的灵魂。

4.《春江花月夜》中用景物起兴,转入描写人物心理的诗句是＿＿＿＿

二、分析下列句子的含义

1.人生代代无穷已,江月年年望相似。不知江月待何人,但见长江送流水。

2.可怜楼上月徘徊,应照离人妆镜台。玉户帘中卷不去,捣衣砧上拂还来。

三、有人说《春江花月夜》的情感基调是"哀而不伤",请谈谈你的认识。

四、在你学过的古诗中,哪些是写月的,你能写出一首来吗?

2.

天山景物记[1]

碧　野

[**阅读提示**]

　　绵亘数千里的天山,地域广袤,景物丰美。如何把天山繁茂多姿的景物有条不紊地展现在读者眼前,除了恰当选择最富特色的描写对象,还有一个合理安排写景顺序的问题。

　　《天山景物记》的作者十分讲究写景的顺序。全文从总体上说以游踪为序,从山的外围写到山的深处,从山的低处写到山的高处。每一部分或由内向外,或由远及近,或自上而下,或由昼至夜,写出了景物的变化。文中景物的出现极富层次,毫无堆砌罗列之感,就像一幅经纬交织、点面呼应、动静结合、色彩斑斓的立体长卷,徐徐展开,美不胜收。阅读时要理清作者的思路,揣摩作者是怎样安排写景顺序的。

　　本文语言绚丽多彩,作者精心运用了比喻、拟人等手法,十分形象地描摹了天山奇丽的景观和丰饶的物产,表达了热爱祖国山河、热爱新生活的情感。阅读时要细细体会。

　　朋友,你到过天山吗?天山是我们祖国西北边疆的一条大山脉,连绵几千里,横亘塔里木盆地和准噶尔盆地之间,把广阔的新疆分为南北两半。远望天山,美丽多姿,那长年积雪高插云霄的群峰,像集体起舞时的维吾尔族少女的珠冠,银光闪闪;那富于色彩的连绵不断的山峦,像孔雀开屏,艳丽迷人。

　　如果你愿意,我陪你进天山去看一看。

雪峰·溪流·森林·野花

七月间新疆的戈壁滩炎暑逼人，这时最理想的是骑马上天山。新疆北部的伊犁和南部的焉耆[2]都出产良马，不论伊犁的哈萨克马或者焉耆的蒙古马，骑上它爬山就像走平川，又快又稳。

进入天山，戈壁滩上的炎暑就远远地被撇在后边，迎面送来的雪山寒气，立刻会使你感到像秋天似的凉爽。蓝天衬着矗立的巨大的雪峰，在太阳下，几块白云在雪峰间投下云影，就像白缎上绣上了几朵银灰的暗花。那融化的雪水从峭壁断崖上飞泻下来，像千百条闪耀的银链。这飞泻下来的雪水，在山脚汇成冲激的溪流，浪花往上抛，形成千万朵盛开的白莲。可是每到水势缓慢的洄水涡，却有鱼儿在跳跃。当这个时候，饮马溪边，你坐在马鞍上就可以俯视那阳光透射到的清澈的水底，欣赏那五彩斑斓的水石间，鱼群闪闪的鳞光映着雪水清流，这给寂静的天山添上了无限生机。

再往里走，天山越来越显得优美，在那白皑皑群峰的雪线[3]以下，是蜿蜒无尽的翠绿的原始森林，密密的塔松像无数撑天的巨伞，重重叠叠的枝丫间，只漏下斑斑点点细碎的日影，骑马穿行林中，只听见马蹄溅起在岩石上漫流的水的声音，更增添了密林的幽静。在这林海深处，连鸟雀也少飞来，只偶然能听到远处的几声鸟鸣。当你下马坐在一块岩石上吸烟休息时，虽然林外是阳光灿烂，而在这遮去了天日的密林中却闪着烟头的红火光。从偶然发现的一棵两棵烧焦的枯树看来，这里也许来过辛勤的猎人，在午夜生火宿过营，烤过猎获的野味。这天山上有的是成群的野羊、草鹿、野牛和野骆驼。

如果说进到天山这里还像是秋天，那么再往里走就像是春天了。山色逐渐变得柔嫩，山形也逐渐变得柔和，很有一伸手就可以触摸到凝脂似的感觉。这里溪流缓慢，萦绕着每一个山脚，在轻轻荡漾着的溪流的两岸，满是高过马头的野花，红、黄、蓝、白、紫，五彩缤纷，像绵延的织锦[4]那么华丽，像天边的彩霞那么耀眼，像高空的长虹那么绚烂。这密密层层成丈高的野花，朵儿赛过八寸的玛瑙盘。马走在花海中，显得格外矫健；人浮在花海上，也显得格外精神。在马上你用不着离鞍，只要一伸手就可以捧到满怀的你最心爱的大鲜花。

虽然天山这时并不是春天，但是有哪一个春天的花园能比得过这时繁花无边的天山呢？

迷人的夏季牧场

就在雪的群峰的围绕中，一片奇丽的千里牧场展现在你的眼前。墨绿的原始森林和鲜艳的野花，给这辽阔的千里牧场镶上了双重富丽的花边。牧场上长着一色青翠的酥油草，清清的溪水齐着两岸的草丛在漫流。无边的草原是这样平展，就像风平浪静的海洋。在太阳下，那点点水泡似的蒙古包，闪烁着白光。

当你策马在这千里草原上尽情驰骋的时候，处处可见成千上百的羊群、马群和牛群。它们吃了含有乳汁的酥油草，膘肥体壮，毛色格外发亮，好像每一根毛尖都冒着油星。特别是那些被碧绿的草原衬托得十分清楚的黄牛、花牛、白羊、红羊，在太阳下就像绣在绿色缎面上的彩色图案一样美。

有的时候,风从牧群中间送过来银铃似的丁当声,那是哈萨克牧女们坠满衣角的银饰在风中击响。牧女们骑着骏马,健美的身姿映衬在蓝天、雪山和绿草之间,显得十分动人。她们欢笑着跟着嬉逐的马群驰骋,而每当停下来,就轻轻地挥动着牧鞭歌唱她们的爱情。

这雪峰、绿林、繁花围绕着的天山千里牧场,位置在海拔两千米以上。每当一片乌云飞来,云脚总是扫着草原,洒下阵雨。牧群在雨云中出没,加浓了云意,很难分辨出哪是云头哪是牧群。而当阵雨过后,雨洗后的草原更加清新碧绿,像块巨大的蓝宝石;那缀满草尖的水珠,却又像数不清的金刚钻。

特别诱人的是牧场的黄昏,落日映红周围的雪峰,像云霞那么灿烂。雪峰的红光映射到这辽阔的牧场上,形成一个金碧辉煌的世界,蒙古包、牧群和牧女们,都镀上了一色的玫瑰红。当落日沉没,周围雪峰的红光逐渐消退,银灰色的暮霭笼罩着草原的时候,你就会看见无数点的红火光,那是牧民们在烧起铜壶准备晚餐。

你用不着客气,任何一个蒙古包都是你的温暖的家,只要你朝着有火光的地方走去,不论走进哪一家蒙古包,好客的哈萨克牧民都会像对待亲兄弟似的热情地接待你。渴了你可以先喝一盆马奶,饿了有烤羊排,有酸奶疙瘩,有酥油饼,你可以一如哈萨克牧民那样豪情地狂饮大嚼。

当家家蒙古包的吊壶三脚架下的野牛粪只剩下一堆红火烬的时候,夜风就会送来冬不拉[5]的弦音和哈萨克牧女们婉转嘹亮的歌声。这是十家八家聚居在一处的牧民们齐集到一家比较大的蒙古包里,欢度一天最后的幸福时辰。

过后,整个草原沉浸在静夜中。如果这时你披上一件皮衣走出蒙古包,在月光下或者繁星下,你就可以朦胧地看见牧群在夜的草原上轻轻地游荡,夜的草原是这么宁静而安详,只有漫流的溪水声引起你对这大自然的遐思。

野马·蘑菇圈·旱獭·雪莲

夜牧中,草原在繁星的闪烁下或者在月光的披照中,该发生多少动人的情景,但人们却在安静的睡眠中疏忽过去了。只有当黎明来到这草原上,人们才会发现自己马群里的马在一夜间忽然变多了,而当人们怀着惊喜的心情走拢去,马匹立刻就分为两群,其中一群会立刻奔腾,离你远去,那长长的鬃鬣[6]在黎明淡青的天光下,就像许多飘曳的缎幅。这个时候,你才知道那是一群野马。它们由几匹最膘壮的公野马领群,机警善跑,游走无定,夜间混入牧群。它们对许多牧马都熟悉,相见时彼此用鼻子对闻,彼此用头亲热地磨擦,然后就合群在一起吃草、嬉逐。黎明,当牧民们走出蒙古包,就是它们分群的一刻。公野马总是掩护着母野马和野马驹远离人们。当野马群远离人们站定的时候,在日出的草原上,还可以看见屹立护群的公野马的长鬃鬣,那鬃鬣一直披垂到膝下,闪着美丽的光泽。

日出后的草原千里通明,这时最便于发现蘑菇。天山蘑菇又大又肥厚,鲜嫩无比。这个时候你只要立马瞭望,便可以发现一些特别翠绿的圆点子,那就是蘑菇圈。你朝着它策马前去,就很容易在这三四丈宽的一圈沁绿的酥油草丛里,发现像夏天夜空里的繁星似的蘑菇。眼看着这许许多多雪白的蘑菇隐藏在碧绿的草丛中,谁都会动心。一只手忙不过来,你自然会用双手去采;身上的口袋装不完,你自然会添上你的帽子甚至马靴去装。第一次采到这么多新鲜蘑菇,对一个远来的客人是一桩最快乐的事。你把鲜蘑菇在溪水里洗净，不要油，不要盐，光是白煮来吃就有一种特别鲜甜的滋味；如果你再加上一条野羊腿，那就又鲜甜又浓香。

天山上奇珍异品很多。我们知道水獭[7]是生活在水滨和水里的，而天山上却生长着旱獭。在牧场边缘的山脚下，你随处都可以看见一个个洞穴，这就是旱獭居住的地方。从九十月大雪封山，到第二年四五月冰消雪化，旱獭要整整在洞穴里冬眠半年。到了夏至后，发青的酥油草才把它们养得胖墩墩，圆滚滚。这时它们的毛色麻黄发亮，肚子拖着地面，短短的四条腿行走迟缓，正可以大量捕捉。

另一种奇珍异品是雪莲。如果你从山脚往上爬，在那天山雪线以上，就可以看见在青凛凛的寒光中挺立着一朵朵玉琢似的雪莲。它习惯于生长在奇寒环境中，根部扎入岩隙，汲取着雪水。它承受着雪光，蓝洁晶莹，柔静多姿。这生长在人迹罕到的雪线以上的灵花异草，据说是稀世之宝——一种很难求得的妇科良药。

天然湖与果子沟

在天山的高处，常常可以看到巨大的天然湖。湖面明净如镜，水清见底。高空的白云和四周的雪峰清晰地倒映水中，把湖光山色天影融为晶莹的一体。在这幽静的湖上，唯一活动的东西就是天鹅。天鹅的洁白增添了湖水的明净，天鹅的叫声增添了湖面的幽静。人家说山色多变，而我看事实上湖色也是多变的。如果你站立高处瞭望湖面，眼前是一片爽心悦目的茫茫碧水，如果你再留意一看，接近你的视线的是那闪闪的鳞光，像千万条银鱼在游动，而远处平展如镜。湖色越远越深，由近到远，是银白、淡蓝、深青、墨绿，非常分明。传说中有这么一个湖，湖水是古代一个不幸的哈萨克少女滴下的眼泪，湖色的多变正是象征着那个古代少女的万种哀愁。

就在这个湖边，传说中的少女的后代子孙们现在放牧着羊群。湖水滋润着湖边的青草，青草喂肥了羊群，羊奶哺育着少女的后代子孙。这象征着哈萨克族不幸的湖，今天已经变为实际的幸福湖。

山峦爽朗，湖边清净，日里披满阳光，夜里缀满星辰。牧民们的蒙古包随着羊群环湖周游，他们的羊群一年年繁殖，他们弹琴歌唱自己幸福的生活。

高山的雪水汇入湖中，又从像被一刀劈开的峡谷岩石间泻落到千丈以下的山涧里。水从悬崖上像条飞练似的泻下，即使站在十里外的山头上，也能看见那飞练似的白光。如果你走到悬崖跟前，脚下就会受到一种惊心动魄的震撼。俯视水练冲泻到深谷的涧石上，溅起密密的飞沫，在日中的阳光下，形成蒙蒙的瑰丽的彩色水雾。就在急湍的涧边，绿色的深谷里也散布着一顶顶牧民的蒙古包，像水洗的玉石那么洁白。

如果你顺着弯弯曲曲的涧流走，就会看见沿途汇入千百条泉流，逐渐形成溪流，再汇入许多涧流和溪流，就形成河流，奔腾出天山。

就在这种深山野谷的溪流边，往往有着果树夹岸的野果子沟。春天繁花开遍峡谷，秋天果实压满山腰。每当花红果熟，沟里正是鸟雀野兽的乐园。这种野果子沟往往不为人们所发现。其中有这么一条野果子沟，沟里长满野苹果树，连绵五百里。春天，五百里的苹果花开无人知；秋天，五百里的累累苹果无人采。老苹果树凋枯了，更多的新苹果树苗长起来。多少年来，这条长沟堆积了几丈厚的野苹果泥。

现在,已经有人发现了这条野苹果沟,开始在沟里开辟猪场,用野苹果来喂养成群的乌克兰大白猪。而且已经有人计划在沟里建立酿酒厂,把野苹果酿造成大量芬芳的美酒,让这大自然的珍品化成人们的营养,增进人们的健康。

朋友,天山的丰美景物何止这些,天山绵延几千里,不论高山、深谷,不论草原、森林,不论溪流、湖泊,处处都有丰饶的物产,处处都有奇丽的美景,你要我说可真说不完。如果哪一天你有豪情去游天山,临行别忘了通知我一声,也许我能给你当一个不很出色的向导。不过当向导在我只是一个漂亮的借口,其实我私心里很想找个机会去重游天山。

[注释]

[1] 选自《建国十年文学创作选·散文特写》,经作者同意略有改动。天山全长 2 500 千米,宽 200～300 千米,最高峰为托木尔峰(7 443.8 米)。碧野(1916—2008),原名黄潮洋。中国作家协会名誉委员、作家。广东大埔人。代表作有长篇小说《阳光灿烂照天山》,散文集《月亮湖》、《幸福的人》、《七月的天山》、《在哈萨克牧场》、《遥远的问候》、《边疆的风貌》,还著有短篇小说集《流落》、《山野的故事》等。

[2] 奢:读 qí。

[3] 雪线:终年积雪区域的界线。

[4] 织锦:织有花纹的彩色丝织品。

[5] 冬不拉:哈萨克族的拨弦乐器。

[6] 鬣鬃(lièzōng):马、狮子等兽类颈上的长毛。

[7] 獭:读 tǎ。

[思考练习]

一、填表

小　标　题	记叙顺序
雪峰·溪流·森林·野花	
迷人的夏季牧场	
野马·蘑菇圈·旱獭·雪莲	
天然湖与果子沟	

二、比较下面句子中加点的词语,结合上下文说说它们的意思有什么不同。

1. 这飞泻下来的雪水,在山脚汇成冲激的溪流。

浪花往上抛,形成千万朵盛开的白莲。

2. 你坐在马鞍上就可以俯视那阳光透射到的清澈的水底。

雪峰的红光映射到这辽阔的牧场上。

3. 那融化的雪水从峭壁断崖上飞泻下来。

落日沉没,周围雪峰的红光逐渐消褪。

4. 那五彩斑斓的水石间,鱼群闪闪的鳞光映着雪水清流。

雪峰的红光映射到这辽阔的牧场上,形成一个金碧辉煌的世界。

三、文中描写色彩的句子很精彩，找出你喜欢的2～3句，仿照例句，说说它们的表达作用。

例：蓝天衬着矗立的巨大的雪峰，在太阳下，几块白云在雪峰间投下云影，就像白缎上绣上了几朵银灰的暗花。（作者把白色的雪峰放置在蓝色的天幕之下，通过色彩的对比，突出了天山雪峰的巍峨壮观。蓝天、雪峰、白云给人以无限的空间开阔感。）

四、从文中找出几个比喻句，体会它们的表达作用。然后以下面的对象为本体，发挥自己的想象力，写三个比喻句。

天空   月亮   星星

3.

幼 学 纪 事[1]

于是之

[阅读提示]

文章紧扣"幼学"二字，回忆了少年时期艰苦求学的经历。读了本文，你会感觉到那个过去的时代劳动人民所经历的苦难和执著的追求，你能领会到这些往事对今天的年轻一代仍然有启迪意义。

文章的叙事很有特色。一是精心选材，突出重点。文章分为四个部分，每一部分侧重叙述一个方面的内容，有概括介绍，也有具体描述，以叙事为主，兼及写人，求学的艰苦如在眼前。二是顺序合理，脉络清楚。文章以"幼学"为线索，以时间先后为顺序，把四个部分的内容紧紧联系在一起，条理分明。阅读时要理清课文的内容，弄清各部分之间的内在联系，注意文章的记叙顺序。

文章运用第一人称叙述，多用口语，通俗、亲切，在幽默的话语背后，流露出辛酸之情。阅读时要注意感悟这些有特色的语句，细细体会作者的思想感情。

一

我出生于一个完全没有文化的家庭，跟着寡居[2]的祖母和母亲过日子。她们都一字不识。那时形容人们无文化，常说他们连自己的名字也写不出。我祖母和母亲则更彻底，她们压根儿[3]就没有名字。家里的藏书每年一换，但只有一册，就是被俗称为"皇历"的那本历书。她们只能从书里的图画中数出当年是"几龙治水"，借以预测一年的天时。至于全年二十四个节气都发生在哪一天和什么时辰，编书人未能画成图像，她们自然也就辨认不出了。直到我上小学，家里上两代人的这个困惑才算解除，"皇历"也才得到了比较全面的利用。

真的，不要小看小学生。在我住过的那个杂院里，出个小学生，就算得上个知识分子。比如同院拉洋车的老郝叔，孩子多，拉了饥荒[4]要"请会"（一种穷人之间的经济上的互助活动，但要出利息），就找到了我，叫我帮他起草一个"请会"的"通知"，其中包括本人遇到什么困难，为什么要发起这个活动，将要怎么办等等的内容。那时我顶多不到三年级，怎么写得了！但老郝叔鼓励我："你照我说的写，他们都懂。"我于是拿了毛笔、墨盒伏在老郝叔的炕上——他家无桌，炕上只有一张席，硬而且平，伏在上面写字是极方便的——就这样，他说我写，不大会儿的工夫，居然写出来了。随后又抄了若干份分别送出。"凡著诸竹帛者皆为文学[5]"，讲起文学的定义来，是有这么一说的。那么我替老郝叔起草的这篇"通知"，无疑是一篇为人生的文学了，何况还分送出去，也算是发表了的呢！这篇出自老郝叔的心与口的好文章，我现在竟一句也记不起来了。老郝叔又早已作古[6]。他无碑、无墓，所有的辛劳都化为汗水，洒在马路和胡同的土地上，即刻也就化为乌有。但对老郝叔，我老是不能忘记，总觉得再能为他做些什么才可以安心似的。

二

一个人的读书习惯，依我看，总是靠熏陶渐染逐步养成的，这就需要一个稍微好些的文化环境。我的家庭和所住的杂院，教给了我许多学校里学不到的知识，但就培养读书习惯而言，那不能说是好的文化环境。我正经上学只念到初中，且功课不好。虽然读了《苦儿努力记》[7]，也没收到立竿见影的效果。一道稍微繁难的算术题，我憋住了，能找谁去？杂院里是没有这样的老师的。我后来所以还喜欢读点书，全靠我幸运地遇到了校内外的许多良师益友。

开始叫我接近了文艺的是孔德小学的老师们。

有一次，一位眼睛近视得很厉害而又不戴眼镜的老师，把我们几个同学招呼到他的宿舍里去，给我们诵读《罪恶的黑手》[8]。他屋里哪儿都是书，光线显得很暗，所以他需要把诗集贴近鼻尖才能读出。他的声音不洪亮，也无手势，读得很慢，却很动人。长大以后，我再没去读这首诗，然而它给我的印象，却始终留在脑海里。这位老师不久就不见了。当时，他为什么有这样的兴致叫几个孩子去听这首诗呢？我至今也不明白。每当路过孔德旧址，我还常常想起他来，我总觉得他或者是一位诗人，或者是一位革命者，老幻想着有一天会碰上他。

还有一位美术老师，是卫天霖先生。他是一位大画家，可是那时我们却全然不懂他的价值。

孔德学校有一间美术教室，小学部、中学部共用，无论大小学生一律要站在画架子前上美术课。先是铅笔画，铅笔要"6B"的，还要带上橡皮。后是学用炭条作画，炭条消耗大，向家里要钱时，已从大人的脸上窥出几分难色；待知道了擦炭笔画不能用橡皮而必须用烤过的面包时，我便不敢再回家去说了。记不清是我个人没学着炭笔画，还是卫先生更换了教法，反正是这个阶段不长，后来就改学画水彩——不管我是否买得起炭条和面包，但卫先生这种在一两年内，多种画法都叫孩子们尝试一遍的做法，我是拥护的。

卫先生还有一种教法，我们当时也很喜欢。开始是静物写生，画小瓶小罐之类。过了一阵以后，又叫我们到户外去，先画校园里头，后来就去东华门外的筒子河。孩子们对跑出去画画快活无比。我们画，卫先生跟着看，他也好像很高兴。一次写生，我画的地方前边是许多槐树，后边是一排矮松，再往后则是满满的爬山虎。当时只知道看见的都要画上，哪里懂虚、实、疏、密这许多深奥的道理！结果，我的画画满了绿树、绿蔓、绿叶、绿茎，简直是绿得不可开交，一塌糊涂。谁知这时候卫先生正站在我身后看，我扭头看见他，笑了；他看着我和我的那幅绿色作品，也笑了，而且还称赞了我。到底是称赞我的什么呢？是有几处画得好？还是勇气可嘉，什么都敢画？或者根本就不是称赞，只是一种对于失败者的无可奈何的安慰？当时我可没想这么多，反正是被老师夸了，就觉得了不起，就还要画。

此后，我画画的兴趣，越来越浓，差不多延续到上初中一年级的时候。

对于卫天霖先生，我并不是为写这篇文章才想起他来的。时间还要早十来年。那时，首都剧场附近有一阵颇贴了一些所谓"揭露"卫先生"罪状"的印刷品。大家在那个动乱的年代里，都学会了一种本事，就是能够在通篇辱骂的文字里看出一个人的真价值来。我也正是从那些印刷品里才知道，原来第一个引导我接近了艺术的竟是这样一位大人物，我不禁骄傲了。

前两年，美术馆举办了先生的画展，我去看了。我在先生的自画像前，伫立了许久。他并没有把自己画得如何的色彩斑斓，还是他教我们时那样的平凡。我不知道美术界里对他是怎样评价，我只觉得他曾是一位默默的播种者，他曾在孩子们的心里播下了美的种子。而美育，我以为，对孩子们的健康成长是非常重要的。

三

从十五岁那年起，我就上不起学了。

我上学是由本家[9]供给的。那时祖母已殁[10]，只剩下母亲和我。本家们有的给我们些钱，贴补吃喝；有的给我们间房住；有的灵活些，告诉我们什么时候缺吃的了，到他家去，添两双筷子总还可以；而有一家就是专门供我一年两次的学费。十五岁以前，我受到的就是这么一种"集体培养"。但是，就在那年的冬天，这位本家来到母亲和我的屋里。

"干什么呐？"他问。

"温书，准备寒假考试。"我答。

"别考了。现在大伙都不富裕，你也不小了，出去找点事做吧。"

我沉默了，母亲也无言。吃人嘴短，还能说什么呢？于是我合上了笔记本和书，从此结束了我的学生生涯。

"找点事做"，那时很难。先要买些"履历片[11]"回来填写，写好后再托本家、亲戚四面八方找门路，呈送上去。回音，大都是没有的，但是要等待。母子两个茫茫然地等着，等着一个谁也不愿多想的茫茫然的未来。

茫然中还是有事可做的。子承母业，去当当[12]。比每天上学稍晚的时间，便挟个包去当铺[13]，当了钱出来径直奔粮店买粮。家底单薄，当得的钱，只够一天的"嚼裹儿[14]"，计：棒子面一斤，青菜若干，剩下的买些油盐。当得无可再当了，便去押"小押"。那是比当铺更低一等，因此也是更加苛酷的买卖。他们为"方便"穷人计，可以不收实物，拿了当铺的"当票[15]"就能押。押得无可再押了，仍旧有办法，就是找"打小鼓的"把"押票"再卖掉。卖，就更"方便"了。每天胡同里清脆的小鼓声不绝如缕，叫来就可以交易。一当二押三卖，手续虽不繁难，我和母亲的一间小屋里可就渐渐地显露出空旷来，与老郝叔的家日益接近。

四

或者我是个侥幸者，或者生活本来就是由许多的"偶然"所铸成。辍学以后，在过着"一当二押三卖"的日子里，我居然进入了当时的最高学府——辅仁大学中文系，当了一阵子一文不花的大学生。那是由于有几位好友，和我们住得邻近，他们比我年纪大些，都是那所高等学府的学生。他们同情我的境遇，于是就夹带着我混进了辅仁大学。事是好事，但头一天我一进校门，就觉出浑身上下都不自在起来，眼睛只敢看地板，看楼梯。好像是走了一段很长的路，才进了教室。教室里学生们大部已经就座，只有我兀立[16]一旁，这就更增加了我的紧张。我真想掉头归去，回到我的家，回到我或当或押或卖的"自由"的生活中去。我的热心的好友走去找他的几个同学，只见他们喊喊喳喳了一阵以后，就指着一个空位子告诉我："你今天先坐这儿吧。"我于是坐下。心想，我明天坐哪儿呢？果然，第二天我就更换了一个地方。此后天天如是，先是我浑身不自在地进入教室，他们则照例要喊喊喳喳一阵，而后为我指出一个安身的所在。

尽管是这样，然而听课还是令我神往。现在记得起的是一位孙教授讲秦少游[17]，一位顾教授讲辛弃疾。从他们精到[18]的讲解里，我领略出这些大词人的妙处：他们能在婉约近人的文字中抒发出忧国、爱国的深情以致豪情来。多么美呀，多么精巧啊，我们祖国的语言！每一个字，每一个音节，都像是一个可爱的小精灵，只要你调度得当，它就能把你心里的最细微的情绪表达出来！

听课虽然有趣而令人神往，但内心的恐惧却不容易消除。日久天长，我才明白，高等学府里的教授们是不管点名的。学生们都有固定的位子，点名的人只能在窗外，看位子空着的便画"旷课"，位子上只要坐着人，不管是谁，他便画"到"。我之所以能坐上位子，而位子又须每天更换，就是由于每天总免不了有人旷课的缘故。但在当时，我于听课神往之余，心里总不免于忐忑[19]，谁知道那些花了钱的学子什么时候会突然闯进教室把我撵走呢？因此，我那时常生做贼之感，觉得自己是一个偷窃知识的人。

此后，靠朋友们的帮忙，我终于找到了一个职业，那时我只有十六岁，而我的同事们，比起我的年龄来，翻一番的寥寥可数，多数都是翻了两番以上的老头子们。他们同我无话可讲，我也只能报之以沉默。虽然有了职业，但并不足以糊口，前途依旧茫然。只是偶然在一根电线杆子上的招生广告里，我又为自己找到了生活的希望。

就在我做事的地方附近，有一家中法汉学研究所，广告上说那里要办一个法文研究班，每周晚上开两堂法语课。一个"汉学"，一个"法语"，再加上是个夜校，这对我简直是个天赐的机缘。于是我去报名了。经过口试，我说了我对"汉学"和"语言"的兴趣，很快便通知我被录取了。从此，我又进入了另一所特殊的高等学府。

这个夜校简直是一座法兰西文学的殿堂。头一年照例是从字母念起，学些简单的对话和短文。第二年选文里可就出现了莫里哀[20]和雨果。依次读下去，到了最后的一年，就读到了十九世纪末的散文和诗。教授讲得津津有味，学生们也听得入神。以至于在上课时，我竟仿佛觉得自己已近"雅人"。但是，在课前和课后，我却不能不继续过我的"俗人"的生活。

我那时住在北京西单，每天需步行过北海大桥，才能到达近东四我上班的地方。平时只带一顿午饭，不过是窝头小菜之类。赶到上夜校时，就需带上晚餐了。把窝头带进法兰西文学的殿堂，已经很不协调，更何况"殿堂"里是只烧暖气而不生炉火的。到了冬天，暖气烤不了窝头，冷餐总不舒服。幸好，"殿堂"之外的院子里有一间小厕所。为了使上下水道不至于受冻，那里面安着一个火炉。于是这厕所便成了我的餐厅。把窝头掰为几块，烤后吃下，热乎乎的，使我感到了棒子面原有的香甜。香甜过后，再去上课，听的偏是菩提树、夜莺鸟这样的诗情。下课以后，又需步行回家。天高夜冷，静得可以听见自己的足音。且走且诵，路成了我最好的温课的地方。早晨上班也一样，将生字写在小纸片上，看一眼就可以背一会子，也发生不了什么交通事故。据我那时的经验，从西单走到东四，少说可以背下四五个单词来。

"蓬生麻中，不扶而直；白沙在涅，与之俱黑[21]。"我衷心地喜欢这两句话，读起来总感到亲切。我庆幸自己在那样恶劣的政治制度下竟遇上那么多好的老师和好的朋友，他们为我启蒙，教我知道书这种东西的宝贵，使我没有胡乱地生长。

［注释］

[1]　选自《中国青年》1983 年第 5 期，经作者同意，作了删改。于是之，著名话剧表演艺术家。

[2]　寡居：指妇女丧夫独居。

[3]　压根儿：根本，本来。

[4]　拉了饥荒：拖欠了债务。

[5]　凡著诸竹帛者皆为文学：意思是，凡写在书上的都是文章。出自《汉书·艺文志》，原文是"凡著于竹帛者为文章"。竹帛，竹简和白绢，古代用来书写。

[6]　作古：去世。

[7]　《苦儿努力记》：法国作家甘奈德的一部长篇小说，写的是苦孩子路美，遭遇了许多不幸，却百折不回，终于有所成就的故事。

[8]　《罪恶的黑手》：诗人臧克家早期的代表作，写于 1933 年。这首诗以帝国主义在中国修建教堂为题材，揭露了他们在宗教外衣掩盖下的罪恶行径，表现了工人群众生活的苦难及其巨大的变革力量。

[9]　本家：指同一个宗族的人。

[10]　殁(mò)：死。

[11]　履历片：填写个人经历的卡片。

[12]　当当(dàngdàng)：用实物作抵押向当铺借钱。

[13]　当铺：专门收取抵押品而借款给人的店铺。

[14]　嚼裹儿：北京方言，指生活费用。

[15]　当票：当铺所开的单据，上面写明抵押品和抵押的钱数，到期凭当票赎取抵押品。

[16]　兀立：直立。

[17]　秦少游：北宋词人，名观，字少游。他的文词为苏轼所赏识，是"苏门四学士"之一。

[18]　精到：精细周到。

[19]　忐忑(tǎntè)：心神不定。

[20]　莫里哀(1622—1673)：法国 17 世纪喜剧作家，剧本有《伪君子》、《唐璜》、《悭吝人》等。

[21]　蓬生麻中，不扶而直；白沙在涅，与之俱黑：出自《荀子·劝学》，意思是：蓬草生在麻中（麻茎最直），不待扶持就能长得很直；白色的沙砾落在泥里，就同泥一样黑了。涅，黑泥。

[思考练习]

一、课文围绕"幼年求学"这一中心安排材料,试用简洁的话概括每部分的内容。

二、结合上下文,体会下面句子中反映出来的作者的感情。

1. 每一个字,每一个音节,都像是一个可爱的小精灵,只要你调度得当,它就能把你心里的最细微的情绪表达出来!

2. "蓬生麻中,不扶而直;白沙在涅,与之俱黑。"我衷心地喜欢这两句话,读起来总感到亲切。

3. 我在先生的自画像前,伫立了许久。

三、比较下面三组句子,说说哪一句表情达意更好。

1. 一道稍微繁难的算术题,我憋住了,能找谁去? 杂院里没有这样的老师的。

杂院里没有数学教师,有时一道稍微繁难的算术题我不懂,也找不到可问的人。

2. 我沉默了,母亲也无言。吃人嘴短,还能说什么呢?

吃人嘴短,我和母亲都无话可说。

3. 我和母亲的一间小屋里的东西不是当押就是出卖,显得空荡荡的,与老郝叔的家差不多了。

一当二押三卖,手续虽不繁难,我和母亲的一间小屋里可就渐渐地显露出空旷来,与老郝叔的家日益接近。

四、课文用了大量篇幅回忆自己求学过程中遇到的两位老师。仔细阅读第二部分,结合全文说说作者为什么要详写这两位老师。

五、阅读课文,领会课文中蕴含的真情实感。在你的童年生活中,使你最动感情,至今印象最深的是哪一件事? 口头讲述这件事,要讲出真实的感情来。

4.

莲池老人[1]

贾大山

[阅读提示]

清风明月、水汽荷香,净了人的眼睛和耳朵,也净化了人的心灵。于是一个普通得不能再普通的老人,练出了不寻常的本领:眼睛好使,耳朵也好使,隔着一个池塘,竟能听得出"野物上了钟楼"。他就像一尊雕像,默默地守卫着那唐代遗物——钟楼。不为金钱,没有私欲。

平凡中蕴含着深刻的哲理,是这篇作品的特点。如结尾"心里挂碍多了,就把'功夫'破了"这句话,就十分耐人寻味。这样的句子,课文中还有一些,阅读时要结合具体的语言环境细细咀嚼。

本文风格质朴,人物形象鲜明,情节简洁又有波澜,阅读时要理清思路,仔细揣摩作者是如何把一个个场景串联成故事，从中凸显人物性格的。

庙后街，是县城里最清静的地方，最美丽的地方。那里有一座寺院，寺院的山门殿宇早坍塌了，留得几处石碑，几棵松树，那些松树又高又秃，树顶上蟠[2]着几枝墨绿，气象苍古；寺院西南两面是个池塘，清清的水面上，有鸭，有鹅，有荷；池塘南岸的一块石头上，常有一位老人抱膝而坐，也像是这里的一个景物似的。

寺院虽破，里面可有一件要紧的东西：钟楼。那是唐代遗物，青瓦重檐，两层楼阁，楼上吊着一只巨大的铜钟。据说，唐代钟楼，全国只有四个半了，可谓吉光片羽[3]，弥足珍贵。只是年代久了，墙皮酥裂，木件糟朽，瓦垄里生满枯草和瓦松。若有人走近它，那位老人就会隔着池塘喝喊一声：

"喂——，不要上去，危险……"

老人很有一些年纪了，头顶秃亮，眉毛胡子雪一样白，嗓音却很雄壮。原来我不知道他是干什么的，后来文物保管所的所长告诉我，他是看钟楼的，姓杨，名莲池，1956年春天，文保所成立不久，就雇了他，每月四元钱的补助，一直看到现在。

我喜欢文物，工作不忙了，时常到那寺院里散心。有一天，我顺着池塘的坡岸走过去说：

"老人家，辛苦了。"

"不辛苦，天天歇着。"

"今年高寿了？"

"谁晓得，活糊涂了，记不清楚了。"

笑了一回，我们就熟了，并且谈得很投机。

老人单身独居，老伴儿早故去了，两个儿子供养着他。他的生活很简单，一日三餐，五谷为养，有米、面吃就行。两个儿子都是菜农，可他又在自己的院里，种了一畦白菜，一畦萝卜，栽了一沟大葱。除了收拾菜畦子，天天坐在池边的石头上，看天上的鸽子，看水中的荷叶，有时也拿着工具到寺里去，负责清除那里的杂草、狗粪——这项劳动也在那四元钱当中。

他不爱说话，可一开口，便有自己的思想，很有趣味的。中秋节前的一天晚上，我和所长去看他，见他一人坐在院里，很是寂寞。我说：

"老人家，买台电视看吧。"

"不买，太贵。"

"买台黑白的，黑白的便宜。"

"钱不够。"

"差多少，我们借给你。"

"不买。"他说，"那是玩具。钱凑手呢，买一台看看，那是我玩它；要是为了买它，借债还债，那就是它玩我了。"

我和所长都笑了，他也笑了。

那天晚上，月色很好，他的精神也很好，不住地说话。他记得那座寺院里当年有几尊罗汉、几尊菩萨，现在有几通石碑、几棵树木，甚至记得钟楼上面住着几窝鸽子。秋夜天凉，我让他去披件衣服。他刚走到屋门口，突然站住了，屏息一听，走到门外去，朝着钟楼一望两望,放声喊起来:"喂——,下来,那里玩不得呀,偏要上楼去,踩坏我一片瓦,饶不了你……"喊声未落,见一物状似狗,腾空一跃,从钟楼的瓦檐上跳到一户人家的屋顶上去了。我好奇怪,月色虽好,但是究竟隔着一个池塘呀,他怎么知道那野物上了钟楼呢?他说他的眼睛好使,耳朵也好使,他说他有"功夫"。

我不知道这是一种什么"功夫"。他在池边坐久了,也许是那清风明月、水汽荷香,净了他一双眼睛、两只耳朵吧?

可是有一天,我忽然发现他死了。那是正月初三的上午,我到城外给父亲上坟的时候,看见一棵小树下,添了一个新坟头。坟头很小,坟前立了一块城砖,上写:"杨莲池之墓"。字很端正,像用白灰写的。我望着他的坟头,感到太突然了,心里想着他生前的一些好处,就从送给父亲的冥钱[4]里,匀了一点儿,给他烧化了……

当天下午,我怀着沉痛的心情,想再看看他的院落。我一进院门,不由吃了一惊,他的屋里充满了欢笑声。推门一看,只见几位白发老人,有的坐在炕上,有的蹲在地下,正听他讲养生的道理。他慢慢念着一首歌谣,他念一句,大家拍手附和一声。

"吃饭少一口。"

"对!"

"饭后百步走。"

"对!"

"心里无挂碍。"

"对!"

"老伴长得丑。"

老人们哈哈笑了,快乐如儿童。我傻了似的看着他说:"你不是死了吗?"

老人们怔住了,他也怔住了。

"我在你的坟上,已烧过纸钱了!"

"哎呀,白让你破费了!"

他仰面笑了,笑得十分快活。他说那是去年冬天,他到城外拾柴禾,看中那块地方了。那里僻静,树木也多,一朝合了眼睛,就想"住"到那里去。他见那里的坟头越来越多,怕没了自己的地方,就先堆了一个。老人们听了,扑嗤笑了,一齐指点着他,批判他:好啊,抢占宅基地!

天暖了,他又在池边抱膝而坐,看天上的鸽子,看水中的小荷……

有人走近钟楼,他就喝喊一声:

"喂——,不要上去,危险……"

他像一个雕像,一首古诗,点缀着这里的风景,清凉着这里的空气。

清明节,我给父亲扫墓,发现他的"坟头"没有了,当天就去问他:

"你的'坟头'呢?"

"平了。"

"怎么又平了?"

"那也是个挂碍。"

他说,心里挂碍多了,就把"功夫"破了,工作就做不好了。

[注释]

[1] 选自《天津文学》1994年第5期。贾大山(1943—1997)，河北正定人。1964年中学毕业。历任正定县文化馆馆员，正定县文化局局长。1971年开始发表作品。短篇小说《取经》获全国优秀短篇小说奖。

[2] 蟠(pán)：屈曲，环绕。

[3] 吉光片羽：这里比喻残存的珍贵文物。吉光，传说中的神马名。片羽，指神马身上的一片毛。

[4] 冥钱：迷信的人给死人烧的假币。

[思考练习]

一、从全文看，莲池老人的"功夫"应怎样理解？

二、小说中"堆坟头"又"平坟头"的情节有什么作用？

三、小说中莲池老人具有怎样的性格？试结合课文简要分析。

四、有人说："生活中多一些'莲池老人'，社会就会少一些浮躁；文坛上多一些贾大山，小说就会多一些纯净。"联系现实，依据课文谈谈你对这句话的理解。

5.

萝　卜[1]

汪曾祺

[阅读提示]

这是一篇清新质朴的状物小品。作者从杨花萝卜写起，饶有兴致地铺叙各种各样的萝卜，写它们南北产地各异，大小粗细不一，青白色彩不同；又津津有味地介绍了萝卜的各种吃法。常人熟视无睹的萝卜，在作者笔下却充满了情趣，体现出一种丰厚的民俗文化内涵。作者以丰富的阅历，广博的知识，对生活的浓厚情趣，借萝卜这看似平常的物品，表达了一种执著的民族情结。

文章乍看平平常常，反复品读之后就能领悟到这平常之中蕴含着丰富的人文精神。它内容厚实，情趣盎然，生活气息浓郁。

文章语言清晰、自然，娓娓道来，好似一位长者在话家常，从容不迫，没有丝毫雕琢的痕迹。阅读时要仔细体会这种朴实无华的文风。

杨花萝卜即北京的小水萝卜。因为是杨花飞舞时上市卖的，我的家乡名之曰"杨花萝卜"。这个名称很富于季节感。我家不远的街口一家茶食店的屋下有一个岁数大的女人摆一个小摊子，卖供孩子食用的便宜的零吃。杨花萝卜下来的时候，卖萝卜。萝卜一把一把地码着。她不时用炊帚洒一点水，萝卜总是鲜红的。给她一个铜板，她就用小刀切下三四根萝卜。萝卜极脆嫩，有甜味，富水分。自离家乡后，我没有吃过这样好吃的萝卜。或者不如说自我长大后没有吃过这样好吃的萝卜。小时候吃的东西都是最好吃的。

除了生嚼,杨花萝卜也能拌萝卜丝。萝卜斜切的薄片,再切为细丝,加酱油、醋、香油略拌,撒一点青蒜,极开胃。小孩子的顺口溜唱道:

> 人之初,
>
> 鼻涕拖;
>
> 油炒饭,
>
> 拌萝菠[2]。

油炒饭加一点葱花,在农村算是美食,所以拌萝卜丝一碟,吃起来是很香的。

萝卜丝与细切的海蜇皮同拌,在我的家乡是上酒席的,与香干拌荠菜、盐水虾、松花蛋同为凉碟。

北京的拍水萝卜也不错,但宜少入白糖。

北京人用水萝卜切片,氽羊肉汤,味鲜而清淡。

烧小萝卜,来北京前我没有吃过(我的家乡杨花萝卜没有熟吃的),很好。有一位台湾女作家来北京,要我亲自做一顿饭请她吃。我给她做了几个菜,其中一个是烧小萝卜。她吃了赞不绝口。那当然是不难吃的:那两天正是小萝卜最好的时候,都长足了,但还很嫩,不糠;而且我是用干贝烧的。她说台湾没有这种水萝卜。

我们家乡有一种穿心红萝卜,粗如黄酒盏,长可三四寸,外皮深紫红色,里面的肉有放射形的紫红纹,紫白相间,若是横切开来,正如中药里的槟榔片(卖时都是直切),当中一线贯通,色极深,故名穿心红。卖穿心红萝卜的挑担,与山芋(红薯)同卖,山芋切厚片。都是生吃。

紫萝卜不大,大的如一个大衣扣子,扁圆形,皮色乌紫。据说这是五棓子[3]染的。看来不是本色。因为它掉色,吃了,嘴唇牙肉也是乌紫乌紫的。里面的肉却是嫩白的。这种萝卜非本地所产,产在泰州。每年秋末,就有泰州人来卖紫萝卜,都是女的,挎一个柳条篮子,沿街吆喝:"紫萝——卜!"

我在淮安第一回吃到青萝卜。曾在淮安中学借读过一个学期,一到星期日,就买了七八个青萝卜,一堆花生,几个同学,尽情吃一顿。后来我到天津吃过青萝卜,觉得淮安青萝卜比天津的好。大抵一种东西第一回吃,总是最好的。

天津吃萝卜是一种风气。50 年代初,我到天津,一个同学的父亲请我们到天华景听曲艺。座位之前有一溜长案,摆得满满的,除了茶壶茶碗,瓜子花生米碟子,还有几大盘切成薄片的青萝卜。听"玩艺儿"吃萝卜,此风为别处所无。天津谚云:"吃了萝卜喝热茶,气得大夫满街爬。"吃萝卜喝茶,此风亦为别处所无。

心里美萝卜是北京特色。1948 年冬天,我到了北京,街头巷尾,每听到吆喝:"哎——萝卜,赛梨来——辣来换……"声音高亮辽远。看来在北京做小买卖的,都得有条好嗓子。卖"萝卜赛梨"的,萝卜都是一个一个挑选过的,用手指头一弹,当当的;一刀切下去,咔嚓嚓的响。

我在张家口沙岭子劳动,曾参加过收心里美萝卜。张家口土质于萝卜相宜,心里美皆甚大。收萝卜时是可以随便吃的。和我一起收萝卜的农业工人取出一个萝卜,看一看,不怎么样的,随手就扔进了大堆。一看,这个不错,往地下一扔,叭嚓,裂成了几瓣,"行!"于是各拿一块啃起来,甜,脆,多汁,难以名状。他们说:"吃萝卜,讲究吃'棒打萝卜'。"

张家口的白萝卜也很大。我参加过张家口地区农业展览会的布置工作，送展的白萝卜都特大。白萝卜有象牙白和露八分。露八分即八分露出土面，露出土面部分外皮淡绿色。

我的家乡无此大白萝卜，只是粗如小儿臂而已。家乡吃萝卜只是红烧，或素烧，或与臀尖肉同烧。

江南人特重白萝卜炖汤，常与排骨或猪肉同炖。白萝卜耐久炖，久则出味。或入淡菜，味尤厚。沙汀《淘金记》写么吵吵每天用牙巴骨炖白萝卜，吃得一家脸上都是油光光的。天天吃是不行的，隔几天吃一次，想亦不恶[4]。

四川人用白萝卜炖牛肉，甚佳。

扬州人、广东人制萝卜丝饼，极妙。北京东华门大街曾有外地人制萝卜丝饼，生意极好。此人后来不见了。

北京人炒萝卜条，是家常下饭菜。或入酱炒，则为南方人所不喜。

白萝卜最能消食通气。我们在湖南体验生活，有位领导同志，接连五天大便不通，吃了各种药都不见效，憋得他难受得不行。后来生吃了几个大白萝卜，一下子畅通了。奇效如此，若非亲见，很难相信。

萝卜是腌制咸菜的重要原料。我们那里，几乎家家都要腌萝卜干。腌萝卜干的是红皮圆萝卜。切萝卜时全家大小一齐动手。孩子切萝卜，觉得这个一定很甜，尝一瓣，甜，就放在一边，自己吃。切一天萝卜，每个孩子肚子里都装了不少。萝卜干盐渍后须在芦席上摊晒，水气干后，入缸，压紧，封实，一两月后取食。我们那里说在商店学徒（学生意）要"吃三年萝卜干饭"，谓油水少也。学徒不到三年零一节，不满师，吃饭须自觉，筷子不能往荤菜盘里伸。

扬州一带酱园里卖萝卜头，乃甜面酱所腌，口感甚佳。孩子们爱吃，一半也因为它的形状很好玩，圆圆的，比一个鸽子蛋略大。此北地所无，天源、六必居[5]都没有。

北京有小酱萝卜，佐粥甚佳。大腌萝卜咸得发苦，不好吃。

四川泡菜什么萝卜都可以泡，红萝卜、白萝卜。

湖南桑植卖泡萝卜。走几步，就有个卖泡萝卜的摊子。萝卜切成大片，泡在广口玻璃瓶里，给毛把钱即可得一片，边走边吃。峨眉山道边也有卖泡萝卜的，一面涂了一层稀酱。

萝卜原产中国，所以中国的为最好。有春萝卜、夏萝卜、秋萝卜、四秋萝卜，一年到头都有。可生食、煮食、腌制。萝卜所惠于中国人者亦大矣。美国有小红萝卜，大如元宵，皮色鲜红可爱，吃起来则淡而无味。异域得此，聊胜于无[6]。爱伦堡[7]小说写几个艺术家吃奶油蘸萝卜，喝伏特加，不知是不是这种红萝卜。我在爱荷华南朝鲜人开的菜铺的仓库里看到一堆心里美，大喜。买回来一吃，味道满不对，形似而已。日本人爱吃萝卜，好像是煮熟蘸酱吃的。

［注释］

[1] 选自《旅食与文化》（广东旅游出版社 1997 年版），略有改动。汪曾祺（1920—1997），江苏高邮人，当代作家、散文家、戏剧家。早年毕业于西南联大，历任中学教师、北京市文联干部、《北京文艺》编辑、北京京剧院编辑。在短篇小说创作上颇有成就。著有小说集《邂逅集》，小说《受戒》、《大淖记

事》,散文集《蒲桥集》,大部分作品,收录在《汪曾祺全集》中。被誉为"抒情的人道主义者,中国最后一个纯粹的文人,中国最后一个士大夫。"

[2]　萝菔:我的家乡萝卜为萝菔。(作者自注)

[3]　五棓(bèi)子:也作"五倍子"。是五倍子虫寄生在盐肤木上刺激叶细胞而形成的虫瘿,表面灰褐色,含有单宁酸。虫在里面发育繁殖。采集下来,把虫烫死,可入药,也用于染料、制革等工业。

[4]　不恶:这里是不错、不坏的意思。

[5]　天源、六必居:北京著名菜园的字号。

[6]　聊胜于无:比完全没有好一点。聊,略微。

[7]　爱伦堡(1891—1967):苏联作家,作品有《解冻》等。

[思考练习]

一、本文内容丰富,涉及面广。朗读课文,然后用自己的话说说文章写了哪些内容。

二、体会下面各句中加点词语的作用,说说假如去掉这些词语表达效果有什么不同。

1. 白萝卜最能消食通气。

2. 我们那里,几乎家家都要腌萝卜干。

3. 它的形状很好玩,圆圆的,比一个鸽子蛋略大。

4. 穿心红萝卜,粗如黄酒盏,长可三四寸……

5. 萝卜极脆嫩,有甜味,富水分。

6. 她不时用炊帚洒一点水,萝卜总是鲜红的。

三、课文巧妙地运用了顺口溜、谚语、俗语等,增添了文章的情趣。举例说明它们的表达作用。课后请收集这类句子,可以在小组活动中交流。

四、下边两段文字都是写萝卜的,比较阅读后说说这两段文字所用的描写方法有什么不同。

我们家乡有一种穿心红萝卜,粗如黄酒盏,长可三四寸,外皮深紫色,里面的肉有放射形紫红纹,紫白相间,若是横切开来,正如中药里的槟榔片,(卖时都是直切)当中一线贯通,色极深,故名穿心红。

心里美萝卜是北京特色。1948年冬天,我到了北京,街头巷尾,每听到吆喝:"哎——萝卜,赛梨来——辣来换……"声音高亮辽远。看来在北京做小买卖的,都得有条好嗓子。卖"萝卜赛梨"的,萝卜都是一个一个挑选过的,用手指头一弹,当当的;一刀切下去,咔嚓嚓的响。

五、文中写了萝卜的哪些吃法?想一想作者为什么不惜笔墨大写特写萝卜的吃法?

写作训练(五)

散 文 写 作

——写景状物的要点

写作范围

写一篇写景或状物的文章。

写作指导

　　写景状物就是用叙述、描写的语言把景和物的状态、特征等具体地描绘出来。仔细观察、准确把握景和物的特征，是写好文章的前提。只有经过仔细的观察，才能了解所要反映的事物，才能写得具体、写得真切。观察景物要确定观察点。景和物有的处于相对静止状态，有的处于显著变动状态。观察景物的观察点可以固定在某一位置上，平视、仰视、俯视或环视；也可以沿着一定的路线，在不同的位置上观察，可以从景和物的位置、形状、形态、声音、色彩、气味等方面的变化；还可以将此处的景和物与其他的景和物进行比较，在比较中发现各自的不同特征。写作时要抓住描写对象的这些特征，或粗线条地勾勒出轮廓，揭示其特点；或从不同侧面作精雕细刻的描绘。这样才能给人留下深刻的印象。

　　写景状物必须安排好顺序，先写什么后写什么要根据表达的需要作通盘考虑。通常以空间方位安排顺序比较多，根据观察点的变化由近及远，自下而上，从外到内进行叙述和描写。也可以按时间顺序、景物的类别来写。

　　为了把景、物写得生动、形象、具体，写作时可以综合运用叙述、描写、说明、抒情、议论等表达方式，也可以借助比喻、夸张、摹状等方法。一些状物的文章还可用拟人的修辞方法，把动物、植物等当成有思想感情的人来写。

　　人们的思想感情往往与周围事物有着这样那样的联系，写作时如果通过对某种景物、植物或器物的描绘，抒发作者的思想感情，就能使文章具有一定的深度。写景中的抒情有寓情于景和即景抒情两种。寓情于景是把由景物引起的强烈感受或某种情绪自然地融合在景物的描写之中。即景抒情是面对景物直接抒发内心的感情。状物可以借助于对物的描绘来表达人的思想感情，这就是人们通常说的借物抒情或托物言志。

参考题目

　　1. 故乡的秋天

　　2. 校园风景线

　　3. 我最喜爱的××（××可以是某种动物或某种植物，也可以是某种器物）

例文

我喜欢这里的秋天

　　下雨了，好大的雨呀！这是秋天的雨……

　　家家户户的窗户上挂起了雨丝织成的窗帘；无数的屋檐上泻落着雨的瀑布；门前的积水也像小溪流淌似的。到处是雨——秋天的雨。

　　我多么喜欢这儿秋天的雨呀。这天山北麓的秋天的雨，清凉晶莹，珍珠似的。它不似江南的秋雨那么缠绵，淅淅沥沥，无日无夜，无休无止，令人惆怅莫名；它不似北国的春雨细不成珠，叫人联想起冬日里尖厉的风雪。北疆的秋雨，它不缠绵，倒反使人觉得它多情。它洒在炎炎盛夏之后，像是给忙碌了一春一夏的田野、城市洗尘换装。

　　雨还没停，太阳却从云层中钻出来了，霎时，天空里闪烁着璀璨的光芒，太阳给雨滴披上了美丽绚烂的外衣。红的，黄的，绿的，蓝的……多美啊！抬头望去，天上的雨仿佛是节日的礼花,绚丽缤纷,而这些礼花很快落到了地上,没了。渐渐地,礼花越来越小,最后终于没有了。啊,雨停了。

这时候,你会呼吸到湿润的、沁人肺腑的秋天的空气,吸一口,你就会觉得凉爽异常。天上的雨停了,路两边白杨树上还在滴答,雨点像夜明珠,在阳光下闪闪发光。啊! 多美啊! 我连忙招呼弟弟、妹妹到外面去,摇门口的那两棵白杨树,"哗哗",好凉啊! 一颗颗明珠,被我摇下,落在我们脸上、脖子里,落在我们身上的"倏"地一下便不见了。

这时,我家的小花园里的花更觉得着实可爱。那粉红的、米黄的、雪白的、鲜红的花儿都绽开了一张张笑脸,在争妍斗艳,好像都知道属于它们的时光将尽,因而都争着要在生命即将结束的时候,再给人们以美的享受;它们都把头昂得高高的,在领受着秋阳的温暖的爱抚。我完全陶醉在秋雨之后的美妙景致中了。

天暗下来了,屋外秋风飒飒地吹动着树叶儿,好像在为欲睡的人们唱着催眠歌。我一点睡意也没有,望着这美丽的夜空,心里发出一阵阵欢呼:啊! 我们这里的秋天多美呀,那美丽晶莹的雨,那美丽娇艳的花,还有这墨蓝的美丽的夜空。就这,够多么招人喜爱 ! 且不说还有那金色原野上丰收的粮棉;还有那缀红叠翠、十里飘香、闻名世界的瓜果。

我多么喜欢这儿的秋天呀,我望着这深邃的墨蓝的天空,浮起无边的遐想。

课外练笔参考题

1. 雨之趣
2. 路
3. 走进春天

知识拓展(七)

和谐自然

说到"和谐",或许你会以为这是一个抽象的笼统的概念,令人难以体会到它真正意义的所在。或许你看完下面的内容,就会清楚明了地知道什么才是和谐。

弱肉强食,这或许是人类为大自然下的一个定义。的确,弱小的生物必定是强大生物的腹中之食。但是,这环环紧扣的食物链同样是大自然的一种和谐。当青蛙大量死亡,就会产生蝗灾,残食庄稼,使人类陷入粮食危机,从而使粮价飞涨,难免还会出现金融危机。

美国佛尔顿一条叫做马尔丁的偏僻道路上,无数的车辆被堵塞。原因是要给蛇让路。原来,建这条公路时,破坏了蛇群的"通道"。那一年,不仅屡屡发生蛇伤人事件,而且佛尔顿的北部还出现了粮食歉收,老鼠泛滥成灾的现象——原因则是蛇太少!

黄河,我们的母亲河,淤泥堆积,这也是国人打破和谐的结果。在黄河上游,水质清澈,透明见底。但在她流经黄土高原时,成堆的泥沙泄入水中,使她变得浑浊不堪。而黄土高原在数百年前,数千年前,也是一片绿色。也正是因为人类砍伐,才导致水土流失,泥沙淤积在黄河。

瞧,这难道不是典型的人类破坏了自己与自然的和谐而导致自己的利益受损的例子吗？

但，你思考过吗？为什么人类会去破坏食物链？破坏自己与自然的和谐？为什么人类会如此不顾自然的安危呢？

其一，许多人对食物链的认识不够透彻，不够了解。不真正明白什么才是食物链！其二，也是最重要的，人类有着无穷的欲望。有人为了满足金钱的欲望，捕杀大象，残忍地用锯子锯下了象牙去制作工艺品，获取大量的金钱。当然，也有人为了享受，花重金去购买貂皮、豹皮、虎皮大衣。正因为如此，才会有许许多多的人去捕杀贩卖，将那些可爱善良的动物置于死地。还有人却仅仅为了发泄自己的愤怒而去虐待那些娇小玲珑，对人类来说毫无反抗力的小动物。当然，也有人是为了娱乐、为了自己的闲情而去狩猎。如此多的事例，说到底就是人类为了满足自己无穷无尽的欲望。

但是——人类的发展也正是因为人类有着无穷的欲望。有人因为懒于走路，而发明了电梯、汽车、火车、飞机。有人为了享受发明了按摩椅、空调等。而促使人类快速进步的战争也同样是源于欲望——落后就要受到那些强大的、充满欲望的国家欺负。于是，不断发展、创造，建立自己在国际上的地位。所以，没有欲望便不会进步、发展。

在你为了满足自己欲望而发展的同时，破坏是不可避免的。但如果在破坏的同时，也注意去保护自然，植树造林，放生动物，那么，这就进入了一个良性的循环。如同当年大兴安岭的工人所说的"我们伐木取材，也造林护树，一手砍，一手栽"。我们也应该保护我们自己的大自然。

大自然如同一个十分严密的方程式，还似一条粗长的铁链。总是一环扣一环，环环紧扣，缺一不可。方程式的不完整，便会影响解题，导致结果的偏差。铁链一旦生锈，便会断开，也就失去它所能起到的作用，在关键时刻造成重大损失。所以，我们人类不应该刻意去破坏大自然的和谐，在破坏它的同时，我们人类的利益实际上也受到了巨大的损失。我们更要去保护大自然，建立一个人类与自然和谐的关系。

说到这里，想必你也一定明白什么才是真正的和谐了吧？

第九单元

走近科学

马克思说："科学是一种在历史上起推动作用的革命的力量。"邓小平也说："科学技术是第一生产力。"两位伟人的论述都指出了科学对社会进步的巨大作用。我们是跨世纪的新一代,用科学知识武装起我们的大脑,才能肩负起历史赋予我们的责任。

叶圣陶先生的《景泰蓝的制作》采用程序顺序,依次介绍景泰蓝制作的几道工序,综合运用了举例子、打比方、列数字等说明方法,使我们对这种工艺品的制作过程有了一个初步的了解。吴晗的《古代的服装及其他》向我们介绍了古代服装的有关知识,采用了逻辑顺序,运用了举例子、分类别、作比较的说明方法。法国科普作家法布尔的《意大利蟋蟀》是一篇文艺性说明文,介绍了意大利蟋蟀发声迷人的原理,作者运用了多种修辞格,使文章语言生动活泼,采用逻辑顺序,运用打比方、描述等说明方法,增强了说明的效果。

另外两篇课外阅读篇目,《现代自然科学中的基础学科》介绍了现代自然科学中物理和数学的基础作用,《沙漠里的奇怪现象》运用科学的原理向我们说明了"海市蜃楼"和"鸣沙"的奇异现象。

1.

景泰蓝的制作[1]

叶圣陶

[阅读提示]

景泰蓝是我国传统手工艺品中的一朵奇葩,它以制作精细,工艺精湛驰名中外。

课文是介绍景泰蓝的制作情况的。作者以制作过程为序,有条不紊地介绍了制胎、掐丝、点蓝、烧蓝、打磨、镀金这六道工序。阅读时要注意比较,哪些工序写得详细,哪些工序写得简略,想想作者这样处理的原因是什么。

景泰蓝的制作工艺精细而复杂,为了能将其通俗易懂地介绍给读者,作者还综合运用了多种说明方法。阅读时要注意比较各种说明方法的不同表达作用。

文章语言口语化,体现了准确、通俗、自然的特点。作者就像一位高明的讲解员,娓娓道来,如同在景泰蓝制作现场给参观者解说一般。

一天下午，我们去参观北京市手工业公司实验工厂。粗略地看了景泰蓝的制作过程。景泰蓝是多数人喜爱的手工艺品，现在把它的制作过程说一说。

景泰蓝拿红铜做胎[2]，为的红铜富于延展性，容易把它打成预先设计的形式，要接合的地方又容易接合。一个圆盘子是一张红铜片打成的，把红铜片放在铁砧[3]上尽[4]打尽打，盘底就注[5]了下去。一个比较大的花瓶的胎分作几截[6]，大概瓶口、瓶颈的部分一截，瓶腹鼓出的部分一截，瓶腹以下又是一截。每一截原来都是一张红铜片。把红铜片圈起来，两边重叠，用铁椎尽打，两边就接合起来了。要圆筒的哪一部分扩大，就打哪一部分，直到符合设计的意图为止。于是让三截接合起来，成为整个的花瓶。瓶底可以焊上去，也可以把瓶腹以下的一截打成盘子的形状，那就有了底，不用另外焊了。瓶底下面的座子，瓶口上的宽边，全是焊上去的。至于方形或是长方形的东西，像果盒、烟卷盒之类，盒身和盖子都用一张红铜片折成，只要把该接合的转角接合一下就是，也不用细说了。

制胎的工作其实就是铜器作[7]的工作，各处城市大都有这种铜器作，重庆还有一条街叫打铜街。不过铜器作打成一件器物就完事，在景泰蓝的作场里，这只是个开头，还有好多繁复的工作在后头呢。

第二步工作叫掐丝，就是拿扁铜丝（横断面是长方形的）粘在铜胎表面上。这是一种非常精细的工作。掐丝工人心里有谱，不用在铜胎上打稿，就能自由自在地粘成图画。譬如粘一棵柳树吧，干和枝的每条线条该多长，该怎么弯曲，他们能把铜丝恰如其分地剪好曲好，然后用钳子夹着，在极稠的白芨浆[8]里蘸一下，粘到铜胎上去。柳树的每个枝子上长着好些叶子，每片叶子两笔，像一个左括号和一个右括号，那太细小了，可是他们也要细磨细琢地粘上去。他们简直是在刺绣，不过是绣在铜胎上而不是绣在缎子上，用的是铜丝而不是丝线、绒线。

他们能自由地在铜胎上粘成山水、花鸟、人物种种图画，当然也能按照美术家的设计图样工作。反正他们对于铜丝好像画家对于笔下的线条，可以随意驱遣，到处合适。美术家和掐丝工人的合作，使景泰蓝器物推陈出新，博得多方面人士的爱好。

粘在铜胎上的图画全是线条画，而且一般是繁笔，没有疏疏朗朗只用少数几笔的。这里头有道理可说。景泰蓝要涂上色料，铜丝粘在上面，涂色料就有了界限。譬如柳条上的每片叶子由两条铜丝构成，绿色料就可以填在两条铜丝中间，不至于溢出来。其次，景泰蓝内里是铜胎，表面是涂上的色料，铜胎和色料，膨胀率[9]不相同。要是色料的面积占得宽，烧过以后冷却的时候就会裂。还有，一件器物的表面要经过几道打磨的手续，打磨的时候着力重，容易使色料剥落。现在在表面粘上繁笔的铜丝图画，实际上就是把表面分成无数小块，小块面积小，无论热胀冷缩都比较细微，又比较禁得起外力，因而就不至于破裂、剥落。通常谈文艺有一句话，叫内容决定形式。咱们在这儿套用一下，是制作方法和物理决定了景泰蓝掐丝的形式。咱们看见有些景泰蓝上面的图案画，在图案画以外，或是红地，或是蓝地，只要占的面积相当宽，那里就嵌几条曲成图案形的铜丝。为什么一色中间还要嵌铜丝呢？无非使较宽的表面分成小块罢了。

粘满了铜丝的铜胎是一件值得惊奇的东西。且不说自在画[10]怎么生动美妙，图案画怎么工整细致，单想想那么多密密麻麻的铜丝没有一条不是专心一志粘上去的，粘上去以前还得费尽心思把它曲成最适当的笔画，那是多么大的工夫！一个二尺半高的花瓶，掐丝就要花四五十个工。咱们的手工艺品往往费大工夫，刺绣，刻丝，象牙雕刻，全都在细密上显能耐。掐丝跟这些工作比起来，可以说不相上下，半斤八两。

刚才说铜丝是蘸了白芨浆粘在铜胎上的，白芨浆虽然稠，却经不住烧，用火一烧就成了灰，铜丝就全都落下来了，所以还得焊。先在粘满了铜丝的铜胎上喷水，然后拿银粉、铜粉、硼砂三种东西拌和，均匀地筛在上边，放到火里一烧，白芨成了灰，铜丝就牢牢地焊在铜胎上了。

随后就是放到稀硫酸里煮一下，再用清水洗。洗过以后，表面的氧化物和其他脏东西都去掉了，涂上的色料才可以紧贴着红铜，制成品才可以结实。

于是轮到涂色料的工作了，他们管这个工作叫点蓝。涂上的色料有好些种，不只是一种蓝色料，为什么单叫点蓝呢？原来这种制作方法开头的时候多用蓝色料，当时叫点蓝，就此叫开了（我们苏州管银器上涂色料叫发蓝，大概是同样的理由）。这种制品从明朝景泰年间十五世纪中叶开始流行，因而总名叫景泰蓝。

用的色料就是制颜色玻璃的原料，跟涂在瓷器表面的釉料相类。我们在作场里看见的是一块块不整齐的硬片，从山东博山运来的。这里头基本质料是硼砂、硝石和碱，因所含的金属矿质不同，颜色也就各异，大概含铁的作褐色，含铀的作黄色，含铬的作绿色，含锌的作白色，含铜的作蓝色，含金含硒的作红色……

他们把那些硬片放在铁臼里捣碎研细，筛成细末应用。细末里头不免搀和着铁臼上磨下来的铁屑，他们利用吸铁石除掉它。要是吸得不干净，就会影响制成品的光彩。看来研磨色料的方法得讲求改良。

各种色料的细末都盛在碟子里，和着水，像画家的画桌上一样，五颜六色的碟子一大堆。点蓝工人用挖耳似的家伙舀着色料，填到铜丝界成的各种形式的小格子里。大概是熟极了的缘故，不用看什么图样，自然知道哪个格子里该填哪种色料。湿的色料填在格子里，比铜丝高一些。整个表面填满了，等它干燥以后，就拿去烧。一烧就低了下去，于是再填，原来红色的地方还是填红色料，原来绿色的地方还是填绿色料。要填到第三回，烧过以后，色料才跟铜丝差不多高低。

现在该说烧的工作了。涂色料的工作既然叫点蓝，不用说，烧的工作当然叫烧蓝。一个烧得挺旺的炉子,燃料用煤,炉膛比较深,周围不至于碰着等着烧的铜胎。烧蓝工人把涂好色料的铜胎放在铁架子上,拿着铁架子的弯柄,小心地把它送到炉膛里去。只要几分钟工夫,提起铁架子来,就看见铜胎全体通红,红得发亮,像烧得正旺的煤。可是不大工夫红亮就退了,涂上的色料渐渐显出它的本色,红是红绿是绿的。

涂了三回烧了三回以后,就是打磨的工作了。先用金刚砂石水磨,目的在使成品的表面平整。所谓平整,一是铜丝跟涂上的色料一样高低,二是色料本身也不许有一点儿高高洼洼。磨过以后又烧一回,再用磨刀石水磨。最后用椵木炭水磨,目的在使成品的表面光润。椵木木质匀净,用它的炭来水磨,成品的表面不起丝毫纹路,越磨越显得鲜明光滑。旁的木炭都不成。

椵木炭磨过,看来晶莹灿烂,没有一点儿缺憾,成一件精制品了,可是全部工作还没完,还得镀金。金镀在全部铜丝上,方法用电镀。镀了金,铜丝就不会生锈了。

全部工作是手工,只有待打磨的成品套在转轮上,转轮由马达带动的皮带转动,算是借一点儿机械力。可是拿着蘸水的木炭、磨刀石挨着转动的成品,跟它摩擦,还得靠打磨工人的两只手。起瓜楞[11]的花瓶就不能套在转轮上打磨,因为表面有高有低,洼下去的地方磨不着。那非纯用手工打磨不可。

1955 年 3 月 22 日

[注释]

[1]　选自《叶圣陶集》第七卷(江苏教育出版社 1987 年版)。叶圣陶(1894—1988),原名叶绍钧,江苏省苏州人。现代著名作家、教育家。代表作品有长篇小说《倪焕之》,短篇小说《潘先生在难中》,童话《稻草人》、《古代英雄的石像》等。

[2]　胎:器物的粗坯。

[3]　铁砧(zhēn):捶东西或砸东西的时候垫在底下的铁器。

[4]　尽(jǐn):方言,老是,总是。

[5]　洼:这里指低凹、深陷。

[6]　截:这里指段、节。

[7]　铜器作:制造铜器的作坊。

[8]　白芨(jī)浆:一种黏合剂。白芨,多年生草本植物,地下块茎白色。

[9]　膨胀率:表示物体受热时其长度或体积增大程度的物理量。

[10]　自在画:比较自由、不受拘束的画,与图案画相对。

[11]　楞(léng):同棱。

[思考练习]

一、为下面的三组多音多义字注上读音。

1. 尽打(　　)　　　　费尽心思(　　)

2. 禁得起外力(　　)　　还得焊(　　)

得讲求改良(　　)　　得到(　　)

3. 盒身和盖子(　　)　　和面(　　)　　和诗(　　)

和泥(　　)　　　　换和(　　)　　连和三局(　　)

二、下面甲组是课文说明每道工序开头的一句话,如果改成乙组的说法好不好? 试加比较,并说说为什么?

甲组

1. 景泰蓝拿红铜作胎。

2. 第二步工作叫掐丝。

3. 于是轮到涂色料的工作了,他们管这个工作叫点蓝。

4. 现在该说烧的工作了。

5. 涂了三回烧了三回以后,就是打磨的工作了。

6. 椴木炭磨过,看来晶莹灿烂,没有一点儿缺憾,成一件精制品了,可是全部工作还没完,还得镀金。

乙组

1. 第一步工作叫制胎。

2. 第二步工作叫掐丝。

3. 第三步工作叫点蓝。

4. 第四步工作叫烧蓝。

5. 第五步工作叫打磨。

6. 第六步工作叫镀金。

三、判别下列句子各用了哪种说明方法。

1. 譬如粘一棵柳树吧,干和枝的每条线条该多长,该怎么弯曲,他们能把铜丝恰如其分地剪好曲好,然后用钳子夹着,在极稠的白芨浆里蘸一下,粘到铜胎上去。

2. 柳树的每个枝子上长着好些叶子,每片叶子两笔,像一个左括号和一个右括号,那太细小了……

3. 他们简直是在刺绣,不过是绣在铜胎上而不是绣在缎子上,用的是铜丝而不是丝线、绒线。

4. 只要几分钟工夫,提起铁架子来,就看见铜胎全体通红,红得发亮,像烧得正旺的煤。

5. 这里头基本质料是硼砂、硝石和碱,因所含的金属矿质的不同,颜色也就各异。大概含铁的作褐色,含铀的作黄色,含铬的作绿色,含锌的作白色,含铜的作蓝色,含金含硒的作红色……

四、从"精细"、"细微"、"细致"、"细密"这组近义词中挑选最恰当的分别填入下列句子的空格内,每个词只能用一次。填完后,再对照课文,看看有无不同,体会作者用词的精当。

1. 咱们的手工艺品往往费大工夫,刺绣,刻丝,象牙雕刻,全都在_____上显能耐。

2. 且不说自在画怎么生动美妙,图案画怎么工整_____,单想想那么多密密麻麻的铜丝没有一条不是专心一志粘上去的……那是多么大的功夫。

3. 小块面积小,无论热胀冷缩都比较_____,又比较禁得起外力,因而就不至于破裂、剥落。

4. (掐丝)这是一种非常_____的工作。

2.

古代的服装及其他[1]

吴　晗

[阅读提示]

　　这是一篇介绍古代文化知识的说明文。文章旨在说明封建社会里服装、住房、交通工具等都有着阶级和等级的差别,统治阶级作出这种种规定,是为了维护封建秩序。文章重点放在对古代服装的介绍上,同时又简略涉及住房和交通工具方面,所以标题用了"古代的服装及其他"。全文紧扣标题,主次分明,重点突出。

　　从文章的说明顺序来看,作者先是具体说明服装的质料、颜色、花饰等方面的讲究,再说明之所以有这些讲究的原因,从而揭示服装之类与封建统治秩序之间的关系,这是一种由果及因,由表及里的逻辑顺序。文章第一部分谈服装,先是总说后是分说,这是另外一种关系的逻辑顺序。

　　阅读本文,还要体会文中恰当运用分类别、作比较等说明方法的好处。

　　在封建社会里,也和今天一样,人人都要穿衣裳。但是,有一点不同,衣裳的质料、颜色、花饰有极大讲究,不能随便穿,违反了制度,就会杀头,甚至一家子都得陪着死。原来那时候,衣裳也是表示阶级身份的。

　　以质料而论,绸、缎、绵、绣、绡[2]、绮[3]等等都是统治阶级专用的,平民百姓只能穿布衣。以此[4],"布衣"就成为平民百姓的代名词了。有些朝代还特地规定,做买卖的,即使买得起,也禁止用丝质材料。

　　以颜色而论,大红、鹅黄、紫、绿等是统治阶级的"专利"。因为这些颜色的染料国内产量少,得从南洋等地进口,价格很贵。皇帝穿黄袍,最高级的官员穿大红、大紫,以下的官员穿绿,皂隶[5]穿黑。至于平民百姓,就只好穿白了,以此"白衣"也成为平民百姓的代名词。

　　至于花饰,在袍子上刺绣或者织成龙、凤、狮子、麒麟[6]、蟒、仙鹤、各种各样的鸟等等,也是按贵族、官僚的地位和等级分别规定的。平民百姓连绣一条小虫儿小鱼儿也不行,更不用说描龙画凤了。不但如此,在统治阶级内部,也有极大讲究,例如龙袍,只有皇帝才能穿,绣着凤的衣服,只有皇后才配穿,即使是最大的官僚,如穿这样的服装,就犯"僭用[7]""大逆不道[8]"的罪恶,非死不可。

　　北宋时有一个大官僚,很能办事,也得到皇帝信任。有一次多喝了一点酒,不检点[9]穿件黄衣服,被人看见告发,几乎闯了大祸。

　　明太祖杀了很多功臣,其中有几个战功很大的,被处死的罪状之一是僭用龙凤服饰。

　　本来,贵族、官僚和平民都一样长着眼睛鼻子,一样黄脸皮、黑头发,一眼看去,如何能分出贵贱来?惟一区别的办法是用衣裳的质料、色彩、花饰来作为等级地位的标志;特别是花饰,官服的前胸绣上动物图案,文官用鸟,武官用兽,又按品级[10]分别规定哪一级用什么鸟什么兽,是一点也不能含糊的。这样,不用看面貌,一看衣裳的颜色和花饰就知道是什么地位的贵族、什么等级的官员了。当然，衬配着衣裳的还有帽子、靴子，例如皇帝的平天冠，皇后和贵族妇女的凤冠，官员的纱帽、朝靴[11]，以及身上佩带的紫金鱼袋或者帽上的翎毛。此外坐车和轿子的装饰，抬轿的人数，房子的高度，间数的多少，用什么瓦之类，都有等级的区别。

在北京，许多旧建筑，主要是故宫，盖的是黄琉璃瓦，这种房子只有皇帝才能住，要不，就是供奉死去的皇帝的，例如帝王庙。神佛也被优待，像北海的天王殿也用琉璃瓦，不过是杂色的。

为了确保专用的权利，历代史书上都有舆服志[12]这一类的专门记录，在法律上也有专门的条款。

各个阶级的人们按规定穿用不同的服装，住不同的房子，使用不同的交通工具，绝对不许乱来。遵守规定的叫合于礼制，否则就是犯法。合于礼制的意思，就是维护封建秩序。但是，也有例外，例如在统治阶级控制力量削弱的时候，富商大贾[13]突破规定，乱穿衣裳，模仿宫廷和官僚家庭打扮，或者索性拿钱买官爵，穿着品官[14]服装，招摇过市[15]。至于农民起义后，起义的人们根本不管这一套，爱穿什么就穿什么，那就更不用说了。

如今这些封建礼制都已经成为历史陈迹了。宫殿、王府、大官僚的邸第[16]还可以看到，只是已经变了性质，例如故宫和天王殿都成为博物馆，帝王庙办了中学，成为人民大众游览和学习的场所了。至于古代服装，除了在博物馆可以看到一些以外，人们只能在舞台上看到了。

[注释]

[1] 选自《灯下集》(《吴晗文集》第四卷，北京大学出版社 1988 年版)，有改动。吴晗(1909—1969)，原名春晗，字伯辰。浙江省义乌人。中国现代著名历史学家、社会活动家。主要著作有：《读史札记》《投枪集》《灯下集》《春天集》《吴晗历史论著选集》等。

[2] 绡(xiāo)：生丝织品。

[3] 绮(qǐ)：有花纹或图案的丝织品。

[4] 以此：因此。以，因。

[5] 皂隶：旧时衙门里的差役。

[6] 麒麟：古代传说中的一种动物，形状像鹿，头上有角，全身有鳞甲，有尾。古人用它象征祥瑞。

[7] 僭(jiàn)用：封建时代指地位在下的冒用地位在上的名义或礼仪、器物。僭，超越本分。

[8] 大逆不道：封建统治者对犯上谋反、破坏封建秩序的人所加的重大罪名。

[9] 检点：这里是注意约束的意思。

[10] 品级：古代官吏的等级。

[11] 朝靴：朝见君主时穿的礼靴。

[12] 舆服志：史书中记载车服制度的部分。

[13] 贾(gǔ)：商人。古时特指坐商。

[14] 品官：有品级的官员。魏晋以后，官员一般分为九品。

[15] 招摇过市：经过人多的地方故意炫耀自己、张大声势，以引人注意。

[16] 邸(dǐ)第：高级官员的住所。第，封建社会官僚贵族的大宅子。

[思考练习]

一、逻辑顺序常常带有一定的灵活性，如说明事物之间的因果关系，可以由因及果，也可以由果及因。课文由果及因地说明了古代服装与封建礼制之间的关系,如果改成由因及果地说,文章的顺序应如何调整,试具体地说一说。

二、课文多处使用了作比较的说明方法,找几个例子,说一说它们的表达效果。

三、本文介绍古代文化知识时多用口语,让人读起来觉得轻松自然,试从文中找出一两个例子。

四、说明文讲究用词的准确、严密,试具体说说下列句子中加点词语运用的好处。

1. 不但如此,在统治阶级内部,也有极大讲究,例如龙袍,只有皇帝才能穿,绣着凤的衣服,只有皇后才配穿……

2. 明太祖杀了很多功臣,其中有几个战功很大的,被处死的罪状之一是僭用龙凤服饰。

3. 惟一区别的办法是用衣裳的质料、色彩、花饰来作为等级地位的标志;特别是花饰,官服的前胸绣上动物图案,文官用鸟,武官用兽,又按品级分别规定哪一级用什么鸟什么兽,是一点也不能含糊的。

4. 至于古代服装,除了在博物馆可以看到一些以外,人们只能在舞台上看到了。

五、读下面的文字,试与课文"古代的服装"相关部分作对照比较,说说它们在说明内容和说明方法上的异同。

裘和袍是御寒的衣服。古人穿裘,毛是向外的,否则不容易看见裘毛的色泽。在行礼或接见宾客时,裘上加一件罩衣,叫做裼(xī)衣,否则被认为不敬,裼衣和裘,颜色要相配,所以《论语·乡党》说:"缁(zī,黑色)衣,羔裘;素衣,麑(ní,小鹿)裘;黄衣,狐裘。平常家居,裘上不加裼衣,庶人穿犬羊之裘,也不加裼衣。"

袍是长袄,据说里面铺的是乱麻。一般说来,穷到穿不起裘的人才穿袍。汉以后有绛纱袍、皂纱袍,袍成了礼服了。

上古时代还不懂得种棉花。所谓"絮",所谓"绵",都只是丝绵。因此,上古所谓布并不是棉织品,而是麻织品或葛(葛麻,一种草本植物)织品。帛则是丝织品的总称。布与帛也形成了低级衣服与高级衣服的对比,贫贱的人穿不起丝织品,只能穿麻织品,所以"布衣"成了庶人的代称。最粗劣的一种衣服称为"褐(hè)",这是用粗毛编织的,所以贫苦的人被称为"褐夫"。

3.

意大利蟋蟀[1]

法布尔

[阅读提示]

蟋蟀鸣叫的声音人们大都听到过,但很少有人像法布尔那样认真地去研究。作者带着欣赏、赞美的感情,介绍了意大利蟋蟀的生活习性、发声器官和发声原理。学习本文能够进一步激发我们热爱大自然、关心和保护生物的情感。

　　本文是一篇科学小品,它的语言生动活泼,富于形象性和趣味性。作者一方面借助拟人手法和各种说明方法;另一方面使用许多具有鲜明感情色彩、绘声绘色的语句,使说明的内容具体生动,便于理解。但是,说明文的语言无论如何生动有趣,都不能违背准确、周密的要求,不能违背客观实际。例如,对于蟋蟀,称它为演奏家就比称为歌唱家确切一些,但如果称为舞蹈家、美术家,就完全脱离实际了。阅读时要体会课文是怎样把准确的描述与生动的语言结合在一起的。

　　我们镇子里见不到家蟋蟀,它是乡间面包房和灶台的常客。然而,尽管壁炉下的石板缝哑然无声,这寂寞还是能得到补偿的:夏夜里,原野上,到处听得见一种调式简单重复,然而情致陶冶人心的乐曲,这音乐在北方可难得听到。春天,在太阳当空的时间里,有交响乐演奏家乡野蟋蟀献艺;夏天,在静谧[2]怡人的夜晚,大显身手的交响乐演奏家是意大利蟋蟀。演日场的在春天,演夜场的在夏天,两位音乐家把一年的最好时光平分了。头一位的牧歌演季刚一结束,后一位的夜曲演季便开始了。

　　意大利蟋蟀与蟋蟀科昆虫的某些特征不大一致,这表现在它的服装不是黑色的,它的体型不那样粗笨。这虫种体形修长,体格纤弱,体色苍白,周身穿戴几乎是白色的,这与它夜间活动的习惯相符。即使把它轻轻捏在指间,人们也担心会挤破。它栖驻在各种小灌木上,或者高高的草株上,过着悬空生活,极少下到地面上来。从七月到十月,每天自太阳落山开始,一直持续大半夜,它都在那里奏乐。在闷热的夜晚,这演奏正好是一台优雅的音乐会。

　　我们这里的人,都听过它的奏鸣曲,因为只要是有一点儿荆棘丛的地方,就有它的交响乐队。这昆虫有时竟在房屋的顶楼上高声奏响,那是它顺着干草摸爬,结果在那里走失了。这苍白蟋蟀的习俗很神秘,谁也说不准耳边听到的小夜曲,究竟是从哪儿传出来的。有人完全误以为这声音是普通蟋蟀的鸣唱,殊不知,普通蟋蟀眼下还十分幼嫩,尚不会发声。

　　乐曲由一种轻柔缓慢的鸣叫声构成,听起来是这样的:咯哩——咿咿咿,咯哩——咿咿咿。由于带颤音,曲调显得更富于表现力。凭这声音你就能猜到,那振膜一定特别薄,而且非常宽阔。如果没什么惊扰,它安安稳稳呆在低低的树叶上,那叫声便会始终如一,绝无变化;然而只要有一点儿动静,演奏家仿佛立刻就把发声器移到肚子里去了。你刚才听见它在这儿,非常近,近在眼前;可现在,你突然又听到它在远处,二十步开外的地方,正继续演奏它的乐曲;你以为是距离拉开后,使音量显得弱了。

　　你赶快跑过去。结果什么也没有。声音仍然从第一个地点发出来。事情愈发蹊跷[3]。这一回你再听,声音又从左边传来,可又像是从右边传来的,或许是从后边传来的吧。你完全摸不着头脑了,已经无法凭听觉,找到这虫类正在唧唧作声的准确位置。要想捕捉这演奏歌曲的,必须具备足够的耐心,采取防止意外的周密措施,然后才能再借助提灯的光亮来行动。如上条件都具备以后,我捉到那么几只意大利蟋蟀,投放到笼子里;这之后,我才得以了解到一点儿情况,一点儿有关演技高超到迷惑我们耳朵的演奏家的情况。

　　两片鞘翅[4]都是干燥的半透明薄膜,薄得像葱头的无色皮膜,可以整体振动。其形状像侧置的弓架,处于蟋蟀上身的一端逐渐变窄。弓架从上端开始,依一条粗实的经翅脉的弧形走向，先折成一处直角，然后再以鞘翅凸边的形式，沿体侧向下顺延，直到身体末端。弓架形成的凸边，刚好在蟋蟀采取休息姿势时能包住体侧。

右鞘翅在上，左鞘翅重叠在它下面。右鞘翅内侧，在靠近翅根的地方，有一块胼胝[5]硬肉。从胼胝那里，放射出五条翅脉，其中两条上行，两条下行，另一条基本呈横切走向。横向翅脉略显橙红颜色，它是最主要的部件，说白了就是琴弓。这一点，只要看看它是嵌在若干细褶纹之间的，我们就明白了。鞘翅的其他部位上，还有几条不那么粗的翅脉，它们撑着铺展开的翅膜，不属于摩擦器的组成部分。

左鞘翅，或称下鞘翅，结构与右鞘翅基本相同；其不同之处在于，左鞘翅的琴弓、胼胝，以及从胼胝放射出来的翅脉，全部显现在翅膜的上一面。左右两只鞘翅是斜向交叉着的。

虫鸣大作之际，两只鞘翅始终高高抬起，其状宛如宽大的纱罗布船帆。两片翅膜，只有内侧边缘重叠在一起。两支琴弓，一只在上一只在下，斜向铰动摩擦，于是支展开的两个膜片产生了发声振荡。

上鞘翅的琴弓在下鞘翅上摩擦，同样，下鞘翅的琴弓在上鞘翅上摩擦；摩擦点时而是粗糙的胼胝，时而是四条平滑的放射状翅脉中的某一条，因此，发出的声音会出现音质变化。这大概已经部分地说明问题了：当这胆小的虫类处于警戒状态时，它的鸣唱就会使人产生幻觉，让你以为此时声音既好像从这儿传来，又好像从那儿传来，还好像从另外一个地方传来。

音量的强弱变化，音质的亮闷转换，以及由此造成的距离变动感，这些都给人以幻觉；而这恰恰就是腹语大师的艺术要诀。但是，这幻觉的产生自然还有别的原理，那原理也并不难发现。鞘翅高抬，声音响亮；鞘翅略降，声音转闷。鞘翅低压的时候，左右凸边高度不一地搭垂在柔软躯体的两侧上，这就大大缩小了振荡部位的面积，同时也就削弱了声响。

手指贴近被敲响的玻璃杯，那声音会变得发闷，不再那么响亮；而隐约作响的声音，听起来则仿佛是从远处传来的。我们的苍白蟋蟀，掌握这个声学诀窍。它把振荡片的凸边往两侧肚皮肉上一贴，就让寻找它的人摸不着头脑了。我们的乐器有各种制音器和消音器；意大利蟋蟀的制音消音器，不仅能和我们的媲美[6]，而且比我们的用法更简便，效果更理想。乡野蟋蟀及其同属，也使用弱音器，方法也是用鞘翅凸边箍住肚子的上部或下部，然而它们当中，没有一个能取得意大利蟋蟀那般以假乱真的效果。

每当我们的脚步发出些微响动，都会给自己带来某种惊异之感，这其实就是所谓距离幻觉产生的效果。这虫类的鸣叫，不仅能产生距离幻觉，而且还具备以柔和颤音形式出现的纯正音色。八月的夜晚，在那无比安宁的氛围之中，我的确听不出还有什么昆虫的鸣唱，能有意大利蟋蟀的鸣唱那么优美清亮。不知多少回，我躺在地上，背靠着迷迭香[7]支成的屏风，"在文静的月亮女友的陪伴下"，悉心倾听那情趣盎然的"荒石园[8]"音乐会！

夜蟋蟀在墙围子内大量繁殖。每一簇红花岩蔷薇，都安排上这虫类的军乐队队员；每一束薰衣草，都安插进这虫类的亲信伙伴。茂密的野草莓丛和笃耨[9]香树，都成了它们的乐池。整个这小世界的成员，操着惹人喜欢的响亮声音，躲在一簇簇小灌木里，彼此询问着，互相回答着；这兴许是另一码事，它们可能都对别人的咏叹调无动于衷，而是在为一己之欢乐纵情歌唱。

那高处，我的头顶上，天鹅星座在银河里拉长自己的大十字架；这低处，我的四周，昆虫交响曲汇成一片起伏荡漾的声浪。尘世金秋正吐露着自己的喜悦,令我无奈忘却了群星的表演。我们对天空的眼睛一无所知,它们像眨动眼皮般地闪烁着,它们盯着我们,那目光虽平静,但未免冷淡。

我的蟋蟀啊,有你们陪伴,我反而能感受到生命在颤动;而我们尘世泥胎造物的灵魂,恰恰就是生命。正是为了这个缘故,我身靠迷迭香樊篱,仅仅向天鹅星座投去些许心不在焉的目光,而全副精神却集中在你们的小夜曲上。

[注释]

[1]　选自《昆虫记》(作家出版社 1997 年版),有删节。法布尔(1823—1915),法国著名昆虫学家。

[2]　静谧(mì):安静。

[3]　蹊跷(qīqiāo):奇怪。

[4]　鞘(qiào)翅:蟋蟀、叩头虫、金龟子等昆虫的前翅,质地坚硬,静止时,覆盖在膜质的后翅上好像鞘一样,也叫翅鞘。

[5]　胼胝(piánzhī):手掌或脚掌因摩擦而生成的硬皮。

[6]　媲(pì)美:比美。媲,匹敌、比得上。

[7]　迷迭香:常绿小灌木,有香气,夏季开花,紫红色,原产欧洲南部。

[8]　荒石园:法布尔对自己宅院的雅称,是作者晚年观察、研究昆虫的隐居地。

[9]　笃耨:念 dǔnòu。

[思考练习]

一、给课文划分段落,说说作者主要是从哪几个方面介绍意大利蟋蟀的。

二、仔细阅读下面两段文字,与同学讨论归纳,课文是怎样做到语言生动活泼、富有情趣的?

八月的夜晚,在那无比安宁的氛围之中,我的确听不出还有什么昆虫的鸣唱,能有意大利蟋蟀的鸣唱那么优美清亮。不知多少回,我躺在地上,背靠着迷迭香支成的屏风,"在文静的月亮女友的陪伴下",悉心倾听那情趣盎然的"荒石园"音乐会!

夜蟋蟀在墙围子内大量繁殖。每一簇红花岩蔷薇,都安排上这虫类的军乐队队员;每一束薰衣草,都安插进这虫类的亲信伙伴。茂密的野草莓丛和笃耨香树,都成了它们的乐池。整个这小世界的成员,操着惹人喜欢的响亮声音,躲在一簇簇小灌木里,彼此询问着,互相回答着;这兴许是另一码事,它们可能都对别人的咏叹调无动于衷,而是在为一己之欢乐纵情歌唱。

三、说明事物或事理,既可以用简明平实的语言,也可以用生动有趣的语言。仿照例句,将题中的说明语言改得平实简明一些,并体会两者的表达效果有什么不同。

例:夏天,在静谧怡人的夜晚,大显身手的交响乐演奏家是意大利蟋蟀。

改:意大利蟋蟀在夏季静静的夜晚放声鸣叫。

1. 这之后,我才得以了解到一点儿情况,一点儿有关演技能高超到迷惑我们耳朵的演奏家的情况。

2. 整个这小世界的成员,操着惹人喜欢的响亮声音,躲在一簇簇小灌木里,彼此询问着,互相回答着。

四、运用比喻可以使语言生动形象。说明文中的比喻有两种情况：一种是喻体严格符合实际；另一种是喻体只与本体有类似点。辨析下面的比喻属于哪一种情况。

1. 在闷热的夜晚，这演奏正好是一台优雅的音乐会。

2. 两片鞘翅都是干燥的半透明薄膜，薄得像葱头的无色皮膜。

3. 横向翅脉……说白了就是琴弓。

五、说明文无论采用什么方法，无论语言怎样生动有趣，都不能背离准确的要求。在课文中找出几个准确而又生动的例子加以体会。

4.

现代自然科学中的基础学科[1]

钱学森

[阅读提示]

这是一篇介绍现代自然科学知识的科技说明文。作者宏观现代自然科学的体系构成，简要介绍了现代自然科学的重要特点，着重说明了基础学科与根本的基础学科的关系，强调了基础学科特别是根本的基础学科在现代科学技术体系中的重要地位。

全文采取了"总—分—总"的结构方式，运用了层层推导、条分缕析的写法。先总说现代自然科学的重要特点，并由此推导出现代自然科学中的基础学科，再由基础学科推导出"最基础"的学科；进而，作者又展开分述，对一般基础学科分门别类地逐一解说，突出基础学科与根本的基础学科的关系；最后，在条分缕析的基础上，作者又用归纳法勾画出以根本的基础学科为支柱的现代科技体系的总体构成。全文纲目清晰，重点突出，层次分明，逻辑严密。

本文综合运用了下定义、举例子、分类别等多种说明方法。使读者对说明对象有概括、本质的了解，起到引发读者思考，增加感性认识的作用。

文章语言准确、周密，又尽量做到通俗化，因而能把抽象的道理说得深入浅出，读来明白畅晓。

现代自然科学，不是单单研究一个个事物，一个个现象，而是研究事物、现象的变化发展过程，研究事物相互之间的关系。这就使自然科学发展成为严密的综合起来的体系。这是现代自然科学的重要特点。

工程技术的科学叫做应用科学，是应用自然科学中基础学科的理论来解决生产斗争中出现的问题的学问。当然，基础学科中也有好多道理是从生产实践中总结提高而来的；而且没有工农业生产，基础学科研究也无法搞下去。所以基础学科之为基础是就其在现代自然科学体系中的位置而言的。我们一般提六门基础学科：天文，地学，生物，数学，物理，化学。这六门是不是都一样的基础呢？也不是。从严密的综合科学体系讲，最基础的是两门学问。一门物理，是研究物质运动基本规律的学问。一门数学，是指导我们推理、演算的学问。

先说化学。化学是研究分子变化的。三十年代后出现了量子化学,用量子力学的原理来解决化学问题,使化学变成应用物理的一门学问。近来,由于电子计算机的运用,又出现了计算化学。从前人们认为化学就是用些瓶瓶罐罐做试验。现在由于掌握了物质世界里头的原子的运动规律,就可以靠电子计算机去计算。有朝一日化学研究会主要靠电子计算机计算,而且可以"设计"出我们要的分子,"设计"出造这种分子或化合物的化学过程。到那时,做化学试验只是为了验证一下计算的结果而已。

天文学也是物理。现在的天文学,不是光研究太阳、月亮、星星在天上的位置和运行规律,还要研究星星里头的变化,研究宇宙的演化。比如研究太阳内部、恒星内部。人去不了,怎么研究?一是研究可见光,把可见的星光分成光谱,把不同频段的光摄下来进行研究。再就是研究看不见的频段,如波长比较长的红外线、无线电波;波长很短的紫外线、X 光,波长更短的 γ 射线等。这么一研究,就发现天文学可是热闹——到处有星的爆发,一颗星爆发像氢弹爆炸一样。一个爆发的过程是一两个月、几个月。中国古书上有所谓客星[2],实际上就是星的爆发。爆发时亮了,就看得见,天上来了"客人",过一段时间爆发过程结束,看不见了,就以为是"客人"走了。天上还有一些更怪的现象。如中子星,是由中子组成的、密度非常大的星,一颗芝麻点大小的中子星物质就有几百万吨重,而且转得很快,转时发出的 X 光强度不一样,变化周期不到一秒。还有一种星,名叫"黑洞",其实不是洞,是光出不来的星。这种星密度更高,引力场特别强,强到光线被吸住射不出来,只有当其他物质被吸引掉进去时才发光,发射出 X 线。不但恒星会爆发,而且由亿万颗恒星组成的星系,像我们所在的银河星系,中心也会爆发,还会爆发得更强烈。一颗恒星爆发起来产生的能量等于十万亿亿个氢弹爆炸的能量,而一个星系爆发起来的能量等于亿亿个恒星爆发的能量。要了解这些天文现象没有物理学是不行的。

地学也是靠物理。地学家们讲,研究地学有三个时代。第一时代是十八世纪末到二十世纪初,研究地质年代时引入了生物观念(化石观念),用生物的化石来断定地质年代,称为生物学地球观。第二时代是二十世纪初,开始研究地球上地壳和海洋的化学成分的变化,矿物元素的分布,借此来推论地球在地质年代中的演化,称为化学地球观。现在是第三时代。地学上最大的发展是所谓板块理论,发现地球的外壳(包括大陆和海洋)是一块块拼起来的,像七巧板似的。块与块之间有相互作用。这主要是根据海底岩石的地磁走向推论出来的。有了这种理论就可以解释火山带、地震带的形成了。这一些理论,加上研究地球深处的情况,都要靠物理学,所以称为物理学地球观。

生物学的发展,现在达到了研究分子的水平,也要归结到物理上面。分子生物学,不是过去那样研究细胞核、细胞膜、细胞质,而是一直追到分子,把生命现象看作是分子的运动,分子的组合和变化过程。最近生物学上有一个轰动世界的发现,就是可以把影响遗传的信息,挂在一种叫去氧核糖核酸的高分子化合物的某一段上传下去。这就是把这种高分子人为地变化一下,把一个高分子的某一段遗传信息切下来,接到另一个上面,改变遗传的某一特性,创造新的物种。这样,就有可能打破植物动物的界限,把植物的某一特性接到动物上面。就这样,现在不但能使细胞内部发生变化,而且使细菌发生变化,如把胰岛素的遗传信息切下来,接到容易繁殖的大肠杆菌上面去,使产生出来的新的大肠杆菌能制造大量胰岛素。这项技术叫遗传工程,用它建立了一门新的工业。

　　所以，天、地、生、化四门基础学科，用现代科学技术体系的观点看，都可以归结到物理和数学。根本的基础学科，就是研究物质运动基本规律的物理，加上作科学技术工具的数学。数学不只是演算，也包括逻辑的推理。靠六门基础学科的现代工程技术，也靠物理和数学这两门基础作为支柱。所以，物理和数学也可以称为现代自然科学体系的基础。当然，说物理和数学是基础，并不是说物理和数学可以代替其他学科，在此之上还有天文学、地学、生物学和化学这些基础学科，以及各种分支学科，如力学等；再在上面是工程技术学科，如工程结构、电力技术、电子技术、农业技术等。这就是现代自然科学体系的构成。

[注释]

[1]　本文节选自 1977 年 12 月 9 日《人民日报》《现代科学技术》一文。节选部分由作者作了一些修改，并加上了现在这个标题。钱学森（1911—2009），浙江杭州人，当代著名核物理学家。主要著作有《星际航行概论》、《论导航工程》、《工程控制论》（与宋健合著）、《关于思维科学》等。

[2]　客星：我国古代把忽隐忽现的星称为客星。司马迁的《史记》、明代的《观象玩占》等书中都有记载。

[思考练习]

　　一、本文说明的重点是什么？
　　二、举例说明本文主要采用了哪几种说明方法。
　　三、阅读文中介绍地学一段，并回答问题：
　　1. 概括这段的说明中心。
　　2. 指出这段中运用了哪些说明方法。
　　3. 找出揭示地学与物理学关系的词语，并说明其表示什么关系。
　　四、列出现代自然体系的构成大致图。

5.

沙漠里的奇怪现象[1]

竺可桢

[阅读提示]

　　这是一篇运用科学原理解释沙漠里奇怪现象的说明文。文章着重说明了沙漠里的"海市蜃楼"和"鸣沙"现象的成因，指出沙漠里的一切怪异现象，都是可以用科学道理来解释的。

　　文章先引述我国古代旅行家的见闻，突出沙漠里的恶鬼、热风、流沙、尸骨等鬼怪离奇的种种现象。然后，以现代科技人员在沙漠畅行无阻同古人过沙漠行路维艰相比较，说明古人对沙漠望而生畏，是由于当时的社会生活条件和人们知识水平的限制。接着，文章对"海市蜃楼"的成因，引用法国人孟奇的说法加以说明；解释"鸣沙"现象，则融进作者自己的经历和感受。文章最后下了一个极为肯定的断语："沙漠里的一切怪异现象，其实都是可以用科学的道理来说明的。"以此点明主旨，收拢全篇。

本文是一篇生动的科学小品。作者把说理同叙事融合起来，在揭示沙漠里奇怪现象的成因时，将古今中外人们的耳闻目睹以及经历、感受等穿插在析理过程中，形成近似于叙事性文学作品的故事情节，在叙述事件中介绍"现象"，在解释"现象"中讲述科学道理，读来引人入胜。

本文在说明"海市蜃楼"和"鸣沙"的成因时，主要运用诠释方法，将形成这些现象的特定条件逐一说清楚。例如，在说明"海市蜃楼"的形成时，作者依次点明酷夏烈日暴晒、地面上下层温差很大、光线的折射和反射以及人们的错觉等因素，从而使因果条件充分，事理逻辑周密，很容易被人理解和接受。

　　古代亲身到过沙漠的人，如晋僧法显[2]、唐僧玄奘[3]，统把沙漠说得十分可怕，人们对它也就产生了深刻的印象。晋法显著《佛国记》说沙漠里有很多恶鬼和火热的风，人一遇见就要死亡。沙漠是这样荒凉，空中看不见一只飞鸟，地上看不到一只走兽。举目远看尽是沙，弄得人认不出路，只是循着从前死人死马的骨头向前走。玄奘《大唐西域记》卷十二也说：东行入大流沙，沙被风吹永远流动着，过去人马走踏的脚印，不久就为沙所盖，所以人多迷路。

　　沙漠真像法显和玄奘所说的那样可怕吗？解放以来，我们的地质部、石油部、中国科学院的工作人员已经好几次横穿新疆塔克拉玛干大戈壁[4]，并没有什么鬼怪离奇的东西阻挡了他们的行进，这是什么缘故呢？

　　试想法显出发时只有七个和尚结队同行，而走了不久，就有人不胜其苦开了小差，有人病死途中，最后只留下他一人。唐玄奘也是单枪匹马深入大戈壁，所谓孙行者、猪八戒、沙和尚等随从人员，那是《西游记》小说中的神话人物。那时既无大队骆驼带了大量清水食品跟上来，更谈不到汽车和飞机来支援，当然就十分困苦了。

　　沙漠里真有魔鬼吗？在那时人们的知识水平看起来，确像是有魔鬼在作怪。但是人们掌握了自然规律以后，便可把这种光怪陆离[5]的现象说清楚。光怪陆离的现象在大戈壁夏天日中是常见的事。当人们旅行得渴不可耐的时候，忽然看见一个很大的湖，里面蓄着碧蓝的清水。看来并不很远，但当人们欢天喜地地向湖面奔去的时候，这蔚蓝的湖却总有那么一个距离，所谓"可望而不可即"。阿拉伯人是对沙漠广有经验的民族，阿拉伯语言中称这一现象为"魔鬼的海"。这一魔鬼的法宝到了十九世纪的初叶，才被法国数学家和水利工程师孟奇所戳穿。孟奇随拿破仑[6]所领的军队到埃及去和英国争夺殖民地，当时法国士兵在沙漠中见到这"魔鬼的海"极为惊奇，就去问孟奇。孟奇深深思考以后，便指出这是因为沙漠中地面被太阳晒得酷热，贴近地面一层空气温度就比上面一两米的温度高许多。这样由于光线折光和反射的影响，人们产生了一个错觉，空中的乔木看来好像倒栽在地面上，蔚蓝的天空，倒映在地上，便看成是汪洋万顷的湖面了。若是近地面的空气温度下面低而上层高，短距离内相差七至八度，像平直的海边地区有时所遇见的那样，那便可把地平线下寻常所见不到的岛屿、人物统统倒映在天空中，成为空中楼阁，又叫做海市蜃楼[7]。中国向来形容这类现象为"光怪陆离"四个字是确有道理的。

　　在沙漠里边不但光线会作怪，声音也会作怪。唐玄奘相信这是魔鬼在迷人，直到如今，住在沙漠中的人们，也还有相信的。群众把会发生声音的沙地称为"鸣沙"。现在宁夏回族自治区中卫县靠黄河有一个地方名叫鸣沙山，即在今日沙坡头地方，科学院和铁道部等机关在此设有一个治沙站，站的后面便是腾格里沙漠[8]。沙漠在此处已紧逼黄河河岸，沙高约一百米，沙坡面南座北，中呈凹形，有很多泉水涌出。此沙向来是人们崇拜的对象。据说，每逢夏历端阳节，男男女女便在山上聚会，然后纷纷顺着山坡翻滚下来。这时候沙子便发生轰隆隆的巨响，像打雷一样。两年前我和五六个同志曾经走到这鸣沙山顶上慢慢下来，果然听到隆隆之声，好像远处汽车在行走似的。据说只要沙漠面部的沙子是细沙而干燥，含有大部分石英，被太阳晒得火热后，经风的吹拂或人马的走动，沙粒移动摩擦起来便会发出声音，这便是鸣沙。古人说："见怪不怪，其怪自败[9]。"沙漠里的一切怪异现象，其实都是可以用科学道理来说明的。

[注释]

[1] 本文选自《竺可桢科普创作选集》。竺可桢（1890—1974），又名绍荣，字藕舫，汉族。我国当代著名的科学家、地理学家和气象学家，中国近代地理学和气象学的奠基人。他一生用中文、英文撰写的论著多达三百多篇（部），主要有《竺可桢文集》、《竺可桢科普创作选集》等。

[2] 法显（约公元337年—约422年）：东晋高僧、旅行家、翻译家。本姓龚，平阳武阳（今山西襄垣）人。公元399年偕同慧景等从长安出发西行求法，经过戈壁、流沙，翻越葱岭，进入天竺（今印度），遍游各地，后赴狮子国（今斯里兰卡）等，于公元412年回国。他是我国遍历印度各地由海路返回的第一人。所著《佛国记》（又称《法显传》或《历游天竺记传》）是一部记述中亚和印度历史、地理、风俗人情的名著。

[3] 玄奘（602—664）：唐高僧，通称三藏法师，俗称唐僧。杰出的佛学家、旅行家和翻译家。本姓陈，名祎，洛州缑氏（今河南偃师）人。公元629年离开长安，只身远游，历经沙漠、铁门、雪山等艰危之地到达天竺（今印度），游学取经，于公元645年回到长安。所著《大唐西域记》，详细记述了西域、印度和南亚各国的自然地理及政治经济状况，具有重要学术价值。

[4] 塔克拉玛干大戈壁：又称塔里木沙漠，在新疆维吾尔自治区南部、塔里木盆地中部。戈壁，蒙古人称沙漠地区为戈壁，意为"难生草木的土地"。

[5] 光怪陆离：光色斑斓，形态离奇。

[6] 拿破仑（1769—1821）：指拿破仑一世，即拿破仑·波拿巴。他曾于1798年率军进攻埃及，1799年败归，发动雾月政变。后称帝建立法兰西第一帝国。

[7] 海市蜃（shèn）楼：大气中由于光线经过不同密度的空气层，发生显著折射（有时伴有全反射）时，把远处景物显示在空中或地面的奇异幻景。这种现象多于夏天出现在沿海一带或沙漠地方。古人曾误认为是蜃吐气而成。蜃，大蛤蜊，海里的一种动物。

[8] 腾格里沙漠：在内蒙古自治区巴彦淖尔盟阿拉善左旗西南和甘肃省中部边境。我国从1958年起对这个沙漠进行了治沙工作。

[9] 见怪不怪，其怪自败：语出宋代洪迈《夷坚三志己》："见怪不怪，其怪自坏。"指见到怪异现象，要镇静对待，不必大惊小怪。

[思考练习]

一、为什么沙漠里会出现"海市蜃楼"和"鸣沙"的奇怪现象？请用最简明的语言予以概括。

二、本文主要运用了什么说明方法？请举例说明。

三、为什么这篇说明事理的文章读来并不枯燥？结合课文理解阐述。

写作训练（六）

说明文写作

——把握说明顺序

写作范围

说明一种物品的制作过程或说明一种因果关系的事理。

写作指导

这次写作训练要求运用学过的程序顺序或逻辑顺序（因果关系）写一篇说明文，要求至少运用两种说明方法来说明。

说明某种物品的制作过程，是写作说明文经常要碰到的。说明物品的制作过程，既要考虑说明目的，又要兼顾读者对象。如果为着增长他人的见识，应该根据读者的知识水平加以介绍，不易明白的地方要细说，反之可简略些。如果要让别人掌握制作方法照着去做，那么每一步的做法都应该说得很清楚，让各道工序环环衔接，不能断环。制作的过程说到底是对原料进行加工的过程，因此，使用什么原料和工具，都要说清楚。有时候，对为什么必须这样做，也要加以适当的解释。课文《景泰蓝的制作》就为我们提供了借鉴的范文。在介绍景泰蓝的制作情况时，作者以制作过程为序，有条不紊地介绍了制胎、掐丝、点蓝、烧蓝、打磨、镀金这六道工序。景泰蓝的制作工艺精细而复杂，为了能将其通俗易懂地介绍给读者，作者就像一位高明的讲解员，娓娓道来，如同在景泰蓝制作现场给参观者解说一般。文章采用口语化的语言，准确、通俗、自然地把较难理解的工序详细介绍，把容易明白的工序简略介绍。

说明一种因果关系的事理的文章，也是一种常见的说明文。在日常生活中，有些事理一看就懂，有些相对复杂些，须加分析才能看出它发展变化的原因，写作这类说明文，不但要说清楚它是怎样的，更须进一步说明它为什么是这样的。比如《沙漠里的奇怪现象》，文章着重说明了沙漠里的"海市蜃楼"和"鸣沙"现象的成因，指出沙漠里的一切怪异现象，都是可以用科学道理来解释的。文章在说明"海市蜃楼"和"鸣沙"的成因时，主要运用诠释方法，将形成这些现象的特定条件逐一说清楚。例如，在说明"海市蜃楼"的形成时，作者依次点明酷夏烈日暴晒、地面上下层温差很大、光线的折射和反射以及人们的错觉等因素，从而使因果条件充分，事理逻辑周密，很容易被人理解和接受。这样写，就从现象到本质，从结果到原因地揭示了事理。

一种现象的产生，可能有一个原因，也可能有几个原因，要注意分清其主要原因和次要原因，根据具体情况加以说明。

参考题目

1. ××的制作
2. 介绍一种游戏（或实验）
3. 绿化好处多
4. 眼睛为什么会近视

例文

包　饺　子

俗话说："好吃不过饺子，舒服不如躺着。"

饺子，是北方人最喜爱的主食之一。逢年过节或星期天，谁家要想"改善改善"，十有八九是吃饺子。过去，吃饺子的意义远不只是图口福。想当年，《白毛女》中的喜儿在那样贫困的情况下，大年三十多么盼望吃上一顿饺子啊！足见饺子在北方人心目中的地位了。

饺子好吃，但做起来却挺麻烦，大致需要调馅、和面、擀皮、包馅和下锅煮等几道工序。

首先是调馅。北方人最常吃的有白菜馅、萝卜馅、韭菜馅；用的肉一般是猪肉、羊肉，也有鸡蛋馅的素饺子，还有高档的对虾饺子、鱿鱼饺子。

调馅时要注意：肉要切得细一些，块大了不易熟，菜也要切得细一些，粗了容易扎破皮。如果用白菜做馅，还要把里面的水挤出来。用萝卜做馅，要把切好的萝卜条先在水里煮一下，再挤干里面的水，剁碎。

再说和面。包饺子的面最好在调馅前和好，"醒"着，以免里面有疙瘩。擀皮前先把面搓成直径约两厘米粗的长条，再切成小段，压扁，然后擀成饺子皮。饺子皮要中间厚点，边上薄点。

擀好皮就可以包馅了。放馅要适量，多了包不住，少了又不好吃。然后就可以下锅煮了。要注意，等水开了再下饺子。要是凉水下饺子，等水开了，饺子也成"片儿汤"了。

饺子下锅后，要用勺子搅一搅，以免粘了锅底。等到再开锅时，"点"适量凉水，盖上锅盖烧开。这样反复"点"几次凉水过后，就可以捞出来了。

一碗碗、一碟碟热腾腾的水饺蘸着酱油、醋，就着大蒜吃，那味道多美啊，保管你吃了这顿，还想下顿。

（孙乐民）

梅　雨

上海地区地处长江下游，降雨颇多。春雨绵绵、夏雨滂沱、秋雨淅沥，一年之中，有三个季节常常下雨。而这中间，最讨人嫌的，恐怕要算是每年六月间的梅雨了。一到梅雨季节，家家户户都要发愁：东西都发霉了，可如何是好？到处湿漉漉的，叫人提不起劲来。雨期长达一个多月，难得见一次太阳。你知道为什么会有这讨厌的梅雨吗？它又是如何得名的呢？

要说清这个问题，得从我国的气候谈起。我国是世界著名的季风气候区，夏季深受夏季风的影响。夏季风是形成于低纬度的太平洋上的一种暖而湿的气团，也就是温度、湿度都较高的大团空气。夏季风每年四五月间到达我国南部沿海地区，六月推进到长江流域一带。在这里,它遇到了与它性质相反的冷空气团。冷、暖空气交界处形成锋面,暖气团较轻,被迫上升,遇冷凝结成云致雨,形成降水。由于冷暖气团势均力敌,谁也斗不过谁,于是展开了拉锯战,造成锋面移动缓慢,长时间在长江流域摆动,雨带停滞不前,形成了这一带阴雨连绵的天气,这就是"梅雨季节"。

这一雨季之所以称为梅雨,是因为这时期正是梅子黄熟的时候。并不是如有些人认为的那样,是因为这时期天气不好,阴雨绵绵,不见太阳,东西都发霉了,所以叫"霉雨"。

(吴迎欢)

课外练笔参考题

1. "电脑"的妙处
2. 坚持晨练好处多
3. 空气(水)污染的成因及治理

口语交际(五)

协　商

生活情境

情境一:

放寒假了,小叶和几位老乡登上了回家的火车。正值春运期间,他们好不容易买到几张硬座票,却不挨着。小叶建议找相关的乘客协商协商,调换一下座位,以便几位同乡能坐在一起。

情境二:

济南市大中专春季人才交流会在体育馆举行。某中职学校的三位同学被抽到学校毕业分配办公室帮忙。在本校的摊位前,他们发现堆积着许多装满物品的纸箱子,经询问得知箱子是兄弟学校的。布置摊位的时间很紧张,三位同学决定尽快与兄弟学校的工作人员协商一下,请他们及早把箱子搬走。

情境三:

为帮助贫困山区的失学女童,艺术学校、服装学校和旅游学校联合举办一场义演活动。但活动的具体组织安排以及人力、物力、财力的调配还没有得到令人满意的解决。为使各个方面达成一致,三个学校的学生会决定各派出两名代表,就活动的具体事宜进行一次充分的协商。

……

在口语交际中,协商虽然不是随处可见,但它一旦出现,就直接关系到自身利益或者集体利益,小到菜市场上的讨价还价,大到关系国家利益的国际谈判。协商的目的在于满足各自的需要,协调彼此之间的关系,从而取得一致的意见。

相关知识

所谓协商,是指当人们对某一事物产生意见分歧时,通过共同商量而达成一致意见的交际方式。

协商有公务协商和私事协商两类。

协商的基本要求:

1. 目标明确

协商不是漫无边际的聊天,在进行协商时,协商者的心中要有一个最终目标,目标的上限和下限也要明确。目标是协商的动机,协商是实现目标的手段。

2. 态度诚恳

既然协商是一种有强烈目的性的口语交际形式,那么在整个协商过程中,协商者就要抱着诚恳的态度与对方进行沟通。如果态度傲慢,趾高气扬,不仅达不到协商的目的,还可能会让大家不欢而散。

3. 互惠互利

协商的对象是两方或多方,涉及的利益也将是两方或多方的,任何一方的协商者都不能高高在上,只以"我"方为中心,而是要在想方设法实现自己目标的同时,兼顾对方的得与失。只有让对方切实感觉到通过协商能够让自己获得相应利益时,协商才有可能成功。

4. 语言得体,语气适度

每个人都渴望被别人尊重,没有谁喜欢被呵斥、被命令。温婉的措辞,平和的语气,更容易被人接受。但是,当事关原则问题时,要不卑不亢、义正词严,合理维护个人、集体、国家的尊严和利益。

示例简析

示例

1972年,美国总统尼克松访华,中美发表《中美联合公报》。这不仅是中美关系史上的重大事件,也极大地震动了世界。而公报的草拟,却开始于此前的1971年10月美国国家安全顾问基辛格博士访华期间。这期间,周恩来总理和基辛格就公报的草案曾进行了多次谈判。然而,关于台湾问题的讨论再一次使双方会谈陷入僵局。这是一个极为敏感的政治问题,中美双方对此都有充分的准备。下面是周总理和基辛格会谈时的一个片断。

周恩来　台湾问题是中美两国之间的老问题了。华沙会谈15年也一直僵持在台湾问题上。我必须申明:中华人民共和国政府是中国唯一合法政府;解放台湾是中国内政;美国军队必须撤出台湾。这三条立场,是不变的。

基辛格　(提高嗓门)由于众所周知的原因,我们不能在开始我们之间的新关系时背弃我们的老朋友。我们绝不能放弃对台湾的义务,我们绝不会与台湾断交。

周恩来　(略微提高了声调)什么样的复杂原因?什么义务?这真是天方夜谭。

基辛格　如果我们背弃老朋友,不但别的朋友不信任我们,你们中国人也不会尊重我们。

周恩来 （停顿了片刻调节情绪）台湾是中国的领土。台湾问题是中国的内政。这是你们历届政府都承认的。而现在，是哪国的军队占领着台湾？是你们美利坚合众国。中国人有句俗话"解铃还需系铃人"。如果说有什么复杂原因，那也是你们美国政府一手造成的。你们不但对这一现实没有任何改变，而且还继续从各方面封锁、孤立我们。

基辛格 （申辩）我今天坐在这里，不就是说明我们在改变吗？

周恩来 （越说越冷峻）现在我还要重申：台湾问题，关系到一个国家的主权。在这一点上，不容置疑。

［谈判陷入僵持局面］

周恩来 （稍作停顿加强语气）博士先生，如果贵国政府在台湾问题上坚持过去的立场，那么，我们不得不对你们总统访华的诚意表示怀疑。

基辛格 （有点着急）总理先生，我希望你们能了解我国的国情，因为这将牵扯我们两院以及两党的问题。我们将失去盟友。我们的总统希望在他第二任时彻底解决这个问题。

周恩来 （缓和语气）我理解尼克松总统为此作出的努力。但请问，你们怕失去的是一些什么样的朋友？是一些腐朽的、即将垮台的"老朋友"。你们为了照顾这些"老朋友"，势必使自己陷入被动而脱不了身。这一点，你们总统不是在堪萨斯城的演说中已经提到了吗？世界正在发生变化，但是这种变化总不能让中国人民再受损害了吧？

［基辛格无言以对］

周恩来 （豁达地）毛主席说台湾问题可以拖一百年，是表明我们有耐心；毛主席的意思同时也包含了不能让台湾问题妨碍中美两国关系正常化。这些不都表明了我们的诚意吗？而你们的诚意又何在？

基辛格 （终于憋不住了）总理先生，会谈的公报是必须有助于打开一条新的道路。总统也是这个意思。

周恩来 （拿起美方修改的草案晃了晃）博士先生，你们在台湾问题上的观点，甚至措辞，都是二十几年来常用的。这就不像你所说，有助于打开一条新的道路。

基辛格 （一时想不出应答之辞）美国不能抛弃老朋友。

周恩来 什么老朋友？台湾问题不是朋友之间的问题，是美国军队进驻台湾而分裂我们国家的问题。朋友之间的道义问题不能代替主权国家的领土完整问题。

［基辛格意识到周恩来不会再作退让，也意识到自己此时乃至回国后的不利处境，于是，他与助手离座，单独商议一番。好一会儿，他重新回到谈判桌］

基辛格 我决定换一种方式表达美国的观点。美国认识到，在台湾海峡两边的所有中国人都认为只有一个中国，台湾是中国的一部分，怎么样？

周恩来 （将基辛格的话重复了一遍，脸上绽开笑容）博士到底是博士，这可是一项奇妙的发明。这句话的基本意思我方可以接受，只是个别词句还需要推敲。比如，应该用"省"，台湾是中国的一个省，更准确。不用"部分"。

基辛格 "部分"比"省"通用，"部分"是对整体而言。

周恩来　"省"比"部分"准确，"省"是行政上对政府的归属。

基辛格　英语没有多大的差别。

周恩来　汉语却有质的差异。（雍容大度地）我看僵局有望打破，至于尚未解决的句子及措辞，等总统访华时还可以继续讨论，会找到一个解决办法的。

【简析】　这是一场很精彩的谈判，谈判双方从一开始就各自立场鲜明，毫不相让。双方目标都很明确，中方要维护国家主权，美方要保持大国尊严，谁都不肯作出让步。关键时刻，周总理机智地将话锋转到美国总统即将访华这一重要问题上来，这一招果然奏效，峰回路转，谈判得以继续进行。最后，强硬的基辛格不得不作出让步。针对美方对台湾问题的新说法，周总理审时度势，没有急于去纠缠个别字词运用的欠妥，而是首先笑容满面地予以称赞，这既是出于礼貌，同时也是一种心理战术，让刚刚作出让步的美方代表得到些许的心理安慰。接着，周总理才就个别词句提出自己的修改意见。一个非常敏感又非常棘手的问题就这样迎刃而解，美方的国家尊严没有受到损害，中方的领土主权也得到了维护。

练习实践

一、现实生活中，为了实现某种愿望，我们常常要与人协商。选择下列事件中的一个，模拟场景，看看你如何既能达到自己的目的，又能被对方接受。

与正在看电视剧的妈妈协商调换电视频道

三五个同学确定外出旅游景点

从别人手里买球票、电影票

在服装商店里买衣服

……

二、模拟下列情境，完成协商练习。

新一年报纸杂志订阅工作开始了，物业管理专业 3 班在订什么杂志的问题上发生了分歧。班主任主张订一份文学杂志，男同学想订一份体育杂志，女同学则渴望有一本服装时尚类的杂志，在只能订一份杂志的情况下，意见一时难以统一。班长萧山决定找班主任和男女同学协商一下，力争达成让各方都能接受的一致意见。

三、仔细体会"生活情境"中的"情境二"，找两组同学，分别代表两所学校的工作人员，模拟现场，组织协商训练。

第十单元

世相百态

在浩如烟海的文学作品中,著名的人物形象灿若星汉,不可胜数,而且千姿百态,神貌各异。优秀的文学作品,正是通过这些具有鲜明而独特个性的人物形象,深刻而广泛地反映了一定的时代风貌及社会的某些本质问题,从而具有巨大的社会意义和高度的审美价值。

鲁迅小说的代表作《阿Q正传》,用传神的心理描写,刻画出了革命期间阿Q的灵魂,展现了阿Q的心路历程,总结了辛亥革命的历史教训,给新民主主义革命以深刻的启示。"短篇小说巨匠"莫泊桑的《项链》塑造了玛蒂尔德这个在世界文学史上具有持久艺术生命力的人物形象,让我们看到了19世纪末法国社会物欲横流的现实,了解了当时小资产阶级生活的不稳定性及其尴尬的处境。美国进步作家马克·吐温的《竞选州长》通过独立党候选人"我"的自白,揭露了美国"民主政治"的虚伪,撕开了资本主义国家"两党制"的画皮。人的理性也离不开智慧,我们在欣赏吴用的智谋时,也为杨志的失算而叹息;在惊叹白骨精的阴险狡诈、诡计多端时,更欣赏孙悟空的嫉恶如仇、明察秋毫。诺贝尔文学奖获得者莫言小说《蛙》中的"姑姑",到底是"活菩萨"还是"妖魔"呢?

1.

阿Q正传[1](节选)

鲁　迅

[阅读提示]

《阿Q正传》是鲁迅小说的代表作。这部中篇小说共九章。课文选了七、八两章:"革命"和"不准革命"。

辛亥革命推翻了统治中国几千年的君主专制制度,为中国的进步打开了闸门,是完全意义上的近代民族民主革命,是20世纪中国三次历史性巨变的第一次。然而,辛亥革命未能改变旧中国的社会性质和人民的悲惨境遇,中国的前途有待新的革命力量的崛起,有待新的革命斗争的发动。

《阿Q正传》写于1921年,即辛亥革命后十年,当时新民主主义革命已经拉开序幕。在革命转折时期,鲁迅先生回顾辛亥革命,思考的注意力放在这场革命的历史教训上。从课文中我们可以看到,这场革命的风声一起,地方封建势力颇惊慌了一阵,境遇极端悲惨的阿 Q 以为出头之日到了。然而事实是，这场革命并未触动农村封建秩序的根基，封建势力改头换面，依然统治乡里，阿 Q 迫切要求变革现状的愿望全然落空。鲁迅先生以艺术形象总结了辛亥革命的历史教训，给新民主主义革命以深刻的启示。

课文节选的这两章，写未庄社会的两极，赵太爷等人是虚惊一场，继而摇身一变，依然显贵，阿 Q 是空欢喜一场，继而失落不平，依然无聊，情节跌宕而谐谑，意味深长而有趣。渲染环境气氛，则风声可闻，让人有如身临其境。刻画人物形象，则无论笔墨浓淡，个个呼之欲出。尤其是传神的心理描写，刻画出了革命期间阿 Q 的灵魂，展现了阿 Q 的心路历程，显出作者非凡的洞察力和高超的艺术手法。

阅读这篇小说，要在把握情节的基础上，体会作者的思想感情，从而领会主题思想，还要欣赏人物形象，欣赏人物描写艺术，特别是心理描写的艺术。阿 Q 的心理、语言、行为，是一种杂糅了各种元素的"化合物"，因此，要加以分析，区分其革命性和落后性。

第七章 革　命

宣统三年九月十四日[2]——即阿 Q 将搭连[3]卖给赵白眼的这一天——三更四点，有一只大乌篷船到了赵府[4]上的河埠头。这船从黑魆魆中荡来，乡下人睡得熟，都没有知道；出去时将近黎明，却很有几个看见的了。据探头探脑的调查来的结果，知道那竟是举人老爷的船！

那船便将大不安载给了未庄，不到正午，全村的人心就很摇动。船的使命，赵家本来是很秘密的，但茶坊酒肆里却都说，革命党要进城，举人老爷到我们乡下来逃难了。惟有邹七嫂不以为然，说那不过是几口破衣箱，举人老爷想来寄存的，却已被赵太爷回复转去。其实举人老爷和赵秀才素不相能[5]，在理本不能有"共患难"的情谊，况且邹七嫂又和赵家是邻居，见闻较为切近，所以大概该是伊对的。

然而谣言很旺盛，说举人老爷虽然似乎没有亲到，却有一封长信，和赵家排了"转折亲[6]"。赵太爷肚里一轮[7]，觉得于他总不会有坏处，便将箱子留下了，现就塞在太太的床底下。至于革命党，有的说是便在这一夜进了城，个个白盔白甲：穿着崇正皇帝的素[8]。

阿 Q 的耳朵里，本来早听到过革命党这一句话，今年又亲眼见过杀掉革命党。但他有一种不知从那里来的意见，以为革命党便是造反，造反便是与他为难，所以一向是"深恶而痛绝之"的。殊不料这却使百里闻名的举人老爷有这样怕，于是他未免也有些"神往"了，况且未庄的一群鸟男女的慌张的神情，也使阿 Q 更快意。

"革命也好罢，"阿 Q 想，"革这伙妈妈的命，太可恶！太可恨！……便是我，也要投降革命党了。"

阿 Q 近来用度窘[9]，大约略略有些不平；加以午间喝了两碗空肚酒，愈加醉得快，一面想一面走，便又飘飘然起来。不知怎么一来，忽而似乎革命党便是自己，未庄人却都是他的俘虏了。他得意之余，禁不住大声的嚷道：

"造反了！造反了！"

未庄人都用了惊惧的眼光对他看。这一种可怜的眼光，是阿 Q 从来没有见过的，一见之下，又使他舒服得如六月里喝了雪水。他更加高兴的走而且喊道：

"好，……我要什么就是什么，我欢喜谁就是谁。

得得，锵锵！

悔不该，酒醉错斩了郑贤弟，[10]

悔不该，呀呀呀……"

得得，锵锵，得，锵令锵！

我手执钢鞭将你打……"

赵府上的两位男人[11]和两个真本家[12]，也正站在大门口论革命。阿Q没有见，昂了头直唱过去。

"得得，……"

"老Q，"赵太爷怯怯的迎着低声的叫。

"锵锵，"阿Q料不到他的名字会和"老"字联结起来，以为是一句别的话，与己无干，只是唱。"得，锵，锵令锵，锵！"

"老Q。"

"悔不该……"

"阿Q！"秀才只得直呼其名了。

阿Q这才站住，歪着头问道，"什么？"

"老Q，……现在……"赵太爷却又没有话，"现在……发财么？"

"发财？自然。要什么就是什么……"

"阿……Q哥，像我们这样穷朋友是不要紧的……"赵白眼惴惴的说，似乎想探革命党的口风。

"穷朋友？你总比我有钱。"阿Q说着自去了。

大家都怃然[13]，没有话。赵太爷父子回家，晚上商量到点灯。赵白眼回家，便从腰间扯下搭连来，交给他女人藏在箱底里。

阿Q飘飘然的飞了一通，回到土谷祠[14]，酒已经醒透了。这晚上，管祠的老头子也意外的和气，请他喝茶；阿Q便向他要了两个饼，吃完之后，又要了一支点过的四两烛和一个树烛台，点起来，独自躺在自己的小屋里。他说不出的新鲜而且高兴，烛火像元夜[15]似的闪闪的跳，他的思想也迸跳起来了：

"造反？有趣，……来了一阵白盔白甲的革命党，都拿着板刀，钢鞭，炸弹，洋炮，三尖两刃刀，钩镰枪，走过土谷祠，叫道，'阿Q！同去同去！'于是一同去。……

"这时未庄的一伙鸟男女才好笑哩，跪下叫道，'阿Q，饶命！'谁听他！第一个该死的是小D[16]和赵太爷，还有秀才，还有假洋鬼子，……留几条么？王胡本来还可留，但也不要了。……

"东西，……直走进去打开箱子来：元宝，洋钱，洋纱衫，……秀才娘子的一张宁式床[17]先搬到土谷祠，此外便摆了钱家的桌椅，——或者也就用赵家的罢。自己是不动手的了，叫小D来搬，要搬得快，搬得不快打嘴巴。……

"赵司晨的妹子真丑。邹七嫂的女儿过几年再说。假洋鬼子的老婆会和没有辫子的男人睡觉，吓，不是好东西！秀才的老婆是眼胞上有疤的。……吴妈长久不见了，不知道在那里，——可惜脚太大。"

阿Q没有想得十分停当，已经发了鼾声，四两烛还只点去了小半寸，红焰焰的光照着他张开的嘴。

"荷荷!"阿Q忽而大叫起来,抬了头仓皇的四顾,待到看见四两烛,却又倒头睡去了。

第二天他起得很迟,走出街上看时,样样都照旧。他也仍然肚饿,他想着,想不起什么来;但他忽而似乎有了主意了,慢慢的跨开步,有意无意的走到静修庵。

庵和春天时节一样静,白的墙壁和漆黑的门。他想了一想,前去打门,一只狗在里面叫。他急急拾了几块断砖,再上去较为用力的打,打到黑门上生出许多麻点的时候,才听得有人来开门。

阿Q连忙捏好砖头,摆开马步,准备和黑狗来开战。但庵门只开了一条缝,并无黑狗从中冲出,望进去只有一个老尼姑。

"你又来什么事?"伊大吃一惊的说。

"革命了……你知道?……"阿Q说得很含胡。

"革命革命,革过一革的,……你们要革得我们怎么样呢?"老尼姑两眼通红的说。

"什么?……"阿Q诧异了。

"你不知道,他们已经来革过了!"

"谁?……"阿Q更其诧异了。

"那秀才和洋鬼子!"

阿Q很出意外,不由的一错愕[18];老尼姑见他失了锐气,便飞速的关了门,阿Q再推时,牢不可开,再打时,没有回答了。

那还是上午的事。赵秀才消息灵,一知道革命党已在夜间进城,便将辫子盘在顶上,一早去拜访那历来也不相能的钱洋鬼子。这是"咸与维新"[19]的时候了,所以他们便谈得很投机,立刻成了情投意合的同志,也相约去革命。他们想而又想,才想出静修庵里有一块"皇帝万岁万万岁"的龙牌[20],是应该赶紧革掉的,于是又立刻同到庵里去革命。因为老尼姑来阻挡,说了三句话,他们便将伊当作满政府,在头上很给了不少的棍子和栗凿[21]。尼姑待他们走后,定了神来检点,龙牌固然已经碎在地上了,而且又不见了观音娘娘座前的一个宣德炉[22]。

这事阿Q后来才知道。他颇悔自己睡着,但也深怪他们不来招呼他。他又退一步想道:

"难道他们还没有知道我已经投降了革命党么?"

第八章　不准革命

未庄的人心日见其安静了。据传来的消息,知道革命党虽然进了城,倒还没有什么大异样。知县大老爷还是原官,不过改称了什么,而且举人老爷也做了什么——这些名目,未庄人都说不明白——官,带兵的也还是先前的老把总[23]。只有一件可怕的事是另有几个不好的革命党夹在里面捣乱,第二天便动手剪辫子,听说那邻村的航船七斤便着了道儿[24],弄得不像人样子了。但这却还不算大恐怖,因为未庄人本来少上城,即使偶有想进城的,也就立刻变了计,碰不着这危险。阿Q本也想进城去寻他的老朋友,一得这消息,也只得作罢了。

但未庄也不能说是无改革。几天之后,将辫子盘在顶上的逐渐增加起来了,早经说过，最先自然是茂才[25]公，其次便是赵司晨和赵白眼，后来是阿Q。倘在夏天，大家将辫子盘在头顶上或者打一个结，本不算什么稀奇事，但现在是暮秋，所以这"秋行夏令[26]"的情形，在盘辫家不能不说是万分的英断，而在未庄也不能说无关于改革了。

赵司晨脑后空荡荡的走来，看见的人大嚷说，

"嚄[27]，革命党来了！"

阿Q听到了很羡慕。他虽然早知道秀才盘辫的大新闻，但总没有想到自己可以照样做，现在看见赵司晨也如此，才有了学样的意思，定下实行的决心。他用一支竹筷将辫子盘在头顶上，迟疑多时，这才放胆的走去。

他在街上走，人也看他，然而不说什么话，阿Q当初很不快，后来便很不平。他近来很容易闹脾气了；其实他的生活，倒也并不比造反之前反艰难，人见他也客气，店铺也不说要现钱。而阿Q总觉得自己太失意；既然革了命，不应该只是这样的。况且有一回看见小D，愈使他气破肚皮了。

小D也将辫子盘在头顶上了，而且也居然用一支竹筷。阿Q万料不到他也敢这样做，自己也决不准他这样做！小D是什么东西呢？他很想即刻揪住他，拗断他的竹筷，放下他的辫子，并且批他几个嘴巴，聊且[28]惩罚他忘了生辰八字，也敢来做革命党的罪。但他终于饶放了，单是怒目而视的吐一口唾沫道"呸！"

这几日里，进城去的只有一个假洋鬼子。赵秀才本也想靠着寄存箱子的渊源[29]，亲身去拜访举人老爷的，但因为有剪辫的危险，所以也中止了。他写了一封"黄伞格[30]"的信，托假洋鬼子带上城，而且托他给自己绍介绍介[31]，去进自由党。假洋鬼子回来时，向秀才讨还了四块洋钱，秀才便有一块银桃子[32]挂在大襟上了；未庄人都惊服，说这是柿油党[33]的顶子，抵得一个翰林[34]；赵太爷因此也骤然大阔，远过于他儿子初隽[35]秀才的时候，所以目空一切，见了阿Q，也就很有些不放在眼里了。

阿Q正在不平，又时时刻刻感着冷落，一听得这银桃子的传说，他立即悟出自己之所以冷落的原因了：要革命，单说投降，是不行的；盘上辫子，也不行的；第一着仍然要和革命党去结识。他生平所知道的革命党只有两个，城里的一个早已"嚓"的杀掉了，现在只剩了一个假洋鬼子。他除却赶紧去和假洋鬼子商量之外，再没有别的道路了。

钱府的大门正开着，阿Q便怯怯的蹩[36]进去。他一到里面，很吃了惊，只见假洋鬼子正站在院子的中央，一身乌黑的大约是洋衣，身上也挂着一块银桃子，手里是阿Q曾经领教过的棍子，已经留到一尺多长的辫子都拆开了披在肩背上，蓬头散发的像一个刘海仙[37]。对面挺直的站着赵白眼和三个闲人，正在必恭必敬的听说话。

阿Q轻轻的走近了，站在赵白眼的背后，心里想招呼，却不知道怎么说才好：叫他假洋鬼子固然是不行的了，洋人也不妥，革命党也不妥，或者就应该叫洋先生了罢。

洋先生却没有见他，因为白着眼睛讲得正起劲：

"我是性急的，所以我们见面，我总是说：洪哥[38]！我们动手罢！他却总说道No！——这是洋话，你们不懂的。否则早已成功了。然而这正是他做事小心的地方。他再三再四的请我上湖北，我还没有肯。谁愿意在这小县城里做事情。……"

"唔，……这个……"阿Q候他略停，终于用十二分的勇气开口了，但不知道因为什么，又并不叫他洋先生。

听着说话的四个人都吃惊的回顾他。洋先生也才看见：

"什么？"

"我……"

"出去！"

"我要投……"

"滚出去！"洋先生扬起哭丧棒[39]来了。

赵白眼和闲人们便都吆喝道："先生叫你滚出去，你还不听么！"

阿Q将手向头上一遮，不自觉的逃出门外；洋先生倒也没有追。他快跑了六十多步，这才慢慢的走，于是心里便涌起了忧愁：洋先生不准他革命，他再没有别的路；从此决不能望有白盔白甲的人来叫他，他所有的抱负，志向，希望，前程，全被一笔勾销了。至于闲人们传扬开去，给小D王胡等辈笑话，倒是还在其次的事。

他似乎从来没有经验过这样的无聊。他对于自己的盘辫子，仿佛也觉得无意味，要侮蔑[40]；为报仇起见，很想立刻放下辫子来，但也没有竟放。他游到夜间，赊了两碗酒，喝下肚去，渐渐的高兴起来了，思想里才又出现白盔白甲的碎片。

有一天，他照例的混到夜深，待酒店要关门，才回土谷祠去。

拍，吧～～！

他忽而听得一种异样的声音，又不是爆竹。阿Q本来是爱看热闹，爱管闲事的，便在暗中直寻过去。似乎前面有些脚步声；他正听，猛然间一个人从对面逃来了。阿Q一看见，便赶紧翻身跟着逃。那人转弯，阿Q也转弯，既转弯，那人站住了，阿Q也站住。他看后面并无什么，看那人便是小D。

"什么？"阿Q不平起来了。

"赵……赵家遭抢了！"小D气喘吁吁的说。

阿Q的心怦怦的跳了。小D说了便走；阿Q却逃而又停的两三回。但他究竟是做过"这路生意[41]"的人，格外胆大，于是躄出路角，仔细的听，似乎有些嚷嚷，又仔细的看，似乎许多白盔白甲的人，络绎的将箱子抬出了，器具抬出了，秀才娘子的宁式床也抬出了，但是不分明，他还想上前，两只脚却没有动。

这一夜没有月，未庄在黑暗里很寂静，寂静到像羲皇[42]时候一般太平。阿Q站着看到自己发烦，也似乎还是先前一样，在那里来来往往的搬，箱子抬出了，器具抬出了，秀才娘子的宁式床也抬出了，……抬得他自己有些不信他的眼睛了。但他决计不再上前，却回到自己的祠里去了。

土谷祠里更漆黑；他关好大门，摸进自己的屋子里。他躺了好一会，这才定了神，而且发出关于自己的思想来：白盔白甲的人明明到了，并不来打招呼，搬了许多好东西，又没有自己的份，——这全是假洋鬼子可恶，不准我造反，否则，这次何至于没有我的份呢？阿Q越想越气，终于禁不住满心痛恨起来，毒毒的点一点头："不准我造反，只准你造反？妈妈的假洋鬼子，——好，你造反！造反是杀头的罪名啊，我总要告一状，看你抓进县里去杀头，——满门抄斩，——嚓！嚓！"

[注释]

[1]　节选自《呐喊》（《鲁迅全集》第一卷，人民文学出版社1981年版）。《阿Q正传》最初分章发表于北

京《晨报副刊》,自 1921 年 12 月 4 日起至 1922 年 2 月 12 日止,每周或隔周刊登一次,署名巴人。

[2]　宣统三年九月十四日:1911 年 11 月 4 日,辛亥革命武昌起义后的第二十五天。据《中国革命记》第三册(1911 年上海自由社编印)记载:这天杭州府为民军占领,绍兴也宣布光复。宣统是清朝末代皇帝溥(pǔ)仪的年号。

[3]　搭连:也写作"搭裢""褡裢",也叫"搭膊""褡膊""搭包"。是一种长方形的布袋,中间开口,两头各有一袋,可以搭在肩上,也可以系在衣外作腰巾,或挂在腰带上。

[4]　赵府:小说中封建势力的代表人物赵太爷家。

[5]　素不相能:一向合不来。能,亲善、和睦。

[6]　转折亲:勉强拉扯上的亲戚关系。

[7]　肚里一轮:心里一盘算。

[8]　穿着崇正皇帝的素:崇正,作品中人物对崇祯的讹称。崇祯是明思宗(朱由检)的年号。明亡于清,后来有些农民起义的部队常用"反清复明"的口号来反对清朝统治,因此直到清末还有人认为革命军起义是替崇祯皇帝报仇。素,白色孝服。

[9]　用度窘:生活窘困。用度,费用、开支。

[10]　悔不该,酒醉错斩了郑贤弟:这一句及下文"我手执钢鞭将你打"都是当时很流行的绍兴地方戏《龙虎斗》中的唱词。《龙虎斗》演的是宋太祖赵匡胤(yìn)和呼延赞交战的故事。郑贤弟,指郑子明,赵匡胤手下的猛将。

[11]　赵府上的两位男人:指赵太爷和他的儿子赵秀才。

[12]　两个真本家:指赵司晨和赵白眼。小说第一章提到,赵太爷不准阿 Q 姓赵,不认他是本家,所以说这两人是赵太爷的真本家。

[13]　怃(wǔ)然:怅然失望的样子。

[14]　土谷祠:就是土地庙。土谷,指土地神和五谷神。阿 Q 没有家,住在土谷祠。

[15]　元夜:农历正月十五的夜晚,又称"元宵",民间有观赏灯火的习俗。

[16]　小 D:第五章说:"这小 D,是一个穷小子,又瘦又乏,在阿 Q 的眼睛里,位置是在王胡之下的,谁料这小子竟谋了他的饭碗去。"

[17]　宁式床:浙江宁波一带制作的一种比较讲究的床。

[18]　错愕:仓促之间感到惊愕。

[19]　咸与维新:出自《尚书·胤征》,原意是对一切受恶习影响或犯罪的人都准予改过自新或革故图新。这里指辛亥革命时革命派与反对势力妥协,地主官僚趁此投机"革命"的现象。咸,都。与,参加、参与。维新,改变旧法推行新政。

[20]　龙牌:作者解释说:"龙牌,以木板制成,四边刻有龙的饰纹,供于佛前,高一尺五寸许。"(《书信集·至山上正义》)

[21]　栗凿:将食指中指弯曲起来敲击别人头部的动作。

[22]　宣德炉:明代宣德年间(1426—1435 年)铸造的铜质香炉,炉底有"大明宣德年制"字样,是较贵重的古董。

[23]　把总:清朝低级的武官。

[24]　着(zháo)了道儿:中计,上当。

[25]　茂才:即"秀才"。东汉时,为避讳光武帝刘秀的名字,将"秀才"改为"茂才"。明清时入府州县学的生员叫秀才,也沿称茂才。

[26]　秋行夏令:不合时令的意思。这里指不合季节的打扮。令,时令。

[27]　嚄(huō):叹词,表示惊讶。

[28]　聊且:姑且。

[29] 渊源：这里是关系、联系的意思。

[30] 黄伞格：一种书信格式。在八行竖写的信纸上，每行都有颂扬或表示敬意的语句，这些语句都是跳行抬头写，但是每行都不写到底，只有中间一行写收信人的名号，比别行更加抬高一格，下面的字也多一些，一直写到底，矗立于两旁的短行当中，像旧时官吏仪仗中的一柄黄伞。这种书写格式用于向对方表示敬意。

[31] 绍介绍介：介绍介绍。

[32] 银桃子：形如桃子的银质证章。

[33] 柿油党："自由党"的讹音。作者在《阿Q正传的成因》中说："'柿油党'……原是'自由党'，乡下人不能懂，便讹成他们能懂的'柿油党'了。"

[34] 翰林：唐代以来皇帝的文学侍从的名称。明、清时代凡进士进入翰林院供职者通称"翰林"，担任编修国史、起草文件等工作，是一种名望较高的文职官员。

[35] 隽（jùn）：考取。

[36] 襞：念bì。

[37] 刘海仙：指刘海蟾。五代燕山人，名操，字昭远。道教全真道祖师。相传他在终南山修道成仙。民间流行的他的画像，是披着长发，前有短发覆在额上的一个道士。

[38] 洪哥：大概指北洋军阀黎元洪。他原是清朝新军第二十一混成协的协统（相当于以后的旅长），1911年武昌起义时，他被部下推为鄂（湖北）军都督，统率起义军。实际上他没有参加谋划起义。

[39] 哭丧棒：旧时出殡时孝子所持的哀杖。也用来贬称其他棍棒以讥讽、咒骂持棒者。阿Q厌恶假洋鬼子，所以把他的手杖咒为"哭丧棒"。

[40] 侮蔑：轻慢，轻蔑。

[41] 这路生意：指偷东西。

[42] 羲皇：指伏羲氏。古代传说中的三皇之一，据说羲皇时代的生活恬静闲适，天下太平。

[思考练习]

一、把握故事情节，理解主题思想。

1. 小说的故事情节是由一幅幅精彩的生活画面组成的。每一幅生活画面如果抓住一个中心词，就容易想起来了。例如，只要一提"寄存箱子"，第一幅生活画面就想起来了，一提"造反了"，第二幅生活画面就想起来了。试用这种方法，把握故事情节。

"革命"：寄存箱子——"造反了"——

"不准革命"：剪辫子——

2. 小说提供一幅幅精彩的生活画面，引导读者认识社会，体验人生。欣赏小说，要透过生活画面，寻味生活的本质。试从辛亥革命、封建势力、贫苦农民三个方面简要分析课文内容：鲁迅笔下，辛亥革命是怎样一场革命？封建势力在这场革命中的动态说明什么？贫苦农民在这场革命中的动态说明什么？

3. 体会鲁迅先生对贫苦农民、封建势力、辛亥革命的感情，概括主题思想。

二、小说形象描写的基本方面，往往是典型人物的塑造。现代小说追求人物性格的多重性。要深入理解小说的思想意义，就应该认真而全面地把握人物的性格特征，并由此领悟社会历史的内涵。

1. 读下面一段文字，具体分析阿Q的思想性格：合理的成分是什么？恶劣的成分是什么？

"东西,……直走进去打开箱子来:元宝,洋钱,洋纱衫,……秀才娘子的一张宁式床先搬到土谷祠,此外便摆了钱家的桌椅,——或者也就用赵家的罢。自己是不动手的了,叫小 D 来搬,要搬得快,搬得不快打嘴巴。……"

2. 整体把握阿 Q 这个艺术形象,谈谈阿 Q 的思想性格哪些地方值得肯定,哪些地方应该否定。

3. 阅读下面一段文字,回答问题。

阿 Q 的耳朵里,本来早听到过革命党这一句话,今年又亲眼见过杀掉革命党。但他有一种不知从那里来的意见,以为革命党便是造反,造反便是与他为难,所以一向是"深恶而痛绝之"的。殊不料这却使百里闻名的举人老爷有这样怕,于是他未免也有些"神往"了,况且未庄的一群鸟男女的慌张的神情,也使阿 Q 更快意。

"革命也好罢,"阿 Q 想,"革这伙妈妈的命,太可恶!太可恨!……便是我,也要投降革命党了。"

(1)"他有一种不知从哪里来的意见",你知道是从哪里来的吗?

(2)阿 Q 革命的要求是从哪里来的?

三、找出课文中的心理描写,默读这些描写,试揣摩其妙处,说说这些描写好在哪里。

四、品味下列语句,与括号中的句子比较,说说原句好在哪里。

1. 因为老尼姑来阻挡,说了三句话,他们便将伊当作满政府,在头上很给了不少的棍子和栗凿。尼姑待他们走后,定了神来检点,龙牌固然已经碎在地上了,而且又不见了观音娘娘座前的一个宣德炉。

(老尼姑阻挡他们,他们凶狠之极,把她打了一顿。他俩砸了龙牌,趁此机会无耻地偷走了观音娘娘座前的一个宣德炉。)

2. 阿 Q 越想越气,终于禁不住满心痛恨起来,毒毒的点一点头:"不准我造反,只准你造反?妈妈的假洋鬼子,——好,你造反!造反是杀头的罪名啊,我总要告一状,看你抓进县里去杀头,——满门抄斩,——嚓!嚓!"

(阿 Q 心里非常痛恨假洋鬼子:"假洋鬼子!你不准我造反,决没有好下场!我要去告你造反,你等着满门抄斩吧!")

2.

项　链[1]

莫泊桑

[阅读提示]

《项链》是"短篇小说巨匠"莫泊桑的代表作之一。小说塑造了玛蒂尔德这个在世界文学史上具有持久艺术生命力的人物形象,让我们看到了 19 世纪末法国社会物欲横流的现实,了解了当时小资产阶级生活的不稳定性及其尴尬的处境。

小说写了一个耐人寻味、富有戏剧性结局的故事:一个小职员的妻子——美丽动人的玛蒂尔德一心追求高雅奢华，为参加舞会借了项链，结果不慎丢失，跌进了穷苦的深渊。到头来才知道自己为之付出惨重代价的项链原来是假的。玛蒂尔德对奢华生活的痴迷，她的虚荣心，虽然带着她所处的那个特定时代、特定社会的烙印，但同时也表现了带有普遍意义的人性弱点。今天阅读这篇小说，让我们感动的是，玛蒂尔德在遭到了命运的沉重打击，从梦中醒来后所表现出的那份勇气、坚强和做人的尊严。

这篇小说充分体现了莫泊桑的艺术才华。构思非常巧妙，情节曲折动人，有大起大落的波澜，也有层层荡漾的涟漪。"丢项链"与"假项链"两个情节出人意料又引人入胜，铺垫十分周密，伏笔似有若无。人物心理描写精彩细腻，酣畅淋漓。不少片段文采斐然，犹如优美的散文诗。这些都值得细细欣赏。

小说的主题，往往"仁者见仁，智者见智"。这正说明，这样的小说是一个蕴涵丰富的艺术世界。阅读《项链》，要从多种角度去深入领会，用心探寻，从中获得人生的启示和审美的愉悦。

她也是一个美丽动人的姑娘，好像由于命运的差错，生在一个小职员的家里。她没有陪嫁的资产，也没有什么法子让一个有钱的体面人认识她，了解她，爱她，娶她；最后只得跟教育部的一个小书记[2]结了婚。

她不能够讲究打扮，只好穿得朴朴素素，但是她觉得很不幸，好像这降低了她的身份似的。因为在妇女，美丽、丰韵[3]、娇媚，就是她们的出身；天生的聪明，优美的资质，温柔的性情，就是她们唯一的资源。

她觉得她生来就是为着过高雅和奢华的生活，因此她不断地感到痛苦。住宅的寒伧，墙壁的黯淡，家具的破旧，衣料的粗陋，都使她苦恼。这些东西，在别的跟她一样地位的妇人，也许不会挂在心上，然而她却因此痛苦，因此伤心。她看着那个替她做琐碎家事的勃雷大涅省[4]的小女仆，心里就引起悲哀的感慨和狂乱的梦想。她梦想那些幽静的厅堂，那里装饰着东方的帷幕，点着高脚的青铜灯，还有两个穿短裤的仆人，躺在宽大的椅子里，被暖炉的热气烘得打盹儿。她梦想那些宽敞的客厅，那里张挂着古式的壁衣[5]，陈设着精巧的木器，珍奇的古玩[6]。她梦想那些华美的香气扑鼻的小客室，在那里，下午五点钟的时候，她跟最亲密的男朋友闲谈，或者跟那些一般女人所最仰慕最乐于结识的男子闲谈。

每当她在铺着一块三天没洗的桌布的圆桌边坐下来吃晚饭的时候，对面，她的丈夫揭开汤锅的盖子，带着惊喜的神气说："啊！好香的肉汤！再没有比这更好的了！……"这时候，她就梦想到那些精美的晚餐，亮晶晶的银器；梦想到那些挂在墙上的壁衣，上面绣着古装人物，仙境般的园林，奇异的禽鸟；梦想到盛在名贵碗碟里的佳肴；梦想到一边吃着粉红色的鲈鱼[7]或者松鸡[8]翅膀，一边带着迷人的微笑听客人密谈。

她没有漂亮服装，没有珠宝，什么也没有。然而她偏偏只喜爱这些，她觉得自己生在世上就是为了这些。她一向就向往着得人欢心，被人艳羡[9]，具有诱惑力而被人追求。

她有一个有钱的女朋友，是教会女校的同学，可是她再也不想去看望她了，因为看望回来就会感到十分痛苦。由于伤心、悔恨、失望、困苦，她常常整天地哭好几天。

然而，有一天傍晚，她丈夫得意扬扬地回家来，手里拿着一个大信封。

"看呀，"他说，"这里有点东西给你。"

她高高兴兴地拆开信封，抽出一张请柬，上面印着这些字：

"教育部部长乔治·郎伯诺及夫人，恭请路瓦栽先生与夫人于一月十八日（星期一）光临教育部礼堂，参加夜会。"

她不像她丈夫预料的那样高兴，她懊恼地把请柬丢在桌上，咕哝着：

"你叫我拿着这东西怎么办呢？"

"但是，亲爱的，我原以为你一定很喜欢的。你从来不出门，这是一个机会，这个，一个好机会！我费了多大力气才弄到手。大家都希望得到，可是很难得到，一向很少发给职员。你在那儿可以看见所有的官员。"

她用恼怒的眼睛瞧着他，不耐烦地大声说：

"你打算让我穿什么去呢？"

他没有料到这个，结结巴巴地说：

"你上戏园子穿的那件衣服，我觉得就很好，依我……"

他住了口，惊惶失措，因为看见妻子哭起来了，两颗大大的泪珠慢慢地顺着眼角流到嘴角来了。他吃吃地说：

"你怎么了？你怎么了？"

她费了很大的力，才抑制住悲痛，擦干她那润湿的两腮，用平静的声音回答：

"没有什么。只是，没有件像样的衣服，我不能去参加这个夜会。你的同事，谁的妻子打扮得比我好，你就把这请帖送给谁去吧。"

他难受了，接着说：

"好吧，玛蒂尔德。做一身合适的衣服，你在别的场合也能穿，很朴素的，得多少钱呢？"

她想了几秒钟，合计出一个数目，考虑到这个数目可以提出来，不会招致这个俭省的书记立刻的拒绝和惊骇的叫声。

末了，她迟疑地答道：

"准数呢，我不知道，不过我想，有四百法郎就可以办到。"

他脸色有点儿发白了，他恰好存着这么一笔款子，预备买一杆猎枪，好在夏季的星期天，跟几个朋友到南代尔平原去打云雀。

然而他说：

"就这样吧。我给你四百法郎。不过你得把这件长裙做得好看<u>些</u>。"

夜会的日子近了，但是路瓦栽夫人显得郁闷、不安、忧愁。她的衣服却做好了。她丈夫有一天晚上对她说：

"你怎么了？看看，这三天来你非常奇怪。"

她回答说：

"叫我发愁的是一粒珍珠、一块宝石都没有，没有什么戴的。我处处带着穷酸气，很想不去参加这个夜会。"

他说：

"戴上几朵鲜花吧。在这个季节里，这是很时新的。花十个法郎，就能买两三朵别致的玫瑰。"她还是不依。

"不成，……在阔太太中间露穷酸相，再难堪也没有了。"

她丈夫大声说：

"你多么傻呀！去找你的朋友佛来思节夫人，向她借几样珠宝。你跟她很有交情，这点事满可以办到。"

她发出惊喜的叫声。

"真的！我倒没想到这个。"

第二天，她到她的朋友家里，说起自己的烦闷。

佛来思节夫人走近她那个镶着镜子的衣柜，取出一个大匣子，拿过来打开了，对路瓦栽夫人说：

"挑吧，亲爱的。"

她先看了几副镯子，又看了一挂珍珠项圈，随后又看了一个威尼斯式的镶着宝石的金十字架，做工非常精巧。她在镜子前边试这些首饰，犹豫不决，不知道该拿起哪件，放下哪件，她不断地问着：

"再没有别的了吗？"

"还有呢，你自己找吧。我不知道哪样合你的意。"

忽然她在一个青缎子盒子里发现了一挂精美的钻石项链，她高兴得心也跳起来了。她双手拿着那项链发抖。她把项链绕着脖子挂在她那长长的高领上，站在镜前对着自己的影子出神好半天。

随后，她迟疑而焦急地问：

"你能借给我这件吗？我只借这一件。"

"当然可以。"

她跳起来，搂住朋友的脖子，狂热地亲她，接着就带着这件宝物跑了。

夜会的日子到了，路瓦栽夫人得到成功，她比所有的女宾都漂亮、高雅、迷人，她满脸笑容，兴高采烈。所有的男宾都注视她，打听她的姓名，求人给介绍；部里机要处的人员都想跟她跳舞，部长也注意她了。

她狂热地兴奋地跳舞，沉迷在欢乐里，什么都不想了。她陶醉于自己的美貌胜过一切女宾，陶醉于成功的光荣，陶醉在人们对她的赞美和羡妒所形成的幸福的云雾里，陶醉在妇女们所认为最美满最甜蜜的胜利里。

她是早晨四点钟光景离开的。她丈夫从半夜起就跟三个男宾在一间冷落的小客室里睡着了。那时候，这三个男宾的妻子也正舞得快活。

她丈夫把那件从家里带来预备给她临走时候加穿的衣服，披在她的肩膀上。这是件朴素的家常衣服，这件衣服的寒伧味儿跟舞会上的衣服的豪华气派很不相称。她感觉到这一点,为了避免那些穿着珍贵皮衣的女人看见,想赶快逃走。

路瓦栽把她拉住,说:

"等一等,你到外面要着凉的。我去叫一辆马车来。"

但是她一点也不听,赶忙走下台阶。他们到了街上,一辆车也没看见;他们到处找,远远地看见车夫就喊。

他们在失望中顺着塞纳河[10]走去,冷得发抖。终于在河岸上找到一辆拉晚儿的破马车。这种车,巴黎只有夜间才看得见;白天,它们好像自惭形秽[11],不出来。

车把他们一直拉到马丁街寓所门口,他们惆怅地进了门。在她,一件大事算是完了。她丈夫呢,就想着十点钟得到部里去。

她脱下披在肩膀上的衣服,站在镜子前边,为的是趁这荣耀的打扮还在身上,再端详一下自己。但是,她猛然喊了一声。脖子上的钻石项链没有了。

她丈夫已经脱了一半衣服,就问:

"什么事情?"

她吓昏了,转身向着他说:

"我……我……我丢了佛来思节夫人的项链了。"

他惊慌失措地直起身子,说:"什么!……怎么啦!……哪儿会有这样的事!"

他们在长衣裙褶里、大衣褶里寻找,在所有的口袋里寻找,竟没有找到。

他问:

"你确实相信离开舞会的时候它还在吗?"

"是的,在教育部走廊上我还摸过它呢。"

"但是,如果是在街上丢的,我们总听得见声响。一定是丢在车里了。"

"是的,很可能。你记得车的号码吗?"

"不记得。你呢,你没注意吗?"

"没有。"

他们惊惶地面面相觑。末后,路瓦栽重新穿好衣服。

"我去,"他说,"把我们走过的路再走一遍,看看会不会找着。"

他出去了。她穿着那件参加舞会的衣服,连上床睡觉的力气也没有,只是倒在一把椅子里发呆,精神一点也提不起来,什么也不想。

七点钟光景,她丈夫回来了。什么也没找着。

后来,他到警察厅去,到各报馆去,悬赏招寻,也到所有车行去找。总之,凡有一线希望的地方,他都去过了。

她面对着这不幸的灾祸,整天等候着,整天在惊恐的状态里。

晚上,路瓦栽带着瘦削苍白的脸回来了,一无所得。

"应该给你的朋友写信,"他说,"说你把项链的搭钩弄坏了,正在修理。这样,我们才有周转的时间。"

她照他说的写了封信。

过了一星期,他们所有的希望都断绝了。

路瓦栽，好像老了五年，他决然说：

"应该想法赔偿这件首饰了。"

第二天，他们拿了盛项链的盒子，照着盒子上的招牌字号找到那家珠宝店。老板查看了许多账簿，说：

"太太，这挂项链不是我卖出去的；我只卖出这个盒子。"

于是他们就从这家珠宝店到那家珠宝店，凭着记忆去找一挂同样的项链。两个人都愁苦不堪，快病倒了。

在皇宫街一家铺子里，他们看见一挂钻石项链，正跟他们找的那一挂一样，标价四万法郎。老板让了价，只要三万六千。

他们恳求老板，三天以内不要卖出去。他们又订了约，如果原来那一挂在二月底以前找着，那么老板可以拿三万四千收回这一挂。

路瓦栽现有父亲遗留给他的一万八千法郎。其余的，他得去借。

他开始借钱了，向这个借一千法郎，向那个借五百法郎，从这儿借五个路易，从那儿借三个路易。他签了好些债券，订了好些使他破产的契约。他跟许多放高利贷的人和各种不同国籍的放债人打交道。他顾不得后半世的生活了，冒险到处签着名，却不知道能保持信用不能。未来的苦恼，将要压在身上的残酷的贫困，肉体的苦楚，精神的折磨，在这一切的威胁之下，他把三万六千法郎放在商店的柜台上，取来那挂新的项链。

路瓦栽夫人送还项链的时候，佛来思节夫人带着一种不满意的神情对她说：

"你应当早一点还我，也许我早就要用它了。"

佛来思节夫人没有打开盒子。她的朋友正担心她打开盒子。如果她发觉是件代替品，她会怎样想呢？会怎样说呢？她不会把她的朋友当作一个贼吗？

路瓦栽夫人懂得穷人的艰难生活了。她一下子显出了英雄气概，毅然决然打定了主意。她要偿还这笔可怕的债务。她就设法偿还。她辞退了女仆，迁移了住所，租赁了一个小阁楼住下。

她懂得家里的一切粗笨活儿和厨房里的讨厌的杂事了。她刷洗杯盘碗碟，在那油腻的盆沿上和锅底上磨粗了她那粉嫩的手指。她用肥皂洗衬衣，洗抹布，晾在绳子上。每天早晨，她把垃圾从楼上提到街上，再把水从楼下提到楼上，走上一层楼，就站住喘气。她穿得像一个穷苦的女人，胳膊上挎着篮子，到水果店里，杂货店里，肉铺里，争价钱，受嘲骂，一个铜子一个铜子地节省她那艰难的钱。

月月都得还一批旧债，借一些新债，这样来延缓清偿的时日。

她丈夫一到晚上就给一个商人誊写账目，常常到了深夜，还在抄写五个铜子一页的书稿。

这样的生活继续了十年。

第十年年底，债都还清了，连那高额的利息和利上加利滚成的数目都还清了。

路瓦栽夫人现在显得老了。她成了一个穷苦人家的粗壮耐劳的妇女了。她胡乱地绾[12]着头发，歪斜地系着裙子，露着一双通红的手，高声大气地说着话，用大桶的水刷洗地板。但是有时候，她丈夫办公去了，她一个人坐在窗前，就回想起当年那个舞会来，那个晚上，她多么美丽，多么使人倾倒啊！

要是那时候没有丢掉那挂项链,她现在是怎样一个境况呢?谁知道呢?谁知道呢?人生是多么奇怪,多么变幻无常啊,极细小的一件事就可以败坏你,也可以成全你!

有一个星期天,她到极乐公园去走走,舒散一星期来的疲劳,这时候,她忽然看见一个妇人领着一个孩子在散步。原来就是佛来思节夫人,她依旧年轻,依旧美丽动人。

路瓦栽夫人无限感慨。她要上前去跟佛来思节夫人说话吗?当然,一定得去。而且现在她把债都还清,她可以完全告诉她了。为什么不呢?

她走上前去。

"你好,珍妮[13]。"

那一个竟一点也不认识她了。一个平民妇人这样亲昵地叫她,她非常惊讶。她磕磕巴巴地说:

"可是……太太……我不知道……你一定是认错了。"

"没有错。我是玛蒂尔德·路瓦栽。"

她的朋友叫了一声:

"啊!……我可怜的玛蒂尔德,你怎么变成这样了!……"

"是的,多年不见面了,这些年来我忍受着许多苦楚,……而且都是因为你!……"

"因为我?……这是怎么讲的?"

"你一定记得你借给我的那挂项链吧,我戴了去参加教育部夜会的那挂。"

"记得,怎么样呢?"

"怎么样?我把它丢了。"

"哪儿的话!你已经还给我了。"

"我还给你的是另一挂,跟你那挂完全相同。你瞧,我们花了十年工夫才付清它的代价。你知道,对于我们这样什么也没有的人,这可不是容易的啊!……不过事情到底了结了,我倒很高兴了。"

佛来思节夫人停下脚步,说:

"你是说你买了一挂钻石项链赔我吗?"

"对呀。你当时没有看出来?简直是一模一样的啊。"

于是她带着天真的得意的神情笑了。

佛来思节夫人感动极了,抓住她的双手,说:

"唉!我可怜的玛蒂尔德!可是我那一挂是假的,至多值五百法郎!……"

[注释]

[1]　这篇课文是以几种中文译文为基础,并根据法文本校订的。《项链》发表于1884年,原题《首饰》。《项链》这个译名是由英译本转译过来的,因为沿用已久,这里仍旧用它。莫泊桑(1850—1893),法国著名作家。

[2]　书记:指从事公文、书信工作的人员。小书记指担任抄写工作的人员。

[3]　丰韵:同"风韵",形容仪态优美(多指女子美好的姿态)。

[4] 勃雷大涅省：法国西部靠海的一个省区。雇用这个地方的人,工资比较低。

[5] 壁衣：装饰墙壁的织物。

[6] 古玩：可供玩赏的古代器物。

[7] 鲈鱼：身体侧扁,背大鳞细,背部灰绿色,腹部灰白色,身体两侧和背鳍有黑斑。粉红色的鲈鱼是烹饪后的颜色。

[8] 松鸡：一种嘴像鸡的鸟,有白、黄、褐、黑等杂色斑纹,生活在寒冷地带的松林中,肉味鲜美。

[9] 艳羡：十分羡慕。艳,羡慕。

[10] 塞纳河：法国西北部的一条河,流经巴黎,把巴黎分为南北两部分。

[11] 自惭形秽：原指因为自己容貌举止不如别人而感到惭愧。后来泛指自愧不如别人。

[12] 绾(wǎn)：把长条形的东西盘绕起来打成结。

[13] 珍妮：佛来思节夫人的名字。

[思考练习]

一、玛蒂尔德的人生遭遇对我们认识人生有很大的启迪。复述小说的主要故事情节,谈谈你对玛蒂尔德这个人物形象的认识,她的人生经历对我们有哪些启示。

二、小说虽然最后才点明项链是假的,但在前面的情节中用多处伏笔作了暗示。找出这些伏笔,说说它们的作用。

三、根据课文语境,谈谈下列句子中加点词语的含义。

1. 她也是一个美丽动人的姑娘。

2. 随后,她迟疑而焦急地问："你能借给我这件吗？我只借这一件。"

3. 路瓦栽夫人懂得穷人的艰难生活了。她一下子显出了英雄气概,毅然决然打定了主意。

4. 这时候,她忽然看见一个妇人领着一个孩子在散步。原来就是佛来思节夫人,她依旧年轻,依旧美丽动人。

四、品味下面一段文字,回答问题。

忽然她在一个青缎子盒子里发现了一挂精美的钻石项链,她高兴得心也跳起来了。她双手拿着那项链发抖。她把项链绕着脖子挂在她那长长的高领上,站在镜前对着自己的影子出神好半天。

随后,她迟疑而焦急地问：

"你能借给我这件吗？我只借这一件。"

"当然可以。"

她跳起来,搂住朋友的脖子,狂热地亲她,接着就带着这件宝物跑了。

1. 一挂假项链把玛蒂尔德喜欢成这个样子,字里行间包含着什么意味？

2. 为什么玛蒂尔德"迟疑而焦急"？

五、十年辛苦使美丽动人的玛蒂尔德成了一个穷苦人家粗壮耐劳的妇女。根据你对小说主题和人物性格的理解,展开想象,续写《项链》,谈谈玛蒂尔德以后的生活会是怎样的。

3.

竞 选 州 长[1]

马克·吐温

[阅读提示]

美国进步作家马克·吐温的《竞选州长》，是一篇政治讽刺小说，写于 1870 年。小说通过独立党候选人"我"的自白，揭露了美国"民主政治"的虚伪。一个正派、清白的老实人在竞选中成了最不正派、最不清白的"罪人"，这就告诉人们资本主义的所谓"自由竞选"、"民主政治"不过是资产阶级政客争权夺利、残酷倾轧的遮羞布。小说也暴露了资本主义"言论自由"的虚伪。资产阶级的所谓"言论自由"实质就是用谎言来诬蔑、攻击、陷害对方，来蒙蔽欺骗人民群众。小说还撕开了资本主义国家"两党制"的画皮。资产阶级政党在本质上都是一样的，都不能反映广大人民的意志。

小说的情节就是"我"叙述自己参加竞选的经过。在安排上，作者巧妙地安排明暗两条线索，不让竞选对手正面出场，把他们大量卑鄙无耻的竞选活动放在幕后：作者反复摘引了大量报纸、信件上的材料，层层加深地推动情节发展，然后用"我"这条明线把它串起来，并形成鲜明的对比。这样安排，不仅节省笔墨，而且给读者留下广阔想象的余地，大大深化了主题。

另外，课文还运用了多种多样的幽默手法达到讽刺效果，阅读时要找出来，加以领会。

几个月之前，我被提名为纽约州州长候选人，代表独立党与斯坦华脱·勒·伍福特先生和约翰·特·霍夫曼先生竞选。我总觉得自己有超过这两位先生的显著的优点，那就是我的名声好。从报上容易看出：如果说这两位先生也曾知道爱护名声的好处，那是以往的事。近几年来，他们显然已将各种无耻罪行视为家常便饭[2]。当时，我虽然对自己的长处暗自庆幸，但是一想到我自己的名字得和这些人的名字混在一起到处传播，总有一股不安的混浊潜流在我愉快心情的深处"翻搅"。我心里越来越不安，最后我给祖母写了封信，把这件事告诉她。她很快给我回了信，而且信写得很严峻，她说："你生平没有做过一件对不起人的事——一件也没有做过。你看看报纸吧——一看就会明白伍福特和霍夫曼先生是一种什么样子的人，然后再看你愿不愿意把自己降低到他们那样的水平，跟他们一起竞选。"

这也正是我的想法！那晚我一夜没合眼。但我毕竟不能打退堂鼓。我已经完全卷进去了，只好战斗下去。

当我一边吃早饭，一边无精打采地翻阅报纸时，看到这样一段消息，说实在话，我以前还从来没有这样惊慌失措过：

"伪证罪——那就是 1863 年，在交趾支那的瓦卡瓦克，有 34 名证人证明马克·吐温先生犯有伪证罪，企图侵占一小块香蕉种植地，那是当地一位穷寡妇和她那群孤儿靠着活命的唯一资源。现在马克·吐温先生既然在众人面前出来竞选州长，那么他或许可以屈尊解释一下如下事情的经过。吐温先生不管是对自己或是对要求投票选举他的伟大人民，都有责任澄清此事的真相。他愿意这样做吗？"

我当时惊愕不已！竟有这样一种残酷无情的指控。我从来就没有到过交趾支那！我从来没听说过什么瓦卡瓦克！我也不知道什么香蕉种植地，正如我不知道什么是袋鼠一样！我不知道要怎么办才好，我简直要发疯了，却又毫无办法。那一天我什么事情也没做，就让日子白白溜过去了。第二天早晨，这家报纸再没说别的什么，只有这么一句话："意味深长[3]——大家都会注意到：吐温先生对交趾支那伪证案一事一直发人深省地保持缄默。"（备忘——在这场竞选运动中，这家报纸以后但凡提到我时，必称"臭名昭著[4]的伪证犯吐温"。）

接着是《新闻报》，登了这样一段话："需要查清——是否请新州长候选人向急于等着要投他票的同胞们解释一下以下一件小事？那就是吐温先生在蒙大那州野营时，与他住在同一帐篷的伙伴经常丢失小东西，后来这些东西一件不少地都从吐温先生身上或'箱子'（即他卷藏杂物的报纸）里发现了。大家为他着想，不得不对他进行友好的告诫，在他身上涂满柏油，粘上羽毛，叫他坐木杠，把他撵出去，并劝告他让出铺位，从此别再回来。他愿意解释这件事吗？"

难道还有比这种控告用心更加险恶的吗？我这辈子根本就没有到过蒙大那州呀。（此后，这家报纸照例叫我做"蒙大那的小偷吐温"。）

于是，我开始变得一拿起报纸就有些提心吊胆[5]起来，正如同你想睡觉时拿起一床毯子，可总是不放心，生怕那里面有条蛇似的。有一天，我看到这么一段消息：

"谎言已被揭穿！——根据五方位区的密凯尔·奥弗拉纳根先生、华脱街的吉特·彭斯先生和约翰·艾伦先生三位的宣誓证书，现已证实：马克·吐温先生曾恶毒声称我们尊贵的领袖约翰·特·霍夫曼的祖父曾因拦路抢劫而被处绞刑一说，纯属粗暴无理之谎言，毫无事实根据。他毁谤亡人，以谰言玷污其美名，用这种下流手段来达到政治上的成功，使有道德之人甚为沮丧。当我们想到这一卑劣谎言必然会使死者无辜的亲友蒙受极大悲痛时，几乎要被迫煽动起被伤害和被侮辱的公众，立即对诽谤者施以非法的报复。但是我们不这样！还是让他去因受良心谴责而感到痛苦吧。（不过，如果公众义愤填膺，盲目胡来，对诽谤者进行人身伤害，很明显，陪审员不可能对此事件的凶手们定罪，法庭也不可能对他们加以惩罚。）"

最后这句巧妙的话很起作用，当天晚上当"被伤害和被侮辱的公众"从前门进来时，吓得我赶紧从床上爬起来，从后门溜走。他们义愤填膺[6]，来时捣毁家具和门窗，走时把能拿动的财物统统带走。然而，我可以手按《圣经》起誓：我从没诽谤过霍夫曼州长的祖父。而且直到那天为止，我从没听人说起过他，我自己也没提到过他。（顺便说一句，刊登上述新闻的那家报纸此后总是称我为"拐尸犯吐温"。）

引起我注意的下一篇报上的文章是下面这段：

"好个候选人——马克·吐温先生原定于昨晚独立党民众大会上作一次损伤对方的演说，却未履行其义务。他的医生打电报来称他被几匹狂奔的拉车的马撞倒，腿部两处负伤——卧床不起，痛苦难言等等，以及许多诸如此类的废话。独立党的党员们只好竭力听信这一拙劣的托词，假装不知道他们提名为候选人的这个放荡不羁的家伙未曾出席大会的真正原因。

　　有人见到,昨晚有一个人喝得酩酊大醉,摇摇晃晃地走进吐温先生下榻的旅馆。独立党人责无旁贷须证明那个醉鬼并非马克·吐温本人。这一下我们终于把他们抓住了。此事不容避而不答。人民以雷鸣般的呼声询问:'那人是谁?'"

　　我的名字真的与这个丢脸的嫌疑联在一起,这是不可思议[7]的,绝对地不可思议。我已经有整整三年没有喝过啤酒、葡萄酒或任何一种酒了。(这家报纸在下一期上大胆地称我为"酒疯子吐温先生",而且我知道,它会一直这样称呼下去,但我当时看了竟毫无痛苦,足见这种局势对我有多大的影响。)

　　那时我所收到的邮件中,匿名信占了重要的部分。那些信一般是这样写的:

　　"被你从你寓所门口一脚踢开的那个要饭的老婆婆,现在怎么样了?"

　　好管闲事者也有这样写的:

　　"你干的一些事,除我之外没人知道,你最好拿出几块钱来孝敬鄙人,不然,报上有你好看的。"

　　惹不起大致就是这类内容。如果还想听,我可以继续引用下去,直到使读者恶心。

　　不久,共和党的主要报纸"宣判"我犯了大规模的贿赂罪,而民主党最主要的报纸则把一桩大肆渲染敲诈案件硬"栽"在我头上。(这样,我又得到了两个头衔:"肮脏的贿赂犯吐温"和"令人恶心的讹诈犯吐温"。)

　　这时候舆论哗然,纷纷要我"答复"所有对我提出的那些可怕的指控。这就使得我们党的报刊主编和领袖们都说,我如果再沉默不语,我的政治生命就要给毁了。好像要使他们的控诉更为迫切似的,就在第二天,一家报纸登了这样一段话:

　　"明察此人! 独立党这位候选人至今默不吭声。因为他不敢说话。对他的每条控告都有证据,并且那种足以说明问题的沉默一再承认了他的罪状,现在他永远翻不了案了。独立党的党员们,看看你们这位候选人吧! 看看这位声名狼藉[8]的伪证犯! 这位蒙大那的小偷! 这位拐尸犯! 好好看一看你们这个具体化的酒疯子! 你们这位肮脏的贿赂犯! 你们这位令人恶心的讹诈犯! 你们盯住他好好看一看,好好想一想——这个家伙犯下了这么可怕的罪行,得了这么一连串倒霉的称号,而且一条也不敢予以否认,看你们是否还愿意把自己公正的选票投给他!"

　　我无法摆脱这种困境,只得深怀耻辱,准备着手"答复"那一大堆毫无根据的指控和卑鄙下流的谎言。但是我始终没有完成这个任务,因为就在第二天,有一家报纸登出一个新的恐怖案件,再次对我进行恶意中伤,说因一家疯人院妨碍我家的人看风景,我就将这座疯人院烧掉,把院里的病人统统烧死了,这使我万分惊慌。接着又是一个控告,说我为了吞占我叔父的财产而将他毒死,并且要求立即挖开坟墓验尸。这使我几乎陷入了精神错乱的境地。在这些控告之上,还有人竟控告我在负责育婴堂事务时雇用老掉了牙的、昏庸的亲戚给育婴堂做饭。我拿不定主意了——真的拿不定主意了。最后,党派斗争的积怨对我的无耻迫害达到了自然而然的高潮:有人教唆[9]9 个刚刚在学走路的包括各种不同肤色、穿着各种各样的破烂衣服的小孩,冲到一次民众大会的讲台上来,紧紧抱住我的双腿,叫我做爸爸!

　　我放弃了竞选。我降下旗帜投降。我不够竞选纽约州州长运动所要求的条件,所以,我呈递上退出候选人的声明,并怀着痛苦的心情签上我的名字:

"你忠实的朋友，过去是正派人，现在却成了伪证犯、小偷、拐尸犯、酒疯子、贿赂犯和讹诈犯的马克·吐温。"

[注释]

[1]   马克·吐温(Mark Twain,1835—1910)，原名塞缪尔·朗荷恩·克列门斯，生于密苏里州一地方法官家庭，十二岁时父亲去世，开始了独立的劳动生活。他是美国批判现实主义文学的奠基人，世界著名的短篇小说大师，被誉为"美国文学中的林肯"。他经历了美国从"自由"资本主义到帝国主义的发展过程，其思想和创作也表现为从轻快调笑到辛辣讽刺再到悲观厌世的发展阶段。他的早期创作，如短篇小说《竞选州长》(1870)、《哥尔斯密的朋友再度出洋》(1870)等，以幽默、嘲讽的笔法嘲笑美国"民主选举"的荒谬和"民主天堂"的本质。中期作品，如长篇小说《镀金时代》(1874，与华纳合写)、代表作长篇小说《哈克贝里·费恩历险记》(1886)及《傻瓜威尔逊》(1893)等，则以深沉、辛辣的笔调讽刺和揭露像瘟疫般盛行于美国的投机、拜金狂热，及暗无天日的社会现实与惨无人道的种族歧视。

[2]   家常便饭：指家中日常的饭食。也比喻常见的事情。

[3]   意味深长：意思含蓄深远，耐人寻味。

[4]   臭名昭著：坏名声人人都知道。

[5]   提心吊胆：形容十分担心或害怕。

[6]   义愤填膺：发于正义的愤懑充满胸中。

[7]   不可思议：原是佛教语，指神秘奥妙。现形容事物无法想象或难以理解。

[8]   声名狼藉：名声败坏到了极点。

[9]   教唆：怂恿指使（别人做坏事）。

[思考练习]

一、本篇课文可以分为三个部分，请按自己的理解填空。

第一部分：从_____到_____：写"我"被提名为州长候选人后的矛盾心情。

第二部分：从_____到_____：写"我"在竞选中遇到的一系列诬陷、攻击，得到了一大串晦气的头衔，失去了还好的声望。

第三部分：从_____到结尾：写"我"满怀懊恼地退出了竞选。

二、阅读课文，思考课文在情节安排和结构上有什么特点。

三、文中列举了"我"的哪些罪状，"我"到底是怎样的一个人？

四、课外时间阅读马克·吐温的《百万英镑》，体会其写作意图和构思特色。

4.

智取生辰纲

施耐庵

[阅读提示]

这一回节选自《水浒传》(金盾出版社 2006 年版)第十六回，原回目是：杨志押送金银

担 吴用智取生辰纲。

"智取生辰纲"在《水浒传》中具有很重要的地位。在此之前,虽然《水浒传》也写了史进、林冲、鲁智深被迫逃亡造反,却还是一个个孤立的反抗,还没有意识地团结起来采取集体行动。这一次是水浒英雄主动地向封建势力发起的冲击,而且,由于这一事件是在水浒未来的领袖人物晁盖、吴用直接指挥策划下进行的,后来使得宋江也牵扯进去,所以金圣叹认为智取生辰纲可以称作"英雄小排座",说"一百八人之水浒断自此始也"。

在智取生辰纲的过程中,双方都有着充分的准备。一方处心积虑地夺取,另一方小心精细地护送。晁盖等人劫取生辰纲的成功,首先,归结于劫取生辰纲的正义性。由于正义,所以聚集了众多好汉,团结一致,协同作战。其次,在于有充分的准备。他们把杨志一行人的起程时间、活动规律、行动路线,摸得一清二楚,在黄泥岗以逸待劳。再次,在于方法的巧妙。针对在炎热的天气下负重远行的人必然口渴求饮,而黄泥岗地处前够不着村,后够不着店的位置,饮料、酒,就具有了无比的诱惑力,酒里放蒙汗药,就极便当可行了。最后,还靠着临场机智的应变本领,使杨志一行人解除警惕,终于上钩。

晁盖等人的对手杨志,虽然后来经过曲折也成为梁山英雄之一,但在智取生辰纲中他却是被嘲弄的对象,具有悲剧性格。他武艺高强,精细有远见,但由于生辰纲的不义性质,由于押解生辰纲队伍内部各怀私心,再加上杨志为人粗暴,不善于笼络人,在押解队伍中,他实际上成了茕茕独夫,光杆司令。他精明,但派不上用场;他努力挣扎,但孤掌难鸣;徒然有高超的武艺也无所用其技,终于自己也陷入晁盖等人的圈套中。

话休絮繁。却说北京大名府梁中书,收买了十万贯庆贺生辰礼物完备,选日差人起程。当下一日在后堂坐下,只见蔡夫人问道:"相公,生辰纲几时起程?"梁中书道:"礼物都已完备,明后日便可起身,只是一件事在此踌躇未决。"蔡夫人道:"有甚事踌躇未决?"梁中书道:"上年费了十万贯收买金珠宝贝送上东京去,只因用人不着[1],半路被贼人劫将去了,至今无获;今年帐前眼见得又没个了事[2]的人送去,在此踌躇未决。"蔡夫人指着阶下,道:"你常说这个人十分了得,何不着他委纸领状[3]送去走一遭? 不致失误。"梁中书看阶下那人时,却是青面兽杨志。梁中书大喜,随即唤杨志上厅说道:"我正忘了你。你若与我送生辰纲去,我自有抬举你处。"杨志又手向前,禀道:"恩相差遣,不敢不依。只不知怎地打点[4]? 几时起身?"梁中书道:"着落大名府差十辆太平车子[5],帐前拨十个厢禁军[6]监押着车;每辆上各插一把黄旗,上写着'献贺太师生辰纲',每辆车子再使个军健[7]跟着。三日内便要起身去。"杨志道:"非是小人推托。其实去不得。乞钧旨别差英雄精细的人去。"梁中书道:"我有心要抬举你,这献生辰的札子[8]内另修一封书在中间,太师跟前重重保你,受道敕命[9]回来。如何倒生支调[10],推辞不去?"杨志道:"恩相在上:小人也曾听得上年已被贼人劫去了,至今未获。今岁途中盗贼又多,甚是不好。此去东京,又无水路,都是旱路,经过的是紫金山、二龙山、桃花山、伞盖山、黄泥冈、白沙坞、野云渡、赤松林,这几处都是强人出没的去处。更兼单身客人,亦不敢独自经过。他知道是金银宝物,如何不来抢劫? 枉结果了性命。以此去不得。"梁中书道:"恁地时,多着军校防护送去便了。"杨志道:"恩相便差五百人去,也不济事。这厮们一声听得强人来时,都是先走了的。"梁中书道:"你这般地说时,生辰纲不要送去了?"杨志又禀道:"若依小人一件事,便敢送去。"梁中书道:"我既委在你身上,如何不依你说。"杨志道:"若依小人说时，并不要车子，把礼物都装做十余条担子，只做客人的打扮行货[11]，也点十个壮健的厢禁军，却装做脚夫挑着。只消一个人和小人去，却打扮做客人，悄悄连夜送上东京交付。怎地时方好。"梁中书道："你甚说得是。我写书呈，重重保你，受道诰命[12]回来。"杨志道："深谢恩相抬举。"

当日便叫杨志一面打拴担脚[13]，一面选拣军人。次日，叫杨志来厅前伺候，梁中书出厅来问道："杨志，你几时起身？"杨志禀道："告复恩相，只在明早准行，就委领状。"梁中书道："夫人也有一担礼物，另送与府中宝眷[14]，也要你领。怕你不知头路，特地再教奶公谢都管[15]并两个虞候[16]，和你一同去。"杨志告道："恩相，杨志去不得了。"梁中书道："礼物都已拴缚完备，如何又去不得？"杨志禀道："此十担礼物都在小人身上，和他众人都由杨志，要早行便早行，要晚行便晚行，要住便住，要歇便歇，亦依杨志提调[17]。如今又叫老都管并虞候和小人去，他是夫人行的人[18]，又是太师府门下奶公，倘或路上与小人鳌拗起来，杨志如何敢和他争执得？若误了大事时，杨志那其间如何分说？"梁中书道："这个也容易，我叫他三个都听你提调便了。"杨志答道："若是如此禀过，小人情愿便委领状。倘有疏失，甘当重罪。"梁中书大喜道："我也不枉了抬举你！真个有见识！"随即唤老谢都管并两个虞候出来，当厅分付道："杨志提辖情愿委了一纸领状，监押生辰纲十一担金珠宝贝赴京，太师府交割[19]。这干系都在他身上。你三人和他做伴去，一路上早起晚行住歇，都要听他言语，不可和他鳌拗。夫人处分付的勾当[20]，你三人自理会[21]。小心在意，早去早回，休教有失。"老都管一一都应了。当日杨志领了。

次日早起五更，在府里把担仗都摆在厅前。老都管和两个虞候又将一小担财帛，共十一担，拣了十一个壮健的厢禁军，都做脚夫打份。杨志戴上凉笠儿，穿着青纱衫子，系了缠带行履麻鞋[22]，跨口腰刀，提条朴刀。老都管也打扮做个客人模样，两个虞候假装做跟的伴当[23]。各人都拿了条朴刀，又带几根藤条。梁中书付与了札付书呈[24]。一行人都吃得饱了，在厅上拜辞了梁中书。看那军人担仗起程，杨志和谢都管、两个虞候监押着，一行共是十五人，离了梁府，出得北京城门，取大路投东京进发。五里单牌，十里双牌。此时正是五月半天气，虽是晴明得好，只是酷热难行。昔日吴七郡王有八句诗道：

玉屏四下朱阑绕，簇簇游鱼戏萍藻。

簟[25]铺八尺白虾须，头枕一枚红玛瑙。

六龙惧然不敢行，海水煎沸蓬莱岛。

公子犹嫌扇力微，行人正在红尘道。

这八句诗单题着炎天暑月，那公子王孙在凉亭上水阁中，浸着浮瓜沉李，调冰雪藕避暑，尚兀自嫌热。怎知客人为些微名薄利，又无枷锁拘缚，三伏内只得在那途路中行。今日杨志这一行人，要取六月十五日生辰，只得在路途上行。自离了这北京五七日，端的只是起五更趁早凉便行，日中热时便歇。五七日后，人家渐少，行客又稀，一站站都是山路。杨志却要辰牌[26]起身，申时[27]便歇。那十一个厢禁军，担子又重，无有一个稍轻；天气热了，行不得，见着林子便要去歇息。杨志赶着催促要行，如若停住，轻则痛骂，重则藤条便打，逼赶要行。两个虞候虽只背些包裹行李，也气喘了行不上。杨志也嗔道："你两个好不晓事！这干系[28]须是俺的！你们不替洒家打这夫子[29]，却在背后也慢慢地挨，这路上不是要处！"那虞候道："不是我两个要慢走，其实热了行不动，因此落后。前日只是趁早凉走,如今怎地正热里要行？正是好歹不均匀!"杨志道:"你这般说话,却似放屁。前日行的须是好地面,如今正是尴尬去处[30],若不日里赶过去,谁敢五更半夜走?"两个虞候口里不道,肚中寻思:"这厮不直得便骂人。"

杨志提了朴刀,拿着藤条,自去赶那担子。两个虞候坐在柳阴树下等得老都管来。两个虞候告诉道:"杨家那厮,强杀[31]只是我相公门下一个提辖! 直这般会做大[32]!"老都管道:"须是我相公当面分付道:'休要和他鳌拗',因此我不做声。这两日也看他不得[33]。权且奈他。"两个虞候道:"相公也只是人情话儿,都管自做个主便了。"老都管又道:"且奈他一奈。"当日行到申牌时分,寻得一个客店里歇了。那十一个厢禁军雨汗通流,都叹气吹嘘[34],对老都管说道:"我们不幸做了军健,情知道[35]被差出来。这般火似热的天气,又挑着重担;这两日又不拣早凉行,动不动老大藤条打来,都是一般父母皮肉,我们直恁地苦!"老都管道:"你们不要怨怅[36],巴到[37]东京时,我自赏你。"那众军汉道:"若是似都管看待我们时,并不敢怨怅。"又过了一夜。次日天色未明,众人起来,趁早凉起身去。杨志跳起来,喝道:"那里去! 且睡了,却理会。"众军汉道:"趁早不走,日里热时走不得,却打我们!"杨志大骂道:"你们省得甚么!"拿了藤条要打。众军忍气吞声,只得睡了。当日直到辰牌时分,慢慢地打火,吃了饭走。一路上赶打着,不许投凉处歇。那十一个厢禁军口里喃喃呐呐[38]地怨怅;两个虞候在老都管面前絮絮聒聒地搬口[39],老都管听了,也不着意,心内自恼他。

话休絮繁。似此行了十四五日,那十四个人没一个不怨怅杨志。当日客店里,辰牌时分,慢慢地打火,吃了早饭行。正是六月初四日时节,天气未及晌午,一轮红日当天,没半点云彩,其日十分大热。古人有八句诗道:

> 祝融南来[40]鞭火龙,火旗焰焰烧天红。
>
> 日轮当午凝不去,万国如在红炉中。
>
> 五岳[41]翠干云彩灭,阳侯[42]海底愁波竭。
>
> 何当一夕金风[43]起,为我扫除天下热。

当日行的路,都是山僻崎岖小径,南山北岭。却监着那十一个军汉。约行了二十余里路程。那军人们思量要去柳阴树下歇凉,被杨志拿着藤条打将来,喝道:"快走! 教你早歇。"众军人看那天时,四下里无半点云彩,其实那热不可当。但见:

> 热气蒸人,嚣尘扑面。万里乾坤如甑[44],一轮火伞当天。四野无云,风突突[45]波翻海沸;千山灼焰,必剥剥石烈灰飞。空中鸟雀命将休,倒颠入树林深处;水底鱼龙鳞角脱,直钻入泥土窖里。直教石虎喘无休,便是铁人须汗落。

当时杨志催促一行人在山中僻路里行。看看日色当午,那石头上热了,脚疼走不得。众军汉道:"这般天气热,兀的[46]不晒杀人!"杨志喝着军汉道:"快走! 赶过前面冈子去,却再理会。"正行之间,前面迎着那土冈子。众人看这冈子时,但见:

> 顶上万株绿树,根头一派黄沙。嵯峨浑似老龙形,险峻但闻风雨响。山边茅草,乱丝丝攒遍地刀枪;满地石头,磕可可睡两行虎豹。休道西川蜀道险,须知此是太行山。

当时一行十五人奔上冈子来,歇下担仗,那十四人都去松林树下睡倒了。杨志说道:"苦也! 这里是甚么去处,你们却在这里歇凉! 起来,快走!"众军汉道:"你便剐做我七八段,其实去不得了!"杨志拿起藤条,劈头劈脑打去。打得这个起来,那个睡倒,杨志无可奈何。只见两个虞候和老都管气喘急急，也巴到冈子上松树下坐下喘气。看这杨志打那军健，老都管见了，说道："提辖！端的热了走不得！休见他罪过[47]！"杨志道："都管，你不知。这里正是强人出没的去处，地名叫做黄泥冈。闲常太平时节，白日里兀自[48]出来劫人，休道是这般光景。谁敢在这里停脚！"两个虞候听杨志说了，便道："我见你说好几遍了，只管把这话来惊吓人！"老都管道："权且教他们众人歇一歇，略过日中行，如何？"杨志道："你也没分晓[49]了！如何使得！这里下冈子去，兀自有七八里没人家。甚么去处，敢在此歇凉！"老都管道："我自坐一坐了走，你自去赶他众人先走。"杨志拿着藤条，喝道："一个不走的，吃俺二十棍！"众军汉一齐叫将起来。数内一个分说道："提辖，我们挑着百十斤担子，须不比你空手走的。你端的不把人当人！便是留守相公自来监押时，也容我们说一句。你好不知疼痒！只顾逞辩[50]！"杨志骂道："这畜生不呕死[51]俺，只是打便了。"拿起藤条，劈脸又打去。老都管喝道："杨提辖且住！你听我说。我在东京太师府里做奶公时，门下军官见了无千无万[52]，都向着我喏喏连声。不是我口浅[53]，量你是个遭死的[54]军人，相公可怜，抬举你做个提辖，比得草芥子大小的官职，直得恁地逞能！休说我是相公家都管，便是村庄一个老的，敢合依我劝一劝！只顾把他们打，是何看待！"杨志道："都管，你须是城市里人，生长在相府里，那里知道途路上千难万难！"老都管道："四川、两广，也曾去来，不曾见你这般卖弄！"杨志道："如今须不比太平时节。"都管道："你说这话该剜口割舌！今日天下怎地不太平？"

杨志却待要回言，只见对面松林里影着一个人在那里舒头探脑价望[55]。杨志道："俺说甚么，兀的不是歹人来了！"撇下藤条，拿了朴刀，赶入松林里来，喝一声道："你这厮好大胆！怎敢看俺的行货！"赶来看时，只见松林里一字儿摆着七辆江州车儿[56]；七个人脱得赤条条的在那里乘凉。一个鬓边老大一搭朱砂记，拿着一条朴刀，望杨志跟前来。见杨志赶入来，七个人齐叫一声"阿也！"都跳起来。杨志喝道："你等是甚么人？"那七人道："你是甚么人？"杨志又问道："你等莫不是歹人？"那七人道："你颠倒问，我等是小本经纪，那里有钱与你？"杨志道："你等小本经纪人，偏俺有大本钱。"那七人问道："你端的是甚么人？"杨志道："你等且说那里来的人？"那七人道："我等弟兄七人，是濠州[57]人，贩枣子上东京去，路途打从这里经过。听得多人说，这里黄泥冈上时常有贼打劫客商。我等一面走，一头自说道：'我七个只有些枣子，别无甚财货。'只顾过冈子来。上得冈子，当不过这热，权且在这林子里歇一歇，待晚凉了行。只听得有人上冈子来，我们只怕是歹人，因此使这个兄弟出来看一看。"杨志道："原来如此。也是一般的客人。却才见你们窥望，惟恐是歹人，因此赶来看一看。"那七个人道："客官请几个枣子了去。"杨志道："不必。"提了朴刀，再回担边来。

老都管道："既是有贼，我们去休。"杨志说道："俺只道是歹人，原来是几个贩枣子的客人。"老都管别了脸[58]对众军道："似你方才说时，他们都是没命的！"杨志道："不必相闹，俺只要没事便好。你们且歇了，等凉些走。"众军汉都笑了。杨志也把朴刀插在地上，自去一边树下坐了歇凉。没半碗饭时，只见远远地一个汉子，挑着一付担桶，唱上冈子来。唱道：

> 赤日炎炎似火烧，野田禾稻半枯焦。
>
> 农夫心内如汤煮，公子王孙把扇摇！

那汉子口里唱着,走上冈子来松林里头歇下担桶,坐地乘凉。众军看见了,便问那汉子道:"你桶里是什么东西?"那汉子应道:"是白酒。"众军道:"挑往那里去?"那汉子道:"挑去村里卖。"众军道:"多少钱一桶?"那汉子道:"五贯足钱。"众军商量道:"我们又热又渴,何不买些吃,也解暑气。"正在那里凑钱,杨志见了,喝道:"你们又做甚么?"众军道:"买碗酒吃。"杨志调过朴刀杆便打,骂道:"你们不得洒家言语,胡乱便要买酒吃,好大胆!"众军道:"没事又来搅乱[59]。我们自凑钱买酒吃,干你甚事?也来打人。"杨志道:"你这村鸟理会得甚么!到来只顾吃嘴!全不晓得路途上的勾当艰难!多少好汉,被蒙汗药[60]麻翻了!"那挑酒的汉子看着杨志冷笑道:"你这客官好不晓事!早是[61]我不卖与你吃,却说出这般没气力的话来!"

正在松树边闹动争说,只见对面松林里那伙贩枣子的客人,都提着朴刀走出来问道:"你们做甚么闹?"那挑酒的汉子道:"我自挑这酒过冈子村里卖,热了在此歇凉。他众人要问我买些吃,我又不曾卖与他,这个客官道我酒里有甚么蒙汗药,你道好笑么?说出这般话来!"那七个客人说道:"我只道有歹人出来。原来是如此。说一声也不打紧。我们正想酒来解渴,既是他疑心,且卖一桶与我们吃。"那挑酒的道:"不卖!不卖!"这七个客人道:"你这鸟汉子也不晓事!我们须不曾说你。你左右将到村里去卖,一般还你钱,便卖些与我们,打甚么不紧[62]?看你不道得[63]舍施了茶汤,便又救了我们热渴。"那挑酒的汉子便道:"卖一桶与你不争[64],只是被他们说的不好又没碗瓢舀吃。"那七人道:"你这汉子忒[65]认真!便说了一声,打甚不紧?我们自有椰瓢在这里。"只见两个客人去车子前取出两个椰瓢来,一个捧出一大捧枣子来。七个人立在桶边,开了桶盖,轮替换着舀那酒吃,把枣子过口[66]。无一时,一桶酒都吃尽了。七个客人道:"正不曾问得你多少价钱?"那汉道:"我一了[67]不说价,五贯足钱一桶,十贯一担。"七个客人道:"五贯便依你五贯,只饶[68]我们一瓢吃。"那汉道:"饶不得,做定的价钱。"一个客人把钱还他,一个客人便去揭开桶盖,兜了一瓢,拿上便吃。那汉去夺时,这客人手拿半瓢酒,望松林里便走,那汉赶将去。只见这边一个客人从松林里走将出来,手里拿一个瓢,便来桶里舀了一瓢酒。那汉看见,抢来劈手夺住,望桶里一倾,便盖了桶盖,将瓢望地下一丢,口里说道:"你这客人好不君子相!戴头识脸的[69],也这般啰唣[70]!"

那对过众军汉见了,心内痒起来,都待要吃。数中一个看着老都管道:"老爷爷,与我们说一声!那卖枣子的客人买他一桶吃了,我们胡乱也买他这桶吃,润一润喉也好。其实热渴了,没奈何,这里冈子上又没讨水吃处。老爷方便!"老都管见众军所说,自心里也要吃得些，竟来对杨志说："那贩枣子客人已买了他一桶酒吃，只有这一桶，胡乱教他们买吃些避暑气。冈子上端的没处讨水吃。"杨志寻思道："俺在远远处望，这厮们都买他的酒吃了，那桶里当面也见吃了半瓢，想是好的。打了他们半日，胡乱容他买碗吃罢。"杨志道："既然老都管说了，教这厮们买吃了便起身。"众军健听了这话，凑了五贯足钱来买酒吃。那卖酒的汉子道："不卖了！不卖了！这酒里有蒙汗药在里头！"众军陪着笑，说道："大哥，直得便还言语[71]？"那汉道："不卖了！休缠！"这贩枣子的客人劝道："你这个鸟汉子！他也说得差了，你也忒认真，连累我们也吃你说了几声。须不关他众人之事，胡乱卖与他众人吃些。"那汉道："没事讨别人疑心做甚么？"这贩枣子客人把那卖酒的汉子推开一边，只顾将这桶酒提与众军去吃。那军汉开了桶盖，无甚舀吃，陪个小心，问客人借这椰瓢用一用。众客人道："就送这几个枣子与你们过酒。"众军谢道："甚么道理。"客人道："休要相谢。都是一般客人，何争在这百十个枣子上。"众军谢了。先兜两瓢，叫老都管吃一瓢，杨提辖吃一瓢。杨志那里肯吃。老都管自先吃了一瓢。两个虞候各吃一瓢。众军汉一发上。那桶酒登时吃尽了。杨志见众人吃了无事，自本不吃，一者天气甚热，二乃口渴难煞，拿起来，只吃了一半，枣子分几个吃了。那卖酒的汉子说道："这桶酒吃那客人饶了一瓢吃了，少了你些酒，我今饶了你众人半贯钱罢。"众军汉把钱还他。那汉子收了钱，挑了空桶，依然唱着山歌，自下冈子去了。

　　只见那七个贩枣子的客人，立在松树旁边，指着这一十五人说道："倒也、倒也！"只见这十五个人，头重脚轻，一个个面面厮觑，都软倒了。那七个客人从松树林里推出这七辆江州车儿，把车子上枣子都丢在地上，将这十一担金珠宝贝却装在车子内，遮盖好了，叫声"聒噪[72]！"一直望黄泥冈下推去了。杨志口里只是叫苦，软了身体，扎挣不起。十五人眼睁睁地看着那七个人都把这金宝装了去，只是起不来，挣不动，说不得。

　　我且问你：这七人端的是谁？不是别人，原来正是晁盖、吴用、公孙胜、刘唐、三阮这七个。却才那个挑酒的汉子，便是白日鼠白胜。却怎地用药？原来挑上冈子时，两桶都是好酒。七个人先吃了一桶，刘唐揭起桶盖，又兜了半瓢吃，故意要他们看着，只是叫人死心塌地。次后，吴用去松林里取出药来，抖在瓢里，只做赶来饶他酒吃，把瓢去兜时，药已搅在酒里，假意兜半瓢吃；那白胜劈手夺来，倾在桶里。这个便是计策。那计较都是吴用主张。这个唤做"智取生辰纲。"

[注释]

[1]　用人不着：用人不当。

[2]　了事：能干，会办事。

[3]　委纸领状：具立一张领物的文书，即对所押送的礼物承担责任。

[4]　打点：安排，准备。

[5]　太平车子：可以载重几十石，用多匹牲口拉的大车。

[6]　厢禁军：宋时保卫京城的军队称"禁军"，警备诸州的军队称"厢军"。后来禁军有时也派在地方驻守，厢军也常调去保卫京师，于是各地防军就逐渐混称为"厢禁军"。

[7]　军健：士兵。

[8]　札子：原指下行公文，这里是泛称官府的文牍书信。

[9]　敕命：皇帝颁赐官爵或嘉奖令的文书。

[10] 支调：支吾搪塞。

[11] 行(háng)货：货物。

[12] 诰命：同上文"敕命"。委任官职的命令。

[13] 打拴担脚：收拾，捆绑挑担。

[14] 宝眷：眷，家眷。加"宝"字表示尊敬。

[15] 奶公谢都管：蔡夫人乳母的丈夫，梁中书家的家务总管。

[16] 虞候：宋时低级武官名。后来大官私邸中供差遣的侍从人员也多称虞候。

[17] 提调：调遣。

[18] 夫人行(háng)的人：指蔡夫人那边的人。

[19] 交割：交付，交代。

[20] 勾当：事情。

[21] 理会：这里是明白，留心，处理的意思。

[22] 缠带行履麻鞋：有带子可以缠缚在脚腕上的麻鞋，因为是供走远路时穿的，所以加称"行履"。

[23] 伴当：仆役。

[24] 札付书呈：泛指文书信件。

[25] 簟(diàn)：凉席。

[26] 辰牌：即辰时，相当于上午七时至九时。牌，指古代计时仪器上的时辰标志。

[27] 申时：相当于下午三时至五时。

[28] 干系：责任。

[29] 夫子：指挑担的军健。

[30] 尴尬去处：指不安全，容易出麻烦的地方。

[31] 强杀：强到家，顶多。

[32] 做大：摆架子。

[33] 看他不得：看不惯，看不上眼。

[34] 吹嘘：吹为呼气，嘘为吸气，即呼吸。这里是气喘的意思。

[35] 情知道：明知道，本来晓得。

[36] 怨怅：怨恨。

[37] 巴到：盼望着走到。

[38] 喃喃呐呐(nánnánnè'nè)：嘟嘟囔囔。

[39] 搬口：搬弄是非。

[40] 祝融南来：祝融，火神。南方属火，故说南来，从南面而来。

[41] 五岳：五岳是天子巡狩的地方。五岳，东岳泰山、西岳华山、南岳衡山、北岳恒山、中岳嵩山。

[42] 阳侯：传说陵阳国侯溺死水中成为水神，能兴大波，作大浪。

[43] 金风：以五行配四季，秋季属金，所以秋风又叫金风。

[44] 甑(zèng)：瓦罐。

[45] 突(yào)突：象声词，形容风入深谷发出的声音。

[46] 兀(wù)的：怎的，真的。

[47] 休见他罪过：不要怪罪他们。

[48] 兀自：还，尚且。

[49] 没分晓：糊涂，不明白。

[50] 逞辩：泛指卖弄口舌，这里是顶嘴，抬杠的意思。

[51] 呕死：气死。

［52］ 无千无万：不知几千几万。

［53］ 口浅：说话无心，不留情面。

［54］ 遭死的：犯了死罪的。

［55］ 舒头探脑价望：伸头探脑地看。价，副词语尾，无义。

［56］ 江州车儿：独轮小推车。

［57］ 濠州：在今安徽省凤阳县境。

［58］ 别了脸：背转了脸，对别人表示不满的姿势。

［59］ 鸟乱：瞎捣乱。鸟，骂人的话。

［60］ 蒙汗药：亦称迷魂药，是用曼陀罗花制成的麻醉剂。服了这种药会暂时昏迷。

［61］ 早是：幸亏。

［62］ 打甚么不紧：有什么要紧。

［63］ 不道得：岂不是。

［64］ 不争：不要紧，没什么。

［65］ 忒（tuī）：太，甚。

［66］ 过口：就着吃。

［67］ 一了：一向，一直，向来。

［68］ 饶：额外增加，多给。下文"我饶了你众人半贯钱罢"的"饶"，是减免的意思。

［69］ 戴头识脸的：有身份，有脸面的。

［70］ 啰唣（luózào）：胡缠，麻烦。

［71］ 还言语：顶嘴，分辩。

［72］ 聒噪（guōzào）：这里是打扰，对不起的意思。

［思考练习］

一、仔细读课文，把握文章的线索。看作者是怎样把两条线索最后合为一体的？

二、"智取生辰纲"的"智"字在小说中体现于多个方面。阅读课文，思考七位好汉是如何充分利用天时、地利、人和等条件，不费一枪一刀而获得胜利的。

三、分析杨志其人。讨论杨志押送生辰纲失败的原因。

5.

三打白骨精

吴承恩

［阅读提示］

这一回节选自《西游记》（金盾出版社 2006 年版）第二十七回，原回目是：尸魔三戏唐三藏 圣僧恨逐美猴王。孙悟空三打白骨精的故事给人们的启发是深刻的，它教育人们在社会生活中必须透过事物的现象看到本质，必须除恶务尽，不能手软。

孙悟空的形象在这一回中非常突出。他洞察敌情，火眼金睛，一眼就识破了伪装的妖精本相。他嫉恶如仇，具有丰富的斗争经验，不为任何阻挠和诽谤所动摇，终于战胜了阴险狡诈、诡计多端的凶恶敌人白骨精。猪八戒是一个贪嘴好色、巧言进谗的角色,在三打白骨精的过程中,他始终扮演了不光彩的角色。而唐僧则体现了封建儒士的迂腐和佛教信徒的虔诚,他并不十分糊涂,他看出了妖精假扮少女的种种疑点,却被花言巧语的辩解和猪八戒的谗言所迷惑,失去了理智。这一回,作者通过唐僧师徒四人对待白骨精的不同态度,鲜明地塑造了他们不同的性格特征。

在描写孙悟空三打白骨精的过程中,作者表现了很高的结撰故事的技巧,写得跌宕曲折,引人入胜。特别是孙悟空三次打妖精,唐僧三次赶逐孙悟空,猪八戒三次进谗言,作者从不同角度,运用不同手法,写得富于变化,富于层次感,很好地深化了主题和人物性格。

却说三藏师徒,次日天明,收拾前进。那镇元子与行者结为兄弟,两人情投意合,决不肯放;又安排管待,一连住了五六日。那长老自服了草还丹[1],真似脱胎换骨,神爽体健。他取经心重,那里肯淹留[1],无已,遂行。

师徒别了上路,早见一座高山。三藏道:"徒弟,前面有山险峻,恐马不能前,大家须仔细仔细。"行者道:"师父放心,我等自然理会[2]。"好猴王,他在那马前,横担着棒,剖开山路,上了高崖,看不尽:

峰岩重叠,涧壑湾环。虎狼成阵走,麂鹿作群行。无数獐豝[3]钻簇簇,满山狐兔聚丛丛。千尺大蟒,万丈长蛇。大蟒喷愁雾,长蛇吐怪风。道旁荆棘牵漫,岭上松楠秀丽。薜萝满目,芳草连天。影落沧溟北,云开斗柄南。万古常含元气老,千峰巍列日光寒。

那长老马上心惊,孙大圣布施手段,舞着铁棒,哮吼一声,吓得那狼虫颠窜,虎豹奔逃。师徒们入此山,正行到嵯峨[4]之处,三藏道:"悟空,我这一日,肚中饥了,你去那里化些斋吃?"行者陪笑道:"师父好不聪明。这等半山之中,前不巴村[5],后不着店,有钱也没买处,教往那里寻斋?"三藏心中不快,口里骂道:"你这猴子!想你在两界山,被如来压在石匣之内,口能言,足不能行,也亏我救你性命,摩顶[6]受戒,做了我的徒弟。怎么不肯努力,常怀懒惰之心!"行者道:"弟子亦颇殷勤,何尝懒惰?"三藏道:"你既殷勤,何不化斋我吃?我肚饥怎行?况此地山岚瘴气[7],怎么得上雷音[8]?"行者道:"师父休怪,少要言语。我知你尊性高傲,十分违慢了你,便要念那话儿咒。你下马稳坐,等我寻那里有人家处化斋去。"

行者将身一纵,跳上云端里,手搭凉篷,睁眼观看。可怜西方路甚是寂寞,更无庄堡人家;正是多逢树木,少见人烟去处。看多时,只见正南上有一座高山,那山向阳处,有一片鲜红的点子。行者按下云头道:"师父,有吃的了。"那长老问甚东西,行者道:"这里没人家化饭,那南山有一片红的,想必是熟透了的山桃,我去摘几个来你充饥。"三藏喜道:"出家人若有桃子吃,就为上分了,快去!"行者取了钵盂[9],纵起祥光,你看他觔斗幌幌[10],冷气飕飕,须臾间,奔南山摘桃不题。

却说常言有云:山高必有怪,岭峻却生精。果然这山上有一个妖精。孙大圣去时,惊动那怪。他在云端里,踏着阴风,看见长老坐在地下,就不胜欢喜道:"造化!造化!几年家人都讲东土的唐和尚取'大乘'[11],他本是金蝉子化身,十世修行的原体。有人吃他一块肉,长寿长生。真个今日到了。"那妖精上前就要拿他,只见长老左右手下有两员大将护持，不敢拢身。他说两员大将是谁？说是八戒、沙僧。八戒、沙僧虽没甚么大本事，然八戒是天蓬元帅，沙僧是卷帘大将。他的威气尚不曾泄，故不敢拢身。妖精说："等我且戏他戏，看怎么说。"

好妖精，停下阴风，在那山凹里，摇身一变，变做个月貌花容的女儿，说不尽那眉清目秀，齿白唇红，左手提着一个青砂罐儿，右手提着一个绿瓷瓶儿，从西向东，径奔唐僧：

> 圣僧歇马在山岩，忽见裙钗女近前。
>
> 翠袖轻摇笼玉笋，湘裙斜拽显金莲。
>
> 汗流粉面花含露，尘拂峨眉柳带烟。
>
> 仔细定睛观看处，看看行至到身边。

三藏见了，叫："八戒，沙僧，悟空才说这里旷野无人，你看那里不走出一个人来了？"八戒道："师父，你与沙僧坐着，等老猪去看看来。"那呆子放下钉钯，整整直裰[12]，摆摆摇摇，充作个斯文气象，一直的觌面相迎。真个是远看未实，近看分明，那女子生得：

> 冰肌藏玉骨，衫领露酥胸。柳眉积翠黛，杏眼闪银星。月样容仪俏，天然性格清。体似燕藏柳，声如莺啭林。半放海棠笼晓日，才开芍药弄春晴。

那八戒见他生得俊俏，呆子就动了凡心，忍不住胡言乱语，叫道："女菩萨，往那里去？手里提着是甚么东西？"——分明是个妖怪，他却不能认得。——那女子连声答应道："长老，我这青罐里是香米饭，绿瓶里是炒面筋。特来此处无他故，因还誓愿要斋僧。"八戒闻言，满心欢喜。急抽身，就跑了个猪颠风[13]，报与三藏道："师父！'吉人自有天报！'师父饿了，教师兄去化斋，那猴子不知那里摘桃儿耍子去了。桃子吃多了，也有些嘈人[14]，又有些下坠[15]。你看那不是个斋僧的来了？"唐僧不信道："你这个夯货[16]胡缠！我们走了这向[17]，好人也不曾遇着一个，斋僧的从何而来！"八戒道："师父，这不到了？"

三藏一见，连忙跳起身来，合掌当胸道："女菩萨，你府上在何处住？是甚人家？有甚愿心，来此斋僧？"——分明是个妖精，那长老也不认得。——那妖精见唐僧问他来历，他立地就起个虚情，花言巧语，来赚哄道："师父，此山叫做蛇回兽怕的白虎岭，正西下面是我家。我父母在堂，看经好善，广斋方上[18]远近僧人；只因无子，求福作福，生了奴奴[19]，欲扳门第，配嫁他人，又恐老来无倚，只得将奴招了一个女婿，养老送终。"三藏闻言道："女菩萨，你语言差了。圣经云：'父母在，不远游，游必有方。[20]'你既有父母在堂，又与你招了女婿——有愿心，教你男子还，便也罢，怎么自家在山行走？又没个侍儿随从。这个是不遵妇道了。"那女子笑吟吟，忙陪俏语道："师父，我丈夫在山北凹里，带几个客子[21]锄田。这是奴奴煮的午饭，送与那些人吃的。只为五黄六月[22]，无人使唤，父母又年老，所以亲身来送。忽遇三位远来，却思父母好善，故将此饭斋僧。如不弃嫌，愿表芹献[23]。"三藏道："善哉！善哉！我有徒弟摘果子去了，就来，我不敢吃；假如我和尚吃了你饭，你丈夫晓得，骂你，却不罪坐[24]贫僧也？"那女子见唐僧不肯吃，却又满面春生道："师父啊，我父母斋僧，还是小可；我丈夫更是个善人，一生好的是修桥补路，爱老怜贫。但听见说这饭送与师父吃了，他与我夫妻情上，比寻常更是不同。"三藏也只是不吃。旁边子恼坏了八戒。那呆子努着嘴，口里埋怨道："天下和尚也无数，不曾想我这个老和尚罢软[25]！现成的饭，三分儿倒不吃，只等那猴子来，做四分才吃！"他不容分说，一嘴把个罐子拱倒，就要动口。

只见那行者自南山顶上，摘了几个桃子，托着钵盂，一筋斗点将回来，睁火眼金睛观看，认得那女子是个妖精，放下钵盂，掣铁棒，当头就打。唬得个长老用手扯住道："悟空！你走将来打谁？"行者道："师父，你面前这个女子，莫当做个好人；他是个妖精，要来骗你哩。"三藏道："你这猴头，当时倒也有些眼力，今日如何乱道！这女菩萨有此善心，将这饭要斋我等，你怎么说他是个妖精？"行者笑道："师父，你那里认得！老孙在水帘洞里做妖魔时，若想人肉吃，便是这等：或变金银，或变庄台，或变醉人，或变女色。有那等痴心的，爱上我，我就迷他到洞里，尽意随心，或蒸或煮受用；吃不了，还要晒干了防天阴哩！师父，我若来迟，你定入他套子，遭他毒手！"那唐僧那里肯信，只说是个好人。行者道："师父，我知道你了。你见他那等容貌，必然动了凡心。若果有此意，叫八戒伐几棵树来，沙僧寻些草来，我做木匠，就在这里搭个窝铺，你与他圆房成事，我们大家散了，却不是件事业？何必又跋涉，取甚经去！"那长老原是个软善的人，那里吃得他这句言语，羞得个光头彻耳通红。

三藏正在此羞惭，行者又发起性来，掣铁棒，望妖精劈脸一下。那怪物有些手段，使个"解尸法"，见行者棍子来时，他却抖擞精神，预先走了，把一个假尸首打死在地下。唬得个长老战战兢兢，口中作念道："这猴着然无礼！屡劝不从，无故伤人性命！"行者道："师父莫怪，你且来看看这罐子里是甚东西。"沙僧搀着长老，近前看时，那里是甚香米饭，却是一罐子拖尾巴的长蛆；也不是面筋，却是几个青蛙、癞虾蟆，满地乱跳。长老才有三分儿信了。怎禁猪八戒气不忿，在旁漏八分儿唆嘴[26]道："师父，说起这个女子，他是此间农妇，因为送饭下田，路遇我等，却怎么栽他是个妖怪？哥哥的棍重，走将来试手打他一下，不期就打杀了；怕你念甚《紧箍儿咒》，故意的使个障眼法儿，变做这等样东西，演幌[27]你眼，使不念咒哩。"

三藏自此一言，就是晦气到了：果然信那呆子撺唆[28]，手中捻诀，口里念咒。行者就叫："头疼！头疼！莫念！莫念！有话便说。"唐僧道："有甚话说！出家人时时常要方便，念念不离善心，扫地恐伤蝼蚁命，爱惜飞蛾纱罩灯。你怎么步步行凶！打死这个无故平人，取将经来何用？你回去罢！"行者道："师父，你教我回那里去？"唐僧道："我不要你做徒弟。"行者道："你不要我做徒弟，只怕你西天路去不成。"唐僧道："我命在天，该那个妖精蒸了吃，就是煮了，也算不过。终不然，你救得我的大限[29]？你快回去！"行者道："师父，我回去便也罢了，只是不曾报得你的恩哩。"唐僧道："我与你有甚恩？"那大圣闻言，连忙跪下叩头道："老孙因大闹天宫，致下了伤身之难，被我佛压在两界山；幸观音菩萨与我受了戒行，幸师父救脱吾身；若不与你同上西天，显得我'知恩不报非君子，万古千秋作骂名'。"原来这唐僧是个慈悯的圣僧，他见行者哀告，却也回心转意道："既如此说，且饶你这一次。再休无礼。如若仍前作恶，这咒语颠倒就念二十遍！"行者道："三十遍也由你，只是我不打人了。"却才伏侍唐僧上马，又将摘来桃子奉上。唐僧在马上也吃了几个，权且充饥。

却说那妖精，脱命升空。原来行者那一棒不曾打杀妖精，妖精出神[30]去了。他在那云端里，咬牙切齿，暗恨行者道："几年只闻得讲他手段，今日果然话不虚传。那唐僧已此不认得我，将要吃饭。若低头闻一闻儿，我就一把捞住，却不是我的人了？不期被他走来，弄破我这勾当，又几乎被他打了一棒。若饶了这个和尚，诚然是劳而无功也，我还下去戏他一戏。"

好妖精，按落阴云，在那前山坡下，摇身一变，变作个老妇人，年满八旬，手拄着一根弯头竹杖，一步一声的哭着走来。八戒见了，大惊道："师父！不好了！那妈妈儿来寻人了！"唐僧道："寻甚人？"八戒道："师兄打杀的，定是他女儿。这个定是他娘寻将来了。"行者道："兄弟莫要胡说！那女子十八岁，这老妇有八十岁，怎么六十多岁还生产？断乎是个假的，等老孙去看来。"好行者，拽开步，走近前观看，那怪物：

假变一婆婆，两鬓如冰雪。走路慢腾腾，步行虚怯怯。弱体瘦伶仃，脸如枯菜叶。颧骨望上翘，嘴唇往下别。老年不比少年时，满脸都是荷叶摺。

行者认得他是妖精，更不理论，举棒照头便打。那怪见棍子起时，依然抖擞，又出化了元神，脱真儿去了；把个假尸首又打死在山路之下。唐僧一见，惊下马来，睡在路旁，更无二话，只是把《紧箍儿咒》颠倒足足念了二十遍。可怜把个行者头，勒得似个亚腰儿[31]葫芦，十分疼痛难忍，滚将来哀告道："师父莫念了！有甚话说了罢！"唐僧道："有甚话说！出家人耳听善言，不堕地狱。我这般劝化你，你怎么只是行凶？把平人打死一个，又打死一个，此是何说？"行者道："他是妖精。"唐僧道："这个猴子胡说！就有这许多妖怪！你是个无心向善之辈，有意作恶之人，你去罢！"行者道："师父又教我去？回去便也回去了，只是一件不相应[32]。"唐僧道："你有甚么不相应处？"八戒道："师父，他要和你分行李哩。跟着你做了这几年和尚，不成空着手回去？你把那包袱里的甚么旧褊衫[33]，破帽子，分两件与他罢。"

行者闻言，气得暴跳道："我把你这个尖嘴的夯货！老孙一向秉教沙门[34]，更无一毫嫉妒之意，贪恋之心，怎么要分甚么行李？"唐僧道："你既不嫉妒贪恋，如何不去？"行者道："实不瞒师父说，老孙五百年前，居花果山水帘洞大展英雄之际，收降七十二洞邪魔，手下有四万七千群怪，头戴的是紫金冠，身穿的是赭黄袍，腰系的是蓝田带，足踏的是步云履，手执的是如意金箍棒：着实也曾为人。自从涅槃[35]罪度，削发秉正沙门，跟你做了徒弟，把这个'金箍儿'勒在我头上，若回去，却也难见故乡人。师父果若不要我，把那个《松箍儿咒》念一念，退下这个箍子，交付与你，套在别人头上，我就快活相应了。也是跟你一场。莫不成这些人意儿[36]也没有了？"唐僧大惊道："悟空，我当时只是菩萨暗受一卷《紧箍儿咒》，却没有甚么《松箍儿咒》。"行者道："若无《松箍儿咒》，你还带我去走走罢。"长老又没奈何道："你且起来，我再饶你这一次，却不可再行凶了。"行者道："再不敢了，再不敢了。"又伏侍师父上马，剖路前进。

却说那妖精，原来行者第二棍也不曾打杀他。那怪物在半空中，夸奖不尽道："好个猴王，着然有眼！我那般变了去，他也还认得我。这些和尚，他去得快，若过此山，西下四十里，就不伏我所管了。若是被别处妖魔捞了去，好道就笑破他人口，使碎自家心。我还下去戏他一戏。"好妖怪，按耸阴风，在山坡下摇身一变，变成一个老公公，真个是：

白发如彭祖，苍髯赛寿星。

耳中鸣玉磬，眼里幌金星。

手拄龙头拐，身穿鹤氅轻。

数珠掐在手，口诵南无经。

　　唐僧在马上见了，心中欢喜道："阿弥陀佛！西方真是福地！那公公路也走不上来，逼法的[37]还念经哩。"八戒道："师父，你且莫要夸奖。那个是祸的根哩。"唐僧道："怎么是祸根？"八戒道："行者打杀他的女儿，又打杀他的婆子，这个正是他的老儿寻将来了。我们若撞在他的怀里呵，师父，你便偿命，该个死罪；把老猪为从，问个充军；沙僧喝令，问个摆站[38]；那行者使个遁法走了，却不苦了我们三个顶缸[39]？"

　　行者听见道："这个呆根[40]，这等胡说，可不唬了师父？等老孙再去看看。"他把棍藏在身边，走上前，迎着怪物，叫声"老官儿，往那里去？怎么又走路，又念经？"那妖精错认了定盘星[41]，把孙大圣也当做个等闲的，遂答道："长老啊，我老汉祖居此地，一生好善斋僧，看经念佛。命里无儿，止生得一个小女，招了个女婿。今早送饭下田，想是遭逢虎口。老妻先来找寻，也不见回去。全然不知下落，老汉特来寻看。果然是伤残他命，也没奈何，将他骸骨收拾回去，安葬茔[42]中。"行者笑道："我是个做𧏙[43]的祖宗，你怎么袖子里笼了个鬼儿来哄我？你瞒了诸人，瞒不过我！我认得你是个妖精！"那妖精唬得顿口无言。行者掣出棒来，自忖思道："若要不打他，显得他倒弄个风儿[44]；若要打他，又怕师父念那话儿咒语。"又思量道："不打杀他，他一时间抄空儿把师父掳了去，却不又费心劳力去救他？……还打的是！就一棍子打杀他，师父念起那咒，常言道：'虎毒不吃儿。'凭着我巧言花语，嘴伶舌便，哄他一哄，好道也罢了。"好大圣，念动咒语，叫当坊土地、本处山神道："这妖精三番来戏弄我师父，这一番却要打杀他。你与我在半空中作证，不许走了。"众神听令，谁敢不从，都在云端里照应。那大圣棍起处，打倒妖魔，才断绝了灵光。

　　那唐僧在马上，又唬得战战兢兢，口不能言。八戒在旁边又笑道："好行者！风发了[45]！只行了半日路，倒打死三个人！"唐僧正要念咒，行者急到马前，叫道："师父，莫念！莫念！你且来看看他的模样。"却是一堆粉骷髅在那里。唐僧大惊道："悟空，这个人才死了，怎么就化作一堆骷髅？"行者道："他是个潜灵作怪的僵尸，在此迷人败本；被我打杀，他就现了本相。他那脊梁上有一行字，叫做'白骨夫人'。"唐僧闻说，倒也信了，怎禁那八戒旁边唆嘴道："师父，他的手重棍凶，把人打死，只怕你念那话儿，故意变化这个模样，掩你的眼目哩！"唐僧果然耳软，又信了他，随复念起。行者禁不得疼痛，跪于路旁，只叫："莫念！莫念！有话快说了罢！"唐僧道："猴头！还有甚说话！出家人行善，如春园之草，不见其长，日有所增；行恶之人，如磨刀之石，不见其损，日有所亏。你在这荒郊野外，一连打死三个，还是无人检举，没有对头；倘到城市之中，人烟凑集之所，你拿了那哭丧棒，一时不知好歹，乱打起人来，撞出大祸，教我怎的脱身？你回去罢！"行者道："师父错怪了我也。这厮分明是个妖魔，他实有心害你。我倒打他，替你除了害，你却不认得，反信了那呆子谗言冷语，屡次逐我。常言道：'事不过三'。我若不去，真是个下流无耻之徒。我去！我去！——去便去了，只是你手下无人。"唐僧发怒道："这泼猴越发无礼！看起来，只你是人，那悟能、悟净就不是人？"

　　那大圣一闻得说他两个是人，止不住伤情凄惨，对唐僧道声"苦啊！你那时节，出了长安，有刘伯钦送你上路；到两界山，救我出来，投拜你为师，我曾穿古洞，入深林，擒魔捉怪，收八戒，得沙僧，吃尽千辛万苦；今日昧着惺惺使糊涂[46]，只教我回去：这才是'鸟尽弓藏，兔死狗烹！'——罢！罢！罢！但只是多了那《紧箍儿咒》。"唐僧道："我再不念了。"行者道："这个难说。若到那毒魔苦难处不得脱身，八戒、沙僧救不得你，那时节，想起我来，忍不住又念诵起来，就是十万里路，我的头也是疼的；假如再来见你，不如不作此意。"

唐僧见他言言语语，越添恼怒，滚鞍下马来，叫沙僧包袱内取出纸笔，即于涧下取水，石上磨墨，写了一纸贬书，递于行者道："猴头！执此为照！再不要你做徒弟了！如再与你相见，我就堕了阿鼻地狱[47]！"行者连忙接了贬书道："师父，不消发誓，老孙去罢。"他将书摺了，留在袖中，却又软款[48]唐僧道："师父，我也是跟你一场，又蒙菩萨指教，今日半途而废，不曾成得功果，你请坐，受我一拜，我也去得放心。"唐僧转回身不睬，口里唧唧哝哝的道："我是个好和尚，不受你歹人的礼！"大圣见他不睬，又使个身外法，把脑后毫毛拔了三根，吹口仙气，叫"变！"即变了三个行者。连本身四个，四面围住师父下拜。那长老左右躲不脱，好道也受了一拜。

大圣跳起来，把身一抖，收上毫毛，却又吩咐沙僧道："贤弟，你是个好人，却只要留心防着八戒诂言诂语[49]，途中更要仔细。倘一时有妖精拿住师父，你就说老孙是他大徒弟。西方毛怪，闻我的手段，不敢伤我师父。"唐僧道："我是个好和尚，不题你这歹人的名字。你回去罢。"那大圣见长老三番两复，不肯转意回心，没奈何才去。你看他：

　　　　噙泪叩头辞长老，含悲留意嘱沙僧。

　　　　一头拭逬坡前草，两脚蹬翻地上藤。

　　　　上天下地如轮转，跨海飞山第一能。

　　　　顷刻之间不见影，霎时疾返旧途程。

你看他忍气别了师父，纵筋斗云，径回花果山水帘洞去了。独自个凄凄惨惨，忽闻得水声聒耳。大圣在那半空里看时，原来是东洋大海潮发的声响。一见了，又想起唐僧，止不住腮边泪坠，停云住步，良久方去。

[注释]

[1]　淹留：停留。

[2]　理会：明白。

[3]　豝(bā)：野猪。

[4]　嵯峨(cuóé)：山势高峻的样子。

[5]　前不巴村：向前够不着村落。巴，贴近。

[6]　摩顶：佛教接受新教徒的仪式。原指释迦牟尼以大法嘱咐摩诃萨时，用右手摩其顶，后佛教受戒时传为定式。

[7]　山岚瘴气：热带森林中令人致病的湿热雾气。

[8]　雷音：唐僧前往取经的天竺国大雷音寺的简称。

[9]　钵盂：僧徒吃饭的器皿。

[10]　觔斗：亦作"筋斗"，即翻跟斗。幌幌：也作"晃晃"，明快利落的样子。

[11]　大乘(chéng)：与"小乘"相对而言，是佛教的一个宗派，这里指大乘的经典。

[12]　直裰(duǒ)：和尚、道士穿的一种敞领大袖的衣服。

[13]　跑了个猪颠风：形容猪八戒像猪得了疾病一样飞跑。

[14]　嘈人：使人心嘈，即胃中不适。嘈，肠胃不适，嘴里冒酸水。

[15]　下坠：便急。

[16]　夯(hāng)货：蠢笨的东西。

［17］ 这向：方言，意为这么长时间。

［18］ 方上：四面八方。

［19］ 奴奴：古代青年妇女的谦称。

［20］ "圣经云"三句：圣经，这里指《论语》，所引见《论语·里仁》，意谓父母在世，不出门远游；若出门远游，也须有一定的去处。

［21］ 客子：雇用的长工、短工。

［22］ 五黄六月：暑热天气。

［23］ 芹献：馈赠别人的谦语。芹，代表粗野之物。习惯说献芹。

［24］ 罪坐：即坐罪，加罪的意思。

［25］ 罢（pí）软：没有主见，做事犹豫不决。罢同"疲"。

［26］ 漏八分儿咬嘴：指多事挑唆。漏八分儿，指撇着嘴。咬嘴，挑拨。

［27］ 演幌：方言，蒙混、遮盖。指做出假象迷惑人。

［28］ 撺唆：挑唆，怂恿。

［29］ 大限：原意为死期，这里指生命。

［30］ 出神：指灵魂离开肉体。

［31］ 亚腰儿：形容葫芦中间细，两头粗的样子。亚同"压"。

［32］ 不相应：不相当。

［33］ 褊（biǎn）衫：僧尼的上衣。

［34］ 秉教沙门：信守佛门教义，指按照佛家戒律出家为僧。沙门，梵语音译，原为古印度各教派出家修道者的通称，后专指出家的和尚。

［35］ 涅槃：梵文音译，佛教徒死后谓之"涅槃"，也叫"圆寂"，即达到所谓返本归真的最高境界。

［36］ 人意儿：方言，感情、人情。

［37］ 逼法的：方言，变作法儿。

［38］ 摆站：把犯人发配到指定的地方去服劳役。

［39］ 顶缸：代人受过。

［40］ 呆根：呆子。骂人的话。

［41］ 错了定盘星：本指认错了秤，这里指认错了人。定盘星，秤的杠杆上表示零位的星。

［42］ 茔（yíng）：坟墓，一说坟地。

［43］ 做㖞（qiā）虎：做出吓人的样子。全句是说"我是专装怪吓人的祖师爷。"

［44］ 倒弄个风儿：有神通，有本事。

［45］ 风发了：疯病发作了。风同"疯"。

［46］ 昧着惺惺使糊涂：不动脑筋做傻事。惺惺，清醒，机灵。

［47］ 阿鼻地狱：佛教八热地狱之一。阿鼻，梵语音译，意为"无有间断"。即身无间，苦无间。

［48］ 软款：温柔、婉转的意思。此处也含有说软话的成分。

［49］ 呫（diān）言呫语：花言巧语，胡说八道。

［思考练习］

一、从孙悟空三次打妖精，唐僧三次赶逐孙悟空，猪八戒三次进谗言中，分析人物的不同性格特征。

二、看作者是怎样借助语言描写来塑造人物形象的。

三、这个故事给我们什么样的启示？

6.

蛙（节选）[1]

莫 言

[阅读提示]

长篇小说《蛙》是中国首位诺贝尔文学奖得主莫言的代表作之一，该小说于2011年8月获得第八届茅盾文学奖。

《蛙》采用书信与剧本杂糅的新形式，由剧作家"蝌蚪"写给日本作家"杉谷义人"的四封信与一部话剧组成，将信、小说与话剧有机融为一体，丰富了小说表达空间。小说以当代中国农村近60年的计划生育史为背景，塑造了"姑姑"这一生动鲜明、感人至深的农村妇科医生形象。在山东省高密东北乡生育高潮到来时，妇婴名医"姑姑"主要工作是：男子结扎、计划外怀孕妇女引产。她的形象从"活菩萨"、"送子娘娘"一下子变成了"妖魔"。退休之后，姑姑将那些被她引产过的一个个婴儿描述给他的丈夫——民间泥塑艺人"郝大手"，通过丈夫之手，再捏成一个个栩栩如生的泥娃娃，一一摆放在东厢房，"姑姑是用这种方式来弥补她心中的歉疚，……"。

文章节选自《蛙》第二部分第九章、第十一章，小标题"围追王仁美"、"王仁美手术"为编者所加。文中的主要人物有："我"（学名万足，乳名小跑）、王仁美（我的妻子）、姑姑（万心）、肖上唇、我的岳父（王金山）及岳母（吴秀枝）。

一、围追王仁美

姑姑带领着一个阵容庞大的计划生育特别工作队，开进了我们村庄。姑姑是队长，公社武装部副部长是副队长。队员有小狮子，还有六个身强力壮的民兵。工作队有一台安装了高音喇叭的面包车，还有一台马力巨大的链轨拖拉机。

在工作队没有进村之前，我又一次敲响了岳父家的大门。这次岳父开恩放我进去。

您也是在部队干过的人，我对岳父说，军令如山倒，硬抗是不行的。

岳父抽着烟，闷了好久，说：既然知道不让生，为什么还要让她怀上？这么大月份了，怎么流？出了人命怎么办？我可就这么一个闺女！

这事儿根本不怨我，我辩解着。

不怨你怨谁？

如果要怨，就怨袁腮[2]那杂种，我说，公安局已经把他抓走了。

反正我女儿要是有个三长两短，我就豁出这条老命跟你拼了。

我姑姑说没事的，我说，她说七个月的她们都做过。

你姑姑不是人，是妖魔！岳母跳出来说，这些年来，她糟蹋了多少性命啊？她的双手上沾满了鲜血，她死后要被阎王爷千刀万剐！

你说这些干什么？岳父道，这是男人的事。

怎么会是男人的事？岳母尖声嚷叫着，明明要把俺闺女往鬼门关上推，还说是男人的事。

我说：娘，我不跟您吵，您让仁美出来，我有话跟她说。

你到哪里找仁美？岳母道，她是你们家的媳妇，在你们家住着。莫不是你把她害了？我还要找你要人呢！

仁美，你听着，我大声喊叫，我昨天去跟姑姑商量了，我说我党籍不要了，职务也不要了，回家来种地，让你把孩子生下来。但姑姑说，那也不行。袁腮的事，已经惊动了省里，县里给姑姑下了死命令，你们这几个非法怀孕的，必须全部做掉……

就不做！这是什么社会！岳母端起一盆脏水对着我泼来，骂着，让你姑那个骚货来吧，我跟她拼个鱼死网破！她自己不能生，看着别人生就生气，嫉妒。

我带着满身脏水，狼狈[3]而退。

工作队的车，停在我岳父家门前。村里人凡是能走路的几乎全都来了。连得了风瘫、口眼歪斜的肖上唇，也挂着拐棍来啦。大喇叭里，传出慷慨激昂的声音：计划生育是头等大事，事关国家前途、民族未来……建设四个现代化的强国，必须千方百计控制人口，提高人口质量……那些非法怀孕的人，不要心存侥幸，妄图蒙混过关……人民群众的眼睛是雪亮的，哪怕你藏在地洞里，藏在密林中，也休想逃脱……那些围攻、殴打计划生育工作人员者，将以现行反革命罪论处……那些以种种手段破坏计划生育者，必将受到党纪国法的严厉惩处……

姑姑在前，公社人武部副部长和小狮子在她身后卫护。我岳父家大门紧闭，大门上的对联写着：江山千古秀，祖国万年春。姑姑回头对众多围观者道：不搞计划生育，江山要变色，祖国要垮台！哪里去找千古秀？！哪里去找万年春？！姑姑拍着门环，用她那特有的嘶哑嗓子喊叫：王仁美，你躲在猪圈旁边的地瓜窖子里，以为我不知道吗？你的事已经惊动了县委，惊动了军队，你是一个坏典型。现在，摆在你面前的只有两条道路，一条是乖乖地爬出来，跟我去卫生院做引产手术，考虑到你怀孕月份较大，为了你的安全，我们也可以陪你到县医院，让最好的大夫为你做；另一条呢，那就是你顽抗到底，我们用拖拉机，先把你娘家四邻的房子拉倒，然后再把你娘家的房子拉倒。邻居家的一切损失，均由你爹负担。即便这样，你还是要做人流，对别人，我也许客气点，对你，我们就不客气啦！王仁美你听清楚了吗？王金山、吴秀枝你们听清楚了吗？——姑姑提着我岳父岳母的名字喊。

大门内长时间鸦雀无声，然后是一只未成年的小公鸡尖声啼鸣。接着是我岳母哭着叫骂：万心，你这个黑了心肝、没了人味的魔鬼……你不得好死……你死后要上刀山，下油锅，剥皮挖眼点天灯……

姑姑冷笑着，对着人武部副部长说：开始吧！

人武部副部长指挥着民兵，拖着长长的、粗大的钢丝绳，先把我岳父家东邻大门口的一棵老槐树拦腰拴住。肖上唇挂着棍子，从人群中蹦出来，嘴里发出呜呜噜噜的叫声：……这是……俺家的树……他试图用手中的棍子去打我姑姑，但一抡起棍子，身体就失去平衡——姑姑冷冷地说：原来这是你家的树？对不起了，怨你没有结着好邻居！

你们是土匪……你们是国民党的连环保甲……

国民党骂我们是"共匪"，姑姑冷笑着说，你骂我们是土匪，可见你连国民党都不如。

我要去告你们……我儿子在国务院工作……

告去吧，告得越高越好！

肖上唇扔掉拐棍，双手搂着那棵槐树，哭着说：……你们不能拔我的树……袁腮说过……这棵树连着我家的命脉……这棵树旺，我家的日子就旺……

姑姑笑道：袁腮也没算算，他啥时候被公安局捉走？

你们除非先把我杀了……肖上唇哭喊着。

肖上唇！姑姑声色俱厉地说，你文化大革命时打人整人时那股子凶劲儿哪里去了？怎么像个老娘们似的哭哭啼啼！

……我知道……你这是假公济私……报复我……你侄媳妇偷生怀孕……凭什么拔我的树……

不但要拔你的树，姑姑说，拔完了树就拉倒你家的大门楼，然后再拉倒你家的大瓦房，你在这里哭也没用，你应该去找王金山！——姑姑从小狮子手中接过一个扩音喇叭，对着人群喊：王金山家的左邻右舍都听着！根据公社计划生育委员会的特殊规定，王金山藏匿非法怀孕女儿，顽抗政府，辱骂工作人员，现决定先推倒他家四邻的房屋，你们的所有损失，概由王金山家承担。如果你们不想房屋被毁，就请立即劝说王金山，让他把女儿交出来。

我岳父家的邻居们吵成一锅粥。

姑姑对人武部副部长说：执行！

链轨拖拉机机器轰鸣，震动得脚底下的土地都在颤动。

钢铁的庞然大物隆隆前行，钢丝绳一点点被抽紧，发出嗡嗡的声响。那棵大槐树的枝叶也在索索地抖动。

肖上唇连滚带爬地冲到我岳父家大门前，发疯般地敲着大门：王金山，我操你祖宗！你祸害四邻，不得好死！

情急之中，他含混不清的口齿竟然变得清楚起来。

我岳父家大门紧闭，院子里只有我岳母撕肝裂肺般的哭嚎。

姑姑对着人武部副部长，举起右手，猛地劈下去！

加大马力！人武部副部长对拖拉机手吼着。

链轨拖拉机发出一阵震动耳鼓的轰鸣，钢丝绳绷成一条直线，嗡嗡地响，绷紧，绷得更紧，绳扣煞进了大槐树的皮，渗出汁液，拖拉机缓慢前行，一寸一寸地前行，车头上方的铁皮烟筒里，喷吐出圈圈套叠的蓝色烟圈。拖拉机手一边开车一边回头观望，他穿着一件洗得干干净净的蓝帆布工作服，脖子上系着一条洁白的毛巾，头上歪戴着一顶鸭舌帽，上牙咬着下唇，唇上生着黑色的小胡子，是个很精干的小伙子……大树倾斜了，发出咯咯吱吱的声音，很痛苦的声音。钢丝绳已经深深地煞进树干，剥去了一块树皮，露出了里边白色的纤维。

王金山你他妈的出来啊……肖上唇用拳头擂门，用膝盖顶门，用头撞门，我岳父家鸦雀无声，连我岳母的哭嚎声都没了。

大树倾斜了。更倾斜了，繁茂的树冠哗啦啦响着触到了地面。

肖上唇跌跌撞撞，到了树边：我的树啊……我家的命运树啊……

大树的根活动了,地面裂开了纹。

肖上唇挣扎着回到我岳父家大门前:王金山,你这个王八蛋!我们老邻居,几十年处得不错啊,还差点成了亲家啊,你就这样毁我啊……

大树的根从地下露出来,浅黄色的根,像大蟒蛇……拖出来了,嘎嘎吱吱地响,有的树根折断了,越拖越长,好多条大蟒蛇一样的树根……树冠扑在地上,像一把巨大的扫帚,逆着行进,细小的树枝频频折断,地下升起一些尘土。众人搐动[4]鼻孔,嗅到了新鲜泥土的气味和树汁的气味……

王金山,我他妈的撞死在你家门前了……肖上唇一头撞在我岳父家大门上,没有响声,不是没发出声响而是声响被拖拉机的轰鸣湮没了。

那棵大槐树被拖离了肖家大门口几十米远,地面上留下一个大坑,坑里有许多根被拽断的树根。十几个孩子在那儿寻找蝉的幼虫。

我姑姑用电动喇叭广播:下一步就拖倒肖家的大门楼!

几个人把肖上唇抬到一边,在那儿掐他的人中,揉他的胸口。

王金山家的左邻右舍请注意——姑姑平静地说——回家去把你们的值钱东西收拾一下吧,拖倒肖上唇的房子就拖你们的。我知道这没有道理,但小道理要服从大道理,什么是大道理?计划生育,把人口控制住就是大道理。我不怕做恶人,总是要有人做恶人。我知道你们咒我死后下地狱!共产党人不信这个,彻底的唯物主义者是无所畏惧的!即便是真有地狱我也不怕!我不下地狱,谁下地狱!——解开钢丝绳,把肖家的大门楼套住!

我岳父家的左邻右舍们,一窝蜂拥到他家大门前,拳打脚踢那门,扔破砖烂瓦到院里。有一个还拖来几捆玉米秸子,竖在他家房檐下,高叫:王金山,你不出来就点火烧房子啦!

大门终于开了,开门的不是我岳父也不是我岳母,而是我老婆。她头发凌乱,满身泥土,左脚上有鞋,右脚赤裸,显然是刚从地窖里爬上来。

姑姑,我去做还不行吗?我老婆走到姑姑面前说。

我就知道我侄媳妇是深明大义之人!姑姑笑着说。

姑姑,我真佩服你!我老婆说,你要是个男人,能指挥千军万马!

你也是,姑姑说,就冲着你当年果断地与肖家解除了婚约,我就看出来你是个大女人。

仁美,我说,委屈你了。

小跑,让我看看你的手。

我把手送到她面前,不知道她要搞什么名堂。

她抓住我的手,在我的腕子上狠狠地咬了一口。

我没有挣脱。

腕子上留下了两排深深的牙印,渗出了黑色的血。

她"呸呸"地吐着唾沫,狠狠地说:你让我流血,我也让你流点血。

我把另一只腕子递过去。

她推开,说:不咬了!一股狗腥气!

苏醒过来的肖上唇像个女人一样拍打着地面嚎叫着:王仁美,万小跑,你们要赔我的树……赔我的树啊……

呸！赔你个屁！我老婆说：你儿子摸过我的奶子，亲过我的嘴！这棵树，等于他赔了我的青春损失费！

嗷！嗷！嗷！一群半大孩子为我老婆的精彩话语拍掌喊叫。

仁美！我气急败坏地喊叫。

你吵吵什么？我老婆钻进了我姑姑的车，探出头对我说：隔着衣服摸的！

二、王仁美手术

进手术室之前，王仁美突然抓过我的手，看看我腕子上的牙痕，满怀歉意地说：

小跑，我真不该咬你……

没事。

还痛吗？

痛什么呀，我说，跟蚊子叮一口差不多。

要不你咬我一口？

行啦，我说，你怎么像个小孩子一样呢？

小跑，她抓着我的手说，燕燕呢？

在家里，爷爷奶奶看着呢。

她有吃的吗？

有，我买了两袋奶粉，两斤蛋奶饼干，还买了一盒肉松，一盒藕粉。你放心吧。

燕燕还是像你，单眼皮，我可是双眼皮。

是啊，要像你就好了，你比我漂亮。

人家都说，女孩像爸爸的多，男孩像妈妈的多。

也许是吧。

我这次怀的是个男孩，我知道的，我不骗你……

时代不同了，男女都一样嘛，我故作轻松地说，过两年你们随了军，去了北京，我们给女儿找最好的学校，好好培养，让她成为杰出人物。一个好女儿，胜过十个赖儿子呢！

小跑……

又怎么啦？

肖下唇摸我那把。真的是隔着衣服呢！

你怎么这么逗呢？我笑着说，我早忘了。

隔着厚厚的棉袄，棉袄里还有毛衣，毛衣里还有衬衣，衬衣里——

还有乳罩，对吗？

那天我的乳罩洗了，没戴，衬衣里有一件汗衫。

好啦，别说傻话了。

他亲我那一口，是他搞突然袭击。

行啦，亲口就亲口呗！谈恋爱嘛。

我没让他白亲。他亲了我一口，我对着他的小肚子踢了一脚，他捂着肚子就蹲下了。

老天爷，肖下唇这个倒霉蛋儿。我笑着说，那后来我亲你时，你怎么不踢我呢？

他嘴里有股子臭味儿，你嘴里有股甜味儿。

这说明你生来就该是我的老婆。

小跑我真的挺感谢你的。

你谢我什么？

我也不知道。

别情话绵绵啦，有话待会儿再说。姑姑从手术室里探出头，对王仁美招招手，说：进来吧。

小跑……她抓住我的手。

别怕，我说，姑姑说了，这是个小手术。

回家后你要炖只老母鸡给我吃。

好，炖两只！

王仁美在走进手术室前，回头望了我一眼。她上身还穿着我那件灰色破夹克，有一个扣子掉了，残留着一根线头。穿一条蓝裤子，裤腿上沾着黄泥巴，脚上穿着姑姑那双棕色的旧皮鞋。

我鼻子一阵酸，心中空空荡荡。坐在走廊里那条落满尘土的长椅上，听到手术室里传出金属碰撞的声音。我想象着那些器械的形状，似乎看到了它们刺眼的光芒，似乎感觉到了它们冰凉的温度。卫生院的后院里，穿过来孩子的欢笑声。我站起来，透过玻璃看到，有一个约有三四岁的男孩，手里举着两个吹成气球的避孕套。男孩在前边跑，两个与他年龄相仿的女孩在后边追赶……

姑姑从手术室里跳出来，气急败坏地问我：

你是什么血型？

A型。

她呢？

谁？

还能是谁?! 姑姑恼怒地问：你老婆！

大概是O型……不，我也不知道……

混蛋！

她怎么啦？我看着姑姑白大褂上的鲜血，脑子里一片空白。

姑姑回到手术室，门关上。我把脸贴到门缝上，但什么也看不着。我没听到王仁美的声音，只听到小狮子大声喊叫。她在打电话，给县医院，叫急救车。

我用力推门，门开了。我看到王仁美……我看到姑姑挽着袖子，小狮子用一个粗大的针管从姑姑胳膊上抽血……我看到王仁美的脸像一张白纸……仁美……你要挺住啊……一个护士把我推出来。我说，你让我进去，你他妈的让我进去……几个穿着白大褂的人从走廊里跑过来……一个中年男医生，身上散发着一股子香烟与消毒水的混合味儿，把我拉到长椅上坐下。他递给我一枝烟，帮我点燃。他安慰我：别急，县医院的救护车马上就到。你姑姑抽了自己的600CC给她输上了……应该不会有大事……

救护车鸣着响笛来了。那笛声像一条条蛇，钻入我的体内。穿白大褂提药箱的人。穿白大褂戴眼镜脖子上挂着听诊器的人。穿白大褂的男人。穿白大褂的女人。抬着折叠式担架的穿白大褂的男人。他们有的进入了手术室，有的站在走廊里。他们动作很敏捷，但脸上的神色很平静。没有人注意我，连看我一眼的人都没有。我感到口腔里有股血腥味儿……

……那些白大褂们懒洋洋地从手术室里走出来。他们一个跟着一个钻进了救护车，最后把那副担架也拖了进去。

我撞开手术室的门。我看到，一块白布单子蒙住了王仁美，她的身体，她的脸。姑姑满身是血，颓然地坐在一把折叠椅子上。小狮子等人，呆若木鸡。我耳朵里寂静无声，然后似有两只小蜜蜂在里边嗡嗡。

姑姑……我说……您不是说没有事吗？

姑姑抬起头，鼻皱眼挤，面相丑陋而恐怖，猛然打了一个响亮的喷嚏。

[注释]

[1]　选自《蛙》（作家出版社，2012年10月第1版）。莫言，原名管谟业，山东高密市大栏乡平安村人，1955年生，中国当代著名作家。自20世纪80年代以来，以"乡土作品"崛起，充满"怀乡"与"怨乡"情感，被归入"寻根文学"作家，作品深受魔幻现实主义影响，在作品中建构独特的主观感觉世界，采用天马行空的叙述方式，实行陌生化处理，营造神秘超验的对象世界，具有明显的"先锋"色彩。主要代表作品有《红高粱》、《檀香刑》、《生死疲劳》、《丰乳肥臀》、《透明的红萝卜》、《酒国》、《蛙》等。1987年凭中篇小说《红高粱》荣获"第四届全国中篇小说奖"，被翻译成近20种文字在全世界发行，据此改编的电影《红高粱》1988年荣获"第38届柏林电影节金熊奖"。2003年凭长篇小说《檀香刑》荣获"鼎钧双年文学奖"，2006年凭第一部章回小说《生死疲劳》荣获"颂福冈亚洲文化大奖"，2008年再获"第二届红楼梦奖"，2011年凭长篇小说《蛙》荣获"第八届茅盾文学奖"，2012年10月11日获得2012年诺贝尔文学奖，诺贝尔委员会给莫言先生的颁奖词为：莫言"将魔幻现实主义与民间故事、历史与当代社会融合在一起"。

[2]　袁腮：人名。当地古老风气，生下孩子，以身体部位和人体器官命名，例如袁腮、肖上唇。

[3]　狼狈：形容困苦或受窘的样子。

[4]　搐（chù）动：（肌肉等）不随意地收缩抖动。

[思考练习]

1. 结合"围追王仁美"及"王仁美手术"中的情节，试分析"姑姑"这一人物形象。

2. 作为丈夫兼知识分子的"我"，有哪些弱点？

3. 妻子"王仁美"手术失败了，两个生命消逝了，结合当代中国农村计划生育史，谈谈你的看法。

写作训练（七）

自　由　写　作

——培养写作习惯

写作范围

自由写作，自由命题，形式不限。

写作指导

一、自由写作是培养写作习惯的必由之路

一个人的写作，有的是奉命的，有的是自由的。自由写作，想写什么就写什么，跟命题作文相比，有完全的自由度。但是，试看社会上的人，除了不得不写，能从事自由写作的人总是很少。原因就在于写作还没有成为习惯，所以除非不得不写，就不想动笔。由此不难明白，要有写作的习惯才会自由写作。练习自由写作，目的之一就是培养写作习惯。

要培养写作习惯，就要打消一个"难"字。"难"字当头，视写作为畏途，能不动笔就懒得动笔了。写文章，要说一点不难也不是实话。万事开头难，写多了，形成写作习惯，就觉得写作是极平常的事儿，无非是拿笔说话。心里有话，那是"内部语言"；嘴上说话，那是变内部语言为口头语言；用笔说话，那是变内部语言为书面语言。"言之为快"这句话说明，无论说给别人听，还是写给别人看，都是令人畅快的；况且文章给人看，就有大小不等的社会价值。写作是人生的需要，而且是人生的乐事。写作固然有它的难处，但是有写作习惯的人会以苦为乐。我们要改变一个观念，以为写作只是少数人的职业。将来我们无论从事什么职业，都应该有写作的习惯。人人有写作习惯，文化的繁荣就无可限量了。写作习惯要从学生时代培养起来。

二、可写的东西比比皆是

自由写作，可以自由选材，自由选择文体，自由命题。记叙文可以写，说明文可以写，议论文也可以写；诗歌可以写，散文可以写，小说也可以写。各人有各人的兴趣、爱好、特长，完全可以张扬自己的个性。

选材的一个障碍，就是所谓"不值得写"。这也不值得写，那也不值得写，就觉得没啥可写了。如果事事有所感悟，就会觉得这也值得写，那也值得写，可写的东西比比皆是了。

许多事情，许多东西，我们习以为常，感觉就钝化了。换一种眼光，就会感觉新鲜，就会发现意义。我们对于自己家里的一切，都会觉得平淡无奇；第一次到别人家里，则事事物物都感觉新鲜。所以我们要用读者的眼光来看自己熟悉的一切，那会发现可写的东西比比皆是。许许多多自己熟视无睹的东西，也许正是读者想了解的，也正是值得写的。

三、写最想写的东西

值得写的东西非常之多，选什么来写呢？当然写眼前最想写的东西。最想写的东西，是头脑中的"热点"：了解得多，思考得多，心潮为之起伏，感情为之所动。待到情随事迁，感情平复了，写作的激情就消失了。拿朱自清的《背影》来说，他接到父亲一封来信，信上说："我身体平安，惟膀子疼痛厉害，举箸提笔，诸多不便，大约大去之期不远矣。"朱自清说："当时读了父亲的信，真是泪如泉涌。我父亲待我的许多好处，特别是《背影》里所叙述的那一回，想起来跟眼前一般无二。"于是提笔写下了《背影》。朱自清是含着眼泪写下《背影》的。这样的写作完全是表达感情的需要，根本没有硬着头皮去写的苦恼，这样写出来的《背影》自然最能打动读者。

自由写作就要抓住时机，抓住话题，在最想写的时候，写最想写的东西。

四、用平常心，说家常话；设好"点"，排好序

写作不能有畏难情绪，不要看做一件了不得的事情，要用一颗"平常心"去写。如果放

着通俗自然的话不说，以为写作就得端起架子摇笔杆，自然就难了；放下这种架子，就容易写了。试看名家名篇，一句一句看，那里面有多少话是你不会说的？不都是那些质朴无华的语言吗？不正是那些质朴无华的语言深深打动着你吗？

写作的一个难处是，要把心里一大堆话拉成一条线，一句一句说下来。这也好办。办法是准备两张纸条，第一张，把要写的一层一层意思，用几个字写下来，多想几遍，想周到为止；然后好好斟酌，看哪些东西不必写，可以去掉，这就是所谓剪裁。然后排个队，想想按什么顺序写下来最好。第一张写乱了，用第二张写清楚。将第二张纸条放在草稿旁边，写起来就一帆风顺了。中途想到什么新的意思，就适当加以调整。

五、打草稿要快，修改要下功夫。

打草稿，不要"苦心孤诣"，不要磨半天写一句，只要用自己熟练掌握的语句把意思写下来就是，那样才通顺、自然、流畅。草稿打好了，要好好修改，修改非下功夫不可，逐字逐句加以斟酌，要改通改好，改一遍不够，至少改两遍，改三遍、四遍更好。

知识拓展（八）

外国文学简况

在人类历史的长河中，文学，作为人类思想情感的一种表达，一种审美的创造，随着人类的兴衰际遇、悲欢离合，而涌现出一部部动人的乐章。外国文学，便是世界各民族人民的生活、思想、情感、思维方式、民族精神的艺术再现。在漫长的外国文学史中，曾出现许多优秀的作家、作品，成为世界各国人民宝贵的精神财富。综括起来，我们可以把外国文学发展大致分为三个阶段：古代文学、近代文学、现当代文学。

古 代 文 学

古代外国文学主要指原始公社制、奴隶制和封建制三个阶段的文学。文学体裁主要是神话传说、英雄史诗和戏剧。

从人类文明的发展源流来说，亚、非两洲的各大河流域是世界文明的发源地，同时也就成了世界文学的摇篮。古代埃及文学产生于非洲的尼罗河流域，古代印度文学产生于印度河与恒河流域，古代亚述——巴比伦文学产生在西亚的两河流域，古代的希伯来文学产生在地中海与约旦河之间，古伊朗（波斯）文学产生在欧、亚、非三洲汇通之地。这些民族在原始公社制时代，有不少民间口头相传的故事、歌谣，这里面包含了许多神话传说。如巴比伦文学中的创世神话《埃努玛·埃立什》，印度最早的神话诗集《吠陀》，希伯来民族的宗教神话《旧约·创世纪》。稍后，在欧洲则产生了以神人同形同性为特征的希腊神话传说。古希腊也就成了欧洲文化的发源地。

神话代表了人类童年时代对世界及人自身的认识，充满了大胆而奇特的想象。五彩缤纷的神话世界，也便构成了一个虚构的艺术世界。世界各国的神话大多有创世的神话，讲述世界的产生和人类的起源、历难和得救。同时还有关于人与自然、社会的关系的传说，如古希腊神话中的英雄传说系列：赫拉克勒斯的故事、俄狄浦斯的故事、特洛亚战争的故事、俄底修斯的故事。不同民族的神话传说往往反映了不同民族的文化精神。如希腊神话崇尚力与智,希伯来神话重信仰,中国神话重德,它们分别构成了不同的神话类型:知识型、宗教型、伦理型。

在原始公社制社会向奴隶制过渡的时候,古代的不少民族都发生了大规模的氏族兼并战争,人们通常把这一时代叫做"英雄时代"。战争成为这个时代的主旋律,战争中的英雄取代神话中的神灵,成为文学表现的中心。不少民族都出现了反映民族重大事件、歌颂英雄在战争中的业绩的"英雄史诗"。如印度的《摩诃婆罗多》《罗摩衍那》,巴比伦的《吉尔伽美什》,古希腊的《伊利亚特》《奥德赛》。这些史诗大多歌颂了在人与自然、社会的斗争中,主人公所表现出的英雄主义精神。

在奴隶社会,随着私有制的出现、国家的形成和个人意识的增长,要求抒发个人主观的思想和感情,抒情诗应运而生。世界最早的抒情诗,产生于古埃及。而印度的《梨俱吠陀》、希伯来的《圣经·旧约》中,都保存了大量的抒情诗。在奴隶制时代,由于社会分工的进一步发展,出现了专门从事文学创作的人。在古希腊有著名的抒情诗人萨福、阿那克瑞翁和品达,悲剧作家埃斯库罗斯、索福克勒斯、欧里庇得斯,喜剧作家阿里斯托芬;在古罗马有剧作家普劳图斯,诗人维吉尔;在印度有诗人兼剧作家迦梨陀娑等。

最能代表这一时期文学成就的是古希腊的悲剧。相传希腊悲剧起源于祭祀酒神狄俄倪索斯的仪式。古希腊的三大悲剧家埃斯库罗斯、索福克勒斯、欧里庇得斯的代表作分别为《被缚的普罗米修斯》《俄狄浦斯王》《美狄亚》,它们均取材于希腊神话传说,表现人与命运的冲突,因而被称作"命运悲剧"。这些悲剧在人物塑造、戏剧冲突的安排上亦取得了很高的成就。

公元476年,西罗马帝国灭亡,欧洲历史进入中古时期。从476年到1640年英国资产阶级革命,这是封建生产方式形成、发展和走向崩溃的时期。在文学史上,我们则习惯把476年到文艺复兴前的这段时期的文学称作欧洲中古文学。

源于犹太教的基督教在公元1世纪产生后,380年成为罗马帝国的官方宗教。西罗马帝国灭亡后,北方的一些蛮族接受了基督教信仰。基督教由南往北,在欧洲传播,直到988年罗斯受洗,整个欧洲都处在了教会的精神统治之下。因而,这一时期的文学主要是教会文学。教会文学在内容上宣传宗教教义,在形式上有圣徒传、苦修传说、言行录、《圣经》故事、祷告文、奇迹故事、梦幻故事、宗教剧等,在表现手法上则多采用象征、梦幻手法。

在教会文学之外,还有一些带有世俗色彩的文学。中世纪英雄史诗,一类反映了封建社会确立前各民族部落的生活,如盎格鲁·撒克逊人的《贝奥武甫》、冰岛的《埃达》和《萨迦》、芬兰的《卡列瓦拉》;另一类则表现了欧洲封建制度建立以后的国家观念和荣誉观念,如法国的《罗兰之歌》、西班牙的《熙德》、德国的《尼伯龙根之歌》、俄国的《伊戈尔远征记》。这些史诗多是对英勇善战、忠于君主的英雄的描述,表现了一种爱国主义精神。中世纪还出现了表现骑士阶层生活的骑士传奇。这些传奇多以忠君、护教、行侠为主题,表现骑士曲折惊险的冒险故事,骑士对领主的忠诚及英雄美人间的热烈的爱情。11世纪随着城市的出现,还出现了表现城市市民生活和思想感情的城市文学。

欧洲中古文学的杰出代表是意大利诗人但丁。他的长篇叙事诗《神曲》通过作者幻游地狱、炼狱、天堂的经历,展示了意大利社会生活的广阔画面,同时也体现了人类精神追求的历程。在艺术上既有现实主义的写实，又有宗教的象征、梦幻。恩格斯把但丁称作"中世纪的最后一位诗人，同时又是新时代的最初一位诗人"。

在中古时期，东方不少国家的文学亦取得了很高的成就。伊朗诗人萨迪的《蔷薇园》，由180个轶闻故事和102条格言组成，题材广泛，内容丰富，富于哲理。阿拉伯的民间故事集《一千零一夜》充满了瑰丽离奇的想象，同时又洋溢着现实生活的芬芳，流传极广，对世界近代文学产生很大影响。日本的古代诗歌总集《万叶集》内容极为丰富，紫式部的《源氏物语》则是日本中古时代物语文学（故事、小说）的典范。

近 代 文 学

近代外国文学在欧洲主要指从文艺复兴到19世纪这一时期的文学。这是欧洲由封建主义向资本主义转型、资本主义最终确立统治地位的时期。亚非地区各国则大多受到西方资本主义国家的殖民侵略，文学亦受到严重影响。因而近代文学的繁荣主要是在欧洲各国。

14到16世纪，在欧洲产生了资产阶级反封建反教会的思想文化运动：文艺复兴运动。文艺复兴的主导思想是人文主义。它提倡人权人性，反对神权神性，提倡现世享乐，反对禁欲主义；提倡知识理性，反对蒙昧主义。文艺复兴时期的文学，亦典型地体现了人文主义思想。如意大利诗人彼特拉克的诗集《歌集》，卜伽丘的《十日谈》，法国拉伯雷的《巨人传》，西班牙塞万提斯的《堂吉诃德》、英国乔叟的《坎特伯雷故事集》等。最能代表文艺复兴文学杰出成就的是英国剧作家莎士比亚，他的剧作思想深刻、情节生动、人物性格丰满复杂，语言生动，富于表现力，对后世产生巨大影响。

17世纪在英国出现了反映资产阶级生活和斗争的文学，如弥尔顿的《失乐园》、《复乐园》、《力士参孙》。在法国则出现了古典主义文学潮流。古典主义是法国专制王权强盛时期的文化现象，是新兴资产阶级与封建贵族政治妥协的产物。它在政治倾向上拥护王权，在指导思想上推崇理性，在继承文学传统方面，提倡以古希腊、罗马文学为典范，在艺术形式上，要求遵守一系列严格规范。古典主义的代表作品，悲剧作家高乃依的《熙德》、拉辛的《安德洛玛刻》都典型地表现了爱情与责任、感情和理性的冲突。喜剧作家莫里哀的《伪君子》、《吝啬鬼》等，则对封建贵族、教会僧侣及一些视钱如命的资产阶级人物，给予了辛辣的讽刺。

18世纪，在欧洲产生了启蒙运动。这是继文艺复兴运动后，资产阶级在意识形态领域的一场更猛烈、更深刻、更全面的反封建革命。启蒙思想家以先进的思想教育民众，为1789年法国资产阶级革命作了思想准备。启蒙主义文学思潮就是启蒙运动的一个重要组成部分。启蒙主义文学首先产生于英国，以18世纪上半叶的现实主义小说为代表。如笛福的《鲁滨逊漂流记》，斯威夫特的《格列佛游记》，理查生的《帕米拉》、《克莱丽莎·哈娄》，菲尔丁的《汤姆·琼斯》，这些小说大多塑造了资产阶级或城市平民的新型主人公形象，在小说形式上有回忆、游记、书信体多种类型。

启蒙主义文学的繁荣标志是法国的哲理小说和启蒙戏剧。法国启蒙思想家往往以小说形式来表达哲学、政治、社会见解。如孟德斯鸠的《波斯人信札》，伏尔泰的《老实人》、《天真汉》，狄德罗的《修女》、《拉摩的侄儿》，卢梭的《新爱洛绮丝》、《爱弥儿》。博马舍的戏剧如《塞维利亚的理发师》《费加罗的婚礼》,描写日常现实生活,将第三等级的人物引入戏剧中,同时打破了悲喜剧的严格界限。在法国启蒙思想家中,思想最激进,对后世影响最大的是真正出身于平民阶层的卢梭。他的《忏悔录》以其对自我的大胆袒露,成了文学史上一部罕见的作品。

18世纪末,启蒙主义波及德国、俄国等封建主义尚根深蒂固的国家。1770到1785年,在德国发生了一场资产阶级反封建的文学运动——狂飙突进运动。它反对封建压迫,提倡创作自由和个性解放。其代表作品是歌德的《少年维特之烦恼》,席勒的《强盗》《阴谋与爱情》。而歌德倾注毕生精力完成的诗剧《浮士德》,表现了浮士德不断寻求理想人生与理想社会的过程,成为启蒙主义文学的最后丰碑。

18世纪末至19世纪前期,欧洲出现了浪漫主义文学思潮。它是法国资产阶级革命后,欧洲封建制度开始崩溃、资本主义逐渐确立和巩固、民主运动和民族解放运动高涨时期的产物,体现了上升时期资产阶级的政治要求。它以直抒胸臆、歌颂理想、歌颂自然、追求人性美为主要特征,具有浓郁的主观抒情色彩。

从浪漫主义的产生来看,法国大革命为浪漫主义提供了社会历史基础;德国古典哲学和美学则为其提供了理论根据;而其文学基础则是卢梭的"重情主义"(崇尚感情、赞美大自然、推崇自我)和18世纪后期的感伤主义文学。浪漫主义首先产生于英国。以华兹华斯、柯勒律治、骚塞三位诗人组成的"湖畔派",表现出通过回归自然来抵制资本主义工业文明的倾向。以拜伦、雪莱为代表的浪漫主义诗人则更多地表现了争取民主、自由、个性的精神。拜伦在《恰尔德·哈洛德游记》,"东方叙事诗"《该隐》《唐璜》等作品中,塑造了一系列以"反抗、孤独、忧郁"为特征的"拜伦式英雄"的形象。雪莱则在诗剧《解放了的普罗米修斯》、抒情诗《西风颂》等作品中,表达了对人类理想与光明的向往。

法国浪漫主义运动在19世纪发端,在1830年前后进入高潮。夏多布里昂开创了法国浪漫主义文学。20年代,浪漫主义诗人活跃于文坛,拉马丁、维尼、雨果、缪塞被誉为"诗坛四杰"。1830年,雨果的戏剧《欧那尼》上演成功,标志了浪漫主义对古典主义的胜利。小说《巴黎圣母院》则典型地体现了雨果浪漫主义小说的特征:其一,着重表达人的心灵,强调表现作家的主观激情和理想;其二,艺术的对照原则;其三,追求奇特,用夸张和想象的手法展开非凡的情节,塑造非凡的人物。雨果在60年代以后还写了四部小说:《悲惨世界》《海上劳工》《笑面人》《九三年》。此外,法国浪漫主义小说还有缪塞的《一个世纪儿的忏悔》,乔治桑的《康素爱萝》《魔沼》等。

受西欧浪漫主义运动的影响,德国出现了荷尔德林、霍夫曼等浪漫主义作家。波兰出现了著名诗人密茨凯维支。在俄国,普希金、莱蒙托夫,则将浪漫主义诗歌推向了一个新的高度。普希金被誉为"俄国诗歌之父"、"俄罗斯诗歌的太阳"。他的抒情诗如《自由颂》《致恰达耶夫》《致大海》,典型地体现了浪漫主义诗歌争取人的自由、解放的精神,叙事诗《高加索的俘虏》《强盗兄弟》《茨冈》等,则在歌颂自由理想的同时,又在一定程度上批判了个人主义、利己主义思想,从而体现了俄罗斯民族精神的独特性。

19世纪30年代,随着1830年法国的七月革命,1832年英国的议会改革,资本主义在英法等国取得彻底胜利。资本主义取代封建主义,这是人类的巨大历史进步。但是,金钱至上,个人主义,又导致了道德沦丧。许多作家以冷峻的审视的眼光,看待这个社会的变迁，从道德的角度对资本主义的社会现实作了无情的批判，浪漫主义被现实主义所取代。浪漫主义强调按照生活应当有的样子，表现作家的主观激情和理想。现实主义则要求按照生活本来有的样子真实地、客观地描写现实，不仅要求细节的真实，同时还要求塑造典型环境中的典型人物。

19世纪在欧美各国产生了一批杰出的现实主义作品。如法国司汤达的《红与黑》，巴尔扎克的《人间喜剧》，福楼拜的《包法利夫人》，莫泊桑的《俊友》及其短篇小说，罗曼·罗兰的《约翰·克利斯朵夫》。在英国，出现了狄更斯的《大卫·科波菲尔》、《艰难时世》，萨克雷的《名利场》，夏洛蒂·勃朗特的《简·爱》，哈代的《德伯家的苔丝》、《还乡》。19世纪的俄国文学，异峰突起，人才辈出。普希金的《叶甫盖尼·奥涅金》，果戈里的《死魂灵》、《钦差大臣》，屠格涅夫的《贵族之家》、《前夜》、《父与子》，车尔尼雪夫斯基的《怎么办》，陀思妥耶夫斯基的《罪与罚》、《卡拉玛佐夫兄弟》，列夫·托尔斯泰的《战争与和平》、《安娜·卡列尼娜》、《复活》，契诃夫的短篇小说，在思想和艺术上都取得了很高的成就。此外，德国诗人海涅的《德国，一个冬天的童话》，挪威剧作家易卜生的《玩偶世家》，美国诗人惠特曼的《草叶集》，小说家马克·吐温的《哈克贝利·费恩历险记》，杰克·伦敦的《海狼》、《马丁·伊登》，欧·亨利的短篇小说，在欧美现实主义文学中亦享有盛誉。

综括起来，19世纪现实主义文学，具有两大特点，其一是强烈的批判性。高尔基把它称为批判现实主义，就是基于这一点。这种批判性首先表现为对封建、教会势力的批判。司汤达的《红与黑》，围绕主人公于连的个人奋斗历程，既揭示了于连作为小资产阶级野心家不择手段往上爬的悲剧，又对法国波旁王朝复辟时期封建贵族、天主教会的丑恶面目作了淋漓尽致的揭露讽刺。19世纪的俄国作家，更是对封建专制和农奴制度予以了深刻的揭露。谁之罪？怎么办？成了俄国作家探讨的迫切课题。现实主义文学的批判性还表现在对以金钱为杠杆的资本主义种种社会罪恶的揭露。巴尔扎克的《高老头》，通过拉斯蒂涅和高里奥两条主线，既揭示了资本主义社会对人心灵的腐蚀，又揭示了在资本主义金钱关系下家族崩溃的悲剧。陀思妥耶夫斯基、托尔斯泰的不少小说，也是对俄国走上资本主义发展道路后的社会现实的批判。

19世纪现实主义作家对现实的批判又往往是出于一种道德感。他们批判的武器是人道主义。这种人道主义首先表现为对小人物的苦难与不幸的同情。狄更斯的《大卫·科波菲尔》，果戈里的《外套》，陀思妥耶夫斯基的《穷人》、《被侮辱与被损害的》，契诃夫的《苦恼》、《万卡》，欧·亨利的《麦琪的礼物》，都表现了小人物的主题。人道主义的另一种表现形式就是仁爱精神。现实主义作家们都是以善的名义去批判社会的罪恶，以仁爱精神作为拯救世道人心的药方，从而常常体现为一种宗教式的人道主义。

19世纪中后期，在法国还产生了自然主义文学思潮。自然主义强调以科学实验的方法来写作，作家应以纯客观的态度描绘现实，而不掺杂任何主观感情色彩。自然主义文学的代表作是左拉的系列长篇《卢贡——马卡尔家族》。

现当代文学

现当代外国文学主要指20世纪的文学，在欧美，一方面是现实主义文学获得新的发展；另一方面随着西方从工业社会到后工业社会的演变，文学中出现了现代主义乃至后现代主义潮流。现实主义与现代主义双向发展，构成了"你中有我，我中有你"的关系。而在亚非国家，随着民族的独立和社会的现代化进程，文学亦有了长足的发展，呈现出多姿多彩的局面。

20 世纪西方文学的一个重大变化，就是现代主义文学潮流的崛起。从 19 世纪后期出现的象征主义到 20 世纪前半期出现的新文学流派，如未来主义、表现主义、超现实主义、意象派、迷惘的一代、意识流小说、存在主义等，人们把它们通称为现代派或现代主义。

现代主义在艺术与现实的关系上，从传统文学的强调反映现实转向着重表现自我，探索人的内心世界；在文学主题上，大多揭示资本主义社会在高度繁荣的物质背后所隐含的人的精神危机，表现人的孤独感、异化感、自我失落感；在人物形象上表现出"非英雄化"或"反英雄化"的倾向；在艺术表现上，多采用象征、梦幻、变形、怪诞、意识流等艺术手法。现代主义产生的社会心理基础可以说是社会的工业化、机械化、城市化给人带来的精神危机。其哲学背景则是非理性主义哲学，如叔本华、尼采的唯意志论，柏格森的生命哲学。其心理学基础就是弗洛伊德的深层心理学——精神分析学说。从文学渊源来说，波德莱尔的诗歌，陀思妥耶夫斯基、爱·伦坡的小说，均给现代主义文学以重大影响。

象征主义是欧美现代主义文学潮流中出现最早、影响最大的诗歌流派。作为一个文学运动，形成于 1880 年前后。其先驱者是法国的波德莱尔，他的诗集《恶之花》（1857 年）被认为是第一部象征主义作品。继波德莱尔之后，前期象征主义诗人有法国的魏尔伦、韩波、马拉美。到 20 世纪 20 年代，后期象征主义盛极一时，著名诗人有法国的瓦雷里，英国的叶芝、艾略特，德国的里尔克，俄国的布洛克等。艾略特的长诗《荒原》，成了一个时代的精神象征。象征主义诗人认为，现实世界是"虚幻而痛苦的"，在现实世界之外还有一个本体世界，诗的目的即在于通过象征、暗示、隐喻的手段，去揭示另一更真实世界的神秘，从现象世界中去洞察本体世界的存在，从那"花枝和无言的万物的语言"中去发现"上天的应和"。

表现主义是 20 世纪初至 20 年代中期盛行于欧洲的一种文学艺术思潮。首先出现于绘画领域。表现主义认为艺术应该表现作者的"主观现实"，"不是现实，而是精神"，"是表现，不是再现"。它强调运用心理分析手法，以夸张和歪曲现实形象的方法去表现主观的心灵的真实。表现主义的代表作品有瑞典剧作家斯特林堡的《鬼魂奏鸣曲》，捷克恰佩克的《万能机器人》，美国剧作家奥尼尔的《毛猿》、《琼斯皇帝》，奥地利小说家卡夫卡的《审判》、《城堡》、《变形记》等，典型地体现了表现主义"把现实加以变形以让人看到真实的本质"的审美观。

20 世纪 20 至 40 年代流行于英、美、法的另一文学流派是意识流小说。他们认为现实是虚幻的，只有人的精神和意识才是生活的真实。因而他们的小说多以意识流作结构，打破传统小说的情节因果联系，采用内心独白、自由联想、象征暗示、时序颠倒，以及现在与回忆、事实与虚幻互相穿插的手法来展现人物意识流动的轨迹。意识流小说的代表作品有爱尔兰作家乔伊斯的《尤利西斯》，英国作家沃尔夫的《达罗威夫人》，美国福克纳的《喧哗与骚动》，法国普鲁斯特的《追忆逝水年华》。

存在主义作为一种哲学思潮形成于 20 世纪 20 年代的德国。存在主义文学则出现在第二次世界大战前后的法国，其代表人物是萨特和加缪。萨特的存在主义哲学有三个基本命题：存在先于本质；自由选择；世界是荒谬的，人生是痛苦的。其文学在很大程度上便是对其哲学的诠释。萨特的小说《厌恶》《墙》，戏剧《禁闭》《苍蝇》，加缪的小说《局外人》《鼠疫》，都展示了一个荒诞的人生和世界，及在某一境遇中的人生的自由选择，在选择中反抗绝望、反抗荒诞。荒诞，便构成了存在主义的一种哲学与美学的了悟。

第二次世界大战之后，一种新的文化潮流——后现代主义，日益取代现代主义，成为欧美文化的主潮。后现代主义的产生一方面受第二次世界大战的影响。战争带给人们巨大的心灵创伤，战后高度富足的物质生活，又使人们渐渐厌倦了人类曾经有过的崇高信仰、理想、价值、真理，而营造出一片随遇而安、及时行乐的氛围。而 60 年代随着信息化革命的到来，后工业社会的出现，在信息化、商业化的社会里，人们的价值观念也日益发生变化。现代主义的愤世嫉俗、孤傲清高，对深刻、永恒的追求，被代之以享乐、平庸、没有深度的平面。颠覆与解构，成为一种时尚。后现代主义理论家们把后现代主义概括为五个特点：平面感，历史感的断裂，零散化，复制性，不确定性。

后现代主义文学，即是后现代主义文化潮流中的一个组成部分。不再追求深刻、崇高、确定的主题；在自我作为主体死亡后，人生乃至艺术成为一种游戏；文学消解风格、个性，走向反讽性模仿；模糊精英文学与大众文学，语言文学与影视文学的界限；文学创作成为语言的实验与话语的游戏，构成了后现代主义文学的基本特征。

后现代主义的颠覆与解构，常常使文学走向"反文学"，戏剧走向"反戏剧"。50 年代首先在法国兴起的荒诞派戏剧，即以其对传统戏剧的规律和特点的反叛，无传统的情节、冲突，无个性鲜明的人物，破碎的舞台形象，语无伦次的对话与独白，而被称为"反戏剧派"。荒诞派戏剧归根结底是以荒诞的形式揭示人的存在的荒诞性。如尤奈斯库的《秃头歌女》《犀牛》，贝克特的《等待戈多》等。

20 世纪 50 年代兴起于法国的新小说派，也被人称为"反小说派"，它以罗伯-格里耶、萨罗特、西蒙等为代表，反对巴尔扎克式的有人物、有情节、有社会意义的小说，拒绝一切小说传统。而 60 年代在美国兴起的黑色幽默，也是后现代主义的重要文学流派。他们以冷漠、嘲笑、痛苦的玩笑来对待人生的荒谬，在小说技法上多采用"反小说"的形式，其代表作品有海勒的《第二十二条军规》，品钦的《万有引力之虹》，巴思的《烟草经纪人》等。

20 世纪 60 年代流行于拉丁美洲的魔幻现实主义，也经常被划入后现代主义文学的范畴。这个流派的作品往往借用古老的民间神话传说，把拉美社会现实变成一种现代神话，为了取得"魔幻"的效果，他们往往采用象征暗示、高度夸张、时序颠倒，现实与变幻交织的手法，达到一种亦真亦幻的艺术效果。其代表作品有马尔克斯的《百年孤独》，巴尔加斯·略萨的《绿房子》，阿斯图里斯的《这样的混血女人》等。

20 世纪欧美文学中，现实主义仍然是其中的一个重要组成部分。法国作家巴比塞的《火线》《光明》，英国剧作家肖伯纳的《巴巴拉少校》，德国作家托马斯·曼的《布登勃洛克一家》，美国作家德莱塞的《嘉利妹妹》《美国的悲剧》，都是著名的现实主义作品。这些作品都程度不同地吸收了现代主义的一些艺术表现手法，特别是像美国作家海明威，他的《太阳也升起了》《丧钟为谁而鸣》《老人与海》等作品，现代主义与现实主义相交融，自有其独特的艺术魅力。

如果说 20 世纪英、法、美等国文学的主流是现代主义，苏联文学的主潮则是现实主义。1917 年十月革命后,俄国建立了世界上第一个社会主义国家——苏联(CCCP)。苏联文学继承了俄罗斯文学的现实主义传统,同时又有新的发展。1934 年在苏联作家协会代表大会上,确立了以社会主义现实主义作为苏联文学的基本方法,它"要求艺术家从现实的革命发展中真实地、历史地、具体地去描写现实,同时艺术描写的真实性和历史性必须与用社会主义精神从思想上改造和教育劳动人民的任务结合起来。"高尔基的《母亲》被认为是社会主义现实主义的奠基之作。20 世纪 20 至 40 年代出现的富尔曼诺夫的《恰巴耶夫》,绥拉菲莫维奇的《铁流》,法捷耶夫的《毁灭》、《青年近卫军》,阿·托尔斯泰的《苦难的历程》,奥斯特洛夫斯基的《钢铁是怎样炼成的》,成了社会主义现实主义的经典作品。这些作品中主人公的成长常常代表了一个阶级、一个时代的成长。

在苏联文学中,肖洛霍夫的《静静的顿河》则更多地表现了顿河哥萨克在走向革命、走向社会主义的进程中的曲折性、复杂性。而像普拉东诺夫的《地槽》、《切文古尔》、《初生海》,布尔加科夫的《大师和玛格丽特》,更多地揭示了苏联社会现实的另一面,构成了苏联文学主旋律之外的另一种声音。

50 年代斯大林逝世后,苏联文学出现了一股人道主义的浪潮。"一切为了人,为了人的幸福",使文学贯注了一股深厚的人道主义精神。肖洛霍夫的《一个人的遭遇》,索尔仁尼琴的《伊凡·杰尼索维奇的一天》,爱伦堡的《解冻》,帕斯捷尔纳克的《日瓦戈医生》,格罗斯曼的《生活和命运》,瓦西里耶夫的《这里的黎明静悄悄》等,都表现了对普通人的命运的关注。60 年代开始,苏联文学加强了道德探索的主题。拉斯普京的《活着,可要记住》,舒克申的《红莓》,阿斯塔菲耶夫的《鱼王》,艾特玛托夫的《白轮船》、《断头台》,都致力于对人性的善与恶,人生价值及人类命运的探索。80 年代中期开始,在改革中,随着新思维、公开性的提出,文学一方面加强对现实的思考,同时另一方面过去一批遭禁作品被重新发掘,形成了一股文学反思热和回归热。1991 年苏联解体,苏联文学在走过了 70 余年历程后,降下了帷幕。

20 世纪,一些亚非国家随着独立及社会的现代化,文学也在不断作出自己的思考,出现了不少优秀的作家、作品。如印度的泰戈尔,以其杰出的散文诗集《新月集》、《飞鸟集》《吉檀迦利》等蜚声世界文坛。普列姆·昌德的小说《仁爱道院》、《戈丹》为当代印度现实主义和民主主义文学的发展奠定了基础。日本当代作家川端康成,在《伊豆的舞女》、《雪国》、《古都》中,以其充满感伤色彩的对传统美的执著追求,独树一帜。非洲作家,尼日利亚的索因卡,埃及的马哈福兹,以其对非洲的社会历史、现实的深刻揭示,对民族命运的思考,获得世界的认同。总的来说,20 世纪东方文学具有一些共同的特征:其一,东方民族文化传统与西方现代文明的冲突,成为文学的一个重要主题;其二,深厚的人道主义精神;其三,艺术表现上的新的探索,在传统现实主义基础上对现代主义的借鉴与融汇,从而加强了文学本身的艺术表现力。

20 世纪已经终结。全球意识使世界各民族文学日益走向一体化。另外,寻根浪潮又使各民族文学力求保持本土文化的独特性,使文学显得丰富多彩。21 世纪的文学,也许会在这种文化的全球化与本土化的冲突与融汇中,开辟出新的道路。

(何云波)

第十一单元

融入社会

从我们呱呱坠地的那一声啼叫，直到我们走到开满百合花的地方，我们都处在一个叫做社会的怀抱中。现代社会飞速发展，今天的新闻转眼间就成为了明天的历史，各种事物变幻莫测，让我们眼花缭乱。所以，我们必须有一双敏锐的眼睛，去关注我们身边的事物。还要有一颗勇于承担责任的心，去关注百姓生活，关注发展着的中国和世界。我们不做躲在象牙塔中的骄子，在伟大的中华民族复兴的大道上，让我们用行动奏出生命的最强音。

本单元我们学习四种应用文：新闻、通讯、计划、总结。通过这些文体的学习，无论对于了解社会，还是对于将来的工作，我们一定会受益匪浅。

1.

新　闻

[阅读提示]

新闻作为一种文体，其含义有广义和狭义之分。从广义来说，它指新闻报道，包括消息、通讯、专访、纪行等；从狭义来说，它就指消息。与新闻报道中的其他文体比，消息具有使用量更大、篇幅更短、时间更快、内容更新的特点。

新闻在内容上有一些基本的特点。它讲究真实性，它所报道的内容必须是客观存在的真人真事真情况；它讲究时效性，它对所发生的事情的报道必须迅速及时；它讲究社会性，它所报道的内容是社会生活的反映，又反过来影响社会生活。

一则新闻通常包含标题、导语、主体、背景和结尾五个部分。有的新闻没有背景和结尾部分。

标题。新闻的标题除了正题以外，有时还有引题和副题。正题揭示的是新闻的中心内容。引题放在正题之上，一般起引发、烘托正题的作用。副题放在正题之下，通常是对正题的补充和解释。一则新闻用几个标题，要根据需要而定。

导语。导语是新闻的开头，它用简明的语言把新闻的主要内容或主旨概要地告诉读者。

主体。主体部分承接导语有条理地把事情说清楚。可以按照时间顺序来叙述事情的发生、发展和结束的过程，也可以按照逻辑顺序来叙述事情的各方面的关系。

背景。背景材料是指与所报道的新闻有关的情况,如历史条件、地理环境以及相关的事件等。介绍这些情况,可以使读者对这则新闻的性质、意义等有比较全面、深入的了解。

结尾。新闻的结尾是收束全文的最后一段或最后一句话。结尾的小结、评价常常揭示主题,或者启发人思考。

新闻写作必须把新闻的五要素(即时间、地点、人物、事件、前因后果)交代清楚。

《"中国遥感卫星八号"成功发射》是个引人注目的消息。作者运用正副式标题概括了全文的内容。导语部分,首先用极其简练的语言告诉读者"'长征四号丙'运载火箭成功地将'中国遥感卫星八号'送入太空,搭载火箭升空的我国首颗公益小卫星'希望一号'也顺利进入预定的太阳同步轨道"的信息,紧接着就转入主体部分,介绍了"中国遥感卫星八号"和"希望一号"小卫星的研制、用途和意义。本文一稿一事,主题突出,文字简练,体现了新闻写作"真、新、短"的基本要求。

"中国遥感卫星八号"成功发射　搭载首颗公益小卫星"希望一号"

据新华社太原 12 月 15 日电(唐振宇　李清华)　15 日 10 时 31 分,我国在太原卫星发射中心用"长征四号丙"运载火箭成功地将"中国遥感卫星八号"送入太空,搭载火箭升空的我国首颗公益小卫星"希望一号"也顺利进入预定的太阳同步轨道。

这次发射的"中国遥感卫星八号"是由中国航天科技集团公司所属上海航天技术研究院研制生产。卫星主要用于空间科学试验,国土资源勘查,农作物估产及防灾减灾等领域,将对我国国民经济发展发挥积极作用。

"希望一号"小卫星是中国航天科技集团公司所属东方红卫星公司为我国青少年研制的第一颗科普公益卫星,主要用于建立业余无线电空间电台,进行空间摄影和空间试验等。这颗小卫星的研制和发射升空,对在广大青少年中普及航天知识,激发对航天科技的兴趣和热爱具有积极意义。

(摘自《潍坊日报》)

[思考练习]

一、新闻的特点与作用各是什么?

二、一篇完整的新闻由哪几部分组成?撰写时有何要求?

2.

通　讯

[阅读提示]

通讯是指以叙述、描写为主要表达方式,真实、生动、及时地报道现实生活中有社会价值的人物、事件的一种新闻体裁。

通讯与狭义的新闻(消息)之间没有很严格的界限。通讯是由新闻演变而成的,它与消息在反映对象上内容基本相同，都要求真实、准确、及时地报道事实。但与消息又有区别：一是容量不同。消息只概括地报道一个事实，大多为突发事件，片断事实，且一事一报，简洁明快；通讯则要具体地报道事件的整个过程，比消息更详尽，更具体，故事性更强。二是时效性要求不同。消息要求快而新，力求第一个，甚至"现场"报道，刻不容缓；通讯需要深入采访，对时间要求稍宽松些，略晚于消息见报。三是表现手法不同。消息只要开门见山、简明扼要地把事情说清楚即可，表达方式较单一，要求用第三人称写作；通讯较细致些，要求善于提炼主题，讲究结构章法，在表现手法上更自由灵活，它可综合运用多种表达方式及各种修辞手法，人称也可选择，文学性与逻辑性更强。

通讯的主题具备思想性深刻、针对性强的特点。

按报道的内容分，通讯可分为人物通讯、事件通讯、工作通讯、综合通讯等。常见的特写、专访、散记、记行、速写、随笔、巡礼等也都属于通讯。

通讯的写作要求：

1. 真实典型。通讯取材广泛，各种材料皆可进入文章。无论什么材料，都必须客观、真实、典型。人物不能神化或丑化，精神不能拔高，事件不能夸大，工作不能虚假。

2. 时代感强。通讯报道的对象应是有社会价值的人物与事件，目的是展示社会风貌，突出人物的思想品质和事件的社会意义。主题与材料均要求针对性强，富有时代气息。

3. 灵活多样。结构灵活，严谨有序，综合运用记叙、描写、议论、抒情等表达方式及各种表现手法，形象生动地描摹、表现人物与事件，以事感人，以情感人，使读者如见其人、如闻其声、如入其境。

《926天后的复活》是一则事件通讯，主要报道济南趵突泉复涌这一喜讯，赞扬泉城人民为保护泉水而付出的努力。此通讯综合运用了记叙、描写、议论、抒情等表达方式，使用比喻、引用、对偶、反问、拟人等修辞，还采用倒叙、补叙等手法，不仅使读者清楚整个事件的来龙去脉，而且行文活泼生动，引人入胜，令读者深受感染。

926 天后的复活[1]

"喷了，趵突泉喷了。"

2001年9月17日，对济南人来说是一个多么喜悦的日子啊！被誉为"波涛声震大明湖"的天下第一泉——趵突泉，经过了926天的休眠后终于复涌了。顿时，这一喜讯传遍了大街小巷，人们匆匆地从四面八方赶来，像过节一样高兴。9月29日，黑虎泉群的琵琶泉、玛瑙泉、白石泉也全部喷涌，这意味着趵突泉、黑虎泉、珍珠泉、五龙潭四大泉群至此全部复涌。

曾经的泉城，垂柳依依，满目滴翠，清泉长流，人们总是以"家家泉水，户户垂杨"的北国春城景色来形容泉城。整个济南，仿佛就流动在清清泉水之上，通体灵秀，溢着仙气，是一个梦中的水乡，人间的仙境。漫步在"小桥流水人家"，倘佯于百泉汇流而成的大明湖畔，不由使人想起"四面荷花三面柳，一城山色半城湖"的胜景。但是近几年来，由于地下水的过量开采、城市建设的不断扩大、市区大量自备井和公共供水厂的过量开采，特别是1999年济南遭遇的罕见旱情等原因，群泉由常年喷涌变为季节性喷涌，终于在当年的3月12日沉沉睡去，由汩汩泉流变成一潭死水，创下停喷时间最长的历史记录。

四大泉群的停喷使济南这一历史名城陷入了尴尬的境地。泉水是泉城的灵魂、命脉，泉水没有了，这对济南意味着什么？济南人再也坐不住了，掀起了一场轰轰烈烈的保泉运动。济南市投资 20 亿元建成鹊山和玉清湖两大水库，引水保泉；政府加快自来水管网的铺设，多用地表水，减少地下水开采；加快关闭二环路以内的自备水，并引卧虎山水库的水进行回灌补源；加大对南部山区泉水补给区的保护力度，实行退耕还林……"泉水喷涌，我们的泉城就会增值；泉水干涸，我们的泉城就会贬值"——济南市城市节水办提出这一保泉口号，已成为市民的共识。爱泉人时刻关注着群泉的醒来。泉水是有灵性的，她没有让泉城人失望，金秋时节，四大泉群相约向人们绽放了久违的笑容。

泉水潺潺，绿柳荡漾。

随着济南群泉复涌的消息在全国各地广为传播，来自外省的、外国的客人纷至沓来，人们争相戏水，品尝甘冽泉水泡制的香茗，欣赏优美的民族舞蹈，听一曲传统的戏剧唱腔，感受一番泉文化带来的美妙，别有一番心境。

泉在城中流，人在泉中乐的景致和人们喜悦的笑脸交相辉映，汇聚成欢乐的大潮，泉城又一次展现出她生机勃勃的新气象。

[注释]

[1]　引自《海峡摄影时报》2001 年 11 月 28 日第 A8 版，福州，略有更动。

[思考练习]

一、什么是通讯？通讯与消息有何不同？
二、通讯的主题有何特点？
三、通讯有几种常见的形式？
四、写作通讯有何要求？
五、根据下面一则通讯材料，提炼出主题。

女排姑娘陈亚琼腿有伤，记者采访她的时候，关心地问了她。陈亚琼回答说："我瘦啊，倒下去咚咚响。她们说我是'钢铁将军'，担心我有天散架子。其实，摔散了拣起来凑在一起我还能练。"

六、选择一位你熟悉的三好生或优秀教师，进行观察、采访，写一则人物通讯。要求写一两个细节，运用描写、抒情、议论等表现手法。

3.

计　划

[阅读提示]

计划是对未来一定时期内的工作目标、步骤、措施做出安排的一种应用文。计划是一个总名称，规划、方案、安排、打算等都包括在计划的范围内。

计划一般由标题、正文、落款三部分组成。

一、标题，即计划的名称。一般由单位、时限、事由和文种构成。文种指应用文的种类。例如《××学校××年第二课堂活动计划》。有的计划可在标题中略去单位和时限，这可依据不同的情况灵活处理。

二、正文。一般包括前言、正文和结尾三部分。

1. 前言。写明在什么条件下，依据什么制订这个计划，主要目的是什么。语言要简明概括。过渡语常用"特制订计划如下"等。

2. 正文。一般由目标、步骤和措施这三个要素组成。

目标（做什么）：指目的、任务、指标等。要说明总的任务是什么，要完成什么指标，达到什么目的，包括做哪些事情，数量、质量、范围和效果上的要求等。

步骤（分几步完成）：所谓步骤就是事情进行的程序。写明达到目标所采取的每一个程序，比如先做什么，后做什么，什么时间完成等。一般是把计划的全过程分成几个阶段，每个阶段从何时到何时，做到什么程度，各个阶段如何配合衔接等。

措施（怎么做）：指用来完成任务、实现目标的办法。包括对任务的执行部门和有关人员做出具体安排，以及物力、财力的分配、技术保证和奖惩等。措施是实现目标、完成任务的保证，必须写得明确具体。

这三者的关系是环环相扣的。这样制订出来的计划才是具体可行的。计划的正文一般都分条目写。

3. 结尾。这是计划正文的补充部分，可以写前面没有写到的内容；或者用简短的语言提出希望，发出号召；也有的在此表达决心或展望前景。

三、落款。写明计划的制定者和日期。如果标题已写明制定单位，那么落款中就可略去。与计划有关的一些材料，在正文中表述不方便的，可以在文尾附表附图。

例文《学生会文娱部××—××学年第一学期工作计划》是一份综合计划，而《××中学政教处开展"中国精神"教育活动的计划》是一份专题计划。阅读时想一想：两份计划的总任务各是什么？围绕总任务又各分为哪几项具体任务？每一项任务是否落实到具体的时间、步骤中？保证完成任务的具体措施是什么？

学生会文娱部××—××学年第一学期工作计划

为使我校学生文娱活动开展得更加丰富多彩，我部将进一步组织好各项文娱活动，并协助学生会各部搞好有关工作，特制订本部工作计划如下：

一、任务

我部将通过多种渠道、多种形式做好本部工作。具体的工作任务是：组织好"国庆、校庆、迎新晚会"和元旦晚会；举办吉他培训班和舞蹈培训班；组织一次音乐欣赏会或音乐知识讲座。

二、时间安排

1. 9月初（第一、二周）筹备"国庆、校庆、迎新晚会"，向各班发通知组织节目，并确定彩排日期。

2. 9月中旬（第三周），发出招聘干事的启事，通过笔试、面试发掘新生中的人才，增强本部力量。

3. 9 月下旬(第四周),组织节目彩排,并通过彩排选出晚会节目。组织晚会。

4. 10 月上旬(第五周),举办一期吉他培训班。聘请××学校老师任教。

5. 10 月中旬(第七周),举办舞蹈培训班,拟分初、中级两个班先后进行。聘请我校教师×××、×××任教。

6. 11 月上旬(第九周),举办一次音乐欣赏会或音乐知识讲座,请本校美育教师×××主讲。

7. 11 月中旬(第十一周),协助搞好校运会的有关工作。

8. 11 月下旬(第十二周),努力创造条件,举办一期女子健美操训练班,以满足广大女生的要求;筹备元旦晚会的节目,充分调动新生的积极性。

9. 12 月中旬(第十五周),组织元旦晚会节目的彩排,选出正式演出的节目。

10. 12 月下旬(第十六周),组织元旦晚会。

三、措施

1. 与学生会各部团结协作,组织好两次大型晚会,本着"分工不分家"的原则,搞好各项工作。

2. 各项工作分工明确、责任到人。

3. 增购舞曲 CD 盘。

四、各项活动所需资金

1. 需购舞曲 CD 盘 5 张,约 100 元。

2. 国庆、元旦两次大型文艺晚会,分别评出一等奖 1 名(50 元)、二等奖 2 名(共 60 元)、三等奖 3 名(共 60 元)、表演奖 5 名(共 50 元)。每次合计 220 元,两次共计 440 元。

以上活动共需资金 540 元。

××年×月×日

××中学政教处开展"中国精神"教育活动的计划

中华民族是一个伟大的民族,在长期的历史发展过程中,形成了它特有的精神——"中国精神"。为了增强学生的爱国意识,增强他们的民族自尊心和自信力,政教处决定在我校学生中开展"中国精神"的教育活动。

一、目的与要求

1. 培养学生热爱和平、心系祖国的思想感情。

2. 培养学生助人为乐、团结友爱的思想感情。

3. 培养学生勤奋好学、求实创新的科学精神。

4. 培养学生勤劳俭朴、诚实谦虚的美德。

5. 培养学生自强不息、开拓进取的精神。

6. 培养学生放眼世界、学习先进的开放精神。

二、方法与步骤

整个教育活动分为宣传学习、专题讲座、讲故事比赛、总结汇报四个阶段。时间为一学期。具体安排如下：

第一阶段：宣传学习（9月份）

1. 购买《中国精神》一书，下发，做到师生人手一册。

2. 学校召开一次广播会，宣讲活动的目的、意义和安排；出一期宣传"中国精神"的专刊。

3. 学生自读《中国精神》。

第二阶段：专题讲座（10—11月份）

举办三次讲座，每次讲"中国精神"中的两种。主讲人分别是：××师范大学历史系赵淳教授，××社会科学院张明研究员，本校历史教师叶秋。

第三阶段：讲故事比赛（12月份）

以《中国精神》中的故事为素材，进行讲故事比赛。方法是各班通过选拔赛推荐出一名选手，参加学校的比赛。比赛设一等奖2名，二等奖5名，三等奖8名。

第四阶段：总结汇报（1月份）

1. 由政教处命题，出一份"中国精神"教育活动的问卷，对全校学生进行一次测试，评出优胜班级。（1月上旬）

2. 每个学生写一份总结，在班上做交流发言，畅谈心得和收获。（1月中旬）

3. 学校召开总结大会，表彰在活动中学有成效的先进集体和个人。（1月底）

三、几点措施

1. 定期向党支部、校长室汇报活动开展的情况，听取领导指示，取得领导的帮助。

2. 每阶段工作开展前，都要召开班主任会议和班长会议，做具体布置，取得班主任和学生会干部的积极配合。

3. 以政教处为核心组织活动，充分发挥团委、学生会的作用。

4. 安排专人收集、整理开展活动的资料，并与新闻单位联系，以期得到新闻媒体的支持，将活动开展得扎实有效，有声有色。

××年×月

[思考练习]

一、因为对计划的分类是从不同的角度进行的，因此，就某一计划而言，所属的类别就会有交叉。如《学生会文娱部××—××学年第一学期工作计划》就是综合计划、短期计划、部门计划、条文式计划。说出下列两个计划除了是条文式计划，还分别兼属哪几种类别。

1.《××学校学生会××年年底举办迎新年象棋比赛的计划》

（附比赛对阵图）

2.《××县治理荒山十年规划》

二、阅读《××中学政教处开展"中国精神"教育活动的计划》，概要填写下面的表格。

目标	总任务	
	分任务	
步骤	第一阶段	
	第二阶段	
	第三阶段	
	第四阶段	
措施	1	
	2	
	3	
	4	

三、下面是一个学生寒假英语学习计划，请指出它的主要缺点。

计　　划

　　计划是十分重要的，有了切实可行的计划，就可以减少盲目性，增强自觉性，使我们顺利地完成预定的学习目标。特订寒假英语学习计划如下：

　　1．我掌握的单词量不够，在寒假中我要将第一册英语教材中的单词背熟。

　　2．在语法方面，我要重点突破英语中动词的几种时态。

　　3．要强化英语会话能力。

　　4．去××师范大学办的寒假中学英语强化班学习。

　　5．阅读两本有英汉对照的英语小说简读本。

4.

总　　结

［阅读提示］

　　总结是对已过去的一段工作、学习或思想情况进行回顾、分析、评价，并从中找出规律性的东西，以指导今后实践的一种应用文。

　　总结一般由标题、正文、落款三部分组成。

　　标题。一种是由单位、时限、内容和文种构成，例如《××中学××年工作总结》。这种标题通常是全面总结的标题。还有一种只是做内容上的概括，例如《素质教育结出累累硕果》。这种标题通常比较适合专题总结。

正文。一般由以下几个部分构成：

1. 基本情况。包括三方面的内容：在什么情况下（环境、背景），原计划做什么（任务），实际是怎么做的（工作过程）。这一部分应简明扼要，给人以总体印象。

2. 取得的成绩和存在的问题。这一部分，一是要求实，有多少成绩写多少成绩，有什么问题写什么问题，都要有确凿的事实，要掌握好分寸；二是要对材料进行整理，归纳成几个方面，将成绩和问题有详有略地叙述出来。

3. 经验、体会或教训。这一部分主要是对事实材料进行分析，从理论上总结出一点带规律性的东西。有的总结把二、三部分合写，即把成绩和经验、问题和教训合在一起写，这也可以。

4. 设想和安排。这是在回顾、分析、评价后，写怎样利用已经掌握的规律去做好未来的工作，是一种构想和展望。如果特定的任务已完成，这一部分可不写。

落款。包括署名和日期。如果标题中已经写明单位，则文尾可略去。有的署名可安排在标题之下。

例文《××师范学校第九届艺术节总结》是一份有关举办艺术节情况的专题总结。它篇幅不长，但内容充实，以写成绩为主，也写了不足。在结构上，首先是概括，然后分条写成绩和不足，结尾是展望，体现了总结"眉目清楚"的特点。阅读时，要认真揣摩这种写法。

××师范学校第九届艺术节总结

××市××师范学校第九届艺术节于××年5月9日至18日举行，历时10天。本届艺术节在全校师生的共同努力下取得了圆满成功。主要表现在以下几个方面：

一、思想统一，组织有力。为搞好本届艺术节，我校在3月12日即专门成立了以校长为组长、各部门负责人和各班班组长为组员的筹备小组。经过广泛深入的宣传，本届艺术节"高品位、高质量、高效益"的目标成了全校师生的共同追求，保证了各项工作都能及时落实到位。

二、内容丰富，推陈出新。本届艺术节共设有五项内容，包括开幕式暨音舞组教师专场演出、童话剧专场演出、学生"弹、唱、跳、画"四项技能综合比赛、师生书画作品展、闭幕式暨学生文艺汇演。这些内容涉及音乐、舞蹈、书法、美术、表演、创编等很多方面。筹备小组成员积极发扬创新精神，注重内容的推陈出新，本届艺术节的内容有一半是新创作的。譬如，音舞组教师专场演出、学生"弹、唱、跳、画"四项技能综合比赛、童话剧专场演出三项活动在我校艺术节中均属首次举办。

三、参与面广，质量高。经初步统计，全校师生不仅人人参与，而且直接参与本届艺术节五项重大活动的就达近两千人次，平均每人要直接参与三项活动。参与本届艺术节的人数和人次在历届艺术节中均是最多的。节目质量高、精彩纷呈是本届艺术节的又一重要特点。例如，同学们自编自演的十个童话剧经录音剪辑后在市人民广播电台《红蜻蜓》节目中逐一播出。童话剧《森林编辑部》还被市电视台选中参加了市"庆六一"文艺晚会。这些固然与师生们思想重视，准备充分有关，同时也说明了我校艺术教育的质量上了一个新台阶。

四、宣传力度大,社会影响好。为了做好本届艺术节的对外宣传工作,筹备小组组织了艺术节宣传报道班子。市电视台、市人民广播电台、《××晚报》社等新闻媒体也对艺术节给予了极大的关注和支持,进行了跟踪报道,使本届艺术节产生了前所未有的社会影响,得到了社会各界的一致赞誉,学校知名度也因此有了较大提高。

在本届艺术节取得圆满成功的同时,我们也清醒地看到了两个方面的不足。一是学生软笔书法水平还不尽如人意,书法教学有待进一步加强;二是设置的活动项目过多,师生承担的任务过重,对这期间的课堂教学略有影响。这些应在以后的艺术节中注意克服。

我们深信,本届艺术节的成功经验一定能成为把我校艺术节越办越好的重要基础,勇于创新的××师范人一定会在以后的艺术节中收获更多的成果!

××年5月20日

[思考练习]

一、依据例文填空,体会总结的基本写法。

××师范学校第九届艺术节总结

第一部分(第1段)基本情况：＿＿＿＿＿＿＿＿＿＿＿＿＿。

第二部分(第2～5段)成绩与经验：

1. ＿＿＿＿＿＿＿＿＿＿＿＿＿。

2. ＿＿＿＿＿＿＿＿＿＿＿＿＿。

3. ＿＿＿＿＿＿＿＿＿＿＿＿＿。

4. ＿＿＿＿＿＿＿＿＿＿＿＿＿。

第三部分(第6段)不足之处：＿＿＿＿＿＿＿＿＿＿＿＿＿。

第四部分(第7段)展望未来：＿＿＿＿＿＿＿＿＿＿＿＿＿。

二、写一份自己在语文学习上得与失的总结。

写作训练(八)

应用文写作

——消息

写作范围

采写一则报道校内或校外新近发生的具有新闻价值的消息。

写作指导

消息的篇幅不长,但要写好却并非易事。完成一则消息的写作要注意采访和撰写两个方面的问题。

一、采访

消息所报道的都是生活中发生的事件,这些事件大多是作者不曾经历的,因此,写消息先得去采访。那么应该采访哪一类事件呢？有三点是要记住的：一是必须是新近发生的；二是有新闻价值的，即有一定社会意义的；三是自己有能力写出来的。当确定了采访的事件后，还要做些准备工作，比如对采访对象有所了解，收集一些有关采访事件的资料等。正式采访时，要注意尊重对方，做好沟通工作，让对方愿意开口讲话。同时，要做好记录或录音。采访结束后，对有关内容还要做好核实工作。写进消息的内容要做到真实准确，因为真实是新闻的生命。

二、撰写

消息是写人写事的，多用记叙的表达方式，因此，记叙文的六要素同样适用于消息。一般要在消息中写清什么时间、什么地点、什么人物发生了什么事，要写清事情的起因、发展和结果。这样才能使读者对事情的前因后果、来龙去脉有清楚的了解。

但是消息又不同于记叙文，它是一种新闻报道体裁，有自己的写作规律。一则完整的消息通常包含标题、导语、主体、背景和结尾五个部分，其结构方式最为常见的有两种：一种是将最为重要的事实摆在前面，然后按事实的重要程度递减的顺序来写作；另一种是完全按事情发生的先后顺序来写作。在动笔之前，要根据新闻素材的情况，选择一种合适的结构方式，再行构思成文。

消息的语言非常讲究准确性。只有准确的语言才能真实地报道所发生的事实。离开了语言的准确性，新闻的真实性也就无从谈起。因此，应当特别注意，语言的运用要和客观实际相符合。

知识拓展（九）

网 络 问 政

［简介］

【网络问政】　就是政府通过互联网做宣传、做决策，了解民情、汇聚民智，以达到取之于民，用之于民。从而实现科学决策、民主决策，真正做到全心全意为人民服务。

事实上，由"网络问政"凸显的倾听网络民意、实现科学决策、民主决策的行动早已经渐次展开。

2007 年 6 月，重庆市委市政府就统筹城乡发展综合配套改革实验区建设通过互联网向全球"问计求策"，开中国省级行政区网络问政、网络民主之先河，在海内外引起巨大反响。

从"信访办"到"留言板"，一个最显著的变化，是官员更积极主动地关注网络民意，在一些地方，政府将收集、处理、反馈网上民意、民情工作制度化，建立起专项办复机制。

广东省的网络问政建设一直走在全国的前列，2008 年省委书记、省长通过网络向网民拜年，并回答网民的提问；之后在广东省省厅局里设置网络发言人，接受媒体大众的监督。目前广东省的网络问政平台有羊城晚报报业集团旗下金羊网的金羊问政。网民可以以登录或者匿名的方式在平台上对省委书记、省长、市长、市委书记、广州 12 个市区的领导进行咨询、建言、献策等，用发布帖子、留言等网络形式与政府网络发言人进行沟通。话题涵盖民生民计、咨询求助等话题。比如2009年的"番禺焚烧垃圾"、"广州亚运会城市建设"等议题。

[**课外讨论**]

为什么网络能成为民意的"绿色通道"？因为网络是开放的。

无论你是什么样的身份，只要拥有一个IP，就有公开表达的权利。网络上，人人都有麦克风，不需要举手方能发言，也无须理会级别大小先后。怎么想就怎么说。那些来自民间的真实声音，没有经过机构部门的层层过滤，显现出最原始的社情民意。

所有这些也许并不是网络技术发明者最初始的目标，但在我们，在这样一个个人权利因网络而得到最大释放的社会，这是网络所带给我们的最大财富。但愿更多的官员能顺应网络社会的发展，智慧地运用网络而不是抗拒和抵制，把网络优化为推动社会政治文明的生产力和原动力。

第十二单元

求 学 之 志

古今关于求学的名句，不胜枚举。"书山有路勤为径，学海无涯苦作舟"，说明读书要不辞辛苦；"三人行，必有我师焉"告诉我们，要善于向别人学习；"有志者，事竟成，破釜沉舟，百二秦关终属楚；苦心人，天不负，卧薪尝胆，三千越甲可吞吴。"让我们明白学习要树立远大的志向等。你认为对你启发最大的又是哪句名言呢？

当然，学习也不仅仅是课本知识的学习，它应该包括学习人类积累的一切科学文化知识和意志品德，"头悬梁，锥刺股"曾激励多少有志儿女发奋苦读，从而成为时代的优秀人物！

我们处在一个物质相对丰富但精神意志却相对贫乏的时代，本单元的这几篇文章，会从不同的角度、不同的层面告诉我们关于学习的道理：学习要有恒心，要有专心；要"道之所存，师之所存"；"尽吾志而不能至者，可以无悔矣"……

让我们从浩如烟海的古代典籍中汲取丰厚的营养，滋润心灵，增加智慧，担当起时代赋予我们的责任。

1.

劝 学[1]

荀 子

[阅读提示]

本文开篇即提出中心论点"学不可以已"。然后从学习的重要性、学习的作用、学习的方法和态度几个方面阐述中心论点。荀况认为，人只有通过学习才能"知明""无过"，才能成为"君子"，具备"圣心"。在学习的方法上，他强调一个"积"字，他认为千里长途是一步一步走过来的，汪洋大海是涓涓细流汇集成的，丰富的知识是一点一点积累起来的。在学习态度上，他首先强调"恒"字，提出要有"锲而不舍"的精神，反对浅尝辄止，朝勤夕怠。他同时强调一个"专"字，提出学习要目标专一，不能朝三暮四。他说的这些道理，今天仍值得我们借鉴和遵从。

本文的特点是大量使用比喻。这些比喻生动、形象、贴切，使阐述的道理明白易懂。本文还大量运用排比、对偶，使文章具有对称美、音乐美，读起来通畅流利。这些在阅读时要注意体会。

学习时要注意掌握下面的字：

劝 知 绝 生 兴 跬

君子[2]曰：学不可以已。青，取之于蓝[3]，而青于蓝[4]；冰，水为之，而寒于水。木直中绳[5]，煣[6]以为轮，其曲中规[7]。虽有槁暴[8]，不复挺[9]者，煣使之然也。故木受绳[10]则直，金[11]就砺[12]则利，君子博学而日参省乎己[13]，则知明[14]而行无过矣。

吾尝终日而思矣，不如须臾[15]之所学也。吾尝跂[16]而望矣，不如登高之博见[17]也。登高而招，臂非加长也，而见者远[18]；顺风而呼，声非加疾[19]也，而闻者彰[20]。假[21]舆[22]马者，非利足[23]也，而致[24]千里；假舟楫[25]者，非能水[26]也，而绝[27]江河。君子生非异[28]也，善假于物[29]也。

积土成山，风雨兴焉[30]；积水成渊[31]，蛟龙[32]生焉；积善成德，而神明自得，圣心备焉[33]。故不积跬[34]步，无以[35]至千里；不积小流，无以成江海。骐骥[36]一跃，不能十步；驽马十驾[37]，功在不舍[38]。锲[39]而舍之，朽木不折；锲而不舍，金石可镂[40]。蚓无爪牙之利，筋骨之强，上食埃土，下饮黄泉，用心一也[41]。蟹六跪[42]而二螯[43]，非蛇鳝之穴无可寄托者，用心躁[44]也。

[注释]

[1] 节选自《荀子简注》(上海人民出版社 1974 年版)。荀况(约公元前 313—前 238)，战国后期赵国人，古代著名的思想家。他的著作大部分收在《荀子》一书，《劝学》是其中的第一篇。劝，劝勉、鼓励。

[2] 君子：这里指有学问有修养的人。

[3] 青，取之于蓝：靛(diàn)青，从蓝草中取得。青，靛青，一种染料。蓝，草名，也叫蓼(liǎo)蓝，叶子可制染料。

[4] 青于蓝：(颜色)比蓼蓝(更)深。

[5] 中(zhòng)绳：(木材)合乎拉直的墨线。木工用拉直的墨线来取直。

[6] 煣(róu)：通"揉"，使弯曲。

[7] 规：圆规。

[8] 虽有(yòu)槁(gǎo)暴(pù)：即使又晒干了。有，同"又"。槁，枯。暴，晒。槁暴，枯干。

[9] 挺：直。

[10] 受绳：经墨线量过(斧锯加工)。

[11] 金：指金属制的刀剑等。

[12] 就砺(lì)：拿到磨刀石上(去磨)。砺，磨刀石。就，动词，靠拢。

[13] 参省(sānxǐng)乎己：即"三省乎己"。从三个方面对自己省察。《论语·学而》："曾子曰：'吾日三省吾身：与人谋而不忠乎？与朋友交而不信乎？传不习乎？'"参，同三。省，省察，反省。乎，相当于"于"。

[14] 知(zhì)明：智慧明达。知，同"智"。

[15] 须臾(yú)：片刻。

[16] 跂(qì)：提起脚跟站着。

[17] 博见：见得广。

[18] 见者远：意思是人在远处也能看见。

[19] 疾：强，这里指声音洪大。

[20] 彰：清楚,明白。

[21] 假：借助,利用。

[22] 舆：车。

[23] 利足：脚走得快。

[24] 致：达到。

[25] 楫(jí)：划船用的桨。

[26] 水：指游水,这里用作动词。

[27] 绝：横渡。

[28] 生(xìng)非异：本性(同一般人)没有差别。生,同"性",资质、禀赋。

[29] 物：外物,指各种客观条件。

[30] 兴焉：兴,起。焉,还有下面"生焉""备焉"的焉,都是助词。

[31] 渊：深水。

[32] 蛟龙：古代传说中的一种能兴风作浪,发洪水的龙。

[33] 积善成德,而神明自得,圣心备焉：积累善行养成品德,达到很高的境界,通明的思想(也就)具备了。得,获得。而,连词,表示因果关系。

[34] 跬(kuǐ)步：半步。跨出一脚为"跬",跨两脚为"步"。

[35] 无以：没有用来……的(办法)。

[36] 骐骥(jì)：骏马。

[37] 驽(nú)马十驾：劣马拉车走十天,也能走得很远。驽马,劣马。驾,马拉车走一天所走的路程叫"一驾"。

[38] 功在不舍：(它的)成功在于走个不停。

[39] 锲(qiè)：刻。

[40] 镂(lòu)：雕刻。

[41] 用心一也：(这是)用心专一(的缘故)。

[42] 六跪：六条腿。跪,蟹脚。蟹实际上是八条腿。一说,海蟹后面的两条腿只能划水,不能用来走路或自卫,所以不能算在"跪"里面。

[43] 螯(áo)：蟹钳。

[44] 躁：浮躁,不专心。

[思考练习]

一、本文第三段说明了几层意思?每层用了哪些比喻,这些比喻之间的关系怎样?

二、本文阐明了学习的意义、作用、方法和应取的态度,学过以后,谈谈自己受到了哪些启发。

三、说说下边各句中"而"字的不同用法。

1. 青,取之于蓝,而青于蓝

2. 君子博学而日参省乎己

3. 吾尝终日而思矣

4. 积善成德,而神明自得

四、将下边句子译成现代汉语。

1. 青,取之于蓝,而青于蓝;冰,水为之,而寒于水。

2. 君子生非异也，善假于物也。

3. 积善成德，而神明自得，圣心备焉。

4. 锲而舍之，朽木不折；锲而不舍，金石可镂。

五、下边的句子都是省略句，试把省略掉的成分补出来。

1. 木直中绳，輮[　　]以为轮，其曲中规

2. （蚓）上食埃土，下饮黄泉，[　　]用心一也

3. 旦日，客从外来，[　　]与[　　]坐谈

4. 问其人，[　　]本[　　]长安倡女

5. 急击勿失[　　]

六、背诵课文第三段

七、给下边的短文加标点

孟子对曰王好战请以战喻填然鼓之兵刃既接弃甲曳兵而走或百步而后止或五十步而后止以五十步笑百步则何如王曰不可直不百步是亦走也曰王如知此则无望民之多于邻国也

2.

师　　说[1]

韩　愈

[阅读提示]

　　韩愈所处的时代，在士大夫阶层中普遍存在着耻于从师的不良风气。为此，作者不顾流俗，写下《师说》，大力倡导从师之道，并率先"招收后学"，表现了一种敢为人先的可贵精神。这篇文章不但在当时产生了巨大影响，今天读来，仍给我们以深刻的启示。

　　课文首先论述了老师的作用、从师的必要性和择师的标准，然后通过三组对比批判"士大夫之族"耻于从师的不良风气，又以孔子的言论和做法为论据阐述"无常师"的道理，最后以李蟠为例鼓励人们从师学习。文中的许多论断，如"师者，所以传道受业解惑也""弟子不必不如师，师不必贤于弟子"等，至今仍有现实意义。

　　在论证中，课文运用了对比、引用等多种论证方法，有极强的针对性和说服力。语言上句式变化错综，语势流畅充沛，体现了作者在语言上的创造性。

　　质疑和讨论是两种重要的阅读方法，可以加深对课文的理解。所谓质疑，就是要善于在阅读中发现问题，敢于在学习中提出问题。学习课文后，你对作者的观点和文中的论述还有哪些疑问？提出你的问题，与老师和同学讨论。

　　学习时要注意掌握下列字：

　　师　知　惑　道　耻　遗

　　古之学者[2]必有师。师者，所以传道受业解惑也[3]。人非生而知之[4]者，孰能无惑？惑而不从师，其为惑也[5]，终不解矣。生乎吾前[6]，其闻[7]道也固先乎吾，吾从而师之[8]；

生乎吾后，其闻道也亦先乎吾，吾从而师之。吾师道也[9]，夫庸知其年之先后生于吾乎[10]？是故[11]无[12]贵无贱，无长无少，道之所存，师之所存也[13]。

嗟乎！师道[14]之不传也久矣！欲人之无惑也难矣！古之圣人，其出人[15]也远矣，犹且[16]从师而问焉；今之众人[17]，其下[18]圣人也亦远矣，而耻学于[19]师。是故圣益圣，愚益愚[20]。圣人之所以为圣，愚人之所以为愚，其皆出于此乎？爱其子，择师而教之；于其身[21]也，则耻[22]焉，惑矣[23]。彼童子之师，授之书而习其句读[24]者，非吾所谓传其道解其惑者也。句读之不知[25]，惑之不解，或师焉，或不焉[26]，小学而大遗[27]，吾未见其明也。巫医[28]乐师[29]百工[30]之人，不耻相师[31]。士大夫之族[32]，曰师曰弟子云者[33]，则群聚而笑之。问之，则曰："彼与彼年相若[34]也，道相似也，位卑则足羞，官盛则近谀[35]。"呜呼！师道之不复[36]，可知矣。巫医乐师百工之人，君子不齿[37]，今其智乃[38]反不能及，其可怪也欤[39]！

圣人无常师[40]。孔子师郯子[41]、苌弘[42]、师襄[43]、老聃[44]。郯子之徒[45]，其贤不及孔子。孔子曰：三人行，则必有我师[46]。是故弟子不必[47]不如师，师不必贤于弟子，闻道有先后，术业有专攻[48]，如是而已。

李氏子蟠[49]，年十七，好古文，六艺经传[50]皆通[51]习之，不拘于时[52]，学于余。余嘉[53]其能行古道[54]，作《师说》以贻之。

[注释]

[1]　选自《中国历代文学作品选》（上海古籍出版社1980年版）。韩愈（768—824），字退之，河南河阳（今河南孟县西）人。唐代文学家，古文运动的倡导者，他的作品对我国古代散文的发展有深远的影响。"说"是古文中的一种文体，属议论文范围，一般用来陈述自己对某种事物的见解。

[2]　学者：求学的人。

[3]　师者，所以传道受业解惑也：老师，（是）靠（他）来传授道理、教授学业、解释疑难问题的。者，语气助词，用在句中表示停顿。所以，用来……的、……的凭借，跟现代汉语中表因果关系的"所以"不同。受，通"授"。

[4]　生而知之：生下来就懂得道理。之，指知识和道理。

[5]　其为惑也：那些成为疑难问题的。

[6]　生乎吾前：后面省略去"者"（……的人）。乎，相当于"于"。下文"先乎吾"的"乎"同。

[7]　闻：知道、懂得的意思。

[8]　从而师之：跟从（他），拜他为老师。师之，就是"以之为师"。

[9]　吾师道也：我（是向他）学习道理。师，用作动词。

[10]　庸知其年之先后生于吾乎：哪管他的年龄比我大（先生于吾）还是比我小（后生于吾）呢？庸，岂、哪。知，识别。年，这里指生年。之，结构助词，无实在意义。

[11]　是故：因此，所以。

[12]　无：无论，不分。

[13]　道之所存，师之所存也：道存在的（地方），就是老师在的（地方）。意思是谁懂得道理，谁就是自己的老师。

[14]　师道：从师的风尚。道，这里有"风尚"的意思。

[15]　出人：超出（一般）人。

[16]　犹且：尚且，还。

[17] 众人：一般人。

[18] 下：低于。

[19] 于：向。

[20] 圣益圣,愚益愚：圣人更加圣明,愚人更加愚昧。益,更加、越发。

[21] 于其身：对于他自己。身,自己。

[22] 耻师：以从师为耻。

[23] 惑矣：(真)糊涂啊!

[24] 授之书而习其句读(dòu)：教给他书,(帮助他)学习其中的文句。之,指童子。其,指书。句读,一句话叫"句",句子中间需要稍稍停顿的地方叫"读",这里"句读"泛指文章的字句。

[25] 句读之不知：句读不明,即不明白句读。与下文"惑之不解"结构同。

[26] 或师焉,或不(fǒu)焉：有的从师,有的不(从师)。意思是不知句读的倒要从师,不能解惑的却不从师。

[27] 小学而大遗：小的方面倒要学习,大的方面(却)放弃了。遗,丢弃。

[28] 巫医：古代巫、医不分。巫的职业为祝祷、占卜等迷信活动,也用药物等为人治病。

[29] 乐师：以演奏乐器为职业的人。

[30] 百工：各种手工业工人。

[31] 相师：互相学习。

[32] 族：类。

[33] 曰师曰弟子云者：称"老师"称"弟子"等等。云者,有"如此如此"的意味。

[34] 年相若：年龄差不多。相若,相似。

[35] 位卑则足羞,官盛则近谀(yú)：(以)地位低(的人为师),就可羞;(以)官职高(的人为师),就近乎谄媚。谀,阿谀、奉承。

[36] 复：恢复。

[37] 不齿：不屑一提,意思是看不起。

[38] 乃：竟。

[39] 欤(yú)：语气助词,这里表感叹语气,相当于"啊"。

[40] 常师：固定的老师。

[41] 郯(tán)子：春秋时期郯国(在今山东郯城一带)的国君,孔子曾向他请教官职的名称。

[42] 苌(cháng)弘：周敬王时的大夫,孔子向他请教过音乐的事。

[43] 师襄：春秋时鲁国的乐官,孔子向他学过弹琴。

[44] 老聃(dān)：就是老子,孔子曾向他学习礼教。

[45] 之徒：这些人。

[46] 三人行,则必有我师：三个人同行,里面一定有可以当我老师的人。这句话出自《论语·述而》,原句是"三人行,必有我师焉。"

[47] 不必：不一定。

[48] 术业有专攻：学问和技艺上(各)有(各的)专门研究。攻,学习、研究。

[49] 李氏子蟠：李家的孩子叫蟠的。

[50] 六艺经传(zhuàn)：六经的经文和传文。六艺,指《诗》、《书》、《礼》、《乐》、《易》、《春秋》六种经书。《乐》久已失传,这是沿用古代的说法。传,解释经书的著作。

[51] 通：普遍。

[52] 不拘于时：不受时俗的限制。时,时俗,指当时士大夫中耻于从师的不良风气。

[53] 嘉：赞许。

[54]　古道：指古人从师之道。

[思考练习]

　　一、韩愈在"不闻有师"的时代风气中敢为人师，并撰文阐述其从师的主张，他的理性和勇气令人钦佩。用原文回答，作者认为选择老师的标准是什么？应如何看待老师与学生的关系？在理解课文的基础上背诵全文。

　　二、对比论证是一种常用的论证方法，它侧重于对事物相反或相对的属性进行比较，在比较中分析两者的差异或对立来揭示事物的本质，从而确立论点。本文就采用了这种论证方法。阅读课文，说说文中哪几处运用了对比论证的方法，这些对比是怎样具体展开的。

　　三、文言文中的一词多义现象非常普遍，只有准确理解某个词在句中的含义和用法，才能真正读懂课文。本文中出现的"师"字很多，大体上有三种用法：①作名词用；②作动词用；③意动用法。指出下列句子中"师"字的意义和用法。

　　1. 古之学者必有师
　　2. 吾从而师之
　　3. 吾师道也，夫庸知其年之先后生于吾乎
　　4. 道之所存，师之所存也
　　5. 爱其子，择师而教之
　　6. 孔子师郯子、苌弘、师襄、老聃

　　四、"弟子不必不如师，师不必贤于弟子"是流传千古的名言。从自己的经历中举出一个这样的例子，并分析韩愈这句话是否与他倡导的"尊师"的意旨相矛盾。

3.

游褒禅山记[1]

王安石

[阅读提示]

　　这篇文章名为游记，但重点不在记游，而在游山的体会。记游为议论铺垫，而议论又处处从游览的见闻说起，前呼后应，环环相扣。本文议论的主旨是：要成就一番事业，必须在主观上有远大的志向，有足够的能力，要不盲从不懈怠；还要在客观上具备一定的条件。这些议论言简意赅，富有哲理。此外，作者还针对"华""花"音谬的问题，提出对待传闻材料要"深思慎取"。这些，对于我们今天的学习、处事、创业，都很有借鉴意义。文中虚词"其"的用法变化较多，要注意辨析。

　　学习时要注意掌握下列字：

　　其　名　穷　相　以　莫

　　褒禅山，亦谓之华山。唐浮图[2]慧褒[3]始舍[4]于其址，而卒葬之[5]；以故其后名之曰

"褒禅"。今所谓慧空禅院[6]者,褒之庐冢[7]也。距其院东五里,所谓华山洞[8]者,以其乃[9]华山之阳名之也。距洞百余步,有碑仆道[10],其文漫灭[11],独其为文犹可识,曰"花山"[12]。今言[13]"华"如"华实"之"华"者,盖音谬也[14]。

其下平旷,有泉侧出[15],而记游[16]者甚众——所谓前洞也。由山以上五六里,有穴窈然[17],入之甚寒,问其深,则其好游者不能穷也——谓之后洞。余与四人拥火[18]以入,入之愈深,其进愈难,而其见愈奇。有怠[19]而欲出者,曰:"不出,火且[20]尽。"遂与之俱出。盖[21]余所至,比好游者尚不能十一[22],然视其左右,来而记之者已少。盖其又深,则其至又加少[23]矣。方是时[24],余之力尚足以入,火尚足以明[25]也。既其出[26],则或咎[27]其欲出者,而余亦悔其[28]随之而不得极[29]夫游之乐也。

于是余有叹[30]焉。古人之观于天地、山川、草木、虫鱼、鸟兽,往往有得[31],以其求思之深而无不在也[32]。夫夷以近[33],则游者众;险以远,则至者少。而世之奇伟瑰怪[34]非常[35]之观[36],常在于险远,而人之所罕至焉,故非有志者不能至也。有志矣,不随以止[37]也,然力不足者,亦不能至也。有志与力,而又不随以怠,至于幽暗昏惑[38],而无物以相[39]之,亦不能至也。然力足以至焉[40],于人为可讥[41],而在己为有悔[42];尽吾志也,而不能至者,可以无悔矣,其[43]孰能讥之乎?此余之所得也。

余于仆碑[44],又以[45]悲[46]夫古书之不存,后世之谬其传而莫能名者[47],何可胜道[48]也哉!此所以[49]学者不可以不深思而慎取之[50]也。

四人者[51]:庐陵[52]萧君圭君玉[53]、长乐[54]王回深父[55]、余弟安国平父[56]、安上纯父[57]。至和元年[58]七月某日,临川王某[59]记。

[注释]

[1] 选自《古代散文选》(人民教育出版社1963年版)。王安石(1021—1086),字介甫,临川(现在江西省临川县)人,北宋政治家、文学家,唐宋八大家之一。褒禅山,在现在安徽省含山县北。

[2] 浮图:梵(fàn)语(古代印度语)音译,也写作"浮屠"或"佛图",本意是佛或佛教徒,这里指和尚。

[3] 慧褒:唐代高僧。

[4] 舍:筑舍定居,动词。

[5] 卒葬之:终于葬在那里。

[6] 慧空禅院:寺院名。

[7] 庐冢(zhǒng):也作"庐墓"。古时为了表示孝顺父母或尊敬师长,在他们死后的服丧期间,为守护坟墓而盖的屋舍,叫作"庐冢"。这里指慧褒的弟子在慧褒墓旁盖的屋舍。庐,屋舍。冢,坟墓。

[8] 华山洞:南宋王象先《舆地纪胜》第四十八写作"华阳洞"。据正文下句,作华阳洞是正确的。

[9] 乃:为,是。

[10] 仆道:"仆于道"的省略,倒在路旁。仆,跌倒。

[11] 其文漫灭:碑文模糊,磨灭。文,指碑文。下文"独其为文"的"文"指碑上残存的文字。

[12] 独其为文犹可识,曰"花山":只有从它仅有的字还可以辨认出"花山"的名称。

[13] 言:说。

[14] 盖音谬也:大概是由于读音错误。盖,承接上文,解释原因,有"大概"的意思。谬,错误。

[15] 侧出:从旁边涌出。

[16] 记游:指在洞壁上题诗留念。

[17] 窈(yǎo)然:深远幽暗的样子。

[18] 拥火：拿着火把。拥，持，拿。

[19] 怠：懈怠。

[20] 且：将，就要。

[21] 盖：发语词，也含有"大概"的意思。

[22] 不能十一：不及十分之一。不能，不及、不到。

[23] 其至又加少：那些到（的人）更加少。加少，更少。

[24] 方是时：正当这个时候。方，当、正在。是时，指决定从洞中退出的时候。

[25] 明：照明，动词。

[26] 既其出：出洞以后。其，助词，无实在意义。

[27] 咎（jiù）：责怪。

[28] 其：这里指自己。

[29] 极：尽，这里有尽兴的意思。

[30] 叹：感慨。

[31] 得：心得，收获。

[32] 以其求思之深而无不在也：（是）因为他们探究、思考得深入而且广泛。无不在，没有不探究、思考到的。

[33] 夷以近：（路）平而近。夷，平坦。以，而。

[34] 瑰怪：珍贵奇特。

[35] 非常：不寻常的。

[36] 观：景象。

[37] 随以止：随从（别人）而停止（不前）。

[38] 幽暗昏惑：幽深昏暗、叫人迷乱（的地方）。

[39] 相（xiàng）：帮助。

[40] 力足以至焉：下面省去"而不至"之类的话。意思是力量足以达到那里（却没有达到）。

[41] 于人为可讥：在别人（看来）是可以嘲笑的。于，在。

[42] 有悔：有所悔恨的。

[43] 其：岂，难道。

[44] 仆碑：倒下来的石碑。

[45] 以："以之"的省略，因此，由此。

[46] 悲：感叹。

[47] 谬其传而莫能名者：弄错了它的流传（文字），而没有人能够说明白的（情况）。谬，弄错，动词。其，指古书。名，指识其本名，动词。

[48] 何可胜（shēng）道：哪能说得完。胜，尽。

[49] 此所以：这（就是）……的缘故。

[50] 慎取之：谨慎地采取它。之，指流传的书籍材料。

[51] 四人者：（同游的）四个人。

[52] 庐陵：现在江西省吉安县。

[53] 萧君圭君玉：萧君圭，字君玉。

[54] 长乐：现在福建省长乐县。

[55] 王回深父（fǔ）：王回，字深父，北宋理学家。父，同"甫"，下文"平父""纯父"的"父"同。

[56] 安国平父：王安国，字平父。安国、安上都是王安石的弟弟。

[57] 安上纯父：王安上，字纯父。

[58]　至和元年：公元 1054 年。至和，宋仁宗的年号。

[59]　王某：王安石。古人作文起稿，写到自己的名字，往往只作"某"，或在"某"上冠姓，以后誊写时才把姓名写出。根据书稿编的文集，也常保留"某"的字样。

[思考练习]

一、按课文中的读音给下面的字注音并释义。

冢（　　）　　仆（　　）　　谬（　　）

窈（　　）　　瑰（　　）　　慎（　　）

二、课文第三段可分几层意思？每层的意思是什么？

三、解释下列句中加点的词。

1. 以其乃华山之阳名之也

2. 有怠而欲出者

3. 不出，火且尽

4. 既其出，则或咎其欲出者

5. 有志矣，不随以止也

6. 而无物以相之，亦不能至也

7. 何可胜道也哉

四、"其"既可以用作代词，也可以用作副词、连词和助词。试解释下列句中"其"字的含义，并指出它的用法。

1. 以故其后名之曰"褒禅"

2. 以其乃华山之阳名之也

3. 而余亦悔其随之而不得极夫游之乐也

4. 既其出

5. 其孰能讥之乎

五、以游后洞为例，谈谈本文记叙和议论紧密结合的特点。

六、熟读全文，背诵第三段。

4.

始得西山宴游记[1]

柳宗元

[阅读提示]

　　本文是柳宗元山水游记中的著名篇章，也是我国古代山水游记中的名篇。文章既记叙了游览西山的经过，更突出了作者在游览中获得的精神感悟。以自然山水之美与作者人格之美相互映照，体现出作者在革新失败、身受贬谪后依然坚持特立独行的思想品格，使这篇山水游记的意蕴深化而体现了一定的思想价值和人格力量。

作者善于绘景状物，笔墨简洁而描述形象。且通过西山与众山的高下对比，从侧面烘托西山的高峻及非凡气势。文章题目中有"始得"二字，行文中或明或暗，或虚或实，时时予以照应，脉络清晰，结构缜密。

学习时注意掌握下列字词：

是　　施　　日　　趣　　缘　　穷　　际

自余为僇人[2]，居是州[3]，恒[4]惴栗[5]。其隙[6]也，则施施[7]而行，漫漫[8]而游，日[9]与其徒[10]上高山，入深林，穷回溪，幽泉怪石，无远不到。

到则披草而坐，倾壶而醉；醉则更相枕以卧，卧而梦，意有所极[11]，梦亦同趣[12]；觉而起，起而归；以为凡是州之山水有异态者，皆我有也，而未始[13]知西山之怪特[14]。

今年九月二十八日，因坐法华西亭[15]，望西山，始指异[16]之。遂命仆人过湘江[17]，缘[18]染溪[19]，斫[20]榛莽[21]，焚茅茷[22]，穷[23]山之高而止。攀援而登，箕踞[24]而遨[25]，则凡数州之土壤，皆在衽席之下[26]。其高下之势，岈然[27]，洼然[28]，若垤[29]若穴，尺寸千里[30]，攒蹙[31]累积，莫得遁隐；萦青缭白[32]，外与天际[33]，四望如一。然后知是山之特立，不与培塿[34]为类。悠悠乎[35]与颢气[36]俱[37]，而莫得其涯；洋洋乎[38]与造物者[39]游，而不知其所穷。引觞[40]满酌，颓然就醉，不知日之入。苍然暮色，自远而至，至无所见，而犹不欲归。心凝形释[41]，与万化[42]冥合[43]。然后知吾向[44]之未始游，游于是[45]乎始。

故为之文以志[46]。是岁，元和[47]四年也。

[注释]

[1] 本篇为作者"永州八记"之首。西山，在今湖南永州西湘江外二里。柳宗元（773—819），字子厚，河东（今山西永济）人。世称柳河东。唐著名文学家。贞元九年（793年）进士及第，十四年中博学鸿词科，授集贤殿正字。迁监察御史里行。永贞元年（805年），任礼部员外郎，参加王叔文为首的政治革新运动，力主改革弊政，反对宦官专权和藩镇割据。革新失败后，贬官永州司马。元和十年（815年）迁柳州刺史，卒于任所。柳宗元与韩愈齐名，并称"韩柳"，同为中唐古文运动的倡导者，同是唐宋古文八大家之一。他的文学主张与韩愈相近，诗文创作注重针砭时弊，反映民瘼。他的政论、传记、寓言均有特色，山水游记以刻画细致寄慨深远在文学史上享有盛誉。诗歌也风貌独特，在作手如林的中唐诗坛自成一家，与韦应物并称"韦柳"。有《柳河东集》。

[2] 僇（lù）人：受刑戮的人，犹言罪人，因作者贬官永州，故称。僇，同"戮"，刑辱的意思。

[3] 是州：此州，即永州（今属湖南）。

[4] 恒：常常。

[5] 惴栗（zhuì lì）：忧惧不安。

[6] 其隙（xì）：在闲暇的时候。隙，指公务之暇。

[7] 施施（yí）：缓慢行走的样子。

[8] 漫漫：舒散无拘的样子。

[9] 日：每天。

[10] 其徒：自己的随从。

[11] 极：至。

[12] 趣：通"趋"，往。

[13] 未始：未尝。

［14］　怪特：奇怪独特。

［15］　法华西亭：法华,寺名,在永州城内东山上。作者于元和四年(809年)建亭于寺西,因称西亭,并曾作《永州法华寺新作西亭记》记其事。

［16］　指异：指点而以为异。

［17］　湘江：源出广西,流经今湖南省境。

［18］　缘：沿着。

［19］　染溪：潇水支流,在永州西南。一名冉溪,柳宗元改其名为愚溪。

［20］　斫(zhuó)：砍伐。

［21］　榛莽：草木丛。

［22］　茅茷(fèi)：草茅之类。茷,草叶茂盛。

［23］　穷：尽。

［24］　箕踞：古人席地而坐,两脚伸直岔开,成簸箕形,称箕踞。

［25］　遨：游,此指游目四望。

［26］　衽(rèn)席之下：形容离自己很近,如在身旁。衽席,卧席。

［27］　岈(xiā)然：山深邃的样子。

［28］　洼然：溪谷低凹的样子。

［29］　若垤(dié)：蚂蚁做穴形成的积土。

［30］　尺寸千里：千里之远仿佛仅有尺寸大小。

［31］　攒蹙(cuáncù)：聚集收缩。

［32］　萦青缭白：青山与白水相互萦绕。

［33］　际：接;合。

［34］　培塿(pǒulǒu)：小土堆。

［35］　悠悠乎：渺远的样子。

［36］　颢(hào)气：即浩气,天地自然之气。

［37］　俱：在一起。

［38］　洋洋乎：广大的样子。

［39］　造物者：创造万物的神灵,此指大自然。

［40］　引觞(shāng)：拿起酒杯。

［41］　心凝形释：指精神专一,忘掉自我。

［42］　万化：自然界万物。

［43］　冥合：犹言浑然一体。

［44］　向：以前。

［45］　于是：从此。

［46］　志：记。

［47］　元和：唐宪宗李纯年号(806—820年)。

［思考练习］

一、找出文中点题的词语,分别说明它们的作用。

二、为何说本文以自然山水之美与作者人格之美相互映照?

三、指出文中寓情于景的语句,说明它们的寓意。

5.

上枢密韩太尉书[1]

苏　辙

[阅读提示]

本文虽是为求见韩琦、以期识拔而作，但绝无一味奉承邀宠之辞，而是重点论述了养气与作文的关系，认为"气"是人的气质和品格，它来自于作家的生活阅历和身心修养，对写作有极重要的作用。文章的意义大大超越了他原来干谒的目的，可视为一篇很有深度的文学论文。

在构思方面，作者采用了由虚到实、层层推进的写法。文章以谈作文体会为突破口，从作文谈到养气，从养气谈到增广阅历，从增广阅历谈到向前辈学人求教的必要，再到求见太尉，不从实处落笔，而从虚处发端，最终推进到求见对方的诚意，笃实恳切，写来纡徐委曲，立言得体。

苏辙散文以冲和稳健见长，但能在行文方面追求平稳中有波折、淡泊中见深邃的效果。在承接与转折处，常常采用突接、暗转的笔法，这可从每一自然段的开头细加体会；在论说展开过程中，多用顺笔，但有时又用逆笔反激一句，如第一段中举孟子、司马迁两例论证观点后，用一句反问加强语气："此二子者，岂尝执笔学为如此之文哉？"第三段开头也先从反面发问，再从正面说出求见太尉之意。顺笔与逆笔相济，使文章更见顿挫跌宕，一波三折。

此文扼要慎识，深知学文要领，文和行都在大家之列。

学习时要注意掌握下列字：

气　　形　　能　　中　　向

太尉执事[2]：辙生好为文，思之至深。以为文者气之所形[3]，然文不可以学而能[4]，气可以养而致[5]。孟子曰："我善养吾浩然之气[6]。"今观其文章，宽厚宏博，充乎天地之间，称其气之小大[7]。太史公[8]行天下，周览四海名山大川，与燕、赵[9]间豪俊交游，故其文疏荡[10]，颇有奇气。此二子者，岂尝执笔学为如此之文哉？其气充乎其中[11]而溢乎其貌，动乎其言[12]而见乎其文，而不自知也。

辙生十有九年矣。其居家所与游者，不过其邻里乡党[13]之人，所见不过数百里之间，无高山大野可登览以自广。百氏之书[14]，虽无所不读，然皆古人之陈述，不足以激发其志气。恐遂汩[15]没，故决然舍去[16]，求天下奇闻壮观，以知天地之广大。过秦、汉之故都[17]，恣观终南[18]、嵩、华之高，北顾黄河之奔流，慨然想见古之豪杰。至京师，仰观天子宫阙之壮，与仓廪、府库、城池、苑囿之富且大也[19]，而后知天下之巨丽。见翰林欧阳公[20]，听其议论之宏辩，观其容貌之秀伟，与其门人贤士大夫[21]游，而后知天下之文章聚乎此也。太尉以才略冠天下，天下之所恃以无忧，四夷之所惮以不敢发[22]，入则周公、召公[23]，出则方叔、召虎[24]。而辙也未之见焉。

且夫人之学也，不志[25]其大，虽多而何为？辙之来也，于山见终南、嵩、华之高，于水见黄河之大且深,于人见欧阳公,而犹以为未见太尉也！故愿得观贤人之光耀[26],闻一言以自壮,然后可以尽天下之大观而无憾者矣。

辙年少,未能通习吏事[27]。向[28]之来,非有取于斗升之禄[29]。偶然得之,非其所乐。然幸得赐归待选[30],使得优游[31]数年之间,将以益治其文,且学为政。太尉苟以为可教而辱[32]教之,又幸矣。

[注释]

[1]　本文是作者在嘉祐二年(1057年)考中进士后所作。枢密:即枢密使,宋代执掌全国兵权的大臣,职位与秦汉时太尉相似。韩太尉:即韩琦(1008—1075),字稚圭,安阳(今属河南)人,天圣进士,是宋初名臣。苏辙(1039—1112),字子由,一字同叔,号颍滨遗老,眉州眉山(今属四川)人。北宋著名散文家。嘉祐二年(1057年)与兄苏轼同中进士。授商州军事推官。神宗时为制置三司条例司僚属。与兄皆主张比较渐进的改革,因此反对王安石变法,被贬为河南推官。元丰二年(1079年),其兄罹"乌台诗案",他也受牵连,谪监筠州盐酒税。哲宗时,官至尚书右丞、门下侍郎,执掌朝政。后又累遭贬谪。徽宗时复官大中大夫,致仕。卒谥文定。苏辙与父苏洵、兄苏轼并称"三苏",其散文以策论见长,冲和淡泊。也工诗,有《栾城集》。

[2]　执事:信函中对对方的敬称。

[3]　气之所形:品格气质等精神状态的表现。形,显露,表现。

[4]　能:善。

[5]　致:得到。

[6]　我善养吾浩然之气:语出《孟子·公孙丑上》,原文"我"作"吾"。浩然之气,盛大刚正之气。

[7]　称其气之小大:与他的浩然之气的程度相称。

[8]　太史公:西汉司马迁任太史令,故称太史公。他写的《史记》同时具有显著的文学价值。

[9]　燕、赵:战国时两个国名。这里代指北方。韩愈《送董邵南游河北序》:"燕赵古称多感慨悲歌之士。"

[10]　疏荡:洒脱自由,不受拘束。

[11]　中:内心。

[12]　动乎其言:发于言。见:通"现",表现。

[13]　乡党:乡里。

[14]　百氏之书:诸子百家的著作。

[15]　汨(gǔ)没:埋没。

[16]　舍去:此指离开家乡。作者于嘉祐元年(1056年)随父兄离家乡,经成都、长安、洛阳,赴汴京应试。

[17]　秦、汉之故都:秦都咸阳,西汉都长安,东汉都洛阳。

[18]　终南:终南山,秦岭主峰之一,在陕西西安西南。嵩:嵩山,五岳中的中岳,在陕西华阴南。

[19]　仓廪(lǐn):粮仓。苑囿(yòu):园林。

[20]　翰林欧阳公:欧阳修曾任翰林学士,是作者中进士时的主考官。

[21]　门人贤士大夫:指当时的著名文人梅尧臣、苏舜钦、曾巩等。

[22]　四夷:古代对四方少数民族的贬称,这里指西夏、契丹等。惮(dàn):惧怕。韩琦与范仲淹曾经略陕西,抗击西夏,当时民谣云:"军中有一韩,西贼闻之心胆寒。军中有一范,西贼闻之惊破胆。"发:发难,侵袭。

[23]　入则周公、召公:入,指在中央政府做官。周公,即姬旦,周武王弟,成王初立,曾由其摄政。召

公，即姬奭(shì)，是周成王时的辅政大臣。

[24]　出则方叔、召虎：出，指在地方上当官。方叔，周宣王时大臣，曾征荆蛮、猃(xiǎn)狁(yǔn)。召虎，即召穆公，周宣王时大臣，曾平淮夷。

[25]　志：有志于。

[26]　光耀：风采。

[27]　吏事：日常官务。

[28]　向：往日，以前。

[29]　斗升之禄：微薄的俸禄。

[30]　待选：宋代中进士后，还须经吏部考试后方能授官。

[31]　优游：悠闲自得。

[32]　辱：谦词，屈尊之意。

[思考练习]

一、作者认为"文"与"气"之间是什么关系？"养气"有哪些途径？为什么养气能对学好语文有益？

二、本文是如何层层推进地展开论述的？这样推进起何作用？

三、体会文章要在平稳中求变化的道理。

口语交际（六）

解　　说

生活情境

情境一：

某中职学校室内装饰专业的学生，举行一个室内装饰设计作业展，邀请老师和同学前来参观指导。张童等三位同学被指定为解说员，他们认真准备，决心要向全校师生献上一场精彩的解说。

情境二：

王岚和徐利是学校广播站的成员。学校秋季运动会即将举行，他们将担任开幕式的解说员。两人信心十足，要以饱满的热情和具有特色的解说，回报老师和同学对他们的信任。

情境三：

林华家在寿光，她的父母种植大棚蔬菜。寒假期间，外地的一个农民考察团来到大棚蔬菜基地参观学习。林华热情好客，在她家承包的大棚里自告奋勇为外地的农民伯伯担任解说员。

······

对于解说，大家并不陌生。电视里、展览会上、旅游中、逛商场时……我们常常会听到解说。解说者用准确而富有感染力的语言影响听众，使人们在认识和了解事物的同时，能进一步加深印象并对其内涵有所领悟。

相关知识

解说是指针对某一听众群体，就某一事物的性质、状态、特征、功用或成因、原理、发展及事物相互间的关系等进行解释和说明。

解说与介绍的相同点在于二者都强调准确性和客观性。

解说与介绍的区别在于：

介绍更侧重于被介绍对象的特点、功用等方面；解说的范围要远远大于介绍。

介绍多采用叙述和说明两种表达方式，语言多是客观、平实的；解说可以综合运用叙述、描写、议论、抒情、说明等多种表达方式，语言的文学性更强一些。

解说的基本要求：

1. 熟悉被解说的事物

要想把事物解说清楚，解说者必须对该事物有深入的了解和认识。心中有谱，才能言之有道。如果连自己都糊涂，听众就更不会明白了。

2. 解说的内容详略得当

解说者应根据事物的具体特点和听众的实际情况，确定解说内容的详略。对听众熟知和较容易理解的内容，解说得要相对简略一些；对能充分体现事物特点和听众感兴趣的内容，或者听众较为陌生和不易理解的内容，解说得要相对详细一些。

3. 解说顺序条理清晰

与介绍相同，解说的顺序一般也有时间顺序、空间顺序和逻辑顺序三种。无论是单用一种解说顺序，还是综合运用几种解说顺序，都要理清思路，有条不紊。解说者只有条理清晰地把握解说内容，才有可能让听众听清楚、听明白。

4. 解说的语言准确流畅、通俗易懂

解说的一个重要目的是向大众传播知识，因此，解说的语言首先要准确客观、自然流畅。其次，为使听众方便理解和记忆，语言还要通俗易懂，避免使用深奥生涩的词语。

示例简析

示例一

《再说长江》关于重庆的解说

1982 年，在长江上游的重庆，一座横跨长江的大桥竣工了。人们用罕见的隆重庆祝桥梁的建成。这一年，重庆孩子李曦 11 岁，居住在新大桥旁边的他成为桥上第一个晨跑者。23 年后，李曦和家人仍然居住在长江边，在桥上晨跑的习惯也一直保持下来。不同的是，这已是重庆无数新大桥中的一座，今天，重庆跨江桥梁的数量，已超过长江流域几个大城市桥梁数量的总和。它们纵横南北，依山就水，连接出一个巨大的都市。23 年后，这个长江上游的城市已是中国最新的直辖市。如同当地传统的戏剧一样，它在令人不可思议的高速中变脸。今天的重庆是另外 3 个直辖市总面积的 2.4 倍，重庆版图的翻新，已缩短到每三个月一版。

【简析】　二十多年前的电视纪录片《话说长江》，曾以其非凡的气势、迷人的画面、优美的音乐，以及融知识性、文学性于一体的解说词，给全国人民留下了深刻的印象。2006年夏，中央电视台推出的《再说长江》，再次打动了广大观众。作为本片组成部分的解说词，是决定该片质量、收视率的一个重要因素。对于沿江重镇重庆的解说，是其中的一小段，但窥斑知豹，从中我们可以领略《再说长江》解说词的精彩。

本段解说词承接历史从 1982 年写起，那正是《话说长江》摄制期间。作为二十多年历史的衔接点，摄制组选择了重庆人李曦在重庆长江大桥上晨跑这一独特的视角，展开并升华主题，以重庆桥梁的变化引出整个城市的变化，以富有地方特色的"变脸"作喻，反映重庆二十多年的沧桑巨变，从中我们也感受到祖国变化的日新月异。

这段解说词，内容重点突出，立意角度巧妙，内在的逻辑性、条理性强，行文客观准确，语言自然流畅，是解说词中的典范之作。

示例二

运动会解说词

现在高举着"规划齐鲁蓝图，构建和谐家园"标语牌向主席台走来的是城市规划专业代表队。该代表队由 60 人组成。队伍方阵整齐划一，运动员们精神饱满，口号响亮。城市规划专业是我校开设最早的专业之一，本专业有一支精干的师资队伍，拥有专家型的专业老师，在老师的培养下，近几年，不少同学在全省乃至全国的各类专业比赛中获奖。此次运动会上，他们将参加所有项目的比赛。城市规划代表队，将在上届校运会团体第三的成绩基础上，顽强拼搏，向"更快，更高，更强"的目标迈进。

【简析】　运动会解说词较为常见。本段解说词的特点在于：抓住了运动队的专业特色；突出了运动会开幕式的现场感；适时适度地对运动队作了全方位的介绍；结尾一句"向'更快，更高，更强'的目标迈进"，既表现出该运动队强有力的气势，又升华了主题。

练习实践

一、解说下列词语。

网虫　　克隆　　戏剧

二、以"欢迎到我的家乡旅游观光"为题，模拟实际场景，组织一次解说练习活动。

要求：

1. 突出家乡特色，尽量避免与他人雷同。

2. 重点突出，条理清晰。

3. 根据景物特点和自身情况，确定不同的语言风格。

三、足球赛、篮球赛、羽毛球赛、乒乓球赛、歌咏比赛、朗诵比赛、书法比赛、专业技能大赛……青春的校园到处洋溢着火一样的激情。选择一种你喜欢的比赛，自拟场景，做一回现场解说员。

知识拓展（十）

古代文体及特点

古文文体可分为十三类：

1. 论辩类：就是论说文，包括哲学论文、政治论文、史论、文论等。先秦诸子书，一般都可认为是论文集。单篇论文则以贾谊《过秦论》为最早。论辩类或者是发表自己的主张，阐明一个道理（论）；或者是辨别事理的是非，驳斥别人的言论（辩）。举例来说，《淮南子》是论，而《论衡》则是辩；《过秦论》是论，《神灭论》则是辩。

2. 序跋类：是一部书（或一篇文章）的序言或后序。序（叙）是一般的序言，放在书的前面；跋则放在书的后面，即后序。上古时代的序都是放在后面的。有人认为《庄子·天下》就是《庄子》的序。至于《淮南子·要略》、《论衡·自纪》、《史记·太史公自序》、《汉书·叙传》等，更显然都是序言，他们都是在书的后面。《说文解字》的叙也在后面。后来像萧统《文选》等书，序文才移到前面。

3. 奏议类：是臣子上给皇上的书信，包括《文心雕龙》所说的章表、奏启、议对三类。《文心雕龙·章表》说"章以谢恩，奏以按劾、表以陈请，议以执异。"可见较古的时候（汉代）四者是有分别的，后来逐渐变为没有多大分别了。此外还有疏、上书、封事。疏的本意是条陈（逐条陈说），封事是预防泄露的意思，是一种秘密的奏议。

对策（简称策），是奏议的一个附类。《文心雕龙·议对》说："对策者，应诏而陈政也。"这是应举时由皇帝出题目，写在简上，叫做策问；应举者按题陈述自己的意见，叫对策。汉代晁错、董仲舒都以对策著名。

4. 书说类：包括书和说。书指一般的书信，说大多是游士游说别国人君的言语。

5. 赠序类：是一种特殊的文体，古人有所谓"赠言"。到了唐初，赠言才成为一种文体，叫做"序"。韩愈所作的赠序最多，也被认为最好。

6. 诏令类：是皇帝对臣下的书信。诏令和奏议本来都是书信，但因封建时代最高统治者被认为与一般人不同，所以臣子给皇帝的书信叫奏议，皇帝给臣下的书信叫诏令。

7. 传状类：是记述个人生平事迹的文章，一般是记述死者的事迹。传指传记，状指行状。传来源于《史记》、《汉书》。拿《史记》来说，《项羽本纪》、《孔子世家》、《淮阴侯列传》、《魏其武安侯列传》等，都应该属于传。"行状"又称"行述""行略""事略"等。行状本来是提供礼官为死者议定谥号或者提供史官采择立传的。又，请人写墓志铭碑表之类，也往往提供行状。有的行状实际上就是一篇很好的传记，柳宗元的《段太尉逸事状》被认为是传状类的名篇。传奇小说如《霍小玉传》、《莺莺传》等，可归入传状一类。

8. 碑志类：包括碑铭和墓志铭。碑铭的范围颇广。有封禅和纪功的刻文，例如秦始皇《泰山刻文》，班固《封燕然山铭》，韩愈《平淮西碑》等。有寺观、桥梁等建筑物的刻文，如王简栖《头陀寺碑文》，韩愈《南海神庙碑》等。此外还有墓碑，这是记载死者生前事迹的，文章最后有铭。封建时代大官的墓碑是树立在墓前道路（神道）上的，所以叫做神道碑，官阶低的则树立墓碣。碑碣的文体没什么差别，只是碑碣本身的形制有所不同。此外还有一种墓表，无论死者入仕与否都可以树立。墓表也是立在神道上的，所以又称为神道表。

墓表一般没有铭。

9. 杂记类：包括除传状、碑志以外的一切记叙文。有刻石的如柳宗元的《永州韦使君新堂记》，有不刻石的如柳宗元的山水游记。杂记类的特点是叙事，但唐宋古文家的杂记往往是叙中夹论。

10. 箴铭类：用于规戒的文章，大多是用来勉励自己的。如刘禹锡的《陋室铭》。

11. 颂赞类：用于颂赞的文章，一般是对别人的歌颂和赞扬。如韩愈的《子产不毁乡校颂》。

12. 辞赋类：近似长诗，可以抒情，可以咏物。

13. 哀祭类：包括哀辞和祭文。二者都是哀吊死者的文章，但祭文则是设祭时拿来宣读的。谋就内容来说介于碑志与哀辞之间。

以上十三类中有些类的界限不是十分清楚。

参 考 文 献

1. 徐中玉,齐森华.大学语文(第九版).上海：华东师范大学出版社,2007.

2. 许华春.高职语言.杭州：浙江大学出版社,2006.

3. 徐中玉.大学语文(高职版).北京：高等教育出版社,2009.

4. 李山.大学语文(第三版).北京：中央民族大学出版社,2007.

5. 江少川,张映晖.新编大学语文.北京：北京大学出版社,2005.

6. 温儒敏.高等语文.南京：江苏教育出版社,2003.

7. 徐绍建.大学语文.武汉：武汉大学出版社,2005.

8. 刘金同.中国语文.长春：吉林大学出版社,2009.

9. 朱东润.中国历代文学作品选.上海：古籍出版社,1999.

10. 卞孝萱,黄清泉.古代文学作品选.武汉：华中师范大学出版社,1999.

11. 于非.中国古代文学作品选.北京：高等教育出版社,2003.

12. 姜德铭.中国现代名家经典文库.北京：中国戏剧出版社,2001.

13. 陈洪.大学语文.北京：高等教育出版社,2009.

14. 洪波.立体化古代汉语教程.北京：高等教育出版社,2005.

15. 郭锡良等.古代汉语(上、下册).北京：商务印书馆,1999.

16. 卿小平.大学语文(上、下册).北京：中国广播电视出版社,2006.

17. 汪亚明.大学语文教程.北京：北京大学出版社,2005.

18. 宋彦,鲍焰.大学语文.济南：山东人民出版社,2009.

19. 冯天瑜.中国文化史.北京：高等教育出版社,2005.

20. 郭齐勇.中国哲学史.北京：高等教育出版社,2006.

21. 王小舒.新编中华传统文学精要.北京：高等教育出版社,2006.

22. 陈淑梅.大学语文.北京：科学出版社,2008.

23. 刘文斌.大学语文.北京：中国传媒大学出版社,2008.

24. 潘桂云.大学语文.北京：北京交通大学出版社,2008.

25. 石耿立.大学语文.济南：山东人民出版社,2008.

26. 姜山秀,李桂廷.大学语文.济南：山东人民出版社,2008.

27. 刘金同.中国传统文化.天津：天津大学出版社,2009.

28. 孙昕光.大学语文.北京：高等教育出版社,2006.

29. 刘金同.大学语文.北京：科学出版社,2010.

30. 刘金同.大学写作与口才演讲.北京：中国水利水电出版社,2009.

31. 刘金同.应用文写作教程(第二版).北京：清华大学出版社,2010.

32. 刘金同.国家经典释译.北京：高等教育出版社,2012.

33. 刘金同.大学生文化修养.北京：北京大学出版社,2008.

34. 刘金同.新编大学语文.北京：国防工业出版社,2007.